JOHANNES FEICHTINGER, HERBERT MATIS,
STEFAN SIENELL, HEIDEMARIE UHL (HGG.)

DIE AKADEMIE DER WISSENSCHAFTEN IN WIEN 1938 BIS 1945

KATALOG ZUR AUSSTELLUNG

ÖSTERREICHISCHE AKADEMIE DER WISSENSCHAFTEN

Verlag der
Österreichischen Akademie
der Wissenschaften

Wien 2013

ÖAW

JOHANNES FEICHTINGER, HERBERT MATIS,
STEFAN SIENELL, HEIDEMARIE UHL (HGG.)

Die Akademie der Wissenschaften in Wien 1938 bis 1945

Katalog zur Ausstellung

unter Mitarbeit von Silke Fengler

Verlag der
Österreichischen Akademie
der Wissenschaften

ÖAW

Wien 2013

Umschlagabbildungen:
Hintergrund: ÖNB, Bildarchiv, Sign. L32608C
Siegel: AÖAW, Siegelsammlung

Die verwendete Papiersorte ist aus chlorfrei gebleichtem Zellstoff hergestellt, frei von säurebildenden Bestandteilen und alterungsbeständig.

ISBN 978-3-7001-7367-0

Gesamtherstellung: Ferdinand Berger & Söhne Ges.m.b.H., 3580 Horn

http://hw.oeaw.ac.at/7367-0
http://verlag.oeaw.ac.at

Inhaltsverzeichnis

Geleitwort

Der „Anschluss“ Österreichs an das nationalsozialistische Deutsche Reich im März 1938 bedeutete eine tiefgreifende Zäsur für die Akademie der Wissenschaften in Wien. Am 18. März 1938 trat der langjährige Präsident Oswald Redlich zurück, am 25. März ersuchte die Gesamtsitzung auf Vorschlag des Rumpfpräsidiums das korrespondierende Akademie-Mitglied Fritz Knoll, die „Interessen der Landesleitung der NSDAP in Österreich für den Bereich der Akademie der Wissenschaften“ zu wahren. Der Botaniker Knoll war illegaler Nationalsozialist und seit 15. März kommissarischer Rektor der Universität Wien. Umgehend wurden ‚verdienstvolle‘ Nationalsozialisten als Leiter der Akademie-Institute eingesetzt. Unter dem neugewählten Präsidenten Heinrich Srbik stellte sich die Akademie der Wissenschaften „begeistert und pflichtbewußt ganz und gar in den Dienst des großdeutschen Volksstaates“, wie Srbik in seiner Antrittsrede im November 1938 erklärte. Die wissenschaftliche Tätigkeit sollte – wie in der neuen Satzung programmatisch festgehalten – im „Dienste des deutschen Volkes“ stehen.

Mit der nationalsozialistischen Machtübernahme mussten Mitglieder, Mitarbeiterinnen und Mitarbeiter aus politischen und „rassischen“ Gründen die Akademie verlassen. Sie wurden verfolgt und vertrieben, kamen in nationalsozialistischen Konzentrationslagern zu Tode. Damit sind nicht nur menschliche Tragödien verbunden, sondern auch unwiederbringliche Verluste für die österreichische Wissenschaft. Einrichtungen wie das Institut für Radiumforschung, das Vivarium und das Phonogrammarchiv verloren ihre wichtigsten Forschungskräfte, international richtungsweisende Forschungsprogramme und Wissenschaftskooperationen wurden abgebrochen.

Mit der Wiederherstellung von Demokratie und Rechtsstaatlichkeit im Jahre 1945 wurde die Freiheit der Forschung zur Maxime der Akademie der Wissenschaften. Die Wiedererlangung des Status einer Wissenschaftsinstitution von internationalem Rang und die Betonung der Österreich-Orientierung standen im Vordergrund, letztere wurde auch durch die Namensänderung in „Österreichische Akademie der Wissenschaften“ (1947) zum Ausdruck gebracht.

1945 war aber keine „Stunde Null“. Neben Zäsuren finden sich auch Kontinuitäten in den Forschungseinrichtungen wie auch in der Gelehrtengesellschaft. Im Umgang mit dem Nationalsozialismus agierte die Akademie ambivalent, wenngleich auf gesetzlicher Grundlage: In der ersten Nachkriegsphase wurde die Mitgliedschaft ehemaliger Nationalsozialisten vorläufig ruhend gestellt, wenige Jahre später waren – entsprechend dem Amnestiegesetz von 1948 – praktisch alle ehemaligen NSDAP-Angehörigen, selbst hochrangige Funktionsträger, wieder als Mitglieder zugelassen.

Es dauerte Jahrzehnte, bis sich die ÖAW intensiver mit ihrer Geschichte in den Jahren des Nationalsozialismus auseinandersetzte. Anlässlich des 150-jährigen Gründungsjubiläums im Jahr 1997 erschien mit der Publikation von Herbert Matis,

„Zwischen Anpassung und Widerstand. Die Akademie der Wissenschaften in den Jahren 1938–1945“, eine erste kritische historiographische Darstellung.

Im Jahr 2013 nimmt die ÖAW den 75. Jahrestag des „Anschlusses“ im März 1938 zum Anlass, in einer Ausstellung und einem Katalogband den Reaktionen der Akademie auf die Machtübernahme der Nationalsozialisten und ihrer Verstrickung in den nationalsozialistischen Herrschaftsapparat nachzugehen sowie die Frage nach den Auswirkungen auf die Nachkriegszeit zu stellen. Ein besonderes Augenmerk gilt den Mitgliedern und Angehörigen der Akademie, die Opfer der nationalsozialistischen Verfolgung wurden. Eine ihnen gewidmete Gedenktafel wird am 11. März 2013 im Hauptgebäude der ÖAW enthüllt. Ihre Namen und Biografien werden in einem virtuellen Gedenkbuch auf der ÖAW-Website zugänglich gemacht.

In der Auseinandersetzung mit der Geschichte der eigenen Institution befindet sich die ÖAW in Einklang mit Akademien der Wissenschaften im deutschsprachigen Raum. Gerade die Zusammenführung von bisherigen und laufenden Forschungsarbeiten, die der Ausstellung und dem Katalogband zugrunde liegen, sowie Kooperationen mit Forschungsprojekten an Akademien der Wissenschaften in Deutschland zeigen deutlich, dass eine umfassende wissenschaftliche Aufarbeitung der Geschichte der Österreichischen Akademie der Wissenschaften im 20. Jahrhundert nach wie vor ein Desiderat darstellt.

Helmut Denk

I. DER „ANSCHLUSS“ UND DIE NS-ZEIT

„Anschluss" und NS-Herrschaft Österreich 1938–1945

Als Adolf Hitler am Nachmittag des 12. März 1938 von seiner Geburtsstadt Braunau am Inn aus, den Truppen der deutschen Wehrmacht folgend, seine Triumphfahrt über Linz nach Wien antrat, jubelten ihm Hunderttausende Oberösterreicher, Niederösterreicher und Wiener entlang der Durchfahrtsstraßen zu. „Blumen markierten den Pfad der rasselnden Tanks und Panzerwagen", berichtete der Times-Korrespondent. Bombastisch verkündete der „Führer und Kanzler der deutschen Nation und des Reiches" am 15. März 1938 auf dem Wiener Heldenplatz „den Eintritt" seiner Heimat in das Deutsche Reich. Auch auf seiner „Ostmarkfahrt" zwischen dem 3. und 9. April wurde Hitler in Graz, Klagenfurt, Innsbruck, Salzburg und Linz von Hunderttausenden empfangen, allein in Graz von etwa 400.000 Steirern. Die Fotos und Filme gingen um die Welt.[1]

Abb. 1: Ansprache Hitlers auf dem Heldenplatz in Wien am 15. März 1938

[1] Vgl. Hanisch (1994), Schatten, S. 337–345; Botz (2008), Nationalsozialismus; Schmidl (1987), März, und Williams (2005), Gau.

Dem „Anschluss" waren bereits fünf Jahre NS-Herrschaft im Deutschen Reich vorangegangen. Seit 1919 hatte Hitler als Propagandaredner der nationalen Kampfverbände in Bayern gegen den Vertrag von Versailles, für eine solidarische „Volksgemeinschaft", für die „Entfernung der Juden aus der deutschen Gesellschaft" und für den „nationalen Wiederaufstieg" getrommelt. Mit den wesentlich aus den verheerenden Konsequenzen der Weltwirtschaftskrise und der Massenarbeitslosigkeit gespeisten Wahlerfolgen der NSDAP im Jahre 1930 begann Hitlers Siegeszug, der die NSDAP bei den Reichstagswahlen am 31. Juli 1932 erstmals die relative Mehrheit im deutschen Reichstag erringen ließ. Wie war es möglich, fragt Hans-Ulrich Thamer zu Recht, „dass eine politisch, kulturell und technisch-administrativ hoch entwickelte Nation sich scheinbar freiwillig der Herrschaft einer Partei unterwarf, die ihre auf Verfolgung, Vernichtung und Eroberung gerichteten Ziele immer wieder offen ausgesprochen hatte?" Und: „Wie konnte ein sozialer und politischer Niemand eine solche Wirkung erzielen?"[2]

Auch wenn man wie Ian Kershaw, Hans-Ulrich Wehler und Hans-Ulrich Thamer Max Webers Begriff einer charismatischen Herrschaft überzeugend anwendet, ist es für Nachgeborene kaum nachzuvollziehen, wie ein politischer Außenseiter, seltsam sprechend und gestikulierend, immer wieder Gewaltausdrücke verwendend, ein Amateur der Macht, in einer der weltweit führenden Industrienationen zum Brennpunkt kollektiver Ängste, Erlösungssehnsüchte, Allmachtsträume und Hysterien werden konnte. Hitler war einerseits ein politischer Fanatiker und Rassist, andererseits ein berechnender Realist, der den Anschein von Rationalität und Ehrlichkeit erwecken konnte. Zweifellos beeindruckte er Anhänger und Gegner mit seiner manichäischen Sichtweise und seinen bedrohlichen Energieausbrüchen. Dabei waren Hitlers verbrecherische Gestaltungs- und Vernichtungsphantasien, seine Ideen von Rassenreinheit und Weltbeherrschung grundsätzlich meilenweit von den moralischen Haltungen der meisten Deutschen (und Österreicher) entfernt. Aber – wie es etwa die Ermordung des österreichischen Bundeskanzlers Engelbert Dollfuß durch österreichische Nationalsozialisten am 25. Juli 1934 zeigte – gewaltige Täuschungs-, Verheimlichungs- und Einschüchterungsmaßnahmen konnten die Kluft zwischen den NS-Eliten und der schlichten Moral des Volkes überdecken.[3]

Die Ernennung Hitlers zum Reichskanzler war keine „Machtergreifung" gewesen, sondern eine legale Machtübertragung durch den greisen Reichspräsidenten Paul von Hindenburg und sein Berliner Machtkartell. Die Errichtung einer totalitären nationalsozialistischen Diktatur begann erst nach dem Reichstagsbrand Ende Februar und dem „Ermächtigungsgesetz" vom 22. März 1933 und führte schon bis August 1934 zu einer NS-Durchherrschung von Staat und Gesellschaft. Im April 1933 setzten die

---

[2] Thamer (1986), Verfügung, S. 19. Vgl. auch Steiner (2011), Triumph, S. 10, und Wildt/Krumeich (2012), Nationalsozialismus.

[3] Vgl. Kershaw (1998), Hitler; Kershaw (2000), Hitler; Wehler (2008), Gesellschaftsgeschichte; Thamer/Erpel (2010), Hitler, S. 18f., und Frevert (2008), Gefühle, S. 31.

ersten antisemitischen Berufsverbote und Boykotte ein. Anfang Mai 1933 folgte die öffentliche Verbrennung „undeutschen Schrifttums", womit auch die „rassischen" und politischen „Säuberungen" an den Universitäten und in den Akademien einsetzten. Die Staatsrechtler Hans Kelsen und Hermann Heller, die Nationalökonomen Emil Lederer und Moritz Julius Bonn, der Soziologe Karl Mannheim, der Philosoph Max Horkheimer, der Historiker Ernst Kantorowicz und der evangelische Theologe Paul Tillich wurden entlassen; Thomas Mann, Alfred Döblin und Ricarda Huch schieden aus der Preußischen Akademie der Künste aus, Franz Werfel, Fritz von Unruh und Jakob Wassermann wurden ausgeschlossen. Aber nicht wenige Professoren, Schriftsteller und Künstler schlugen sich auf die Seite des Nationalsozialismus: Martin Heidegger und Carl Schmitt, Gerhart Hauptmann und Heinrich George, Wilhelm Furtwängler und Richard Strauss, Gustav Gründgens, Emil Jannings und Werner Kraus.[4]

Da nicht nur die NSDAP und die SS, sondern auch die Reichswehr, das Auswärtige Amt, maßgebliche Wirtschaftskreise und nicht zuletzt viele Arbeiter in der Rüstungsindustrie und im Autobahnbau „dem Führer entgegenarbeiteten", erreichte Hitler bereits mit den Olympischen Sommerspielen in Berlin 1936 einen Ruhm, den seit Bismarck kein deutscher Reichskanzler genossen hatte. Freilich sollte man die terroristische Seite des NS-Regimes nicht übersehen, das überall im Reich Konzentrationslager errichtete, Menschen verfolgte, folterte und ermordete. Dennoch sah sich der eigentlich legitimistisch eingestellte, aber innen- wie außenpolitisch unter starkem Druck stehende, monokratisch regierende Bundeskanzler Kurt Schuschnigg im Juliabkommen 1936 genötigt, die österreichischen Nationalsozialisten zu tolerieren und für Österreich ein Bekenntnis als „deutscher Staat" abzugeben. Viele Zeitgenossen sahen darin einen ersten Schritt zum „Anschluss".[5]

Obwohl der Anschlussgedanke von 1918/19 bei vielen deutschen wie österreichischen Professoren, Lehrern, Offizieren, Beamten, Diplomaten, Rechtsanwälten, Ärzten, Wirtschaftsleuten, Ingenieuren, Journalisten und Schriftstellern lebendig war, rechnete kaum jemand damit, dass Hitler am 5. November 1937 der Spitze der Wehrmacht und der Außenpolitik ankündigte, dass er die Annexion Österreichs und der Tschechoslowakei anstrebe, gegebenenfalls bereits im Jahre 1938. Hitler argumentierte mit der Notwendigkeit der Erweiterung deutschen Lebensraums, der Erhöhung der Sicherheit der deutschen Grenzen und der Aufstellung weiterer zwölf Divisionen. Auf dem Berghof bei Berchtesgaden hielt er Schuschnigg „Verrat" am deutschen Volk vor und verlangte eine Amnestie für verhaftete Nationalsozialisten, die Ernennung des Wiener Anwalts Arthur Seyß-Inquart zum Innenminister und die Integration des österreichischen Wirtschaftssystems in das deutsche. Schuschnigg wollte noch am 13. März eine Volksabstimmung über die Unabhängigkeit Öster-

---

[4] Vgl. Thamer (1986), Verführung, S. 299–304, und Wehler (2008), Gesellschaftsgeschichte, S. 600–607.

[5] Vgl. Jedlicka (1977), Juliabkommen.

reichs abhalten, wich aber vor den SS- und SA-Aktivitäten in Wien und dem ultimativen Druck aus Berlin zurück und erklärte am Abend des 11. März: Österreich weiche der Gewalt. Um Blutvergießen zu vermeiden, würden die Streitkräfte des Landes keinen Widerstand leisten.[6]

Parallel zur beginnenden Machtergreifung der österreichischen Nationalsozialisten in einer Reihe von Städten und Bundesländern begann am Morgen des 12. März der von Hunderttausenden Österreichern bejubelte Einmarsch der Wehrmacht. Unter dem Eindruck seines begeisterten Empfangs in Linz unterzeichnete Hitler bereits am Abend des 13. März das „Gesetz über die Wiedervereinigung Österreichs mit dem Deutschen Reich". Österreich war faktisch über Nacht ein Land des Deutschen Reiches geworden.

Vor allem in Wien gab es nicht wenige, die sich in den „Anschluss"-Tagen verbergen mussten. Denn parallel zum Einmarsch der Wehrmacht war der Reichsführer-SS Heinrich Himmler mit seinen Schergen auf dem Flugplatz Aspern gelandet und hatte sofort begonnen, Anhänger des Schuschnigg-Regimes, Sozialisten, Kommunisten und Juden zu verhaften. Viele Juden wurden vom nationalsozialistischen Mob misshandelt und gefoltert, viele jüdische Geschäfte geplündert. Stefan Zweig, der bereits nach London emigriert war, erhielt furchtbare Nachrichten aus Wien: „Mit nackten Händen mussten Universitätsprofessoren die Straßen reiben, fromme weißbärtige Juden wurden in den Tempel geschleppt und von johlenden Burschen gezwungen, Kniebeugen zu machen und im Chor ‚Heil Hitler' zu schreien."[7]

Der Erzbischof von Wien, Theodor Kardinal Innitzer, versicherte Hitler die Loyalität der österreichischen Katholiken, während der sozialdemokratische Staatskanzler der Jahre 1918–1920, Karl Renner, im „Neuen Wiener Tagblatt" für den „Anschluss" warb. Der Leiter der österreichischen Friedensdelegation von 1919 empfand den „Anschluss" als „wahrhafte Genugtuung für die Demütigungen von 1918 und 1919, für Saint-Germain und Versailles". Tatsächlich stimmten am 10. April 1938 mehr als 99 Prozent der Österreicher für die „Liste unseres Führers Adolf Hitler" und für den „Anschluss".[8] Seit diesem Tag existiert in Österreich die Diskussion, wie viele Österreicher bei einer geheimen Volksabstimmung unter Beobachtung des Völkerbundes wirklich für den „Anschluss" gestimmt hätten. Man hätte mit Sicherheit die Abstimmungsberechtigten völlig heterogener Gruppen unter den Nein-Stimmen gefunden: Juden, die zweifellos am meisten bedroht waren, strenggläubige Katholiken und Funktionäre der Vaterländischen Front, Monarchisten, den Kern der sozialdemokratischen Industriearbeiterschaft und ihre Vertrauensleute sowie die Kommunisten, zusammen vielleicht eine Million von insgesamt vier Millionen Abstimmungsberechtigten. Dies hätte daher noch immer eine klare Mehrheit von etwa 75 Prozent für

---

[6] Vgl. Schuschnigg (1946), Requiem, S. 39–42; Kershaw (2000), Hitler, S. 119–125, und Williams (2005), Gau, S. 88–93.

[7] Zweig (1970), Welt, S. 458. Vgl. auch Welzig (2010), „Anschluss".

[8] Vgl. Neues Wiener Tagblatt vom 3. April 1938. Vgl. auch Rauscher (1995), Renner, S. 297–301.

einen „Anschluss“ an Hitler-Deutschland ergeben. Man darf also davon ausgehen, dass im März/April 1938 eine klare Mehrheit von Österreichern wie Kardinal Innitzer und Staatskanzler Renner dachte.[9]

Der US-Völkerrechtler Charles G. Fenwick gab eine profunde Einschätzung der Bedeutung des „Anschlusses“ für das Völkerrecht und die internationale Politik: „Today we witness not a customs treaty between two independent states, not even a confederation of Austria and Germany leaving the national integrity of Austria unpaired, but the complete assimilation of Austria into Germany. Austria is henceforth to be a mere province of Germany, the name of the country, whose origins go back to the tenth century or earlier, is now erased from the annals of international law.“[10]

Die „Assimilation“ Österreichs kam vor allem der NS-Rüstungswirtschaft zugute: Die österreichische Wirtschaft lieferte Eisen-, Blei- und Zinkerze, Magnesit, Erdöl, Holz, Milch, Butter und Käse, Österreich besaß eine leistungsfähige Grundstoff- wie Fertigungsindustrie mit einem hohen Facharbeiterpotenzial, und die Österreichische Nationalbank verfügte über einen Valutabestand von 460 Millionen ÖS, ungemünztes Gold im Wert von 296 Millionen ÖS, Clearingguthaben in Höhe von 150 Millionen ÖS und ein Golddepot bei der Bank of England in Höhe von 80 Millionen ÖS. Tatsächlich griffen die Reichsbank, die Deutsche Bank und die Dresdner Bank sowie die Reichswerke Hermann Göring sogleich nach den österreichischen Banken und Industriebetrieben.[11]

Der „Anschluss“ bedeutete nicht nur „Assimilation“, sondern auch Abstoßung, Vertreibung, vor allem Vertreibung des Geistes. Ein Teil des geistigen Österreich überlebte nur mehr in der Emigration: die Psychoanalyse Sigmund Freuds, die „Theorie der wirtschaftlichen Entwicklung“ Joseph Schumpeters, der Neoliberalismus Friedrich Hayeks, die „Reine Rechtslehre“ Hans Kelsens, die Sprachphilosophie Ludwig Wittgensteins, die Isotypenlehre Otto Neuraths, die mathematischen Theorien Kurt Gödels, die physikalischen Theorien Erwin Schrödingers und Wolfgang Paulis, die Wissenschaftstheorie Karl Poppers und die Kunstgeschichte Ernst Gombrichs.[12] 21 w.M. und k.M. mussten zwischen 1938 und 1945 die Akademie der Wissenschaften in Wien verlassen: Emil Abel (Physikalische Chemie), Franz Boas (Anthropologie), Walther Brecht (Germanistik), Ernst Theodor Brücke (Physiologie), Karl Bühler (Philosophie), Viktor Moritz Goldschmidt (Mineralogie), Berthold Hatschek (Zoologie), Victor Franz Hess (Experimentalphysik), Alfred Hettner (Geographie), August Loehr (Numismatik), Hermann Mark (Physikalische Chemie), Hans Horst Meyer (Pharmakologie), Stefan Meyer (Physik), Eduard Norden (Klassische Philologie), Wolfgang Pauli (Biologisch-Physikalische Chemie), Ernst Peter Pick (Pharmakolo-

---

[9] Vgl. Hanisch (1994), Schatten, S. 345–347.

[10] Fenwick (1938), Comment, S. 312.

[11] Vgl. Schausberger (1981), Anschluss, S. 244–270.

[12] Vgl. Johnston (2006), Geistesgeschichte, S. XII-XVII.

gie), Alfred Francis Přibram (Geschichte), Erwin Schrödinger (Theoretische Physik), Franz Eduard Suess (Geologie), Josef Weninger (Anthropologie), und Richard Willstätter (Chemie).[13]

Ab dem 1. September 1939 marschierten auch mehrheitlich österreichische Truppen – Gebirgs-, Infanterie-, bald auch Panzerdivisionen – unter Hitlers Oberbefehl zuerst gegen Polen, im Frühjahr 1940 gegen Dänemark, Norwegen, die Niederlande, Belgien, Luxemburg und Frankreich, im Frühjahr 1941 gegen Jugoslawien und Griechenland und ab dem 22. Juni 1941 gegen die Sowjetunion. Während des gesamten Krieges kamen über 1,3 Millionen Männer und Burschen aus Österreich in der Wehrmacht und in der Waffen-SS zum Einsatz, etwa 220 erreichten den Generalsrang, 247.000 fanden einen gewaltsamen Tod auf vielen europäischen Kriegsschauplätzen. Die Namen der Gefallenen sind auf Tausenden österreichischen Kriegerdenkmälern nachzulesen. Trotz schwerer Verluste bei Stalingrad und an anderen Fronten und trotz der Moskauer Deklaration der Alliierten über die Wiederherstellung Österreichs kämpften die meisten österreichischen Soldaten bis zur Kapitulation und hofften, ihre österreichische Heimat zu erreichen. Andererseits waren auch österreichische Offiziere und Soldaten an Kriegsverbrechen beteiligt – vor allem in Jugoslawien und in der Sowjetunion.[14]

Seit April 1938 waren in Österreich infolge bevölkerungspolitischer Maßnahmen eine überproportionale Zunahme der Ehen und ein deutlicher Anstieg der Geburten feststellbar, der bis 1943 anhielt. Andererseits löste der Nationalsozialismus traditionelle Bindungen: an die Familie, die Religion, die soziale Klasse. Die NS-Arbeitsbeschaffungsprogramme – vor allem die forcierte Rüstungspolitik – ließen von Jänner bis November 1938 die Zahl der Beschäftigten von etwa 1,5 auf 2,1 Millionen steigen, während die Zahl der Arbeitslosen im gleichen Zeitraum von über 500.000 auf weniger als 150.000 sank. Durch Auf- und Ausbau großer Rüstungsbetriebe in Linz, Steyr, St. Valentin, Simmering, Wiener Neustadt, Graz und Ranshofen sowie von Wasserkraftwerken in Ybbs-Persenbeug, Kaprun, Schwabegg und Lavamünd wurde die industrielle Basis der „Ostmark“ stark erweitert. Mit der Mechanisierung der Landwirtschaft, dem „Reichserbhofgesetz“ und einer Entschuldungsaktion sicherten die NS-Behörden die Ernährungswirtschaft im Krieg. Die NS-Sozialpolitik führte das deutsche Sozialversicherungsrecht ein, erhöhte die Löhne, regelte den Mutterschutz, verpflichtete aber auch zur Arbeit und rief schließlich zum „totalen Arbeitseinsatz“ auf, der zunehmend auch Frauen betraf. Andererseits stieg im Verlauf des Krieges die Zwangsarbeit von Kriegsgefangenen und KZ-Häftlingen in der Industrie und in der Landwirtschaft auf bis zu 350.000 Personen an.[15]

---

[13] Vgl. Matis (1997), Anpassung, S. 27–35.

[14] Vgl. Germann (2006), „Österreicher“, und Grischany (2007), Austrians.

[15] Vgl. Tálos (1988), NS-Herrschaft, S. 28f., 53, 55–57, 83, 104, 109f. u. 131, und Bukey (2000), Hitler's Austria, S. 91f. u. 129f.

Das NS-Terrorsystem umfasste vor allem den SS- und Polizeiapparat (Gestapo, Kripo, Sicherheitsdienst), der auch Konzentrationslager aufbaute, in denen insgesamt 16.493 Österreicher umkamen. Im 1938 geschaffenen KZ Mauthausen gingen rund 100.000 Menschen zugrunde, vor allem Polen, Ungarn, Franzosen, Jugoslawen, Italiener, Spanier und Staatsangehörige der Sowjetunion. Im oberösterreichischen Schloss Hartheim wurden zwischen 1940 und 1944 etwa 20.000 Menschen Opfer der NS-Euthanasie, 10.000 kranke Häftlinge aus den KZ Dachau und Mauthausen wurden hier ermordet. Der Volksgerichtshof und das Oberlandesgericht Wien verurteilten mindestens 2.700 österreichische Widerstandskämpfer zum Tode, das Reichskriegsgericht und andere Militärgerichte über 500 österreichische Soldaten und Offiziere.[16]

Im Herbst 1939 waren erste Deportationen österreichischer Juden in das kurz zuvor gebildete Generalgouvernement angelaufen, die ab Herbst 1941 massiv fortgeführt wurden – und zwar sowohl nach Theresienstadt als auch nach Auschwitz und an andere Vernichtungsstätten. Die planmäßige Durchführung und die gesamteuropäische Dimension der ausschließlich vom Hitler-Regime zu verantwortenden Shoah sind bis heute in der Weltgeschichte beispiellos. Hitler hatte bereits im Jänner 1939 im Reichstag mit der Vernichtung der Juden gedroht, am 12. Dezember 1941, einen Tag nach der Kriegserklärung an die USA, wiederholte er seine Drohung vor hohen Parteiführern, wie Josef Goebbels in seinem Tagebuch festhielt: „Bezüglich der Judenfrage ist der Führer entschlossen, reinen Tisch zu machen. Er hat den Juden prophezeit, wenn sie noch einmal einen Weltkrieg herbeiführen würden [sic!], sie dabei ihre Vernichtung erleben würden. Das ist keine Phrase gewesen. Der Weltkrieg ist da, die Vernichtung des Judentums muss die notwendige Folge sein.“[17]

Tatsächlich kamen etwa 5,6 Millionen europäische Juden in der Shoah ums Leben. Von den rund 190.000 österreichischen Juden fielen etwa 65.000 der NS-Vernichtungspolitik zum Opfer. Unter strengster Geheimhaltung waren an der „Endlösung“ Tausende von SS-Männern, Angehörige des Sicherheitsdienstes und der Sicherheitspolizei, Gestapo- und Kripoangehörige, KZ-Wachmannschaften, Ordnungspolizisten, Gendarmen und Feldpolizisten beteiligt, darüber hinaus auch Wehrmachtsangehörige, Reichsbahnangestellte und in der Rüstungsindustrie Tätige.[18]

Hitler und die NS-Herrschaft standen für den „totalen“ politischen Herrschaftsanspruch, für das diktatorische Führerprinzip samt Führerkult, für eine zunehmend militarisierte „Volksgemeinschaft“, für die fortwährende wirtschaftliche und soziale Korrumpierung des eigenen Volkes, für eine bis dahin ungeahnte und immer radikalere staatliche Repression und Gewaltanwendung, für eine beispiellose Manipulation der Medien zur Kontrolle und Mobilisierung der Massen, für Ausgrenzung, Denun-

---

[16] Vgl. Neugebauer (1988), NS-Terrorsystem, S. 163–183.

[17] Evans (2010), Reich, S. 331.

[18] Vgl. Hilberg (1990), Vernichtung, S. 1299f., Kundrus (2010), Holocaust, S. 130–135, und Benz (1996), Dimension.

ziation und Verfolgung vermeintlicher oder tatsächlicher Feinde, für die ungeheuer zerstörerische Energie der biologistischen Ideologie „rassischer Überlegenheit" mit den beiden Kernelementen „Entfernung der Juden" und Gewinnung von Lebensraum im Osten, für einen unglaublichen Zynismus im Ausnützen von Spannungen in den internationalen Beziehungen, für eine brutale Kriegsführung ohne Respektierung des internationalen Kriegsrechts und für die rücksichtlose Versklavung und Vernichtung ganzer Völker.[19]

Hitlers Vermächtnis hinterließ letzten Endes nur Zerstörung: „keinerlei architektonische Zeugnisse, kein Kunstschaffen, keine politischen Strukturen oder wirtschaftlichen Modelle, am wenigsten eine moralische Verfassung – kurz es blieb nichts für die kommenden Generationen".[20]

Arnold Suppan

---

[19] Vgl. FREI (2007), Broszat, und KERSHAW (2011), Ende.

[20] KERSHAW (2000), Hitler, S. 9. Innovationen in der Kraftwerks-, Fahrzeug-, Panzer-, Flugzeug- und Raketentechnik wären von deutschen und österreichischen Wissenschaftlern und Ingenieuren auch ohne NS-Regime entwickelt worden.

Die ersten Reaktionen auf den „Anschluss" in der Akademie der Wissenschaften

Am 12. März 1938 waren deutsche Wehrmachtstruppen, SS- und Polizeiverbände in Österreich einmarschiert und bereits am nächsten Tag wurde ein Gesetz über die Vereinigung Österreichs mit dem Deutschen Reich verabschiedet, womit der „Anschluss" fixiert war. Am 15. März hielt der „Führer" und Reichskanzler Adolf Hitler eine viel umjubelte Rede auf dem Heldenplatz in Wien.

Abb. 2: Oswald Redlich, 1940

In der Akademie erklärte am 18. März 1938, in der ersten Sitzung der Gesamtakademie nach dem „Anschluss", der Präsident Oswald Redlich seinen Rücktritt.[1] Er verlas seine auf den 16. März datierte und an das Präsidium gerichtete Erklärung: *In diesem Zeitpunkt, wo die Vorbereitungen zu den nächsten Akademiewahlen beginnen, sehe ich mich veranlasst, einen schon seit längerer Zeit erwogenen Entschluss auszuführen*

[1] Vgl. AÖAW, Protokoll der Gesamtsitzung vom 18. März 1938 (A 932). Vgl. zum folgenden Graf-Stuhlhofer (1995), Akademie, S. 134f., sowie Matis (1997), Anpassung, S. 10–16.

und zu erklären, dass ich meine Funktion als Präsident der Akademie hiemit niederlege. Indem ich von der Stellung des Präsidenten scheide, danke ich den verehrten Herren des Präsidiums und allen verehrten Mitgliedern der Akademie, dass Sie mir durch so lange Jahre ihr Vertrauen geschenkt haben. Es ist der Stolz meines Lebens, dass ich an der Spitze der ausgezeichneten Körperschaft unserer Akademie stehen durfte. Ich wünsche von ganzem Herzen unserer Akademie der Wissenschaften eine glückliche Zukunft, ich wünsche ihr, dass sie in dem neu geeinten grossen Deutschen Reich blühe und gedeihe.[2] Der fast 80-jährige Historiker hatte der Akademie beinahe in der gesamten Zwischenkriegszeit vorgestanden, als er dieses Amt in der Nachfolge des Physikers Viktor Lang übernommen hatte. Dem Präsidium gehörte in dieser Zeit auch noch der Zoologe Karl Grobben an, der nach dem Tode des Vizepräsidenten Hans Molisch, der am 8. Dezember 1937 verstorben war, interimistisch dessen Amt übernommen hatte.[3] Grobben richtete einige Dankesworte an Redlich, bevor auch er seinen Rücktritt erklärte. Ein neuer stellvertretender Vizepräsident wurde per Akklamation bestimmt. Der Anatom Ferdinand Hochstetter nahm die Wahl an und übernahm auch gleich den Vorsitz der Sitzung, *da der scheidende Präsident die Sitzung verlassen hat.*[4] Hochstetter wandte sich mit folgenden Worten an die anwesenden Akademiemitglieder: *Die Akademie der Wissenschaften steht unter dem überwältigenden Eindruck eines gewaltigen Ereignisses, der Umwandlung des selbständigen Staates Oesterreich in ein Land des deutschen Reiches. Die Sehnsucht von Millionen Deutscher innerhalb und ausserhalb unseres engeren Vaterlandes nach dem grossdeutschen Reich ist erfüllt. Wir alle sind von der Grösse der geschichtlichen Tatsache durchdrungen und wir alle wünschen mit heissem Herzen dem gemeinsamen grossen Vaterland, dem von nun an auch unsere engere Heimat staatlich angehört, eine glückliche Zukunft. Wir alle denken aber auch voll inniger Pietät an die glorreiche Geschichte Oesterreichs. Ihm hat unsere teuere Akademie durch neunzig Jahre gedient und stets ist sie zugleich ein kostbares Besitztum des gesamten deutschen Volkes und eine Mehrerin deutscher Kultur gewesen. Wir alle sind von der Ueberzeugung erfüllt, dass diese deutsche Aufgabe unserer Akademie auch für die Zukunft als eine hohe Pflicht auferlegt ist, und wir wollen mit dem Aufwand unserer besten Kräfte diese Pflicht erfüllen, zum Wohl von Volk und Reich.*[5]

Hochstetter legte daraufhin einen Entwurf für ein Telegramm an Adolf Hitler vor, den der Sekretär Heinrich Srbik konzipiert hatte.[6] Er hat folgenden Wortlaut:

---

[2] AÖAW, Protokoll der Gesamtsitzung vom 18. März 1938 (A 932), Beilage I (abschriftlich), wiedergegeben bei MATIS (1997), Anpassung, S. 11. Das eigenhändige Schreiben Redlichs befindet sich im AÖAW, Allg. Akten, Nr. 142/1938.

[3] Grobben war erst in der Gesamtsitzung vom 28. Jänner 1938 (A 930) mit 41 von 42 abgegebenen Stimmen zum stellvertretenden Vizepräsidenten gewählt worden.

[4] AÖAW, Protokoll der Gesamtsitzung vom 18. März 1938 (A 932).

[5] AÖAW, Protokoll der Gesamtsitzung vom 18. März 1938 (A 932), Beilage III, wiedergegeben bei MATIS (1997), Anpassung, S. 12f.

[6] Vgl. AÖAW, Allg. Akten, Nr. 143/1938. Das Telegramm wurde noch am selben Tag expediert.

An den Führer und Reichskanzler Adolf Hitler in Berlin!
Die Akademie der Wissenschaften in Wien, zur Zeit Vorsitzende des Verbandes der deutschen Akademien, hat in ihrer Gesamtsitzung vom 18. März beschlossen, dem Führer des geeinten deutschen Volkes ehrerbietigen Gruß zu entbieten und ihm ~~unverbrüchliche~~ Treue ~~und unbedingten Gehorsam~~ zu geloben. Sie verspricht, dem großdeutschen Volksreich, in das Österreich heimkehrt, mit aller geistigen und sittlichen Kraft zu dienen und in der Arbeit an der Erhaltung und Erhöhung deutscher Kultur, der sie sich stets gewidmet hat, ~~nicht zu erlahmen~~ niemals zu erlahmen.

~~Das Präsidium der Ak. Grobben, Schweidler, von Srbik.~~
Die Akademie der Wissenschaften in Wien

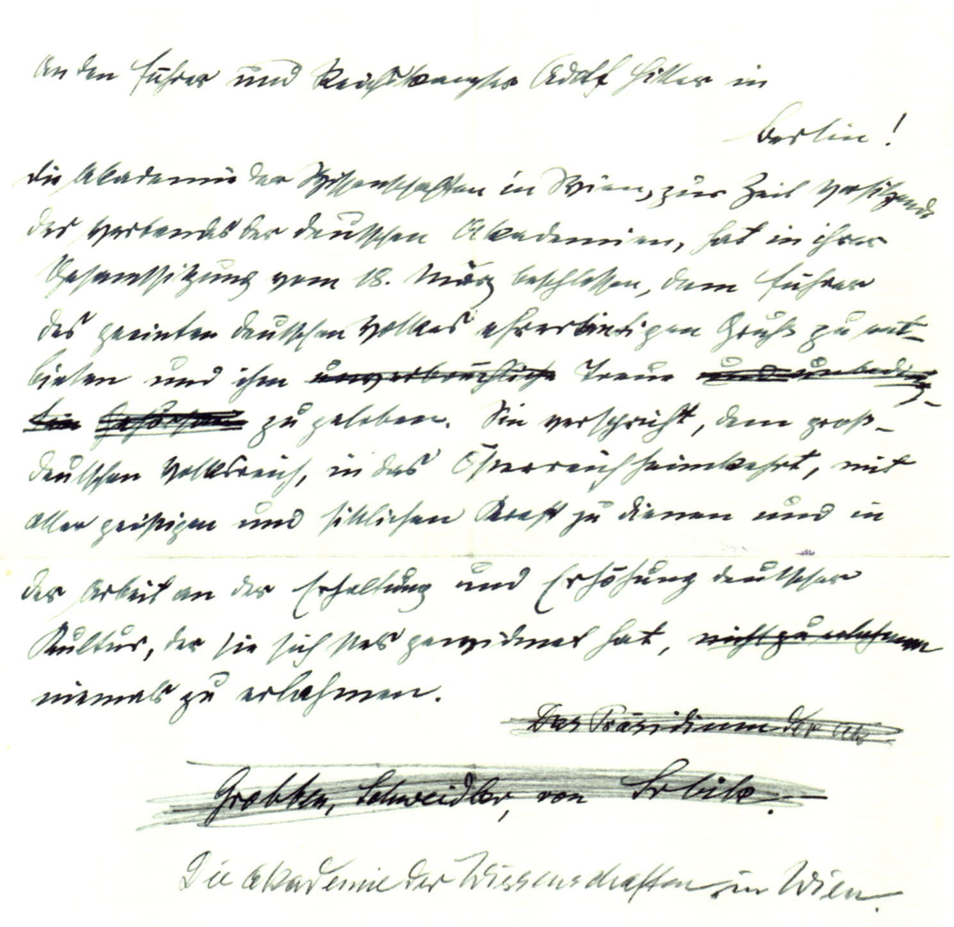

Abb. 3: Konzept des Telegramms der Akademie an Hitler

Es ist unklar, zu welchem Zeitpunkt die Änderungen am Text erfolgten;[7] dem Sitzungsprotokoll ist jedenfalls nur zu entnehmen, dass der Entwurf *einstimmig angenommen* wurde. Die Sitzung der Gesamtakademie endete mit dem Beschluss, von diesem Telegramm auch Abschriften an den für die Akademie zuständigen Minister für Unterricht Oswald Menghin und an die „Amtliche Nachrichtenstelle" (seinerzeitige Bezeichnung der heutigen Austria Presse Agentur) zu richten. Zugleich sollten auch Begrüßungstelegramme *an sämtliche deutsche Akademien* (Berlin, Göttingen, Heidelberg, Leipzig und München) geschickt werden. Die Bayerische Akademie der Wissenschaften antwortete, sie *gedenkt in dieser großen geschichtlichen Stunde mit Dank der treuen geistigen Waffenhilfe, welche die Wiener Akademie ihren reichsdeutschen Schwestern in den schweren Jahren nach 1918 ohne Schwanken geleistet hat* [und] *wünscht ihr und uns allen im engsten Zusammenschluß ein doppelt fruchtbares Wirken für das geistige Lebens unseres großen deutschen Volkes.*[8]

In der nächsten Gesamtsitzung, die am 25. März stattfand, wurde unter anderem beschlossen, Fritz Knoll zu ersuchen, *für die Zeit bis zur endgiltigen Regelung der Akademie-Statuten die Wahrung der Interessen der Landesleitung der NSDAP in Oesterreich für den Bereich der Akademie der Wissenschaften zu übernehmen.*[9] Die Verschiebung der Wahlen und der Feierlichen Sitzung in den Herbst wurde ebenso beschlossen wie die Einsetzung einer eigenen Kommission für die Änderung der Satzung.[10]

Es stand nun die Frage der Präsidentschaft im Raum. Die damals gültige Geschäftsordnung aus dem Jahre 1922 bestimmte in Paragraf 5 schlicht: „Die Wahlen erfolgen mit absoluter Mehrheit." Die ebenfalls aus dem Jahre 1922 stammende Satzung ergänzt in Paragraf 8, Abs. 4, nur, dass die Wahlen der Präsidiumsmitglieder der Bestätigung durch den Bundespräsidenten bedürfen,[11] den es jedoch nicht mehr gab. Der nun folgende Vorgang entsprach wohl nur bedingt den Vorgaben der Geschäftsordnung. Der Rechtshistoriker Moriz Wlassak schlug vor, den bisherigen Sekretär Heinrich Srbik beim Bundesministerium für Unterricht als künftigen Präsidenten in Vorschlag zu bringen. Der Vorschlag wurde mit 43 von 44 Stimmen angenommen.[12] Vorangegangen war ein Brief des Seniors der phil.-hist. Klasse, des Rechtshistorikers Hans Voltelini, an alle w.M. seiner Klasse: *Der Herr Reichsstatthalter* [Arthur Seyß-

---

[7] Die Streichungen am Text (*unverbrüchliche* und *und unbedingten Gehorsam*) sowie die Änderung (*niemals zu erlahmen* statt *nicht zu erlahmen*) wurden mit Tinte angelegt, die Änderung in der Unterschrift mit Bleistift, was ein Indiz dafür sein könnte, dass erstere vor dem Vortrag gegenüber der Gesamtsitzung und letztere aufgrund des Vortrages erfolgt sind.

[8] AÖAW, Allg. Akten, Nr. 143/1938.

[9] AÖAW, Protokoll der Gesamtsitzung vom 25. März 1938 (A 933). Vgl. hierzu den nachstehenden Beitrag von Klaus Taschwer, „Die zwei Karrieren des Fritz Knoll", in diesem Band, S. 49.

[10] Vgl. hierzu den nachstehenden Beitrag von Herbert Matis, „Die Änderung der Satzung", in diesem Band, S. 91.

[11] Vgl. Meister (1947), Geschichte, S. 157. Die Satzung und die Geschäftsordnung von 1922 sind abgedruckt im Almanach f.d.J. 1923, 73 (1924), S. 14–21 bzw. S. 22–46.

[12] Vgl. AÖAW, Protokoll der außerordentlichen Gesamtsitzung vom 1. April 1938 (A 934).

Inquart] *und der Herr Unterrichtsminister* [Oswald Menghin] *haben die Absicht geäußert, den Herrn Sekretär der phil.-hist. Klasse Professor Dr. Heinrich von Srbik zum Präsidenten der Akademie der Wissenschaften zu ernennen. Prof. Srbik erklärt indes, diese Ernennung nur unter der Bedingung annehmen zu wollen, daß ein Wahlvorschlag zu seinen Gunsten von Seiten der Akademie vorliegen würde. Es wird somit in der Gesamtsitzung der Akademie vom 1. April d.J. auch die Wahl des Präsidenten der Akademie zu erfolgen haben.*[13] Wlassak nahm die Anregung auf und übernahm es *als den Jahren nach ältestes w*[irkliches] *Mitglied der Akademie*, Srbik vorzuschlagen und erklärte dazu in einem offenen Brief vom 31. März: *Der Genannte hat einen Großteil seiner ausgezeichneten wissenschaftlichen Arbeit der Erforschung alter und jüngerer Fäden*

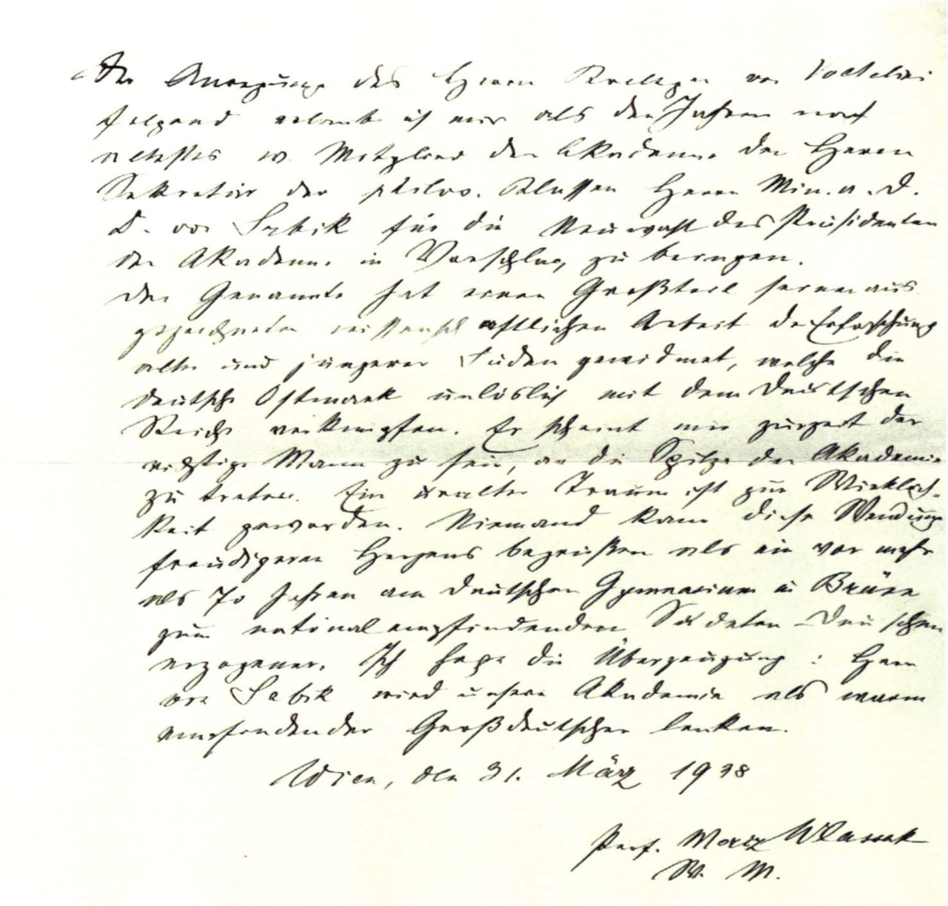

Der Anregung des Herrn Kollegen von Voltelini folgend erlaube ich mir als den Jahren nach ältestes w. Mitglied der Akademie den Herrn Sekretär der philos. Klasse Herrn Min. a. D. Dr. von Srbik für die Neuwahl des Präsidenten der Akademie in Vorschlag zu bringen.
Der Genannte hat einen Großteil seiner ausgezeichneten wissenschaftlichen Arbeit der Erforschung alter und jüngerer Fäden gewidmet, welche die deutsche Ostmark unlöslich mit dem deutschen Reiche verknüpfen. Er scheint mir zugleich der richtige Mann zu sein, an die Spitze der Akademie zu treten. Ein uralter Traum ist zur Wirklichkeit geworden. Niemand kann diese Wendung freudigeren Herzens begrüßen als ein vor mehr als 70 Jahren am deutschen Gymnasium in Brünn zum national empfindenden Deutschen erzogener. Ich habe die Überzeugung: Herr von Srbik wird unsere Akademie als ein warm empfindender Großdeutscher lenken.

Wien, den 31. März 1938

Prof. Moriz Wlassak
w. M.

Abb. 4: Vorschlag Wlassaks zur Wahl Srbiks zum Präsidenten der Akademie (31. März 1938)

[13] AÖAW, Wahlen, K. 4, Mappe „1938", Voltelini an alle w.M. der phil.-hist. Klasse vom 29. März 1938, durch die Akademiekanzlei am 30. expediert.

gewidmet, welche die deutsche Ostmark unlöslich mit dem deutschen Reich verknüpften. Er scheint mir zurzeit der richtige Mann zu sein, an die Spitze der Akademie zu treten. Ein uralter Traum ist zur Wirklichkeit geworden. Niemand kann diese Wendung freudigeren Herzens begrüßen als ein vor mehr als 70 Jahren am deutschen Gymnasium in Brünn zum nationalempfindenden Sudeten-Deutschen Erzogener. Ich hege die Überzeugung: Herr von Srbik wird unsere Akademie als warm empfindender Großdeutscher lenken.[14]

In Ermangelung eines Bundespräsidenten wandte sich das Präsidium der Akademie am 2. April an den Unterrichtsminister Menghin, der an dieser außerordentlichen Sitzung nicht teilgenommen hatte – wozu er in seiner Eigenschaft als w.M. berechtigt gewesen wäre – und berichtete, dass die Akademie beschlossen habe, Srbik *für die Ernennung zum Präsidenten vorzuschlagen.*[15] Durch diese Formulierung enthält das Schreiben eine etwas andere Betonung, als es die Satzung vorgeschrieben hätte. Demnach hätte das Ergebnis der Präsidentenwahl nur durch den Bundespräsidenten bestätigt werden müssen; nun jedoch wurde ein Kandidat vorgeschlagen. Größere Sorge als die Formulierung bereitete der Akademie der Umstand, dass *von dem Gewohnheitsrecht, wonach die Besetzung der Stelle des Akademiepräsidenten zwischen beiden Klassen der Akademie alterniert, in dem vorliegenden Falle ausnahmsweise zu Gunsten der philosophisch-historischen Klasse abgegangen wurde, dass aber in späteren Fällen nach Tunlichkeit auf dieses Gewohnheitsrecht wieder Rücksicht genommen werden solle.*[16]

Die Bestätigung von politischer Seite ließ auf sich warten, da man auch im Ministerium nicht wusste, wer für die Ernennung Srbiks zum Präsidenten zuständig sei. Nach Urgenz seitens der Akademie wurde erklärt, dass der Akt mit der Bemerkung aus Berlin zurückgekommen sei, dass die Bestätigung durchaus Sache des Reichsstatthalters sei, der Reichsinnenminister jedoch dem Votum zustimme. Seyß-Inquart wollte die auf den 28. Juni datierte Ernennungsurkunde persönlich überreichen.[17] Hierzu kam es erst am 26. September in den Räumlichkeiten der Reichsstatthalterei. Nach einer Beglückwünschung durch Seyß-Inquart erklärte Srbik unter anderem: *Es hat zu den beglückendsten Stunden meines Lebens gehört, als ich mir in den entscheidungsvollen Märztagen dieses Jahres sagen durfte, daß ich ein kleines Scherflein beigetragen habe zur geistigen Vorbereitung des Großdeutschen Reiches. Diesem Reich galt das leidenschaftliche Sehnen meiner Jugend und das stille und starke Hoffen und die Arbeit*

---

[14] Ebda.

[15] Ebda. Aktenzahl 157/1938, Präsidium an Menghin vom 2. April 1938.

[16] Ebda.

[17] Vgl. hierzu AÖAW, Wahlen, K. 4, Mappe „1938", Junk an Srbik vom 29. Juli 1938. Zwei Tage zuvor hatte Srbik noch an Hans Hirsch, der zwischenzeitlich zu Srbiks Nachfolger als Sekretär der Akademie gewählt – und ebenfalls noch nicht bestätigt – worden war, geschrieben: „Ich weiß nicht, ob meine Ernennung durch politische Direktiven noch immer verzögert wird. Falls sie bis 1. September nicht erfolgt, trete ich zurück." KÄMMERER (1988), Srbik, S. 490, Brief-Nr. 313. Offenbar war Srbik nach dem Schreiben Junks kalmiert.

vieler Jahre meines Mannesalters. Das Großdeutsche Reich ist dank dem Genius unseres Führers und dem Willen des deutschen Volkes Wirklichkeit geworden. Lassen Sie mich das Versprechen abgeben, daß ich für Volk und Reich arbeiten werde, so lange meine Kräfte es ermöglichen!“[18]

Stefan Sienell

[18] Wiener Zeitung vom 27. September 1938, S. 6f., wo der volle Wortlaut der Ansprachen von Seyß-Inquart und Srbik abgedruckt ist. Die Srbik überreichte Ernennungsurkunde befindet sich im AÖAW, Urkundensammlung, Nr. 10. Abgebildet auf S. 41.

I. 1. Die Protagonisten

Das Akademiepräsidium in der NS-Zeit

Die Zusammensetzung des Präsidiums orientiert sich seit der Gründung der Akademie am Grundsatz der Ausgewogenheit zwischen den beiden Klassen. Es setzt sich aus dem Präsidenten, dem Vizepräsidenten und den zwei Sekretären für die beiden Klassen zusammen. Präsident und Vizepräsident gehören jeweils einer anderen Klasse an, beide waren bis zur Satzungsänderung von 2010 zugleich auch Präsident ihrer Klasse. Der Sekretär derjenigen Klasse, die nicht den Präsidenten stellte, übte die Funktion des Generalsekretärs aus.

Durch den am 16. März 1938 erfolgten gleichzeitigen Rücktritt von Akademiepräsident Oswald Redlich und des nach dem Tod von Vizepräsident Hans Molisch 1937 interimistisch gewählten Vizepräsidenten Karl Grobben, der satzungsgemäß im Falle des Ausscheidens des Präsidenten dessen Funktion übernehmen sollte, entstand eine bislang noch nicht da gewesene Situation: Die Akademie verfügte über keinen Präsidenten und keinen Vizepräsidenten mehr. Das Rumpf-Präsidium bestand lediglich aus den beiden Sekretären, die ihre Ämter weiter ausübten.

Die geltende Satzung aus dem Jahre 1922 (bzw. in der Ergänzung von 1925) sah im Falle des Todes eines Präsidiumsmitglieds vor, dass interimistisch bis zur nächsten Wahlsitzung ein Stellvertreter gewählt werden solle, der nicht der im Normalfall vorgesehenen Bestätigung durch den Bundespräsidenten bedurfte. Man ging daher analog dazu vor: Zunächst wurde per Akklamation wiederum ein stellvertretender Vizepräsident gewählt, nämlich der 77-jährige Anatom Ferdinand Hochstetter, der gemäß der geltenden Satzung interimistisch zugleich auch die Funktion des Präsidenten wahrnahm. Die Sitzungen der phil.-hist. Klasse leitete zunächst satzungsgemäß deren rangältestes Mitglied, der 76-jährige Jurist und Rechtshistoriker Hans Voltelini, während die beiden Sekretäre Egon Schweidler und Heinrich Srbik in ihrer bisherigen Funktion verblieben. Man hat den Eindruck, dass die Akademie in dieser durch Unsicherheit geprägten Situation auf das Anciennitätsprinzip vertraute.

Der Nationalsozialismus vertrat entgegen demokratischen Spielregeln das „Führerprinzip". Dementsprechend wurden wichtige Funktionen von den Machthabern zumeist durch Ernennung von Parteigängern vergeben. Im Zuge der nationalsozialistischen „Gleichschaltung" in Wirtschaft, Wissenschaft und Vereinsleben wurden schon in den ersten Tagen nach dem „Umbruch" kommissarische Leiter eingesetzt. Bereits in der Gesamtsitzung der Akademie vom 25. März 1938, in der auch eine zeitliche Verschiebung der Wahlen und der Feierlichen Sitzung in den Herbst beschlossen wurde, wurde das kurz zuvor zum kommissarischen Rektor der Wiener Universität bestellte k.M. I. Fritz Knoll auf Wunsch des Rumpf-Präsidiums, bestehend aus Hochstetter, Schweidler und Srbik, gebeten, *für die Zeit bis zur endgiltigen Regelung der Akademie-Statuten die Wahrung der Interessen der Landesleitung der NSDAP in Oesterreich für den Bereich der Akademie der Wissenschaften zu übernehmen.*[1] In Umsetzung des nationalsozialistischen „Führerprinzips" bekundeten Reichsstatthalter Arthur Seyß-Inquart und Unterrichtsminister Oswald Menghin am 29. März überdies ihren Willen, den bisherigen Sekretär der phil.-hist. Klasse, Heinrich Srbik, als neuen Präsidenten einzusetzen.[2] Dieser bestand aber darauf, die Ernennung nur aufgrund eines vorhergehenden Wahlaktes der Akademiemitglieder anzunehmen.[3] Stellung und Aufgaben des neuen NSDAP-Beauftragten im Rahmen der Akademie waren unklar – es war dies wohl primär eine Geste für die Akzeptanz der neuen Machtverhältnisse, offenkundig war aber daran gedacht, Knolls Tätigkeit mit der Erstellung einer neuen Satzung und der Einsetzung einer neuen Akademieleitung auslaufen zu lassen. Nach rund einem Jahr erklärte jedenfalls der neu gewählte Präsident Srbik, die Aufgaben des NSDAP-Beauftragten fortan selbst übernehmen zu wollen. Die Gauleitung nahm dies mit 9. März 1939 zur Kenntnis, und die Akademie drückte ihrerseits Knoll, der im November 1938 zum o.M. gewählt worden war, am 16. März 1939 ihren Dank für seine Tätigkeit aus.

Abb. 5: Heinrich Srbik

Abb. 6: Egon Schweidler

[1] AÖAW, Protokoll der Gesamtsitzung vom 25. März 1938 (A 933). Das Präsidium hatte dies bereits drei Tage zuvor in seiner Präsidialsitzung beschlossen. Siehe dazu AÖAW, Protokoll der Präsidialsitzung vom 22. März 1938.

[2] Siehe hierzu den vorstehenden Beitrag von Stefan Sienell, „Die ersten Reaktionen auf den ‚Anschluss' in der Akademie der Wissenschaften", in diesem Band, S. 22–25.

[3] Vgl. AÖAW, Wahlen, K. 4, Mappe „1938", Nr. 157/1938.

Abb. 7: Ernst Späth

Abb. 8: Hans Hirsch

Die Neuwahl des Präsidiums hätte an sich bereits auf der Grundlage einer neuen Satzung erfolgen sollen. Die Akademie hatte dazu eigens eine Satzungskommission eingerichtet.[4] Da die neue Satzung aber erst am 22. Juli 1938 vom zuständigen Reichsministerium für Wissenschaft, Erziehung und Volksbildung (REM) im Berlin genehmigt wurde, kam es unter Anwendung einer Vorläufigen Satzung in einer außerordentlichen Gesamtsitzung am 1. April 1938 zur Neuwahl des Präsidenten. Das bedeutete aber, dass man auf einer rechtlich unsicheren Basis agierte; es gab zum Beispiel keinen Bundespräsidenten mehr, der – wie es Akademiegesetz und Satzung vorsahen – die gewählten Präsidiumsmitglieder hätte bestätigen können. Die bestehende Rechtsunsicherheit drückte sich nicht zuletzt darin aus, dass in dem an Unterrichtsminister Menghin gerichteten Schreiben der Akademie lediglich zum Ausdruck gebracht wurde, diese hätte beschlossen, Srbik *für die Ernennung zum Präsidenten vorzuschlagen.*[5] Menghin, obwohl er als w.M. dazu berechtigt gewesen wäre, hatte an der außerordentlichen Sitzung selbst nicht teilgenommen.

4 Vgl. AÖAW, Protokoll der Gesamtsitzung vom 25. März 1938 (A 933).

5 AÖAW, Wahlen, K. 4, Mappe „1938“, Zl. 157/1938 vom 2. April 1938.

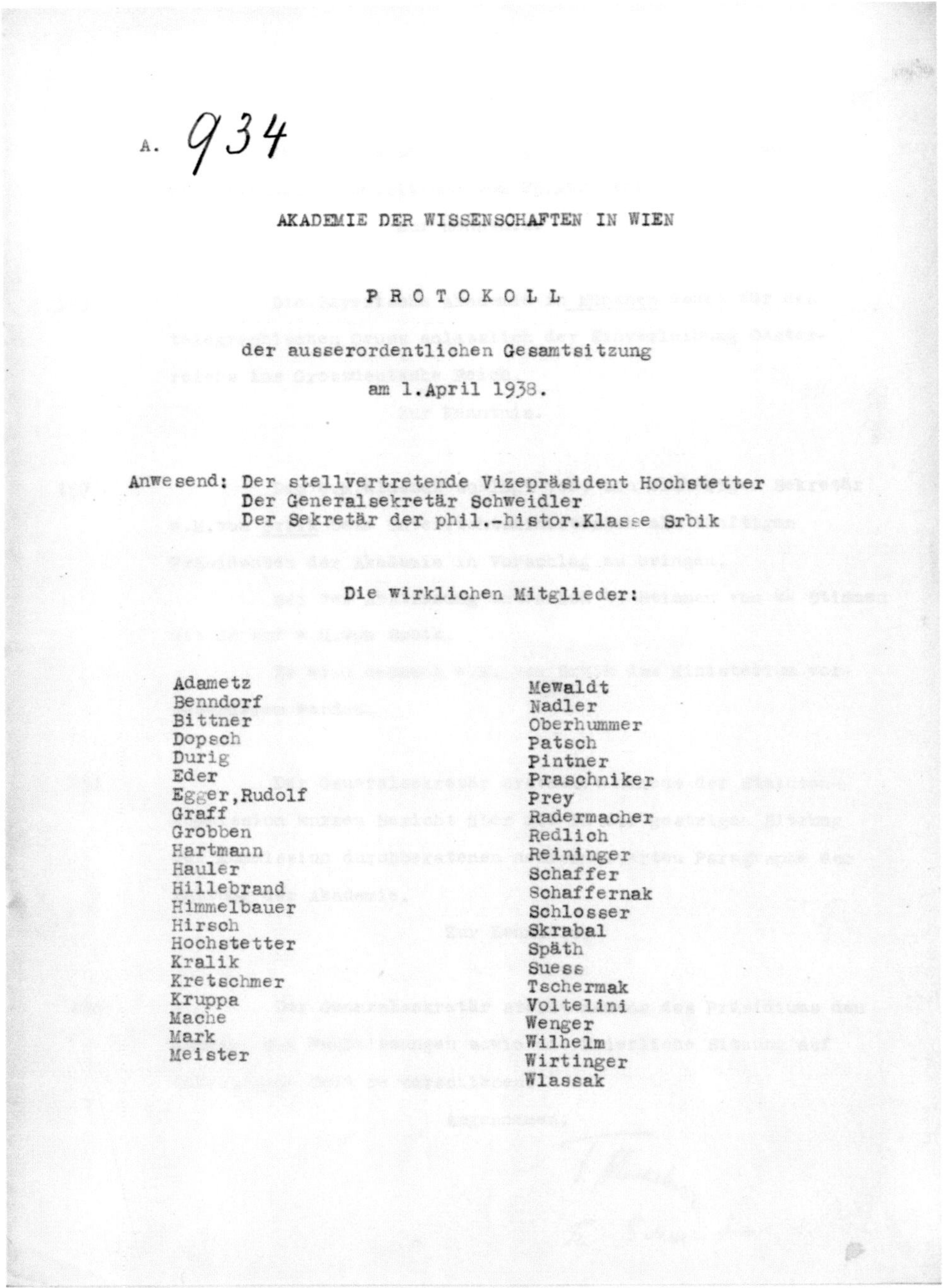

A. 934

AKADEMIE DER WISSENSCHAFTEN IN WIEN

PROTOKOLL

der ausserordentlichen Gesamtsitzung
am 1.April 1938.

Anwesend: Der stellvertretende Vizepräsident Hochstetter
Der Generalsekretär Schweidler
Der Sekretär der phil.-histor.Klasse Srbik

Die wirklichen Mitglieder:

Adametz
Benndorf
Bittner
Dopsch
Durig
Eder
Egger,Rudolf
Graff
Grobben
Hartmann
Hauler
Hillebrand
Himmelbauer
Hirsch
Hochstetter
Kralik
Kretschmer
Kruppa
Mache
Mark
Meister
Mewaldt
Nadler
Oberhummer
Patsch
Pintner
Praschniker
Prey
Radermacher
Redlich
Reininger
Schaffer
Schaffernak
Schlosser
Skrabal
Späth
Suess
Tschermak
Voltelini
Wenger
Wilhelm
Wirtinger
Wlassak

Der Generalsekretär legt das Protokoll der ausserordentlichen Gesamtsitzung vom 25. März vor.

Zur Kenntnis.

143 Die Bayerische Akademie in München dankt für den telegraphischen Gruss anlässlich der Einverleibung Oesterreichs ins Grossdeutsche Reich.

Zur Kenntnis.

157 Das w.M. Wlassak schlägt vor, den bisherigen Sekretär w.M. von Srbik beim Unterrichtsministerium als künftigen Präsidenten der Akademie in Vorschlag zu bringen.

Bei der Abstimmung entfallen 43 Stimmen von 44 Stimmen mit Ja auf w.M. von Srbik.

Es wird demnach w.M. von Srbik dem Ministerium vorgeschlagen werden.

151 Der Generalsekretär erstattet namens der Statuten-Kommission kurzen Bericht über die in der gestrigen Sitzung der Kommission durchberatenen neuformulierten Paragraphe der Satzung der Akademie.

Zur Kenntnis.

158 Der Generalsekretär stellt namens des Präsidiums den Antrag, die Wahlsitzungen sowie die Feierliche Sitzung auf unbestimmte Zeit zu verschieben.

Angenommen.

F. Hochstetter

E. Schweidler

Abb. 9: Protokoll der außerordentlichen Gesamtsitzung vom 1. April 1938

Die Akademie folgte dabei einem Antrag des Rechtshistorikers Moriz Wlassak, den bisherigen Sekretär der phil.-hist. Klasse, den damals 59-jährigen Historiker Srbik beim Unterrichtsminister als künftigen Präsidenten zum Vorschlag zu bringen.[6] Srbik wurde daraufhin mit 43 von 44 Stimmen gewählt. In der Gesamtsitzung vom 20. Mai 1938 kam es schließlich zur Wahl der restlichen Präsidiumsmitglieder. Der bisherige Generalsekretär Egon Schweidler wurde zum neuen Vizepräsidenten gewählt. Neuer Generalsekretär wurde der Chemiker Ernst Späth und Sekretär der phil.-hist. Klasse wurde wiederum ein Historiker, nämlich Hans Hirsch, der allerdings bereits 1940 verstarb. An seiner Stelle wurde schließlich ein Vertreter des Faches Deutsche Sprache und Literatur, Dietrich Kralik-Meyrswalden, zum Sekretär gewählt.[7]

Abb. 10: Dietrich Kralik-Meyrswalden

Die unsichere Rechtslage nach dem „Anschluss" führte dazu, dass die Wahlbestätigung durch die staatlichen Autoritäten erst spät erfolgte. Nachdem zunächst Unterrichtsminister Menghin seine Unzuständigkeit erklärt hatte, ging der Ernennungsvorschlag nach Berlin, von wo aus der Akt mit dem Vermerk zurückkam, die Bestätigung des vorgeschlagenen Präsidenten sei Sache des Reichsstatthalters Seyß-Inquart in Wien. Seyß-Inquart bestätigte die Wahl Srbiks formal am 28. Juni 1938. Weil der

[6] Vgl. AÖAW, Protokoll der außerordentlichen Gesamtsitzung vom 1. April 1938 (A 934).

[7] Er wurde nach dem Tode Hirschs in der Klassensitzung vom 16. Oktober 1940 (C 2623) zum Sekretär-Stellvertreter gewählt und am 13. Juni 1941 förmlich ernannt.

Reichsstatthalter das Ernennungsdekret persönlich überreichen wollte, Srbik jedoch zu diesem Zeitpunkt wegen einer Erkrankung verhindert war, wurde das Dekret erst am 26. September im Rahmen einer kleinen Feierstunde in den Räumen der Reichsstatthalterei, dem einstigen Parlament, ausgehändigt. Seyß-Inquart wies in seiner Ansprache auf die *mitteleuropäische Aufgabe der deutschen Ostmark* als Bollwerk des deutschen Volkes im Südosten hin, während der im Mai 1938 der NSDAP beigetretene neue Präsident Srbik, der vom Reichsstatthalter auch als Kandidat für den Berliner Reichstag nominiert worden war, die Rolle der Akademie in diesem Zusammenhang wie folgt definierte: *Wenn man von einer deutschen Kulturmission dieses deutschen Stammes und Landes sprach und spricht, darf die Wiener Akademie einen höchst ehrenvollen Anteil an dieser Leistung vieler Geschlechter für sich in Anspruch nehmen und sie darf darüber hinaus mit Stolz behaupten, daß ihre Tätigkeit stets dem gesamtdeutschen Volk zum Ruhm und zum Wohl gereicht hat.*[8]

Nach den für die deutschen Akademien, mit denen die Wiener Akademie schon seit 1893 im so genannten Kartell vereinigt war, geltenden Bestimmungen waren deren Mitglieder, und das galt auch für Präsidiumsmitglieder, vom Reichsminister für Wissenschaft, Erziehung und Volksbildung zu ernennen. Es gab also keine unabhängigen Akademie-internen Wahlen, sondern die Akademie hatte lediglich die Möglichkeit, „geeignete Mitglieder" vorzuschlagen,[9] die dann vom Reichsminister ernannt wurden. In Wien hatte man offenbar die neuen Verhältnisse noch nicht hinreichend realisiert: Die Nationalsozialisten wollten gar keine Wahlen, deren Ergebnis anschließend durch die staatliche Autorität bestätigt wurde, sondern sie wollten die Amtsträger entsprechend den Grundsätzen des nationalsozialistischen „Führerprinzips" ernennen. Wenn der Reichsstatthalter die Wahl des neuen Akademiepräsidenten bestätigt hatte, so tat er dies gewissermaßen als angemaßter Rechtsnachfolger des österreichischen Bundespräsidenten.

Srbik trat seine Funktion mit 1. Oktober 1938 an. Die weiteren Präsidiumsmitglieder wurden nach Genehmigung der neuen Satzung am 22. Juli 1938 nicht mehr vom Reichsstatthalter, sondern bereits vom Reichsminister für Wissenschaft, Erziehung und Volksbildung mit Wirksamkeit vom 14. November 1938 definitiv ernannt. In der Gesamtsitzung vom 16. Dezember 1938 teilte Präsident Srbik mit, dass die Präsidiumsmitglieder nunmehr vom Reichsminister für Wissenschaft, Erziehung und Volksbildung ernannt worden seien.[10] Erst ab dem Spätherbst 1938 gab es somit wieder ein vollständiges Präsidium.

Mit 1. Februar 1940 wurde die Wiener Akademie der Wissenschaften formell dem REM in Berlin unterstellt.[11] Der Reichskommissar für die Wiedervereinigung Österreichs mit dem Deutschen Reich, Gauleiter Josef Bürckel, sowie das (vormals

[8] Wiener Zeitung vom 27. September 1938, S. 6.

[9] Vorläufige Satzung, § 8, in: Almanach f.d.J. 1938, 88 (1939), S. 12.

[10] Vgl. AÖAW, Protokoll der Gesamtsitzung vom 16. Dezember 1938 (A 941).

[11] Vgl. AÖAW, Protokoll der Gesamtsitzung vom 9. Februar 1940 (A 950).

Abb. 11: Das Präsidium bei der Feierlichen Sitzung am 23. November 1938
(Späth, Srbik, Schweidler und Hirsch)

österreichische) Ministerium für innere und kulturelle Angelegenheiten wurden angewiesen, alle in ihrem Besitz befindlichen, die Akademie betreffenden Akten an das REM abzugeben.[12]

Herbert Matis

[12] Vgl. AÖAW, Allg. Personalakten, K. 2, Mappe 9, Zl. 30/1940, vom 31. Jänner 1940.

Heinrich (von) Srbik (1878–1951) und die Akademie der Wissenschaften

Srbik[1] wird in der Literatur mitunter als der „größte“, „bedeutendste“ oder „prominenteste“ österreichische Historiker des 20. Jahrhunderts bezeichnet.[2] Diese Superlative verdankt er wohl in erster Linie seiner monumentalen Biografie „Metternich“ von 1925[3] – durch dieses erste großangelegte, mit Empathie, ja Sympathie verfasste Portrait der *bête noire* der vorausgegangenen bürgerlichen Geschichtsschreibung verschaffte er nicht nur dem Staatsmann des Vormärz eine bis dahin nicht gekannte Popularität[4], sondern auch schon sich selbst – nur drei Jahre nach seiner 1922 erfolgten Berufung an die Universität Wien – den Status eines Mandarins der deutschsprachigen Historikerzunft von großer Breitenwirkung und auch politischer Relevanz. Dabei hatte Srbik seine erste Professur (Graz 1912) durch Monografien v.a. zur Wirtschaftsgeschichte der Erblande ganz in der jedem Gegenwartsbezug abholden Tradition des Instituts für Österreichische Geschichtsforschung erhalten. Erst 1919 erschien seine erste Publikation mit Zeitbezug, die eine Nähe des Autors zur Sozialdemokratie vermuten ließ.[5] Das Eintreten für Metternich ließ ihn nun eher als Konservativen erscheinen, und Srbik hat sich in „Metternich“ auch tatsächlich selbst als gemäßigten Konservativen bezeichnet.[6] Hier nahm seine spätere Einschätzung als ebensolcher seinen Ausgang, die vor 1945 sowohl von etlichen Nationalsozialisten als

---

[1] Vgl. zu Srbik zuletzt Pesditschek (2012), Srbik, mit umfänglicher Literatur. In vorliegendem Beitrag wird aus Platzgründen auf die entsprechenden Seiten in genannter Arbeit verwiesen, die hier ihrerseits aber auch Ergänzungen erfahren soll. Für die Durchsicht des Manuskripts bin ich besonders Martin Peters zu Dank verpflichtet. Für die vorbildliche Betreuung im AÖAW danke ich Stefan Sienell.

[2] Vgl. Pesditschek (2012), Srbik, S. 263.

[3] Srbik (1925), Metternich. Erst nach seinem Tod erschien ein dritter Band, den sein wohl getreuester Schüler, Taras Borodajkewycz, aus dem Nachlass herausgab: Srbik (1954), Metternich. Beachtung verdient dabei auch die Wahl des Verlags, nämlich F. Bruckmann aus München. In diesem Verlag war Houston Stewart Chamberlains antisemitisches Machwerk „Die Grundlagen des neunzehnten Jahrhunderts“ (München 1899) erschienen. Zum Verhältnis des Verlegerehepaars Bruckmann zu Hitler siehe zuletzt Bohnenkamp (2010), Egeria, S. 34–37.

[4] Vgl. Hübner (1991), Geschichte, Bl. 102–116 (bes. 102), und Traska/Lind (2012), Leopoldi, S. 165.

[5] Srbik (1919), Revolution. Vgl. zu diesem Aufsatz Pesditschek (2012), Srbik, S. 274–276.

[6] Srbik (1925), Metternich 1, S. 49: Der Autor „macht aus seiner maßvollen, historisch begründeten konservativen Überzeugung kein Hehl“.

auch vom Verschwörer des 20. Juli 1944 Carl Friedrich Goerdeler[7] geteilt wurde,[8] und die sich nach 1945 fortsetzte.[9]

Abb. 12: Heinrich Srbik

Aber wenn Konservatismus gemäß der Definition durch Michael Oakeshott bedeutet „to prefer the familiar to the unknown, the tried to the untried, fact to mystery",[10] dann hat auf Srbik, der nach 1945 seine Hoffnungen auf die Utopie eines „undogmatischen, nicht marxistisch-orthodoxen Sozialismus" setzte,[11] eine Etikettierung als Konservativer jedenfalls nicht zugetroffen. Im Herbst 1898 trat Srbik dem Verein Deutscher Studenten ‚Gothia' bei, der Georg Schönerer als Idol verehrte. Die grundsätzliche Akzeptanz von dessen proto-nazistischer, ebenso antisemitischer wie antislawischer Doktrin musste bei ihm unweigerlich ein starkes Minderwertigkeitsgefühl auslösen, war er sich doch des Umstandes bewusst, dass sein Großvater väter-

[7] Über das Jahr, in dem Goerdeler Srbik in Wien einen sondierenden Besuch abstattete, hat Srbik offenbar gegenüber verschiedenen Personen verschiedene Angaben gemacht, wie das auch sonst seine Art war. Das Jahr 1944 nannte er dem konservativen Historiker, Widerstandskämpfer und Goerdeler-Biografen Gerhard Ritter (vgl. Pesditschek (2012), Srbik, S. 314, Anm. 263), 1938 dem Historikerfreund Wilhelm Bauer. Vgl. Bauer (1951), Srbik, S. 358.

[8] Vgl. Pesditschek (2012), Srbik, S. 312–314.

[9] Vgl. Pesditschek (2012), Srbik, S. 265.

[10] Oakeshott (1991), Rationalism, S. 408.

[11] Pesditschek (2012), Srbik, S. 317. In diesem Zusammenhang verdient auch seine Rolle als Betreuer einer 1940 approbierten Dissertation Erwähnung, die der weit links stehende nachmalige sozialistische Justizminister Christian Broda verfasste, und die sich durch „eine strikte Ablehnung des Liberalismus und eine geforderte (totale) Verpolitisierung des Menschen" auszeichnete. Vgl. Wirth (2011), Broda, S. 90f.

licherseits zunächst ein „tschechischer Bauernbub“ gewesen war.[12] So suchte Srbik nun Zeit seines Lebens jeden Anschein von (bei seinem Familiennamen ja naheliegender) Slawophilie zu vermeiden. Er vertrat bis zu seinem Lebensende unbeirrbar die Auffassung, die Deutschen hätten die slawischen Völker von Mitteleuropa bzw. „Zwischeneuropa“[13] zu „führen“, und hiermit befinden wir uns bereits im Kern seines eigentlichen Lebensprojektes, der von ihm selbst so genannten „gesamtdeutschen Geschichtsauffassung“. Diese war prinzipiell ein ideologisches Projekt, und es ist evident, dass Srbik mit Hilfe dieser Ideologie nicht etwa nur ein weiteres umfängliches Geschichtswerk,[14] sondern Geschichte selbst zu schreiben hoffte. Dabei strebte er keineswegs bloß ein staatliches Zusammengehen des Deutschen Reiches und „Deutschösterreichs“ an. Vielmehr sollten einem solchen Großdeutschland nach Srbik auch alle Siedlungsgebiete der deutschen Diaspora, das heißt: nicht weniger als ganz Mitteleuropa und „Zwischeneuropa“ „angegliedert“ werden, um auf diese Weise besagte deutsche „Führung“ der dort wohnhaften slawischen bzw. anderen nichtdeutschen Völkerschaften zu gewährleisten. Es gab auch noch ein weiteres wichtiges Element in Srbiks Ideologie, nämlich die so genannte Ehrenrettung der Habsburgermonarchie. In diesem Zusammenhang betonte Srbik insbesondere, dass in der k. u. k. Monarchie das „universalistische“ Denken des Heiligen Römischen Reichs deutscher Nation fortgelebt habe. Daraus leitete Srbik einen zeitlos gültigen Anspruch der Deutschen auf „Führung“ Europas, wenn nicht der ganzen Welt ab. Dass eine Realisierung besagter Ziele der „gesamtdeutschen Geschichtsauffassung“ offensichtlich neue „Hekatomben von Blutopfern“[15] fordern müsste, nahm Srbik bewusst hin.[16]

Für Österreich bedeutete eine Verwirklichung gesamtdeutscher Konzepte seit Ende Jänner 1933 die Vereinigung mit dem nationalsozialistischen Deutschen Reich. Srbik intensivierte jetzt noch seine gesamtdeutsche Propaganda. Die 1935 erschienenen ersten zwei Bände „Deutsche Einheit“ waren unzweifelhaft als Plädoyer zugunsten eines baldigen Anschlusses intendiert und wurden in Österreich auch so verstanden. Auch sonst suchte Srbik zwischen 1933 und 1938 die Interessen der Nationalsozialisten nach Kräften zu fördern. In diesem Sinne ist er in dieser Periode offensichtlich sowohl von vielen Nationalsozialisten selbst wie auch von NS-Gegnern als überzeugter Nationalsozialist wahrgenommen worden.[17]

Srbik persönlich dürfte im Frühjahr und Sommer 1938 Monate der Euphorie durchlebt haben. Er brannte in dieser Zeit ein Feuerwerk von Jubelartikeln in diver-

---

[12] Pesditschek (2012), Srbik, S. 268f.

[13] Das „etwa durch die Linien Danzig-Triest und Riga-Odessa bestimmt ist und durch das Streudeutschtum für uns gekennzeichnet ist“. Srbik (1937 u. 1938), Mitteleuropa, S. 5.

[14] Srbik (1935–1942), Einheit.

[15] Srbiks eigene Formulierung für einen von ihm selbst offenbar als positiv empfundenen Sachverhalt. Pesditschek (2012), Srbik, S. 302.

[16] Vgl. Pesditschek (2012), Srbik, S. 284–290 u. 300–302.

[17] Vgl. Pesditschek (2012), Srbik, S. 291–297; Ebneth (1976), Wochenschrift, S. 39, 178f., 187 u. 239; Oberkofler (1999), Huter, S. 54f.

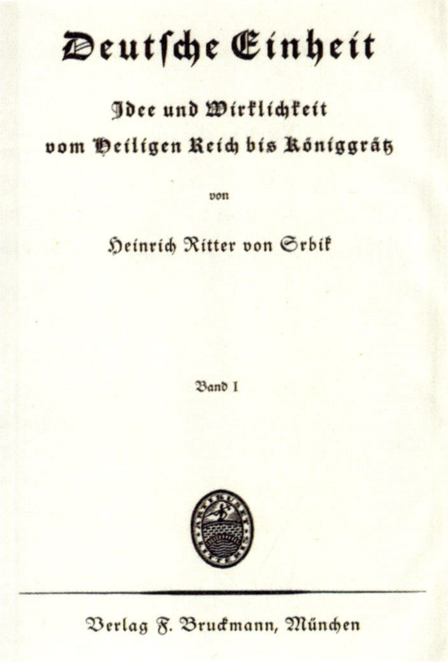
Deutsche Einheit

Idee und Wirklichkeit
vom Heiligen Reich bis Königgrätz

von

Heinrich Ritter von Srbik

Band I

Verlag F. Bruckmann, München

Abb. 13: „Deutsche Einheit“, Titelseite

sen Zeitungen und Zeitschriften ab, angefangen vom „Völkischen Beobachter“, und beschloss auch private Briefe (bis Mitte August 1938) mit „Heil Hitler!“.[18]

In diese Periode fallen auch seine jeweilige Annahme der „Wahl“[19] zum Präsidenten der Akademie der Wissenschaften in Wien und der „Ernennung zum Mitglied des großdeutschen Reichstags durch den Führer und Reichskanzler“ (beides im April 1938),[20] denen dann die Aufnahme in die NSDAP per 1. Mai 1938 folgte.[21]

---

[18] Vgl. Pesditschek (2012), Srbik, S. 297.

[19] Matis (1997), Anpassung, S. 16. Seyß-Inquart und Menghin hatten zunächst geplant, das „Führerprinzip“ sogleich auf die Akademie anzuwenden und Srbik ohne vorausgegangene Wahl zum Präsidenten zu ernennen. Srbik insistierte aber auf einer in Bezug auf ihren Ausgang natürlich gar nicht zweifelhaften „Wahl“. Vgl. dazu den vorstehenden Beitrag von Stefan Sienell, „Die ersten Reaktionen auf den ‚Anschluss‘ in der Akademie der Wissenschaften“, in diesem Band, S. 22–25.

[20] In Srbiks „Rechtfertigungsschreiben“ vom 3. September 1945 heißt es, „daß ich ohne mein Wissen und meinen Willen auf die Wahlliste gesetzt worden bin und erst durch den Rundfunk von dieser Tatsache erfahren habe. […] Zur Annahme der Reichstagsmitgliedschaft bewog mich nicht zuletzt das Interesse der Akademie der Wissenschaften, deren Wohl mir anvertraut wurde.“ Es befand sich auch noch eine alternative (wohl ebenfalls Srbik selbst geschuldete) Version in Umlauf, die besagte, dass Srbik von seiner Ernennung aus der Zeitung erfahren habe. Pesditschek (2012), Srbik, S. 298.

[21] „In Anerkennung seiner Verdienste um die deutsche Einheit erhielt er die niedrige Mitgliedsnummer 6.104.788“. Pesditschek (2012), Srbik, S. 298. Siehe auch das Zitat bei Oberkofler (1999), Huter, S. 126 („das fleißig getragene ‚Parteiabzeichen‘ der NSDAP“).

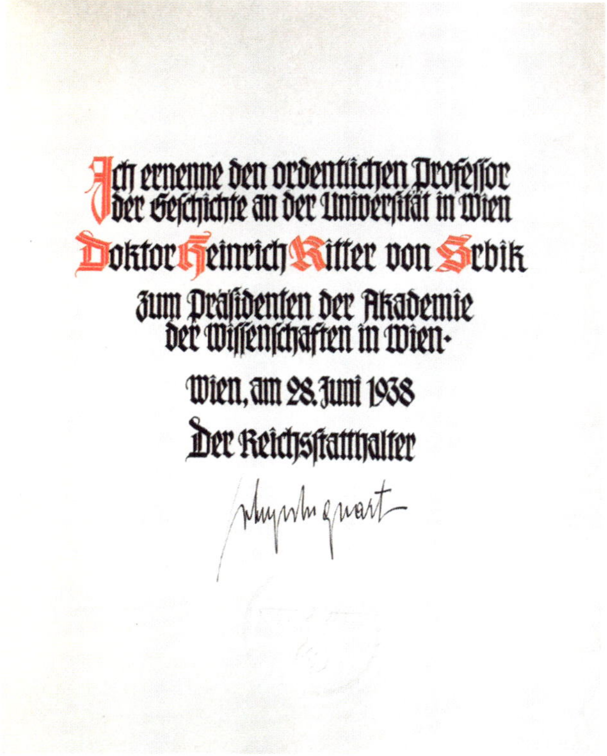

Ich ernenne den ordentlichen Professor
der Geschichte an der Universität in Wien
Doktor Heinrich Ritter von Srbik
zum Präsidenten der Akademie
der Wissenschaften in Wien.
Wien, am 28. Juni 1938
Der Reichsstatthalter

Abb. 14: Ernennungsurkunde Srbiks zum Akademiepräsidenten

Als Akademiepräsident verhielt er sich im Allgemeinen durchaus regimekonform. So zitierte er in seiner Eröffnungsansprache in der Feierlichen Jahressitzung der Akademie von 1942 beifällig aus einem angeblichen Feldpostbrief eines Schülers, dass in der Sowjetunion „das rein Vegetative, Triebhafte" vorherrsche, ein Jahr später nannte er bei analogem Anlass den Russlandfeldzug einen „Kampf der Seele gegen die Maschine, der Liebe gegen den Haß".[22] Bisweilen versuchte Srbik der Berliner Zentrale allerdings auch – in Hinblick auf die Konsequenzen belanglose – Streiche zu spielen. Dabei agierte er jeweils mit Billigung der übrigen „ostmärkischen" nationalsozialistischen Akademiemitglieder, die wie er schon bald nach dem „Anschluss" Erbitterung über die Berliner Herablassung gegenüber Wien empfanden.[23] Trotz der – seiner Ansicht nach – großen Verdienste um den „Anschluss" musste es Srbik hinnehmen, auf Posten ohne realen

[22] Pesditschek (2012), Srbik, S. 309, Anm. 244. Vgl. daneben Oberkofler (2012), Spiegel und Pleyer, S. 167–169.

[23] Siehe dazu den nachstehenden Beitrag von Felicitas Seebacher, „Die Leistungen der deutschen Wissenschaft mit allen Kräften steigern", in diesem Band, S. 147–155.

politischen Einfluss zu sitzen.[24] Er konnte auch die Funktion des NSDAP-Beauftragten für die Akademie nicht selbst ausüben, da er zu diesem Zeitpunkt noch nicht Parteimitglied war, sondern musste diese dem Botaniker Fritz Knoll[25] überlassen.[26] In Bezug auf besagte Aktionen vergleiche man den Paragrafen 10 in Srbiks „Rechtfertigungsschreiben" vom 3. September 1945, seiner subjektiven Erfolgsbilanz als Akademiepräsident.[27]

Nicht erwähnt wird darin ein angeblicher Vorfall, der in dem Erinnerungsbuch[28] eines eher unkritischen Bewunderers von Srbik als ein weiteres Beispiel für dessen in

---

[24] Vgl. ausführlich dazu PESDITSCHEK (2012), Srbik, S. 306–308 u. 311.

[25] Vgl. zuletzt SELIGER (2010), Scheinparlamentarismus, S. 565–567 u. 569–571, und OBERKOFLER (2012), Bemerkungen, S. 3. Nach LEITNER (2010), Christian, passim, zu urteilen, dürfte Fritz Knoll ein umgänglicherer Nationalsozialist gewesen sein als sein Namensvetter, der Rektor der Hochschule für Welthandel und Gaudozentenbundführer in Wien Kurt Knoll. Siehe auch den nachstehenden Beitrag von Klaus Taschwer, „Die zwei Karrieren des Fritz Knoll", in diesem Band, S. 47–54.

[26] Vgl. MASSICZEK (1978), Situation, S. 225. Doch genoss Srbik schon wenig später „bei den Nazis derartiges Vertrauen, dass er die Funktion des NSDAP-Beauftragten der Akademie" von Knoll übernehmen konnte. OBERKOFLER (1983), Stellungnahmen, S. 120. Vgl. dazu auch MATIS (1997), Anpassung, S. 19f., und OBERKOFLER (2012), Bemerkungen, S. 3.

[27] PESDITSCHEK (2012), Srbik, S. 310f. In dem „Rechtfertigungsschreiben" heißt es: „So habe ich – um nur weniges anzuführen – die Beteilung des Dichters Max Mell mit dem Grillparzerpreis gegen den Einspruch des Reichsministers Göbbels [sic!] aufrechterhalten, habe den Angriff des Reichspropagandaamtes gegen die weitere Herausgabe des ‚Archivs für österreichische Geschichte' durch die Akademie abgewehrt, wie ich auch als Vorsitzender der ‚Kommission für neuere Geschichte Österreichs' die [...] verlangte Änderung des Namens in ‚Kommission für neuere Geschichte der Ostmark' abwies und verhinderte"; als weiteres Beispiel für „wenigstens einige bescheidene Erfolge" nennt er „die Ermöglichung der Abraham-a-S[ancta]-Clara-Ausgabe [...]. Die Akademie hat durch diese [...] Edition eine Ehrenpflicht gegenüber dem großen Augustinereremiten [...], eine Ehrenpflicht gegenüber der Heroenzeit Altösterreichs erfüllt." Schließlich verweist er noch auf „eine Episode, die sich durch ein halbes Jahr bis in den Januar 1945 hinzog: auf die Anklage, die von Wien aus gegen mich beim Reichsminister Rust erhoben wurde, da ich für den greisen Erzherzog Eugen, den letzten Kurator und das langjährige Ehrenmitglied der Akademie[,] eine Glückwunschadresse der Akademie,[sic!] zur Vollendung seines achtzigsten Lebensjahres verfaßte und ihm überreichte [...]. Nach hartem Ringen ist es mir gelungen, mir und der Akademie die gebührende schriftliche Genugtuung des Ministers Rust und des Reichsleiters Schirach zu erkämpfen." Was Mell betrifft, so hatte dieser seinerzeit den Anschluss an Nazideutschland gleichfalls herbeizuschreiben versucht. Als ihm der Grillparzer-Preis verliehen wurde, war er noch Anwärter auf die Parteimitgliedschaft, und auch nach 1945 wurde er von den meisten Angehörigen des österreichischen P.E.N.-Clubs als ein der Mitgliedschaft dieser Literatenvereinigung unwürdiger „Nazi-Autor" angesehen; so jedenfalls der seinerseits Mell sehr wohl schätzende jüdische Autor Hermann Hakel in einem gleich zweimal aus dem Nachlass herausgegebenen Text: HAKEL (1991), Äste, S. 68f. = HAKEL (2011), Von denen ich weiß, S. 205. Aus heutiger Sicht kompromittierender war die von Srbik betriebene und schließlich am 27. Mai 1941 erfolgte Wahl des dezidierten NS-Literaten Erwin Guido Kolbenheyer zum EM der Gesamtakademie, mit der Srbik unmittelbar nach den Mell-Wirren die Hoffnung verband, *ein starkes Gegengewicht zu schaffen, das die Preisverleihung an Mell an Bedeutung übertreffe* (AÖAW, Grillparzerpreis 1941).

[28] Vgl. SPITZMÜLLER (1955), Ursach.

seinem Amt als Akademiepräsident gezeigten „Mannesmut" angeführt wird und der darin bestanden haben soll, dass in der „ersten Sitzung der Akademie nach dem Anschluß [...] der Generalsekretär der Akademie" einen „Jahresbericht verlas", in dessen Rahmen auch drei jüngst verstorbene Akademiemitglieder jüdischer Herkunft gewürdigt wurden.[29] Dem Ausschluss der „nichtarischen" Mitglieder hat sich Srbik dann allerdings nicht widersetzt.[30] Und trotz geradezu freundschaftlicher Beziehungen zu seinen Historikerkollegen jüdischer Herkunft Hans Rothfels und Friedrich Engel-Janosi war Srbik grundsätzlich seit seinen Studententagen ein überzeugter „Rassenantisemit", der dieser Einstellung zwischen 1938 und 1945 auch in seinen (mehr oder weniger) wissenschaftlichen Publikationen Ausdruck verlieh.[31]

In Srbiks Liste seiner Errungenschaften als Akademiepräsident fehlt auch sein Eintreten zugunsten von Johan Huizinga, das vielfach als erfolgreich bezeichnet wird.[32] Der berühmte, eher konservative niederländische (Kultur-)Historiker stellte für die Nationalsozialisten seit dem Von-Leers-Zwischenfall im Frühjahr 1933[33] eine *persona ingratissima* dar und war von NS-deutschen Besatzungsorganen unter dem seit 29. Mai 1940 als Reichskommissar für die besetzten Niederlande wirkenden ehemaligen Reichsstatthalter Seyß-Inquart am 7. August 1942 verhaftet und als Geisel in das KZ Sint-Michielsgestel überführt worden. Auf Ersuchen von Huizingas Freund Willem Jan Mari van Eysinga hin[34] setzte sich Srbik in zwei Briefen an seinen ehemaligen Kompatrioten und Kampfgefährten für eine Freilassung Huizingas ein,[35] doch

---

29 „Als ich Srbik nach der Sitzung fragte, wie er dies zustandegebracht habe, teilte er mir mit, daß in der Tat die Eliminierung der Würdigung der drei jüdischen Gelehrten von der Gauleitung gefordert worden war, daß er aber erklärt habe, in diesem Falle die Sitzung nicht abhalten zu können, da er die Akademie durch die Verschweigung dieser Namen nicht international blamieren könne." Ebda, S. 404. Zitiert bei Pesditschek (2012), Srbik, S. 311.

30 Außer im einen Fall, dem des Geologen Franz Eduard Suess. Vgl. Matis (1997), Anpassung, S. 30. Siehe auch den nachstehenden Beitrag von Herbert Matis „Ausschluss von Mitgliedern", in diesem Band, S. 55–62.

31 Vgl. ausführlich dazu Pesditschek (2012), Srbik, S. 302–306; Oberkofler (2012), Spiegel und Pleyer, S. 213; Reiter (1999), Zerstört, S. 610, und Rupnow (2010), Brüche, S. 82–84.

32 Vgl. Matis (1997), Anpassung, S. 56.

33 Vgl. dazu ausführlich zuletzt Krumm (2011), Huizinga, S. 201–203.

34 Vgl. Huizinga (1991), Briefwisseling III, S. 350 (Brief vom 16. August an seine Frau), und van der Lem (1993), Huizinga, S. 269.

35 Vgl. Huizinga (1991), Briefwisseling III, S. 346, Anm. 3 und 4. Der erste Brief Srbiks war vermutlich ohne Reaktion geblieben.

264/1942

DER REICHSKOMMISSAR
FÜR DIE BESETZTEN NIEDERLÄNDISCHEN GEBIETE
Dr.W./S-P

DEN HAAG, 2.September 1942

Sehr geehrter Herr Präsident!

Ihre beiden Schreiben vom 13.und 18.August in der Angelegenheit des Professors H u i z i n g a habe ich zum Anlaß genommen, die Möglichkeit einer Freilassung Huizinga's prüfen zu lassen. Auf Grund dieser Prüfung muß ich Ihnen mitteilen, daß in der gegenwärtigen Situation ein Verzicht auf Huizinga als Geisel nicht gut möglich ist.

Huizinga wird im niederländischen Raum so sehr als bedeutsamster und bewußter Exponent der westlichen und damit dem Reichsgedanken und dem Nationalsozialismus feindlich eingestellten Wissenschaft und Geisteshaltung empfunden, daß es uns als Unsicherheit oder gar Schwäche ausgelegt werden müßte, wenn er aus dem Geisellager wieder entlassen werden würde, während seine weniger bedeutenden Kollegen von der Universität Leiden wegen des gleichen demonstrativen Entlassungsgesuches verhaftet bleiben.

Was den Gesundheitszustand Huizinga's anlangt, habe ich Weisung gegeben, daß er ganz besonders sorgfältig beobachtet wird. Sobald eine Verschlechterung eintreten sollte, die einen Aufenthalt im Geisellager für ihn als gesundheitsschädigend erscheinen ließe, wird er aus diesem Grund entlassen werden. Im übrigen sind die Geiseln im Lager gut untergebracht und auch gut verpflegt, so daß auch bei älteren Herren eine körperliche Schädigung im allgemeinen nicht zu erwarten ist.

Ich bitte, mich Ihrer Frau bestens zu empfehlen, und begrüße Sie, sehr geehrter Herr Präsident, herzlich mit

Heil Hitler!
Ihr sehr ergebener

An den
Präsidenten d.Akademie d.Wissenschaften
in Wien, Herrn Univ.Prof.Dr.H.v. S r b i k
Wien I., Universitätsplatz 2

Abb. 15: Schreiben von Seyß-Inquart an Srbik vom 2. September 1942 in seinem mit 2. September 1942 datierten Antwortschreiben erteilte Seyß-Inquart Srbiks Ersuchen einen eindeutig abschlägigen Bescheid.[36]

Anfang März 1945 zog sich Srbik auf seinen Zweitwohnsitz im Tiroler Ehrwald zurück, wobei er für die Zeit seiner Abwesenheit dem Rektor der Universität Wien, Eduard Pernkopf,[37] „die Obsorge über die Akademie“ übertrug.[38] Von dort sollte er aus Furcht vor der „Maschine“ der Roten Armee nie mehr nach Wien zurückkehren. Obwohl (allerdings nur) dem Buchstaben nach kein „Illegaler“, erfolgte seine Entlassung als akademischer Lehrer und die Suspendierung seiner Akademiemitgliedschaft.[39] Im Frühjahr 1948 wurde ihm dann dank Protektion durch den sozialistischen Innenminister Oskar Helmer[40] eine Pension zuerkannt, und Ende 1948 lebte auch seine Mitgliedschaft in der Akademie wieder auf.[41] Offiziell blieb Srbik gleichwohl *persona non grata*. Als man Srbik nach einer freilich nur in quantitativer Hinsicht ungemein fruchtbaren letzten Schaffensperiode, in der er keinerlei Bedauern über sein früheres Verhalten bekundete und seine alten Ansichten (wenn nun auch zum Teil verhüllt) aufs Neue reproduzierte,[42] in Ehrwald schließlich zu Grabe trug, waren – nach Spitzmüller – „weder die Akademie der Wissenschaften noch die Wie-

---

[36] Vgl. AÖAW, Protokoll der Gesamtsitzung am 27. November 1942 (A 974), und AÖAW, PA Johan Huizinga, Seyß-Inquart an Srbik vom 2. September 1942 [teilweise bereits in niederländischer Übersetzung bei van der Lem (1993), Huizinga, S. 271, publiziert], nebenstehend faksimiliert. Tatsächlich wurde Huizinga zwei Tage später, am 4. September, *für lagerunfähig erklärt* (AÖAW, PA Johan Huizinga, Van Eysinga an Srbik vom 13. September 1942) und in das Krankenhaus in Den Bosch verbracht. Nach einer abermaligen Verbringung ins Lager wurde er am 25. Oktober (nominell) aus gesundheitlichen Gründen freigelassen. Vgl. van der Lem (1993), Huizinga, S. 272f. u. 290, und Krumm (2011), Huizinga, S. 237f. Diese glückliche Wende wurde von einem Freund Huizingas naheliegenderweise als Folge des Srbikschen Engagements gedeutet, vgl. Jan der Hoeve, Vorsitzender der Niederländischen Akademie der Wissenschaften Leiden und ehem. Rektor der Universität Leiden, an Srbik vom 5. November 1942 (AÖAW, PA Johan Huizinga): „Da unser gemeinschaftliche[r] Freund Prof. Dr. J. Huizinga entlassen worden ist, möchte ich Ihnen bestens danken für den Anteil[,] den Sie in seiner Befreiung gehabt haben.“ Dass Srbiks Intervention aber tatsächlich Anteil an Huizingas Entlassung in die Freiheit – nota bene jene einer Verbannung außerhalb Leidens – zukam, ist m.E. im Hinblick auf die Formulierungen in Seyß-Inquarts Antwortbrief und die Chronologie höchst unwahrscheinlich. Vgl. auch Strupp (2000), Huizinga, S. 42, Anm. 100, der ihr „nur eine untergeordnete Rolle“ zuschreibt, und zuletzt Krumm (2011), Huizinga, S. 238 („Was Huizingas Freilassung […] bewirkte, ist nicht mit Sicherheit nachzuvollziehen“).

[37] Vgl. zuletzt Seliger (2010), Scheinparlamentarismus, S. 567–571.

[38] Pesditschek (2012), Srbik, S. 315.

[39] Dabei blieb er aber „weiter gesuchter Ratgeber in Akademieagenda“. Oberkofler (2012), Bemerkungen, S. 3.

[40] Vgl. Höbelt (1999), VdU, S. 17 u. 56.

[41] Vgl. Pesditschek (2012), Srbik, S. 315.

[42] Vgl. ausführlich Pesditschek (2012), Srbik, S. 315–322. Zu den Aktivitäten des späten Srbik im Rahmen bzw. zugunsten seines alten Milieus vgl. Höbelt (1999), VdU, S. 144; Oberkofler (1999), Huter, S. 82f. u. 87f., und Oberkofler (2008), Grass, S. 92–96 u. 98f.

ner Universität noch die Regierung direkt vertreten".[43] Als eine Art von Wiedergutmachung wurden ihm aber im Umfeld der Akademie nicht weniger als drei Nachrufe zuteil: der von seinem gleichfalls scharf antisemitischen Historikerfreund Wilhelm Bauer verfasste Nachruf im Almanach der Akademie, der sich ganz an die ungeschriebenen Gesetze dieses Genres hielt,[44] und zusätzlich persönliche Würdigungen von zwei ehemaligen Schülern, Günther Hamann und Adam Wandruszka,[45] im 1979 erschienenen 115. Band des Anzeigers der phil.-hist. Klasse. In hellstem Glanz erstrahlt hier (insbesondere in der Darstellung von Hamann) eine Lichtgestalt, die mit der düsteren Persönlichkeit eines günstigstenfalls Albert Müllers Definition eines „Austro-Nazi" entsprechenden[46] genuinen Nationalsozialisten, die aufgrund der sonstigen Evidenz zu rekonstruieren ist, kaum mehr als den Namen und die elementaren biografischen Daten gemeinsam hat.[47]

Martina Pesditschek

---

[43] Spitzmüller (1955), Ursach, S. 405.

[44] Vgl. Bauer (1951), Srbik; vgl. zu diesem Oberkofler (2012), Bemerkungen, S. 3.

[45] Vgl. Hamann (1979), Nachkriegserinnerungen, und Wandruszka (1979), Srbik. Zu Wandruszka vgl. Oberkofler (2012), Bemerkungen, S. 7.

[46] Vgl. zuletzt Leitner (2010), Christian, S. 68.

[47] Vgl. Pesditschek (2012), Srbik, S. 309f., Anm. 246.

Die zwei Karrieren des Fritz Knoll

Wie ein Botaniker nach 1938 die Interessen der NSDAP wahrnahm – und das nach 1945 erfolgreich vergessen machte

Ein langes Leben als Wissenschafter führt am Ende oft zu späten Auszeichnungen. Beim Botaniker Fritz Knoll, der im Februar 1981 im 97. Lebensjahr nach 45-jähriger Mitgliedschaft in der Akademie der Wissenschaften verstarb, war es nicht viel anders. 1965 erhielt der Forscher das Österreichische Ehrenkreuz für Wissenschaft und Kunst I. Klasse. Vier Jahre zuvor wurde ihm durch den akademischen Senat der Universität Wien das Rektorserinnerungszeichen der Universität Wien *in Anerkennung* [der] *ehrenvollen und mutigen Amtsführung in schwerer Zeit* verliehen.[1] Das war nicht die einzige Ehrenbezeugung, die Fritz Knoll für sein in vielerlei Hinsicht bemerkenswertes Rektorat von 1938 bis 1943 erhielt: Bereits im März 1943 hatte sich die Beamtenschaft der Universität Wien erlaubt, *anlässlich der Vollendung Ihrer Amtstätigkeit als erster Rektor der nationalsozialistischen Universität Wien* [...] *Eurer Magnifizenz den Ausdruck unserer tiefempfundenen Treue und Dankbarkeit zu unterbreiten.* [...] *Heil Hitler!*[2]

Abb. 16: Fritz Knoll (1943)

[1] AÖAW, Nachlass Fritz Knoll, K. 5, Urkunde 8, Erinnerungsurkunde an seine Zeit als Rektor der Universität Wien 1938–1943.

[2] AÖAW, Nachlass Fritz Knoll, K. 5, Urkunde 6, Schreiben der Beamtenschaft der Universität Wien anlässlich des Endes von Knolls Rektorat (1943).

In der langen Geschichte der Universität Wien seit 1365 stellte Knolls fünfjährige Amtszeit tatsächlich eine Besonderheit dar: Der Botaniker war der einzige Rektor, der unter Missachtung der universitären Selbstverwaltung von den politischen Machthabern kommissarisch eingesetzt wurde. Dasselbe gilt auch für seine Funktion als NS-Beauftragter für die Akademie der Wissenschaften. Diese Funktion hatte er allerdings sehr viel kürzer – knapp ein Jahr – inne. Wie aber kam es, dass Fritz Knoll Magnifizenz einer der größten und ältesten Universitäten Europas wurde? Was hat er während seiner Zeit als NS-Beauftragter für die Akademie und als Rektor der Universität geleistet? Und wie schaffte es Knoll, nach 1945 an der Akademie der Wissenschaften noch eine zweite Karriere zu starten und zu seinen späten Auszeichnungen zu kommen?

Ist Knolls wissenschaftliche Laufbahn gut dokumentiert,[3] so wurde seine politische Karriere bisher kaum aufgearbeitet. Allem Anschein nach hat er sich schon früh deutschnational engagiert. Knoll war Mitglied der einschlägigen Sängerschaft Gothia und Vorstandsmitglied des 1908 gegründeten Deutschen Klubs,[4] eines Forums deutschnationaler Akademiker. Mit 1. Juli 1933 trat er dem NS-Lehrerbund bei, und nach 1934 gehörte er zu den wenigen Universitätsprofessoren, die sich der verpflichtenden Mitgliedschaft bei der Vaterländischen Front entzogen.[5] Aus dieser Zeit gibt es dann weitere konkrete Bestätigungen für Knolls nationalsozialistische Gesinnung: So heißt es in einem Bericht der Geheimpolizei an die Landesführung der Vaterländischen Front vom 7. Juli 1937, dass an seinem Institut eine *in unerträgliche*[r] *Art provokante nationalsozialistische Majorität auf Seiten der Lehrer, Hörer- und Angestelltenschaft* herrsche. Konsequenterweise stellte er im November 1937 einen Antrag auf Mitgliedschaft bei der NSDAP, seine Mitgliedsnummer lautete 6.235.774. In einem anderen, von Parteivertretern mehrfach zitierten Bericht aus der NS-Zeit wird zudem bestätigt, dass er bereits lange vor 1938 in Stiefeln und schwarzer Reiterhose zu seinen Vorlesungen erschien und auf diese Weise den Studierenden gegenüber seine Anhängerschaft zum Nationalsozialismus zum Ausdruck gebracht habe.[6]

Nach dem „Anschluss" kam dann die große Stunde für Knoll: Am 15. März beauftragte ihn die Landesleitung der NSDAP mit sofortiger Wirksamkeit, *die Interessen der Landesleitung an der Wiener Universität wahrzunehmen.*[7] Warum die Wahl der NSDAP ausgerechnet auf Fritz Knoll fiel, ist nicht ganz leicht nachzuvollziehen. Der Hauptgrund dürfte wohl gewesen sein, dass noch besser geeignete Kandidaten 1934 von den Austrofaschisten entlassen worden waren – was nun nicht heißen soll,

---

[3] Für eine wissenschaftliche Biografie Knolls vgl. EHRENDORFER (1983), Knoll, und EHRENDORFER (1984), Knoll.

[4] Knoll erwähnt beide Mitgliedschaften in seinem Aufnahmeantrag in die NSDAP, in: ÖStA-AdR, Gauakt Fritz Knoll, BMI/GA 38749.

[5] Alle Angaben aus dem Gauakt Fritz Knoll, ÖStA-AdR, BMI/GA 38749.

[6] Ebda. Der Originalbericht wurde von Dozentenbundführer Arthur Marchet verfasst.

[7] Das Schreiben findet sich sowohl im AÖAW, Nachlass Fritz Knoll, K. 1, Mappe 1, als auch in seinem Gauakt im ÖStA-AdR.

dass Knoll nicht auch ein überzeugter Nationalsozialist gewesen wäre. Eine seiner ersten Aufgaben war es, die Wiener Universität „vor allem rasch und gründlich von allen jenen Professoren und Dozenten [zu befreien], die als Lehrer an einer nationalsozialistischen Hochschule nicht geeignet waren“, wie es in einem zeitgenössischen Bericht heißt.[8] Diese Aufgabe erledigte er tadellos: Am 23. April 1938 waren 252 Universitätslehrerinnen und -lehrer aus „rassischen“ und politischen Gründen von der Universität Wien entfernt. „Nach der Reinigung der Lehre und Forschung von rassefremden und volksfremden Wissenschaftern ist es nun erst möglich geworden, dass der deutsche Lehrer und Forscher in jeder Hinsicht ein Vorbild für die deutsche Jugend sein kann“, referierte Knoll drei Jahre später. „Deshalb ist der Jude auch aus unserer Wissenschaft verschwunden und zwar für alle Zeiten.“[9]

Parallel machte Knoll auch an der Akademie der Wissenschaften Karriere: Das seit 1934 k.M. I. wurde in der Gesamtsitzung am 25. März ersucht, *für die Zeit bis zur endgiltigen Regelung der Akademie-Statuten die Wahrung der Interessen der Landesleitung der NSDAP in Oesterreich für den Bereich der Akademie der Wissenschaften zu übernehmen.*[10] Die Bestätigung folgte am 29. März 1938 durch die Landesleitung der NSDAP.[11] Knolls Tätigkeit sah unter anderem die Entlassung jüdischer Mitarbeiter und Mitarbeiterinnen an jenen Instituten vor, die von der Akademie als Forschungsträgerin verwaltet wurden. Im Fall des Instituts für Radiumforschung und der Biologischen Versuchsanstalt (BVA) bedeutete das schwere Verluste, da jüdische Forscherinnen und Forscher in Physik und Biologie bereits seit den frühen 1920er Jahren kaum mehr Chancen auf universitäre Karrieren hatten und deshalb in diesen beiden Forschungseinrichtungen besonders stark vertreten waren.[12]

Knolls kurzes Akademie-Intermezzo ging bereits im März 1939 wieder zu Ende: Ab dem 16. März 1939 nahm der Präsident Heinrich Srbik die Interessen der NSDAP wahr. Knoll war es in seinem Antwortschreiben *nur angenehm, dass ich nun wieder von einer meiner zahlreichen Verpflichtungen entbunden worden bin.*[13] Kurz zuvor wurde Knoll auch zum o.M. der Akademie gewählt – wobei die Wahl nicht nur politisch motiviert war. Die Akademie hatte bereits bei der Sitzung der Wahlkommission am 24. Februar 1938 beschlossen, bei den nächsten Wahlen eine wirkliche Mitgliedschaft für das Fach Botanik zu binden. Zur Wahl standen am 22. November 1938 Fritz Knoll und Friedrich Weber; Knoll setzte sich durch.[14]

---

[8] Bereichsstudentenführung Süd-Ost (1938), Jahrbuch, S. 60.

[9] Knoll (1942), Wissenschaft, S. 23.

[10] AÖAW, Protokoll der außerordentlichen Gesamtsitzung vom 25. März 1938 (A 933).

[11] Vgl. AÖAW, Nachlass Fritz Knoll, K. 1, Mappe 1.

[12] Vgl. Taschwer (2013), Geheimsache. Für die besonders perfide „Säuberung“ des Vivariums siehe den nachfolgenden Beitrag von Klaus Taschwer, „Vertrieben, verbrannt, verkauft, vergessen und verdrängt“, in diesem Band, S. 105–115.

[13] AÖAW, Nachlass Fritz Knoll, K. 1, Mappe 1, Knoll an Srbik vom 23. März 1939.

[14] Vgl. AÖAW, Wahlen, K. 4, Mappe „1938“.

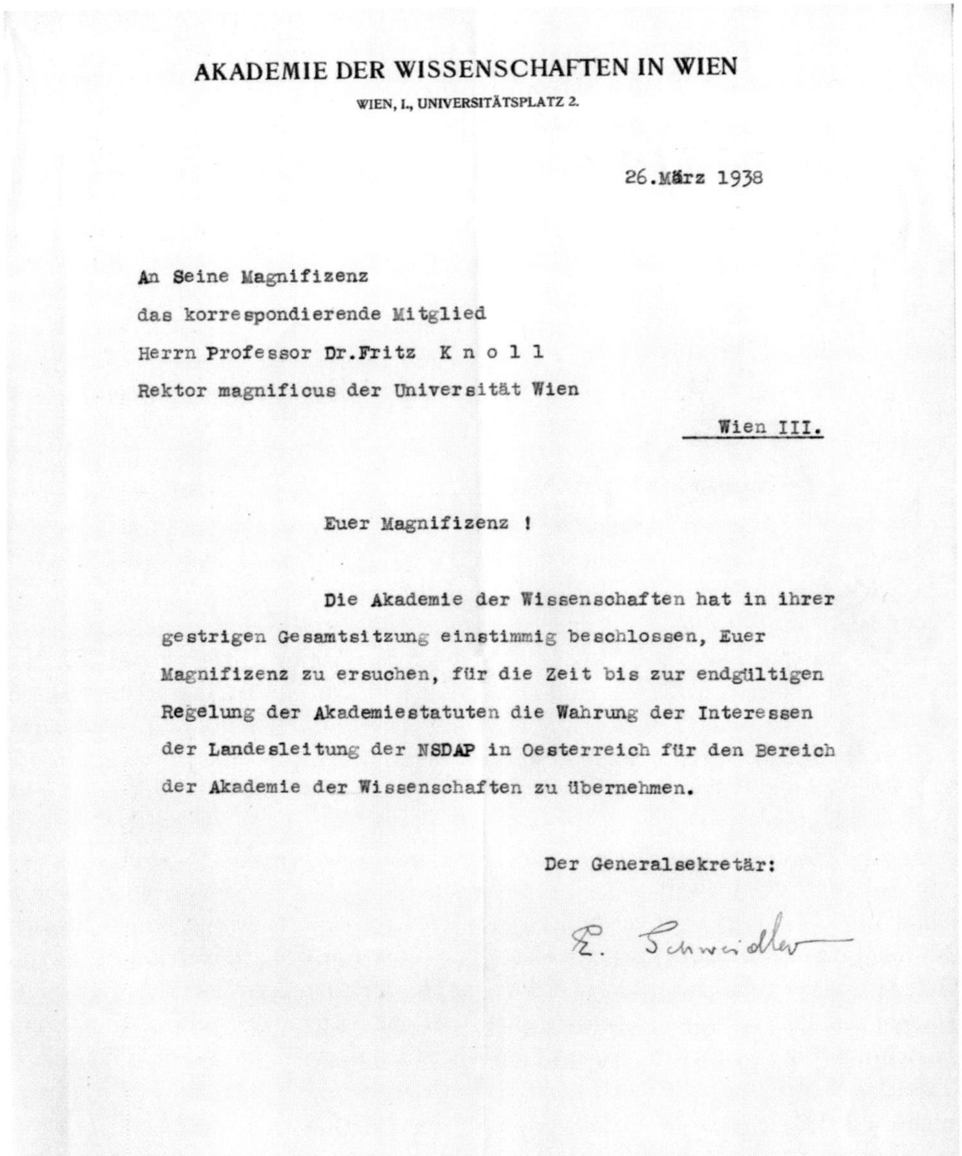

AKADEMIE DER WISSENSCHAFTEN IN WIEN

WIEN, I., UNIVERSITÄTSPLATZ 2.

26.März 1938

An Seine Magnifizenz
das korrespondierende Mitglied
Herrn Professor Dr.Fritz K n o l l
Rektor magnificus der Universität Wien

Wien III.

Euer Magnifizenz !

Die Akademie der Wissenschaften hat in ihrer gestrigen Gesamtsitzung einstimmig beschlossen, Euer Magnifizenz zu ersuchen, für die Zeit bis zur endgültigen Regelung der Akademiestatuten die Wahrung der Interessen der Landesleitung der NSDAP in Oesterreich für den Bereich der Akademie der Wissenschaften zu übernehmen.

Der Generalsekretär:

E. Schweidler

5000. XII. 32. — Druck der Österreichischen Staatsdruckerei in Wien. 9305 32

Abb. 17: Brief Schweidlers an Knoll vom 26. März 1938

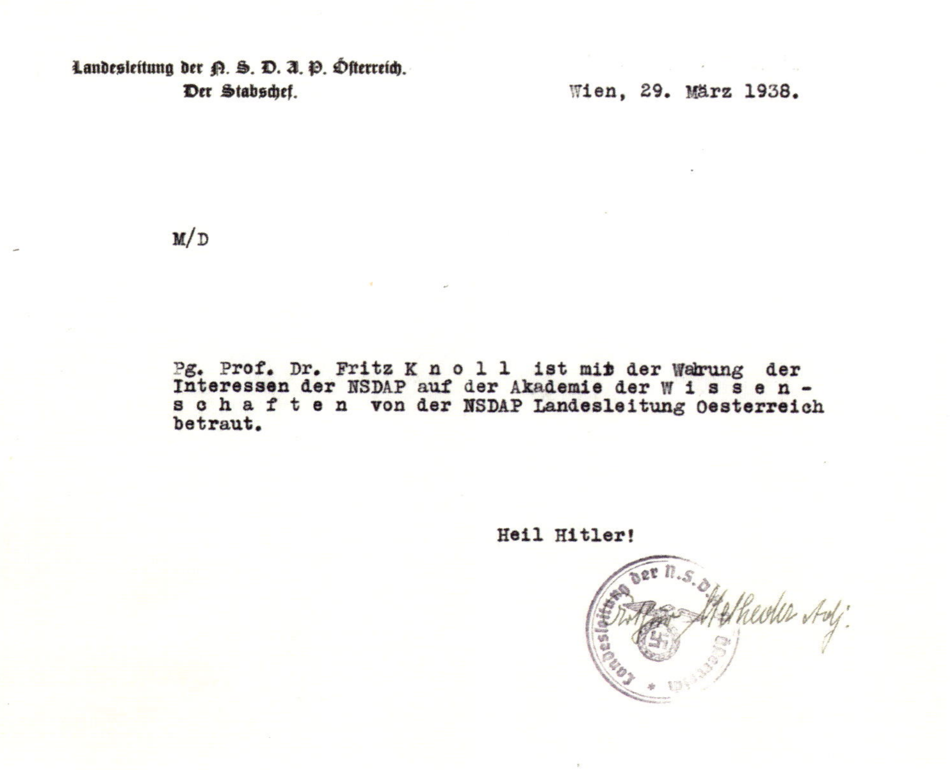

Landesleitung der N. S. D. A. P. Österreich.
Der Stabschef.

Wien, 29. März 1938.

M/D

Pg. Prof. Dr. Fritz K n o l l ist mit der Wahrung der Interessen der NSDAP auf der Akademie der W i s s e n - s c h a f t e n von der NSDAP Landesleitung Oesterreich betraut.

Heil Hitler!

Abb. 18: Schreiben der NSDAP an Knoll vom 29. März 1938

Als Rektor der Universität Wien amtierte das o.M. der Akademie noch bis zum März 1943. Bis dahin hatte Knoll Gelegenheit, auf akademischem Boden für den Nationalsozialismus zu werben. Eine seiner exponiertesten Reden hielt Knoll 1941 in Bukarest, wo er auch ausführlich auf die Frage der Juden in der Wissenschaft einging. In dem Text heißt es unter anderem: „Man kann nicht sagen, der Jude sei unfähig zur Forschung. Eine richtig ermittelte wissenschaftliche Tatsache bleibt auch dann eine Tatsache, wenn sie von einem Juden einwandfrei ermittelt wurde. Das ist es also nicht, was der Nationalsozialismus bekämpft hat […]. Jüdisch aufgemachte Wissenschaft unterscheidet sich im allgemeinen nicht viel vom jüdischen Journalismus. Beides sollte ja doch in erster Linie dem jüdischen Streben nach Weltgeltung und Weltbeherrschung dienen. Dabei zeigte es sich, dass die jüdischen Forscher bestimmte Arbeitsgebiete bevorzugten und teilweise sogar erst schufen, um auf diese Weise ihre rassegebundenen Fähigkeiten […] für ‚die Welt' und damit schließlich gegen das deutsche Volk zur Geltung zu bringen."[15]

[15] Knoll (1942), Wissenschaft, S. 23.

Knoll räumte im März 1943 an der Universität Wien sein Rektorat und machte Platz für den Anatomen Eduard Pernkopf. Grund dafür war zum einen der Beschluss des Reichsministeriums für Wissenschaft, Erziehung und Volksbildung im November 1941, dass es auch in Kriegszeiten zu Rektorenwechseln nach zumindest drei, höchstens nach fünf Jahren kommen sollte.[16] Zum anderen hatte es seitens der Studentenschaft und der SS Einwände gegen Knoll gegeben: So trat die Bereichsführung Südost der Reichsstudentenführung bereits am 10. August 1938 dafür ein, das Mandat von Knoll nicht zu verlängern. Knoll verfüge nicht *über jene Führerpersönlichkeit, wie sie ein zweifellos verfahrener und im liberalistischen Zeitalter steckengebliebener Betrieb wie die Universität Wien verlangt.*[17] Das konnte Knolls Rektorat damals aber nicht gefährden. Allerdings gab es auch ex post noch eine kritische Abrechnung mit Knoll. Er sei als kommissarischer Rektor fehl am Platz gewesen, heißt es in einem von einem SS-Hauptsturmführer verfassten Schreiben vom 19. April 1943: *Vor allem fehlte ihm jede repräsentative Wirkung, ebenso wie er in vieler Beziehung als zu weich empfunden wurde.* [...] *Bei seinen Entscheidungen zeigte sich Knoll oft sehr instinktlos. Das ging manchesmal so weit, dass man an seiner politischen Gesinnung zweifeln müsste. Knoll ist eine ausgesprochen schwerfällige Natur, weltanschaulich nicht durchgebildet und vor allem nur schwer zu entscheidenden und klaren Schritten und Konsequenzen bereit.*[18]

Diese harte Kritik an Knolls Persönlichkeit sollte sich für ihn als Glücksfall herausstellen. Im Juni 1945 wurde er aufgrund seiner Mitgliedschaft bei der NSDAP zwar durch Erlass des Staatsamtes für Volksaufklärung, Unterricht, Erziehung und Kultusangelegenheiten aus dem öffentlichen Dienst entlassen. Und auch die Akademie stellte seine Mitgliedschaft ruhend. 1947 wurde dann Knolls Fall behördlich geprüft. Wahrscheinlich spielte Knoll nun die demütigende Beurteilung durch die SS in die Hände. Er selbst ließ zur Verteidigung außerdem noch anführen, dass er etwa bei seinem Vortrag in Bukarest die NS-Ideologie abgeschwächt habe. Er habe damals zwar noch den *offiziellen nationalsozialistischen Standpunkt* vertreten, *obgleich er sich auch in dieser Zeit schon teilweise als ‚Ketzer' erwies.*[19]

Was auch letztlich der Grund gewesen sein mag: Im Dezember 1947 erhielt Knoll die Bescheinigung, dass er gemäß Paragraf 17, Abs. (3), des Verbotsgesetzes als minderbelastete Person gelte. Aus diesem Grund wurde seine Entlassung von der Universität in eine Pensionierung umgewandelt. Und mit dem Inkrafttreten des Amnestiegesetzes konnte auch Knolls wirkliche Mitgliedschaft an der Akademie wieder auf-

---

[16] Vgl. ÖStA-AdR, Gauakt Heinrich Srbik, BMI/GA 49317, Blatt 26f., Bericht über die Rektorfrage an der Universität Wien.

[17] ÖStA-AdR, Gauakt Fritz Knoll, BMI/GA 38749, Schreiben an den persönlichen Referenten des Gauleiters Globocnik, Pg. Dr. Capra.

[18] ÖStA-AdR, Gauakt Fritz Knoll, BMI/GA 38749. Unterschrift des SS-Hauptsturmführers unleserlich.

[19] Privatarchiv Dr. Franz Speta, Linz, Schreiben von Knoll oder seinem Rechtsvertreter, ohne Datum.

Abb. 19: Fritz Knoll

leben.[20] Ab dieser Zeit war der Botaniker vor allem an der Akademie der Wissenschaften tätig, da er an der Universität nach wie vor Hausverbot hatte.[21] So kam es, dass Knoll auf seine späten Tage auch noch zum Hobbywissenschaftshistoriker wurde. Der Akademiepräsident Heinrich Ficker beauftragte ihn nämlich, den Band „Österreichische Naturforscher und Techniker" (1951) herauszugeben, der zeigen sollte, „wie groß bisher der Anteil von Österreichern an den Erfolgen der Naturforschung und der Technik und damit am allgemeinen Fortschritt der Menschheit war", wie es Ficker in seiner Einleitung formulierte.[22] Knoll hatte freie Hand, die einzigen Bedingungen für die Aufnahme in das Buch waren, dass die porträtierten Forscher und Techniker erstens entsprechend bedeutsam und zweitens schon tot sein mussten. 1957 folgte dann noch der Band „Österreichische Naturforscher, Ärzte und Techniker", wieder unter Federführung Knolls.

---

[20] Vgl. AÖAW, Nachlass Fritz Knoll, K. 1, Mappe 1, Mitteilung durch Präsident Heinrich Ficker am 16. Juni 1948. Faksimiliert im vorliegenden Band, S. 186.

[21] Vgl. AÖAW, Nachlass Fritz Knoll, K. 2, Mappe 10, Korrespondenz mit Lother Geitler betreffend das Botanische Institut der Universität Wien, insbesondere den Brief Geitlers vom 7. Jänner 1949.

[22] Österreichische Akademie der Wissenschaften (1951), Naturforscher, S. 7.

Die Autorenauswahl des Hobby-Historiografen ist aus heutiger Sicht einigermaßen befremdend: Einige ehemalige Nazis wie Knoll selbst, der Paläontologe Kurt Ehrenberg oder der Anatom Eduard Pernkopf verfassten etliche der Beiträge. Noch bemerkenswerter aber sind die Forscher, die auf den insgesamt 450 großformatigen Seiten mit keinem einzigen Wort erwähnt werden. Um nur drei Beispiele zu nennen: Stefan Meyer (1872–1949, Physiker und langjähriger Leiter des Instituts für Radiumforschung der Akademie der Wissenschaften) fehlt ebenso wie Hans Przibram (1874–1944, im KZ Theresienstadt umgebracht, Zoologe, Gründer und langjähriger Leiter der BVA) oder Eugen Steinach (1861–1944, Physiologe, weltberühmter Pionier der Hormonforschung, Abteilungsleiter an der BVA). Alle drei waren jüdische Forscher, die ihre Arbeitsgebiete „teilweise sogar erst schufen", wie es Knoll 1941/42 formulierte.[23] Alle drei wurden zunächst unter Knolls Regie 1938 aus der Akademie und der Universität Wien entfernt – und knapp zwanzig Jahre später von Knoll konsequenterweise aus der offiziell von der Akademie herausgegebenen Geschichte der Wissenschaften in Österreich eliminiert. Wie hieß es bei Knoll 1941/42: „Deshalb ist der Jude auch aus unserer Wissenschaft verschwunden und zwar für alle Zeiten."[24]

Im selben Jahr, in dem der zweite Band erschien, wurde der Botaniker mit 74 Jahren noch Sekretär der math.-nat. Klasse und ein Jahr später Generalsekretär der Akademie. Das Amt sollte er bis 1964 ausüben. 1967 wurde der mittlerweile 84-Jährige dann noch ein letztes Mal geehrt: Durch Beschluss der Gesamtsitzung der Akademie erhielt er die Medaille „Bene Merito" in Silber für besondere Verdienste um die ÖAW.[25]

Klaus Taschwer

---

[23] Knoll (1942), Wissenschaft, S. 23.
[24] Ebda.
[25] Vgl. Almanach f.d.J. 1966, 117 (1967), S. 145.

I. 2. Folgen des „Anschlusses"

Ausschluss von Mitgliedern

Das erste Opfer jeder Diktatur ist das Recht. Auch der Nationalsozialismus verfolgte nach der „Machtergreifung" im Deutschen Reich 1933 die Praxis, durch eine gezielte Veränderung der Rechtsbasis seine gegen alle Menschenrechte verstoßenden Handlungsweisen mit dem Anschein von Legitimität zu versehen. Unrecht erhielt auf diese Weise einen legitimen Anstrich, so dass sich die Täter darauf berufen konnten, sie hätten „ja nur ihre Pflicht getan". An den österreichischen Universitäten und Hochschulen kam es durch die Anwendung des bereits 1933 im Deutschen Reich erlassenen „Gesetzes zur Wiederherstellung des Berufsbeamtentums" binnen weniger Wochen nach dem „Anschluss" zur „Säuberung" des Lehrkörpers, zu Entlassungen und „rassischen" Diskriminierungen. Dabei bezog man sich darauf, dass Beamte, die „aus rassischen oder politischen Gründen den Eid auf den Führer nicht ablegen konnten, sich bis auf weiteres jeglicher Dienstleistung zu enthalten haben". Dies führte dazu, dass Juden und als „politisch unzuverlässig" eingestufte Beamte, d. h. deklarierte Regimegegner und in der Öffentlichkeit als „Anhänger des bisherigen Systems" bekannte Personen aus Unterrichtsverwaltung und Hochschulen entlassen wurden.[1]

Die „Gleichschaltung" der Akademie der Wissenschaften erfolgte demgegenüber mit einer zeitlichen Verzögerung. Der Grund dafür lag wohl darin, dass einerseits die Eingriffsmöglichkeit des Staates eingeschränkter war und andererseits der Zugriff auf die Universitäten, wo man direkt an die akademische Jugend herankam, den neuen Machthabern wohl wichtiger erschien. Einige der an den Universitäten bereits aus dem universitären Lehrkörper ausgeschlossenen Mitglieder nahmen jedenfalls nahezu ein dreiviertel Jahr lang an den Sitzungen der Akademie weiter teil und beteiligten sich auch an der Wahl des neuen Präsidiums.

Dies änderte sich schlagartig ab dem Spätherbst 1938. Die Nürnberger Rassengesetze verweigerten „Nichtariern" die Reichsbürgerschaft, so dass die im Oktober 1938 genehmigte Satzung, in der letztere zur Voraussetzung einer ordentlichen Mitgliedschaft erklärt wurde, zumindest indirekt bereits den Ausschluss dieses Personenkreises bedingte. Bemerkenswert ist, dass die Akademie von sich aus nicht aktiv wurde, sondern die Initiative von den Behörden kam. Dementsprechend langte am 22. November 1938 eine Note des Bundesministeriums für Unterricht *betr. Suspen-*

[1] Weinert (1983), Maßnahmen, S. 127–134.

dierung nichtarischer Mitglieder bei der Akademie ein.[2] An diesem Tag fand eine Gesamtsitzung der Akademie statt. Das Protokoll vermerkt allerdings nicht, dass in dieser Sitzung über ein Ausscheiden jüdischer Mitglieder gesprochen worden wäre. Das Akademiepräsidium verschickte jedoch im Anschluss an die Gesamtsitzung ein Rundschreiben an alle Mitglieder im Inland, in dem auf diese Note Bezug genommen wurde. In der Gesamtsitzung am 16. Dezember 1938 wurde dann ein Erlass, diesmal des Reichsministers für Wissenschaft, Erziehung und Volksbildung Bernhard Rust angekündigt, in dem die Suspendierung *nichtarischer* Mitglieder gefordert wurde. Man beschloss daraufhin, *durch persönliche Fühlungnahme, die jüdischen Mitglieder zum freiwilligen Austritt zu veranlassen.*[3]

Abb. 20: Stefan Meyer

Abb. 21: Hans Horst Meyer

Zu diesem Zeitpunkt hatten die beiden o.M. Stefan Meyer (Physik) am 24. November 1938 und Hans Horst Meyer (Pharmakologie) am 13. Dezember 1938 von sich aus bereits ihren Austritt erklärt.[4] Im Sitzungsprotokoll heißt es weiter: *Bezüglich des zu erwartenden Erlasses wegen Ausscheidung der* [handschriftlich eingefügt: *Mischlinge und der*] *jüdisch versippten Mitglieder wird beschlossen, das Einlangen dieses Erlasses abzuwarten und dann, nach genauer Interpretation des Ausdrucks* [hand-

2 AÖAW, Protokollbuch 1938, Nr. 425.

3 AÖAW, Protokoll der Gesamtsitzung vom 16. Dezember 1938 (A 941).

4 Als Leiter des Instituts für Radiumforschung war das w.M. Stefan Meyer bereits aufgrund einer Note des Unterrichtsministeriums vom 28. Mai 1938, Zl. 9492/II/6, in den dauernden Ruhestand versetzt worden. Er überlebte die NS-Zeit in Bad Ischl und starb 1949. Vgl. zu Stefan Meyer: Reiter (2000), Meyer.

schriftlich eingefügt: *Mischling* und] *‚jüdisch versippt' in ähnlicher Weise den Austritt der Betreffenden zu veranlassen.*[5] Das o.M. Berthold Hatschek (Zoologie), die k.M. I. Alfred Francis Přibram (Geschichte), Ernst Peter Pick (Pharmakologie) und Emil Abel (Physikalische Chemie) sowie das k.M. A. Eduard Norden (Klassische Philologie, Berlin) erklärten daraufhin zum Jahreswechsel ebenfalls ihren Austritt.

Abb. 22: Berthold Hatschek

Abb. 23: Emil Abel

In der Gesamtsitzung am 27. Jänner 1939[6] wurde zunächst der im Dezember des Vorjahres ergangene Erlass des Ministeriums für innere und kulturelle Angelegenheiten, Abt. IV, referiert, *nach welchem Juden von den deutschen Hochschulen und wissenschaftlichen Anstalten auszuschließen sind.*[7] Dann teilte Präsident Heinrich Srbik den bereits erfolgten Austritt der o.M. Stefan Meyer, Hans Horst Meyer und Berthold Hatschek sowie der k.M. I. Abel, Pick, Norden und Přibram mit. An die bisherigen k.M. A. Richard Willstätter und Wolfgang Pauli erging gleichzeitig die Mitteilung, dass aufgrund der Erlässe des Reichsministeriums für Wissenschaft, Erziehung und Volksbildung (REM) bzw. des Ministeriums für innere und kulturelle Angelegenheiten, Abt. IV, ihre Mitgliedschaft als erloschen zu gelten habe. Gleichzeitig wurde ihnen der Dank für ihre bisherige wissenschaftliche Tätigkeit ausgesprochen. Dem Ministerium wurde daraufhin mitgeteilt, dass *sämtliche Mitglieder, die Juden sind oder*

[5] AÖAW, Protokoll der Gesamtsitzung vom 16. Dezember 1938 (A 941).
[6] Vgl. AÖAW, Protokoll der Gesamtsitzung vom 27. Jänner 1939 (A 942).
[7] AÖAW, Protokoll der Gesamtsitzung vom 27. Jänner 1939 (A 942).

nach den Nürnberger Gesetzen als solche gelten, teils durch freiwilligen Austritt, teils durch Streichung aus den Listen der Akademie ausgeschieden sind.[8] Im Februar 1939 kam schließlich der angekündigte Erlass des Reichsministers für Wissenschaft, Erziehung und Volksbildung, wonach auch der Ausschluss von – wie es in der menschenverachtenden rassistischen Diktion des nationalsozialistischen Regimes hieß – „Mischlingen" und „jüdisch Versippten" angeordnet wurde. In der Gesamtsitzung der Akademie am 24. Februar 1939 berichtete Präsident Srbik über den Erlass und teilte gleichzeitig das erfolgte Ausscheiden des k.M. A. Wolfgang Pauli mit.[9] Die k.M. I. Ernst Theodor Brücke (Physiologie), Josef Weninger (Anthropologie) und August Loehr (Numismatik)[10] schieden ebenfalls im Frühjahr 1939 aus.[11]

Abb. 24: Wolfgang Pauli

Abb. 25: Franz Eduard Suess

[8] AÖAW, Protokoll der Gesamtsitzung vom 27. Jänner 1939 (A 942).

[9] Vgl. AÖAW, Protokoll der Gesamtsitzung vom 24. Februar 1939 (A 943).

[10] August Loehr trat anlässlich der Sitzung der phil.-hist. Klasse am 19. April 1939 aus, während der Almanach den 29. März 1939 als Austrittsdatum angibt. Vgl. AÖAW, Protokoll der Sitzung der phil.-hist. Klasse vom 19. April 1939 (C 2600), bzw. Almanach f.d.J. 1939, 89 (1940), S. 79.

[11] Der Almanach f.d.J. 1939, 89 (1940), S. 79, gibt bei Ernst Theodor Brücke fälschlich als Austrittsdatum den 20. Februar 1939 an, obwohl am 23. Februar 1939 erst eine Anfrage „betr. arische Abstammung" an ihn ergangen war und ihm das Erlöschen der Mitgliedschaft erst am 4. Mai 1939 mitgeteilt wurde.

In einem einzigen Fall, nämlich bei dem o.M. Franz Eduard Suess (Geologie), der bereits seit 1915 w.M. war, gab es nachweislich Bemühungen, den Ausschluss zu verhindern. Am 18. April 1939 richtete jedenfalls die Akademie an Reichserziehungsminister Rust ein Ansuchen, Suess in der Akademie zu belassen.[12] Rust lehnte dies allerdings in einer mit 2. Dezember 1939 datierten Note ab und gab in dieser Angelegenheit am 9. Jänner 1940 auch einen dementsprechenden Erlass heraus, der in der Gesamtsitzung vom 9. Februar 1940 ohne weiteren Kommentar zur Kenntnis genommen wurde. Präsident Srbik teilte mit, *dass* [...] *das ehemals ordentliche Mitglied der Akademie Franz Eduard Suess als Mitglied der Akademie ausgeschieden ist.* Die dadurch in zwei Kommissionen frei werdenden Plätze wurden durch die sofortige Nachwahl je eines Ersatzmannes nachbesetzt.[13]

Abb. 26: Victor Franz Hess

Abb. 27 Erwin Schrödinger

Es folgte am 25. August 1939 eine neuerliche Note und wenig später auch ein Erlass des Reichsministers *betr. ausländische korrespondierende Mitglieder, die Juden oder jüdisch versippt sind,*[14] bzw. *betr. die Ausscheidung von Juden, Mischlingen und jüdisch Versippten,* die Präsident Srbik in der Gesamtsitzung vom 9. Februar 1940

[12] Vgl. AÖAW, Protokollbuch 1939, Nr. 191.

[13] Obwohl der Almanach f.d.J. 1939, 89 (1940), S. 79, den Austritt von Suess mit 2. Dezember 1939 angibt, nahm dieser bis einschließlich 15. Dezember 1939 regelmäßig an den Sitzungen teil. Vgl. AÖAW, Gesamtsitzung vom 9. Februar 1940 (A 950).

[14] AÖAW, Protokollbuch 1939, Nr. 388.

referierte.[15] Einen neuen Höhepunkt bei den Ausschlüssen setzte ein weiterer Erlass des Reichsministers vom 3. Oktober 1940, wonach insgesamt sieben Mitglieder gleichzeitig aus der Akademie auszuscheiden seien.[16] Es waren dies die o.M. Walther Brecht (Germanistik) und Hermann Franz Mark (Chemie), die k.M. I. Karl Bühler (Philosophie und Psychologie), Victor Hess (Experimentalphysik, Nobelpreis 1936) und Erwin Schrödinger (Physik, Nobelpreis 1933) sowie die k.M. A. Franz Boas (Anthropologie) und Alfred Hettner (Geografie). Bemerkenswert ist, dass sich unter den ausgeschiedenen Mitgliedern insgesamt drei Nobelpreisträger befanden! Ein weiterer Erlass von Minister Rust nahm dann nochmals auf *das Ausscheiden der nichtarischen korrespondierenden Mitglieder im Ausland* Bezug, worauf auch Viktor Moritz Goldschmidt (Mineralogie, Oslo) aus der Mitgliederliste gestrichen wurde.[17] Aber nicht nur das Ausscheiden von *nichtarischen und jüdisch versippten* Mitgliedern wurde von den staatlichen Behörden verlangt. Laut Erlass des REM waren auch ehemalige polnische Hochschulprofessoren von der Mitgliedschaft aus sämtlichen deutschen wissenschaftlichen Gesellschaften auszuschließen.[18]

Ausgeschieden wurden auf diese Weise insgesamt sechs o.M. und neun k.M. I. sowie sechs k.M. A. Betrachtet man die Liste der, wie dies in den Almanachen der Jahre 1938 bis 1943 umschrieben wurde, „ausgetretenen Mitglieder" und den jeweiligen Zeitpunkt ihres Ausschlusses, so erkennt man, dass die nationalsozialistische „Gleichschaltung" sich nahezu ein dreiviertel Jahr lang nicht auf die Mitgliedschaft bei der Akademie auswirkte. Die Akademie selbst wurde von sich aus in dieser Zeit jedenfalls nicht aktiv und hatte es auch später nicht besonders eilig damit, die dem nationalsozialistischen Regime aus „rassischen" oder politischen Gründen missliebigen Mitglieder auszuschließen. Auch in der Folge agierte man eher mit bürokratischer Bedächtigkeit, was sich für die Betroffenen in diesem Fall jedoch positiv auswirkte. Dies als Akt des inneren Widerstands zu interpretieren, wäre wohl überzogen; es scheint das Faktum als solches aber insofern bemerkenswert, als es damals etliche Mitglieder in der Akademie gab, die überzeugte Anhänger des Nationalsozialismus waren. Auch war bereits am gemeinsamen und auch von der Wiener Akademie beschickten Verbandstag der deutschen Akademien in Berlin im Jahre 1937 die Frage des Ausschlusses der jüdischen Akademiemitglieder das Hauptthema gewesen, ohne dass dies in der Wiener Akademie weiter diskutiert worden wäre.[19] Erst als behördlicherseits der dezidierte Auftrag dazu kam, reagierte die Wiener Akademie auf die diversen Noten und Erlässe verschiedener Ministerien – übrigens auch dies ein Hin-

---

[15] AÖAW, Protokoll der Gesamtakademie vom 9. Februar 1940 (A 950).

[16] Vgl. AÖAW, Protokoll der Gesamtakademie vom 25. Oktober 1940 (A 957).

[17] AÖAW, Protokoll der Gesamtakademie vom 16. Mai 1941 (A 962).

[18] AÖAW, Protokoll der Gesamtsitzung vom 4. Juli 1941 (A 964).

[19] Vgl. Grau (1995), Wissenschaftsakademien, S. 48. Bemerkenswert erscheint auch die Tatsache, dass das Präsidium es ablehnte, eine ihm angebotene Hitler-Büste anzuschaffen: *Anbot einer Büste des Führers zum Preise von RM 480 wird wegen der beschränkten Mittel abgelehnt.* AÖAW, Protokoll der Präsidialsitzung vom 1. Juli 1938, Pkt. 8.

Ausgetreten sind die ordentlichen Mitglieder:

Endlicher, Stephan, am 11. März 1848.
Desseffy, Emil Graf, am 9. März 1849.
Meyer, Stefan, am 24. November 1938.
Meyer, Hans Horst, am 13. Dezember 1938.
Hatschek, Bertold, am 31. Dezember 1938.
Sueß, Franz Eduard, am 2. Dezember 1939.
Brecht, Walter, am 3. Oktober 1940.
Mark, Hermann, am 3. Oktober 1940.

Ferner die korrespondierenden Mitglieder:

Pribram, Alfred Francis, im Dezember 1938.
Norden, Eduard, am 20. Dezember 1938.
Pick, Ernst P., am 1. Jänner 1939.
Abel, Emil, am 4. Jänner 1939.
Pauli, Wolfgang, am 28. Jänner 1939.
Willstätter, Richard, am 28. Jänner 1939.
Brücke, Ernst, am 20. Februar 1939.
Loehr, August, am 29. März 1939.
Weninger, Josef, am 3. Mai 1939.
Boas, Franz, am 3. Oktober 1940.
Bühler, Karl, am 3. Oktober 1940.
Hettner, Alfred, am 3. Oktober 1940.
Hess, Victor, am 3. Oktober 1940.
Schrödinger, Erwin, am 3. Oktober 1940.
Goldschmidt, Viktor M., am 12. Februar 1941.

Abb. 28: Liste der ausgetretenen Mitglieder (Almanach 1943)

weis auf den damals bestehenden Wirrwarr in den Kompetenzen. Dabei erfolgte dies so, dass man die behördlichen Anordnungen einerseits kommentarlos zur Kenntnis nahm und ausführte, andererseits aber doch versuchte, eine ‚elegantere' Form des Ausschlusses zu finden, indem man den betroffenen Mitgliedern einen „freiwilligen" Austritt empfahl. Mit einem Rundschreiben an die Mitglieder legte man den von den Nürnberger Rassengesetzen Betroffenen jedenfalls nahe, von sich aus die Konsequenzen zu ziehen. Mit der konsequenten Durchsetzung des Reichsbürgerrechts im Jahre 1938, das Juden die staatsbürgerlichen Rechte entzog, waren allfällige Versuche der Akademie, ihre jüdischen Mitglieder, Mitarbeiter und Mitarbeiterinnen vor dem Zugriff des nationalsozialistischen Staates zu bewahren, von vornherein aussichtslos. Dort, wo der Druck des Regimes weniger massiv war, so etwa bei den als politische Gegner eingeschätzten (an sich nur wenigen, dafür aber durchaus prominenten)

„Systemanhängern“ des autoritären Ständestaates, behielten diese ihre Mitgliedschaft in der Akademie.[20]

Wesentlich schneller als bei den Akademiemitgliedern selbst, die als angesehene Gelehrte ja im Blickfeld der Öffentlichkeit standen, handelten die Behörden im Falle der Akademieangestellten. Es wurde versucht, einem offiziellen Ausschluss von Mitgliedern insofern zuvorzukommen, indem diese ihre Mitgliedschaft von sich aus aufgaben. Dagegen kam es bei den betroffenen Mitarbeitern und Mitarbeiterinnen der Akademie zur fristlosen Entlassung.[21]

Herbert Matis

[20] Während auf diese Weise z. B. k.M. I. Othmar Spann, dessen vermeintlich ganzheitliche Sozialphilosophie im autoritären Ständestaat eine prominente Rolle spielte, seinen Lehrstuhl an der Wiener Universität verlor, wurde er im Stand der Akademiemitglieder unter der Rubrik „Reichsbürger“ die ganze Zeit über weitergeführt. Der Völkerkundler und Angehörige eines katholischen Missionsordens, Pater Wilhelm Schmidt SVD, in der nationalsozialistischen Diktion ebenfalls ein „Systemanhänger“ der Dollfuß-Schuschnigg-Ära, ging, nachdem er seinen Wiener Lehrstuhl hatte aufgeben müssen, nach Fribourg/Schweiz und wurde daraufhin zum k.M. A. umgewidmet.

[21] Vgl. Grau (1995), Wissenschaftsakademien, S. 46.

Nachbesetzung der durch das Ausscheiden vakant gewordenen Stellen ordentlicher Mitglieder

Unter den 21 Mitgliedern der Akademie, die in den Jahren 1938 bis 1941 ausgeschlossen wurden oder selbst ihren Austritt erklärten, befinden sich auch sechs wirkliche bzw. ordentliche Mitglieder. Ihnen gebührt besondere Aufmerksamkeit, da die Stellung der o.M. gegenüber den k.M. I. bzw. k.M. A. eine signifikant einflussreichere ist. Der Paragraf 10 der Satzung von 1938 definiert: „Die ordentlichen Mitglieder haben das Recht, an allen Sitzungen ihrer Klasse und der Gesamtakademie teilzunehmen und bei den Beschlüssen abzustimmen. [...] Zu den Wahlsitzungen und zu Gesamtsitzungen, in denen über Änderung der Satzung oder der Geschäftsordnung beschlossen werden soll, müssen alle ordentlichen Mitglieder besonders geladen werden. Die Wahlen und die Beschlüsse kommen, soweit in dieser Satzung nicht anders bestimmt ist, mit absoluter Mehrheit der anwesenden ordentlichen Mitglieder zustande."[1] In den Sitzungen wird durch die Wahlen nicht nur über die Zusammensetzung der Akademie, sondern auch über die Errichtung oder Schließung einer Forschungseinrichtung abgestimmt. Den k.M. I. bzw. k.M. A. kommt eher eine beratende Funktion zu; faktischen Einfluss auf die Akademiepolitik haben sie nicht.

Durch den Ausschluss bzw. das „Austreten" von sechs o.M. aus politischen oder „rassischen" Gründen wurden deren Plätze frei und konnten neu besetzt werden. Es stellt sich die Frage, wie mit der Nachbesetzung dieser freien Stellen umgegangen wurde. Die Wahlkommission (Schweidler, Späth, Mache, Prey, Suess, Himmelbauer, Durig, Hochstetter und Hartmann) stellte in ihrer Sitzung am 16. Februar 1939 fest,[2] dass sechs Stellen für o.M. vakant seien: Eine aufgrund des Todes des Astronomen Karl Hillebrand, eine aufgrund einer nicht erfolgten Nachbesetzung bei den vorjährigen Wahlen, eine aufgrund der Überführung des Technikers Karl Terzaghi *in die Reihe der in die Höchstzahl nicht einzurechnenden ordentlichen Mitglieder*,[3] und schließlich drei Stellen *durch das Ausscheiden der Herren Bert*[h]*old Hatschek, Hans Horst Meyer und Stefan Meyer*.[4] Die Wahlkommission schlug vor, von den sechs freien Stellen nur vier zu besetzen, wobei eine Stelle für die technischen Wissenschaften

---

[1] Abdruck der Satzung bei Meister (1947), Geschichte, S. 240–242, hier: S. 241.

[2] Vgl. AÖAW, Wahlen, K. 4, Mappe „1939", Nr. 93/1939.

[3] Diese Formulierung bezieht sich auf Paragraf 6 der seinerzeit gültigen Satzung, die am 22. Juli 1938 vom Reichsminister für Wissenschaft, Erziehung und Volksbildung erlassen worden war. Darin heißt es: „Verlegt ein ordentliches Mitglied seinen Wohnsitz außerhalb des Landes Österreich, so bleibt seine Mitgliedschaft erhalten. Er wird jedoch nicht in die Höchstzahl eingerechnet." Diese Höchstzahl betrug 33 pro Klasse, von denen 22 ihren Wohnsitz in Wien oder Umgebung haben mussten. Abdruck der Satzung bei Meister (1947), Geschichte, S. 240–242, hier: S. 240. Zum Aufenthaltsort Terzaghis vgl. den Nachruf auf ihn im Almanach f.d.J. 1962, 112 (1963), S. 549f.

[4] AÖAW, Wahlen, K. 4, Mappe „1939", Nr. 150/1939.

gebunden sein sollte.[5] Von den übrigen drei sollte zumindest eine durch einen Physiker und eine durch einen Geologen besetzt werden. Die Klasse folgte in der Sitzung vom 23. Februar 1939 den Empfehlungen der Wahlkommission.[6]

Abb. 29: Rudolf Saliger

Bis zur Wahlsitzung der math.-nat. Klasse am 5. Juni 1939[7] waren hinsichtlich der gebundenen Stelle für einen Vertreter der technischen Wissenschaften zwei Wahlvorschläge eingelangt, die beide von Friedrich Schaffernak initiiert worden waren, nämlich zugunsten des k.M. I. Karl Federhofer (Mechanik, Graz) und von Rudolf Saliger (Eisenbetonbau und Statik, Wien). Beide wurden auf die Wahlliste für die am darauffolgenden Tag stattfindenden Wahlen durch die Gesamtakademie gesetzt, wobei Federhofer mit 24 Stimmen gegenüber Saliger gewählt wurde, der nur 17 Stimmen erhielt. Für die drei weiteren Stellen eines o.M. hatte die math.-nat. Klasse vier Kandidaten zur Disposition gestellt, nämlich die schon genannten Federhofer und Saliger sowie k.M. I. Fritz Kohlrausch (Physik, Graz, vorgeschlagen durch Hans Benndorf) und k.M. I. Otto Ampferer (Geologie, Wien, vorgeschlagen durch Franz Eduard

[5] Die Technischen Wissenschaften waren allerdings mit drei o.M. (Hartmann, Schaffernak und Terzaghi) bereits gut vertreten, das Fach Medizin dagegen gar nicht. Vgl. die hektografierte Liste der bei der math.-nat. Klasse vertretenen wissenschaftlichen Fächer 1939 in AÖAW, Wahlen, K. 4, Mappe „1939".

[6] Vgl. AÖAW, Protokoll der Sitzung der math.-nat. Klasse vom 23. Februar 1939 (B 2602).

[7] Vgl. AÖAW, Protokoll der Sitzung der math.-nat. Klasse vom 5. Juni 1939 (B 2608).

Suess). Da Federhofer bereits die gebundene Stelle für die Technischen Wissenschaften erhalten hatte, standen für die drei übrigen Stellen nur noch drei Kandidaten zur Auswahl, die auch alle die erforderliche Stimmenmehrheit von 22 deutlich überschritten. Ampferer erhielt 40 Stimmen, Kohlrausch 39 und Saliger 34.[8] Die von der Wahlkommission angeregte Zuwahl eines Physikers und eines Geologen war somit erfolgt. Das Fach Pharmakologie war seit dem Ausschluss von Hans Horst Meyer nicht mehr an der Akademie vertreten;[9] die Zoologie immerhin noch durch Leopold Adametz, Karl Grobben und Theodor Pintner, während die Stelle von Stefan Meyer quasi durch Fritz Kohlrausch übernommen worden war.

Jener Franz Eduard Suess, der Otto Ampferer zur Wahl vorgeschlagen hatte, musste auf Erlass des Reichserziehungsministers Bernhard Rust vom 9. Jänner 1940 aus „rassischen" Gründen aus den Mitgliederlisten gestrichen werden.[10] Die Wahlkommission der math.-nat. Klasse, bestehend aus Schweidler, Späth, Hochstetter und Kruppa, trat am 7. März 1940 zusammen.[11] Es wurde festgestellt, dass sechs freie Stellen für die Wahl von o.M. zur Disposition stünden: Zwei aufgrund des Todes von Josef Schaffer (Histologie) und Friedrich Emich (Chemie), eine aufgrund des *Ausscheidens*[12] von Franz Eduard Suess (Geologie), eine *durch die Ueberleitung des Herrn Hermann Mark* [Chemie] *in die Reihe der nicht in die Höchstzahl einzurechnenden ordentlichen Mitglieder,*[13] sowie zwei weitere, die bereits im Vorjahr nicht nachbesetzt worden waren. Die Wahlkommission schlug vor, eine Stelle für die medizinische Gruppe zu binden. Daneben sprach sie je eine Empfehlung für die Fächer Geologie und Geografie aus und regte an, eine Stelle für das Fach Chemie unbesetzt zu lassen.[14] In der noch am selben Tage stattfindenden Klassensitzung wurden die Empfehlungen angenommen.[15]

---

[8] Rudolf Saliger war damit eine von nur 57 Personen, die bis zum heutigen Tag zum w.M. gewählt wurden, ohne zuvor k.M. gewesen zu sein.

[9] Erst 1959 wurde mit Franz Theodor Brücke wieder ein Pharmakologe zum w.M. gewählt. Als k.M. I. hatten bis dahin Richard Rössler sowie Adolf Jarisch das Fach vertreten. Brücke war 1957 zum k.M. I. gewählt worden.

[10] Vgl. Matis (1997), Anpassung, S. 30.

[11] Vgl. AÖAW, Wahlen, K. 4, Mappe „1940", Nr. 63/1940.

[12] Hektographierte Aussendung Srbiks über die zur Wahl stehenden Stellen in AÖAW, Wahlen, K. 4, Mappe „1940", Nr. 104/1940.

[13] Ebda. Vgl. auch umseitiges Faksimile des Briefes von Mark aus London vom 18. September 1938. Offenbar hatte man Marks Stelle aufgrund seines Hinweises auf den befristeten Aufenthalt in den USA anlässlich der Wahlen 1939 noch nicht nachbesetzt, sondern die Vakanz erst aufgrund von Marks dauerhafter Tätigkeit in den USA bei den Wahlen 1940 zum Anlass genommen, die Stelle als frei anzusehen.

[14] Vgl. AÖAW, Wahlen, K. 4, Mappe „1940", Nr. 63/1940.

[15] Vgl. AÖAW, Protokoll der Sitzung der math.-nat. Klasse vom 7. März 1940 (B 2620).

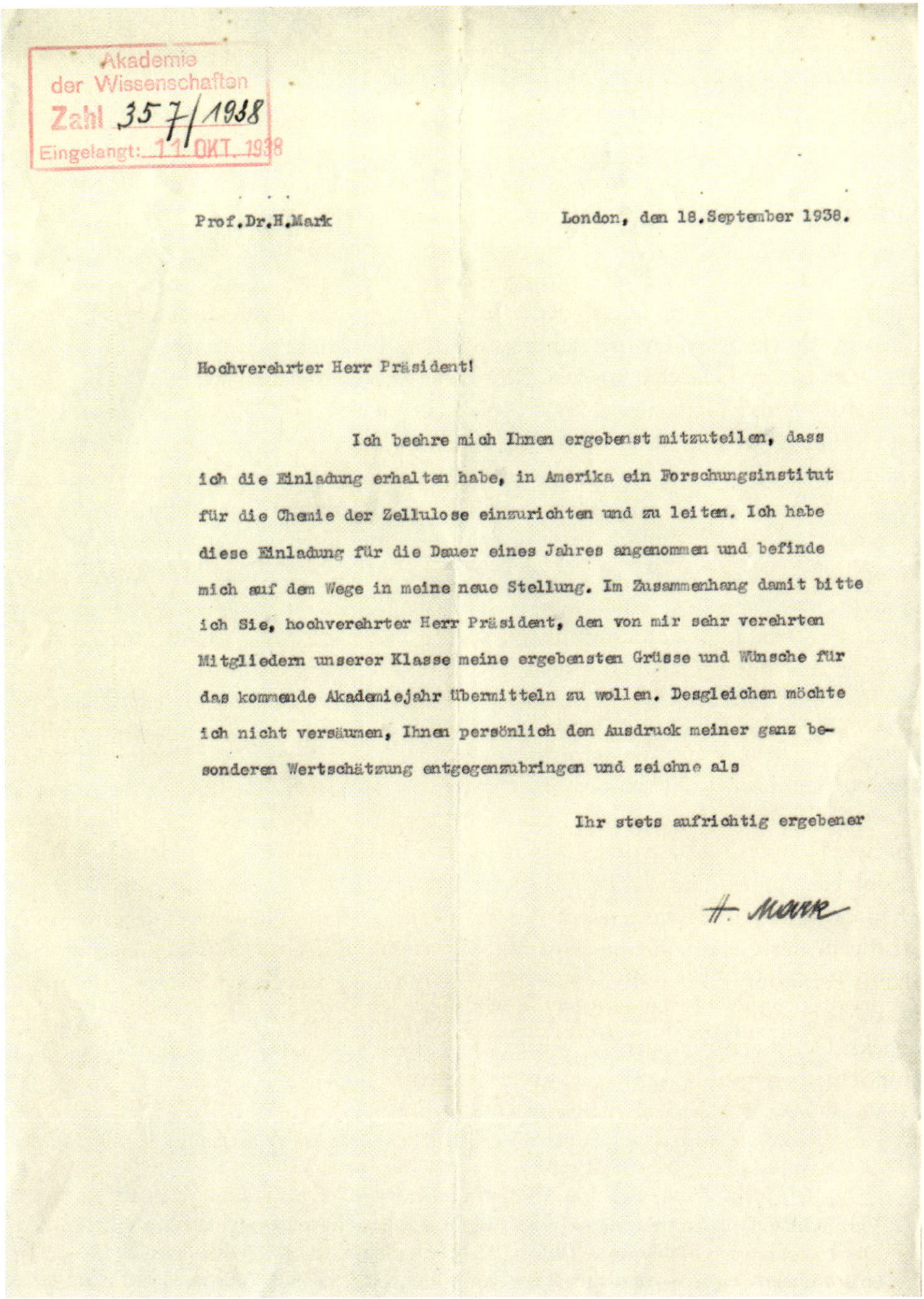

Akademie der Wissenschaften
Zahl 357/1938
Eingelangt: 11. OKT. 1938

Prof.Dr.H.Mark London, den 18.September 1938.

Hochverehrter Herr Präsident!

Ich beehre mich Ihnen ergebenst mitzuteilen, dass ich die Einladung erhalten habe, in Amerika ein Forschungsinstitut für die Chemie der Zellulose einzurichten und zu leiten. Ich habe diese Einladung für die Dauer eines Jahres angenommen und befinde mich auf dem Wege in meine neue Stellung. Im Zusammenhang damit bitte ich Sie, hochverehrter Herr Präsident, den von mir sehr verehrten Mitgliedern unserer Klasse meine ergebensten Grüsse und Wünsche für das kommende Akademiejahr übermitteln zu wollen. Desgleichen möchte ich nicht versäumen, Ihnen persönlich den Ausdruck meiner ganz besonderen Wertschätzung entgegenzubringen und zeichne als

Ihr stets aufrichtig ergebener

H. Mark

Abb. 30: Schreiben von Mark an Srbik vom 18. September 1938

Abb. 31: Eduard Pernkopf

Hochstetter schlug für die Stelle eines Vertreters des Faches Medizin zwei k.M. I. vor, nämlich den Anatom Eduard Pernkopf und den Hygieniker Roland Grassberger. Pernkopf erhielt in der Klassensitzung vom 29. Mai 1940[16] zwölf von 21 Stimmen, Grassberger nur neun, womit er die erforderliche Mehrheit verfehlte.[17] Für die Fächer Geografie und Geologie wurden keine Wahlvorschläge vorgelegt, sondern allein für Ludwig Flamm (Physik, vorgeschlagen durch Heinrich Mache) und Hermann Weber (Zoologie, vorgeschlagen durch Theodor Pintner). Beide erhielten 20 von 21 möglichen Stimmen und wurden auf die Wahlliste gesetzt. Die notwendige Mehrheit wurde in der Gesamtsitzung vom 30. Mai 1940 in allen drei Fällen erreicht und damit Pernkopf (33 von 46 Stimmen), Flamm (44 von 46) und Weber (38 von 46) zu o.M. gewählt – fachlich Weber also gleichsam in der Nachfolge Berthold Hatscheks. Der Reichsminister für Wissenschaft, Erziehung und Volksbildung bestätigte mit Schreiben vom 7. August 1940 die Wahlen.[18]

---

[16] Vgl. AÖAW, Protokoll der Sitzung der math.-nat. Klasse vom 29. Mai 1940 (B 2623).

[17] Das Protokoll irrt hier, wenn es heißt: *Es kommen somit beide Namen auf die Wahlliste*. Dementsprechend wurden beide Namen auf den Stimmzettel für die Wahlsitzung der Gesamtakademie gesetzt. Dort wurde der Fehler bemerkt und tatsächlich nur Pernkopf zur Wahl gestellt.

[18] Vgl. AÖAW, Wahlen, K. 4, Mappe „1940“, Nr. 179/1940, referiert in der Sitzung der Gesamtakademie vom 25. Oktober 1940 (A 957).

Einen fachlichen Nachfolger für Franz Eduard Suess gab es zunächst also nicht. Das Fach Geologie war vorläufig unter den o.M. nur durch Otto Ampferer vertreten, den Suess selbst erst im Jahr zuvor vorgeschlagen hatte.

In derselben Sitzung der Gesamtakademie, in der über die Bestätigung der Wahlen vom 30. Mai 1940 berichtet wurde, nämlich am 25. Oktober 1940, wurde der Erlass zur Kenntnis gebracht, wonach weitere sieben Mitglieder *aus der Akademie auszuscheiden sind.* Darunter befanden sich auch zwei o.M.: der Chemiker Hermann Franz Mark und der Germanist Walther Brecht. Letzterer war das erste und einzige o.M. der phil.-hist. Klasse, das aus politischen Gründen die Akademie verlassen musste. Auf die Wahlen von 1941 hatte das kaum Einfluss. Der Aktuar Junk schrieb hinsichtlich der vier freien Stellen für o.M. (drei durch den Tod von Hans Hirsch, Albert Ehrhard und Max Layer und eine *infolge des Ausscheidens des Herrn Brecht* am 1. Februar 1941): *Hiezu ist zu bemerken, dass von diesen 4 Stellen nur zwei zu besetzen sind, da die Stellen der Herren Ehrhard und Brecht nicht in die Höchstzahl der o.M. eingerechnet waren.*[19] Im Protokoll der Sitzung der Wahlkommission der phil.-hist. Klasse vom 19. Februar 1941 wird daher auf Konsequenzen durch das Ausscheiden Brechts gar nicht Bezug genommen.[20] Hinsichtlich der o.M. wurde eine Bindung zugunsten der staats- und rechtswissenschaftlichen Fächer vorgeschlagen und eine Empfehlung zugunsten des Fachs Kunstgeschichte abgegeben. Dem Fach Germanistik blieben weiterhin vier Vertreter unter den o.M: Dietrich Kralik-Meyrswalden, Josef Nadler, Josef Schatz und Konrad Zwierzina. Zu o.M. wurden schließlich am 27. Mai 1941 durch die Gesamtakademie der Nationalökonom Hans Mayer mit 30 von 47 Stimmen gewählt (vorgeschlagen von Leopold Wenger). Der zweite Kandidat Rudolf Köstler erreichte mit 17 von 47 Stimmen keine Mehrheit. Die Stelle des o.M. ohne Fachbeschränkung (mit der Empfehlung für Kunstgeschichte) erhielt Hans Sedlmayr mit 38 von 47 möglichen Stimmen.[21]

Die math.-nat. Klasse nahm auf den Ausschluss Hermann Marks keinerlei Bezug. Die üblichen Listen, die verzeichnen, wieviele Stellen aus welchen Gründen vakant sind, berichten nur von zwei Stellen, die durch den Tod von Philipp Furtwängler (Mathematik) und Leopold Adametz (Zoologie) frei wurden und von drei weiteren, da im Vorjahr von sechs möglichen nur drei nachbesetzt worden waren. Allein das Protokoll der Wahlkommission der math.-nat. Klasse scheint noch Mark zu berücksichtigen, als der Antrag Späths *1 Stelle o.M. für Fach Chemie zurück*[zu]*stellen* angenommen wurde.[22] Das Fach Chemie war unter den o.M. nach dem Ausscheiden

[19] AÖAW, Wahlen, K. 4, Mappe „1941", ohne Nr. Die Bemerkung bezieht sich auf den Umstand, dass Brecht aufgrund seiner Übersiedlung nach München 1926 in die Reihe der k.M. A. eingereiht und seit 1938 wieder als o.M. geführt wurde. Vgl. den Nachruf auf ihn im Almanach f.d.J. 1950, 100 (1951), S. 382. Er wurde daher nicht in die Höchstzahl eingerechnet.

[20] Vgl. AÖAW, Wahlen, K. 4, Mappe „1941", Nr. 44/1941.

[21] Alle Angaben nach AÖAW, Protokoll der Sitzung der Gesamtakademie vom 27. Mai 1941 (A 963).

[22] AÖAW, Wahlen, K. 4, Mappe „1941", Nr. 45/1941.

Abb. 32: Hans Sedlmayr

Marks mit Josef Maria Eder, Anton Skrabal und Ernst Späth weiterhin gut vertreten; dazu kam nominell noch das o.M. Wilhelm Schlenk, das seit 1921 in Berlin und seit 1936 in Tübingen tätig war.[23] Zu o.M. der math.-nat. Klasse wählte die Gesamtakademie am 27. Mai 1941 den Histologen Siegmund Schumacher-Marienfrid, den Mathematiker Karl Mayrhofer, den Geologen Franz Heritsch und den Zoologen Leopold Karl Böhm.

Der Umgang mit den vakanten Stellen bei den darauffolgenden Wahlvorgängen war ganz pragmatisch. Die freien Stellen wurden unabhängig vom Fach nachbesetzt, wie es auch sonst stets gehandhabt wurde und noch gehandhabt wird. In Fällen, in denen es aus Gründen der Parität sinnvoll war, ein bestimmtes Fach zu bevorzugen, sprach die Wahlkommission eine Bindung aus, die in aller Regel von der Klasse bestätigt wurde. So wurde gewährleistet, dass ein einzelnes Fach auf jeden Fall auch zukünftig weiterhin vertreten war. Der Gedanke einer gewissen Vorausschau drängt sich auf, wenn man das Fach Geologie betrachtet. Bei den Wahlen vom Juni 1939 gab es eine Bindung, wobei auf Vorschlag von Franz Eduard Suess Otto Ampferer gewählt wurde.[24] Nach dem Ausscheiden von Suess im Jänner 1940 wurde bei den darauffolgenden Wahlen im Mai kein weiterer Geologe gewählt, jedoch kam es 1941 zur Wahl von Franz Heritsch.

---

[23] Vgl. hierzu den Nachruf auf Schlenk im Almanach f.d.J. 1943, 93 (1943), S. 212.

[24] Der Ausschluss von Suess stand bereits seit Februar 1939 im Raum. Vgl. Graf-Stuhlhofer (1995), Akademie, S. 137, und Matis (1997), Anpassung, S. 30, sowie den vorstehenden Beitrag von Herbert Matis, „Ausschluss von Mitgliedern“, in diesem Band, S. 58f.

Hinsichtlich der politischen Ausrichtung der Proponenten, auf die an dieser Stelle nicht im Einzelnen eingegangen werden kann, dürften sich die Aussagen von Graf-Stuhlhofer[25] und Matis[26] bestätigt finden, die besagen, „daß NS-nahe Begründungen in den Wahlvorschlägen offenkundig keinen wesentlichen Einfluss auf die jeweiligen Wahlchancen hatten."[27] Hinsichtlich der Vertretung einzelner Fächer lässt sich kein signifikant anderes Verhalten als vor 1938 oder nach 1945 erkennen.

Stefan Sienell

---

[25] Vgl. Graf-Stuhlhofer (1995), Akademie, S. 144–146.
[26] Vgl. Matis (1997), Anpassung, S. 35–38.
[27] Matis (1997), Anpassung, S. 37.

Konsequenzen für das wissenschaftliche Personal am Beispiel von Leo Hajek

Mitarbeiterinnen und Mitarbeiter der Akademie stehen seit jeher im Schatten der in der Öffentlichkeit zumeist bekannteren Mitglieder. So wird auch die Geschichte dieser Institution oftmals an ihren Mitgliedern festgemacht. Dieser Beitrag versucht, den Blick den Mitarbeiterinnen und Mitarbeitern und ihren Erfahrungen zuzuwenden. Das Jahr 1938 brachte einschneidende Veränderungen für die Akademie. Sie war bis 1938 eine vom Staat weitgehend autonome Institution.[1] Anders als auf der Ebene der Mitglieder hatten staatliche Behörden auf der Ebene der Angestellten und Beamten direkten Zugriff. Es war vor allem das „Gesetz zur Wiederherstellung des Berufsbeamtentums",[2] das den neuen Machthabern die Möglichkeit gab, politisch gegen den Nationalsozialismus eingestellte sowie von diesen als jüdisch definierte Beamte und Beamtinnen aus dem Dienst zu entlassen.[3] Im Sommer 1938 verschärfte sich die Situation noch mit der Einführung der „Nürnberger Rassengesetze im Lande Österreich".[4]

Die Rolle der Akademie der Wissenschaften als Forschungsträger war in den 1930er und 1940er Jahren noch nicht so ausgeprägt wie heute. Nur wenige Institute und Kommissionen hatten hauptamtliche Mitarbeiterinnen und Mitarbeiter für ihre Arbeiten eingestellt. Viele Kommissionen wurden von Wissenschaftlern betreut, die eine Anstellung an der Universität hatten und ihre Forschungen in den Einrichtungen der Akademie fortsetzten.[5] Die größten Personal führenden Einrichtungen der Akademie waren – in alphabetischer Reihenfolge – die Biologische Station Lunz, die Biologische Versuchsanstalt im Prater, die Kommission zur Herausgabe eines Corpus kritisch berichtigter Texte der lateinischen Kirchenväter, die Kommission für archäologische Erforschung Kleinasiens, die Phonogrammarchiv-Kommission, das Institut für Radiumforschung und die Kommission zur Herausgabe eines Österreichisch-Bayerischen Wörterbuchs.

Unmittelbar nach dem „Anschluss" wurden an die Mitarbeiterinnen und Mitarbeiter der Akademie Personalfragebögen ausgegeben. Diese Fragebögen eruierten eventuelle Mitgliedschaften bei früheren Parteien, Verbänden, Logen etc. Auch wurden darin der militärische Status und ein etwaiger Militärdienst im Ersten Weltkrieg abgefragt. Ein gesonderter Punkt betraf die Frage nach der Mitgliedschaft bei der NSDAP oder einem ihrer angeschlossenen Verbände. Vom Bundesministerium für

---

[1] Zur rechtlichen Stellung der Akademie der Wissenschaften seit der Gründung vgl. Kopetz (2006), Akademie.

[2] Gesetzblatt für das Land Österreich, Nr. 160/1938.

[3] Vgl. Matis (1997), Anpassung, S. 27 u. 34.

[4] Gesetzblatt für das Land Österreich, Nr. 298/1938.

[5] Vgl. Matis (1997), Anpassung, S. 28.

Kundmachung des Reichsstatthalters für Österreich, wodurch der Erlaß des Führers und Reichskanzlers über die Vereidigung der öffentlichen Beamten des Landes Österreich bekanntgemacht wird.

Der Führer und Reichskanzler hat auf Grund des Artikels 2 des Gesetzes über die Wiedervereinigung Österreichs mit dem Deutschen Reich vom 13. März 1938 mit Erlaß vom 15. März 1938 folgendes angeordnet:

§ 1. Die öffentlichen Beamten des Landes Österreich haben beim Eintritt in den Dienst einen Diensteid zu leisten.

§ 2. Der Diensteid der öffentlichen Beamten lautet:

„Ich schwöre: Ich werde dem Führer des Deutschen Reiches und Volkes Adolf Hitler treu und gehorsam sein, die Gesetze beachten und meine Amtspflichten gewissenhaft erfüllen, so wahr mir Gott helfe."

§ 3. Die im Dienst befindlichen Beamten sind unverzüglich gemäß § 2 zu vereidigen.

Jüdische Beamte sind nicht zu vereidigen.

§ 4. Jude ist, wer von mindestens drei der Rasse nach volljüdischen Großeltern abstammt. Als Volljude gilt ein Großelternteil ohne weiteres, wenn er der jüdischen Religionsgesellschaft angehört hat.

Als Jude gilt der von zwei volljüdischen Großeltern abstammende jüdische Mischling,

a) der am 16. September 1935 der jüdischen Religionsgesellschaft angehört hat oder danach in sie aufgenommen wird,

b) der am 16. September 1935 mit einem Juden verheiratet war oder sich danach mit einem Juden verheiratet.

§ 5. Wer sich weigert, den Eid zu leisten, ist vom Dienst zu entheben.

§ 6. Die zur Durchführung dieses Erlasses erforderlichen Rechts- und Verwaltungsvorschriften erläßt der Reichsstatthalter (Österreichische Landesregierung).

§ 7. Der Erlaß tritt mit dem Tage der Verkündung in Kraft.

Wien, den 15. März 1938.

Der Führer und Reichskanzler.

Der Reichsstatthalter: Seyß-Inquart.

Abb. 33: Kundmachung vom 15. März 1938

Unterricht, dem Ministerium für innere und kulturelle Angelegenheiten, Abt. IV, sowie der Verwaltungsstelle der Wiener Hochschulen langten nach dem „Anschluss" in der Akademie mehrfach Anfragen ein, die sich direkt oder auch indirekt mit der „Verordnung zur Neuordnung des österreichischen Berufsbeamtentums"[6] beschäftigten: Infolge eines „Erlasses des Reichskanzlers Adolf Hitler, 15.3.1938" hatten alle „öffentlichen Beamten des Landes Österreich [...] beim Eintritt in den Dienst einen Diensteid zu leisten." (Paragraf 1) Außerdem seien „die im Dienste befindlichen Beamten [...] zu vereidigen. Jüdische Beamte sind nicht zu vereidigen." (Paragraf 3) An der Akademie der Wissenschaften in Wien wurde folgender Eid geleistet: *Ich schwöre | Ich werde dem Führer | des Deutschen Reiches und Volkes | Adolf Hitler | treu und gehorsam sein, | die Gesetze beachten | und meine Amtspflichten | gewissenhaft erfüllen, | so wahr mir Gott helfe.*[7] Wer sich weigerte, diesen Eid zu leisten, sollte schließlich laut Paragraf 5 umgehend vom Dienst enthoben werden.

Wiederholt wurde die Akademie schließlich von den oben genannten offiziellen Stellen dazu aufgefordert, ein Verzeichnis aller nach dem 13. März 1938 entlassenen oder in den Ruhestand versetzten Bediensteten zu übermitteln. Die Antworten der Akademie begnügten sich meist mit dem aussagekräftigen Satz: [...] *wird mitgeteilt, dass im Dienstbereich der Akademie der Wissenschaften k e i n e Beamten in Verwendung gestanden* [sic!], *deren politisches Verhalten oder fachliche Eignung nach hieramtlichem Ermessen zu Bedenken Anlass gab.*[8] Akademiepräsident Heinrich Srbik schickte erst Anfang 1940 einen Nachtrag bezüglich dieser Anfragen an das Reichsministerium für Wissenschaft, Erziehung und Volksbildung (REM) in Berlin,[9] in dem er mitteilte, dass *die Akademie* [...] *die mit Erlass des Reichsministers für Wissenschaft, Erziehung und Volksbildung vom 31.I.1940, W E 308/40 geforderte Übersicht nur auf den unmittelbaren Personalstand ihrer Kanzlei bezogen* [hat]. *Da sich aber nun aus der Anfrage des Herrn Reichsministers für Wissenschaft, Erziehung und Volksbildung ergibt, dass der Personalstand der der Akademie gehörigen Institute anderweitig nicht aufscheint, und somit eine Übersicht über das Personal aller der Akademie gehörigen Institute (mit Ausnahme des Instituts für Radiumforschung) von Seiten der Akademie erforderlich ist, so trägt sie dies mit anliegendem nach.*[10] Diese nun Anfang 1940 neu erstellte Liste kann allerdings keine adäquaten Antworten auf die Frage nach entlassenen oder in den Ruhestand versetzten Personen geben. Es muss in dem Fall angenommen werden, dass bereits vor 1940 mehrere Mitarbeiter und Mitarbeiterinnen ihren Arbeitsplatz in der Akademie räumen mussten. Diese scheinen jedoch in der Liste von 1940 nicht mehr

---

6 Vgl. RGBl. 1938, Teil 1, Nr. 87.

7 AÖAW, Allgemeine Personalakte, K. 2, M. 9, Z. 145/1938, Diensteid.

8 AÖAW, Allgemeine Personalakte, K. 2, M. 9, vom 4. Juli 1938.

9 Zu diesem Zeitpunkt war bereits das Reichsministerium für Wissenschaft, Erziehung und Volksbildung in Berlin zuständig, welches alle Agenden in Hinblick auf die Akademie der Wissenschaften in Wien übernommen hatte.

10 AÖAW, Allgemeine Personalakte, K. 2, M. 9, ad Nr. 30/1940. Vgl. zu den Entlassungen am Institut für Radiumforschung Reiter (1988), Wissenschaftsemigration.

AKADEMIE DER WISSENSCHAFTEN IN WIEN

WIEN, I., UNIVERSITÄTSPLATZ 2.

Ansprache des Generalsekretärs bei der Vereidigung der Akademieangestellten am 23.März 1938.

Deutsche Volksgenossen !

Als Angestellte der Akademie der Wissenschaften in Wien, einer Körperschaft, die durch ein staatliches Gesetz begründet ist und vom Staat erhalten wird, haben Sie sich hier versammelt, um den gesetzlichen Bestimmungen entsprechend, dem Oberhaupt unseres Staates, dem Führer und Reichskanzler ADOLF HITLER den Eid der Treue zu leisten.

Wer in den letzten 12 Tagen Augen- und Ohrenzeuge der Vorgänge gewesen ist, welche die Vereinigung Oesterreichs mit dem Deutschen Reiche begleitet haben, braucht nicht erst belehrt zu werden, dass dieses Ereignis ebensosehr von weltgeschichtlicher Bedeutung ist wie es auch die Berufspflichten und Lebensbedingungen des Einzelnen in einschneidender Weise beeinflusst.

Sie haben bisher einer Institution gedient, deren Aufgabe schon in unserem alten Vaterlande Oesterreich die Förderung der Wissenschaft und damit der deutschen Kultur war. An dieser Aufgabe hat sich nichts geändert und ich bin überzeugt, dass Sie im neuen Staate, dem grossen Deutschen Reich,

5000. XII. 32. – Druck der Österreichischen Staatsdruckerei in Wien. 9305 32 mit dem gleichen Pflichteifer wie bisher Ihren Dienst versehen werden, jeder auf seinem Posten, mag er auch ein bescheidener sein, der Gesamtheit des Deutschen Volkes dienend.

Abb. 34: Ansprache Schweidlers am 23. März 1938

auf. Einzig durch die Aufzählung der freien Assistenzstellen in manchen Kommissionen kann darauf geschlossen werden, dass die ehemals hier beschäftigten Personen ihren Arbeitsplatz bereits verloren hatten. Gesicherte Aussagen können dazu jedoch nicht getroffen werden.

Ein Mitarbeiter, dessen Entlassung 1938 dokumentarisch belegt ist, ist der Leiter des Phonogrammarchivs, Leo Hajek. Hajek war von 1928 bis zu seiner erzwungenen Emigration 1938 Leiter des Archivs. Nach Jahren der Tätigkeit als ordentlicher Assistent und wiederholten Bemühungen durch die Akademieleitung – durch Präsident Oswald Redlich, Generalsekretär Egon Schweidler sowie durch den Obmann der Phonogrammarchiv-Kommission Karl Luick – ihn in die Kategorie der Beamten der allgemeinen Verwaltung zu überstellen, wurde ihm dieses Ansuchen schließlich 1937 vom Bundesministerium für Unterricht gewährt und er wurde zum Kustos 1. Klasse ernannt.[11] Noch Ende Jänner 1938 wurde in einer Präsidialsitzung angefragt, ob man Hajek infolge seines 25-jährigen Dienstjubiläums eine Auszeichnung überreichen bzw. Dank und Anerkennung seitens des Präsidiums der Akademie aussprechen solle. Schweidler bemerkte auf diesem Ansuchen handschriftlich, dass dieser Antrag *prinzipiell genehmigt* werde und eine *Anerkenn*[ung] *seitens* [der] *Ak*[ademie] *für Okt*[ober] [19]*38 vorzumerken* sei.[12] Obwohl Hajek also augenscheinlich eine angesehene Forscherpersönlichkeit war, bedeutete der „Anschluss" im März 1938 auch für seine Karriere das Ende. Offiziell versah er laut Generalsekretär Ernst Späth seit dem 18. Juni 1938 keinen Dienst mehr im Phonogrammarchiv.[13] Dank seiner Lehrtätigkeit an der

[11] Vgl. AÖAW, PA Leo Hajek.

[12] AÖAW, Phonogrammarchiv, K. 1, Konv. 4, Nr. 118/1938, Eingabe des Aktuars Viktor Junk vom 7. Jänner, behandelt in der Präsidialsitzung vom 28. Jänner 1938.

[13] Vgl. AÖAW, Phonogrammarchiv, K. 1, Konv. 4, Nachhang zum Bericht der Akademie an das Ministerium für innere und kulturelle Angelegenheiten vom 30. Mai 1939.

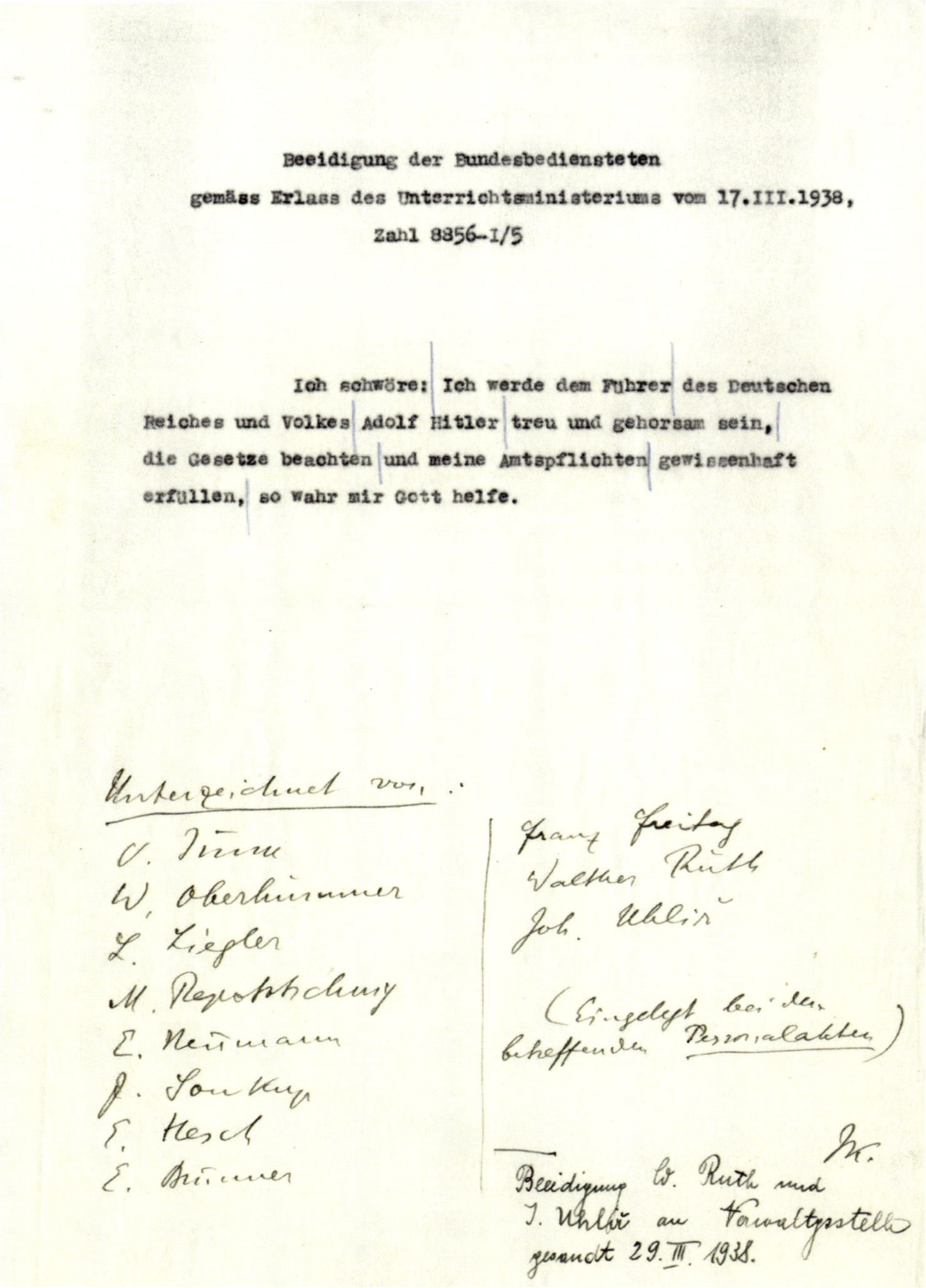

Beeidigung der Bundesbediensteten

gemäss Erlass des Unterrichtsministeriums vom 17.III.1938,

Zahl 8856-I/5

Ich schwöre: Ich werde dem Führer des Deutschen Reiches und Volkes Adolf Hitler treu und gehorsam sein, die Gesetze beachten und meine Amtspflichten gewissenhaft erfüllen, so wahr mir Gott helfe.

Unterzeichnet von:

O. Timme
W. Oberhummer
L. Ziegler
M. Repetschnig
E. Neumann
J. Sonklar
E. Hesch
E. Brünner

Franz Freitag
Walther Ruth
Joh. Uhlíř

(Eingelegt bei den betreffenden Personalakten)

Beeidigung W. Ruth und J. Uhlíř an Verwaltungsstelle gesandt 29. III. 1938.

Abb. 35: Beeidigung der Bundesbediensteten

Abb. 36: Leo Hajek vor dem Grammophontrichter (um 1928)

Universität Wien und seines international anerkannten Rufs erhielt er eine Anstellung an der Ohio State University in Columbus, Ohio. Somit war es ihm möglich, in die USA zu emigrieren. Laut Polizeipräsidium Berggasse, Wien IX, vom 18. Juli 1939, wurde Hajek am 3. Juni 1939 nach New York abgemeldet. Als Adresse in den USA wurde das Voice-, Speech-, and Soundscience Research Laboratory of the Ohio State University in Columbus, Ohio, angegeben. Von dort aus ersuchte Hajek um Überstellung in den Ruhestand. Dieses Ansuchen wurde von der Akademie am 5. Juni 1939 an das Ministerium für innere und kulturelle Angelegenheiten, Abt. IV, weitergeleitet.[14] Am 5. Februar 1940 ging schließlich ein Schreiben des Reichskommissars für die Wiedervereinigung Österreichs mit dem Deutschen Reich an den *Kustos der Akademie der Wissenschaften in Wien Dr. Leo Israel Hajek*. Darin wurde ihm mitgeteilt, dass er aus dem Beamtendienstverhältnis ausgeschieden werde, da er sich am 3. Mai 1939 aus Wien nach New York polizeilich abgemeldet habe, ohne vorher die Zustimmung der obersten Dienstbehörde einzuholen. Als Tag des Ausscheidens wurde der 30. Juni 1939 bestimmt.[15] Dieser Bescheid wurde von der Akademie am 20. Februar 1940 an Hajek weitergeleitet.

[14] Vgl. AÖAW, Phonogrammarchiv, K. 1, Konv. 4, Nr. 275/1939.
[15] Vgl. AÖAW, Phonogrammarchiv, K. 1, Konv. 4, Nr. 951/1940.

Abb. 37: Leo Hajek (rechts) vor dem Archivphonographen Type IV (um 1928)

Als Hajeks vorläufiger Nachfolger wurde bereits am 4. Mai 1938 Walter Ruth benannt,[16] der 1942 offiziell zum Leiter des Phonogrammarchivs bestellt wurde. Am 3. Mai 1939 berichtete Akademiepräsident Heinrich Srbik an das REM, dass *der derzeitige kommissarische Leiter Dr. Walter RUTH wissenschaftlich und weltanschaulich voll qualifiziert* sei. Des Weiteren sei er *auch von der Partei als ein Illegaler* [vor dem 12. März 1938 in die NSDAP eingetreten, Anm. d. Verf.] *empfohlen* und würde somit *aufgrund seiner Verdienste während der Verbotszeit jede Förderung* verdienen.[17] Wie die Übernahme der Leitungsposition durch Walter Ruth vonstatten ging, ist kein Einzelfall in der österreichischen Wissenschaftslandschaft. Die „Gleichschaltung“ bzw. in diesem Fall Selbstgleichschaltung der wissenschaftlichen Institutionen ist typisch für die erste Phase nach der Machtübernahme durch die Nationalsozialisten im März 1938. Ziel war es, nach außen hin loyale NS-Institutionen zu schaffen. Zu diesem Zweck wurden die Führungspositionen ausgewechselt – Personen jüdischer Herkunft sowie politische Gegner wurden außer Dienst gestellt. Die Leitung

[16] Vgl. AÖAW, Phonogrammarchiv, K. 1, Konv. 4, Protokoll der Phonogrammarchivskommission vom 4. Mai 1938. Siehe auch den nachstehenden Beitrag von Johannes Feichtinger, „Wissenschaft ‚im Dienste des deutschen Volkes‘“, in diesem Band, S. 127–136.

[17] AÖAW, Phonogrammarchiv, K. 1, Konv. 4, Nr. 92/1939. In den Akten der Wörterbuch-Kommission findet Ruth im Protokoll der Sitzung zur Besprechung der Kommissionsangelegenheiten der Kommission für das Österreichisch-Bayerische Wörterbuch am 4. November 1947 Erwähnung. Es wurde darin auf Ruths Belastung als Illegaler eingegangen, welche sich schließlich als nicht zutreffend herausgestellt habe. Ruth sei daraufhin nach seiner Entlassung 1945 wieder in den Dienst der Akademie gestellt worden. Vgl. AÖAW, FE-Akten, Wörterbuch-Kommission, K. 1, Nr. 1518/47.

wurde von Vertrauensleuten der NSDAP übernommen. Exemplarisches Beispiel hierfür ist die Universität Wien: Fritz Knoll, neu ernannter Rektor der Universität, konnte dementsprechend bereits nach zehn Tagen an das REM melden: „Der Rohbau der inneren Organisation der Universität ist fertig. [...] es läuft alles in geordneten Bahnen."[18]

Der „Anschluss" brachte deutliche personelle Veränderungen für die Akademie der Wissenschaften. Das Beispiel Leo Hajek zeigt außerdem, dass der Prozess der Vertreibung der jüdischen Intelligenz nach dem „Anschluss" in öffentlichen Institutionen weitgehend einheitlich ablief. Im Zuge der „Gleichschaltung" öffentlicher Institutionen wurden die Leitungsposten ausgewechselt und mit politisch zuverlässigen Personen besetzt. Gleichzeitig wurden politisch oder „rassisch" missliebige Personen entlassen. An der Universität Wien beispielsweise verlor beinahe die Hälfte aller Lehrenden ihre Stellen.[19] Das Fehlen einer vollständigen Liste der Mitarbeiter und Mitarbeiterinnen unmittelbar nach dem „Anschluss" erschwert die Suche nach Antworten auf die Frage, welche Veränderungen sich für die Mitarbeiterschaft der Akademie ergaben. Außerdem lassen sich keine gesicherten Angaben über Personen machen, die als freie Mitarbeiterinnen und Mitarbeiter in den Einrichtungen der Akademie tätig waren. Nachdem im Jahr 2011 alle Personalakten der Mitarbeiter und Mitarbeiterinnen in das Archiv der ÖAW überführt wurden, ist es möglich, die personellen Veränderungen auf der Ebene der administrativen Mitarbeiter und Mitarbeiterinnen zu erforschen.

Marlene Wahlmüller

[18] Zitiert nach LICHTENBERGER-FENZ (2000), Geordnete Bahnen, S. 549.
[19] Vgl. MÜHLBERGER (1993), Vertriebene Intelligenz 1938, S. 7.

Das Verwaltungspersonal

Die Aktuare

Seit Gründung der Akademie im Jahre 1846/47 war jeweils ein Aktuar für die Belange der math.-nat. Klasse und einer für die phil.-hist. Klasse verantwortlich, von denen einer zugleich auch die Angelegenheiten der Gesamtakademie zu besorgen hatte.[1] Die Funktion des Ersten Aktuars übernahm nach dem Tode Emil Kohls im Juni 1924 der bisherige Zweite Aktuar Viktor Junk.[2] Junk, der am 1. März 1900 zunächst als Konzeptsbeamter mit dem Titel eines Ersten Kanzlisten in den Dienst der Akademie eingetreten war, wurde nach beinahe 45 Dienstjahren am 1. Februar 1945 pensioniert, nachdem er bereits seit Sommer 1944 krankheitshalber beurlaubt war. Junk trat im April 1933 der NSDAP bei (Mitgliedsnummer 1.616.309), war somit ein „Alter Kämpfer" und zudem Besitzer der „Erinnerungsmedaille des Führers an den 13. März 1938".[3] In seiner Nachfolge übernahm der bisherige Zweite Aktuar Wilfried Oberhummer die Position des Ersten Aktuars.

Der promovierte Chemiker Oberhummer trat ab dem 1. Juni 1937 als Aktuar in die Dienste der Akademie. Als seine Dienstverpflichtungen wurden 1937 genannt: *Konzeptive Tätigkeit, Führung der Protokolle und Erledigung der Akten der mathematisch-naturwissenschaftlichen Klasse, Überwachung der Drucklegung der Abhandlungen der math.-nat. Klasse, Bibliothekar der Bibliothek der Akademie.*[4] Oberhummer wirkte in der Nachfolge von Haas bis zum 31. Jänner 1945 als Zweiter Aktuar. Während des Zweiten Weltkriegs war Oberhummer fast ausnahmslos u.k. gestellt; vom 26. März bis 29. Juli 1941 diente er bei der Nachrichtenersatzbatterie No. 44 in Wels. Zwischen Juni 1938 und 1942 war er Parteianwärter der NSDAP und anschließend Parteigenosse.[5]

In einem aktenreichen Verfahren befand der Senat II der Sonderkommission erster Instanz bei der Universität Wien bezüglich der Beurteilung Oberhummers nach § 21 des Verbotsgesetzes in ihrer Sitzung vom 10. Juli 1946, dass *er jederzeit rückhaltlos für die unabhängige Republik Österreich eintreten werde. Entscheidungsgründe: Der*

---

[1] Diese beiden Funktionen hießen zunächst Erster Aktuar und Erster Kanzlist, dann ab 1903 Erster Aktuar und Zweiter Aktuar.

[2] Über Junk: ÖBL 3 (1965), S. 152f. Vgl. auch Ranzmaier (2010), Germanistik, passim, bes. S. 438. Die im Folgenden dargelegten Biografien und die wörtlichen Zitate beruhen, sofern nicht anders angegeben, auf den jeweiligen PA im AÖAW.

[3] Vgl. AÖAW, PA Viktor Junk, Vorschlagsliste für die Verleihung des Treudienst-Ehrenzeichens (Juli 1941) und Schreiben Srbiks an den Kurator der wissenschaftlichen Hochschulen vom 24. Juni 1941 (No. 170/1941).

[4] Ausführlicher beschrieben in AÖAW, PA Wilfried Oberhummer, Nr. 123/1937, Akademie an Bundesministerium für Unterricht vom 12. März 1937.

[5] Vgl. AÖAW, PA Wilfried Oberhummer, roter Akt-No. 75 (1946).

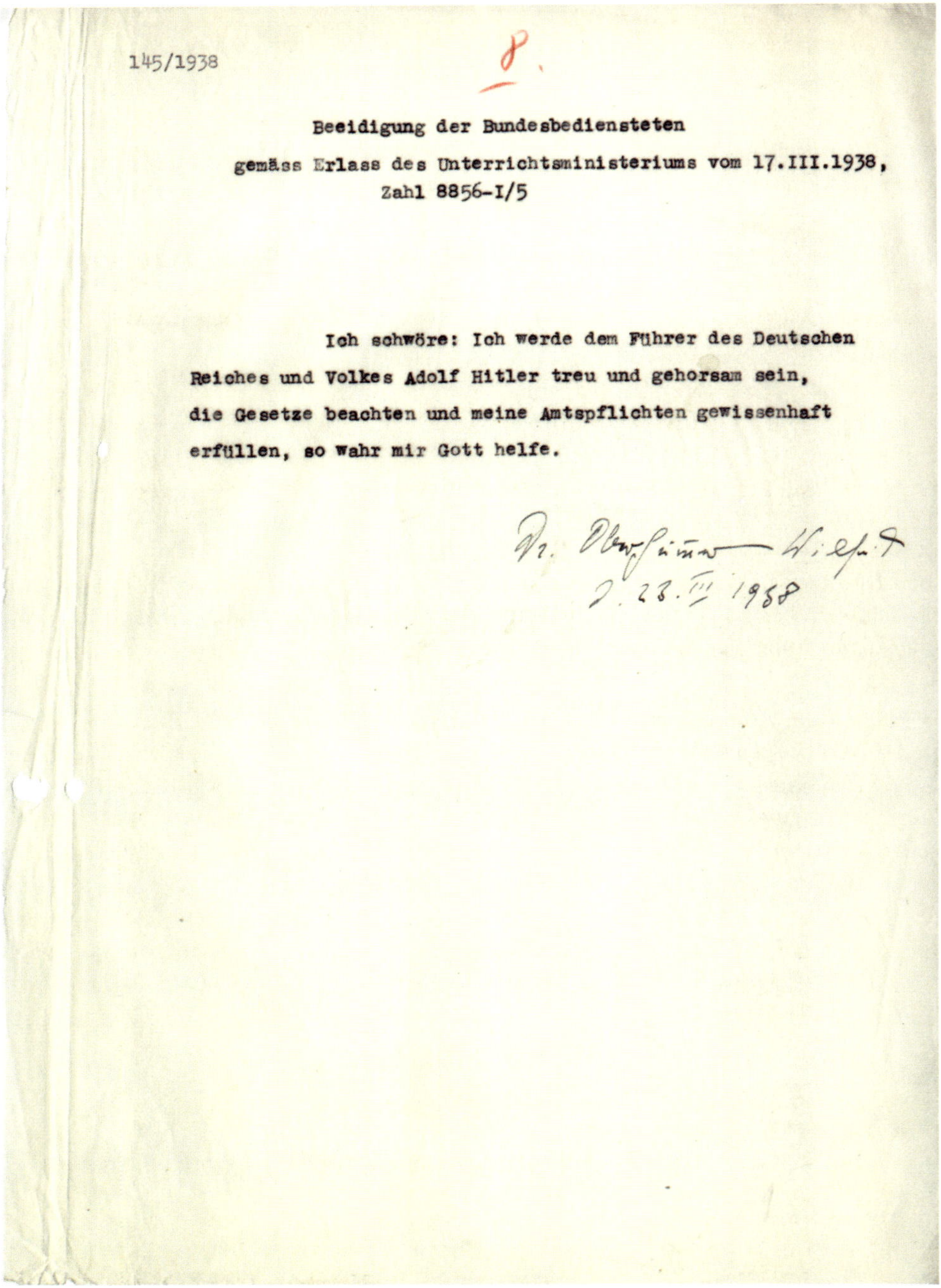

145/1938

8.

Beeidigung der Bundesbediensteten

gemäss Erlass des Unterrichtsministeriums vom 17.III.1938, Zahl 8856-I/5

Ich schwöre: Ich werde dem Führer des Deutschen Reiches und Volkes Adolf Hitler treu und gehorsam sein, die Gesetze beachten und meine Amtspflichten gewissenhaft erfüllen, so wahr mir Gott helfe.

Dr. Oberhummer Wilhelm
d. 23. III 1938

Abb. 38: Beeidigung Oberhummers 1938

Senat hat aufgrund der Aussagen des zu Beurteilenden und der Zeugen, sowie der verlesenen Schriftstücke den Eindruck gewonnen, dass Dr. Oberhummer aus seiner grossdeutschen Einstellung heraus zunächst für den Nationalsozialismus eingenommen war und es wohl keiner besonderen Ueberredung bedurfte, ihn zum Eintritt in die Betriebs-SA und in die Partei zu veranlassen. Alsbald scheint er aber enttäuscht von ihr abgerückt zu sein, ohne aus ihr auszutreten, da ihm dies nicht möglich schien. Seine Betätigung als Propagandastellvertreter im Reichskriegerbund hatte nach der glaubwürdigen Aussage des Generalmajor Slavik mit der Partei nichts zu tun. Oberhummers Verhalten in der späteren Zeit (kein Hitler-Gruss, keine Uniform, kein Parteiabzeichen, Verkehr mit politisch Gemassregelten und deren Förderung) zeugt davon, dass er sich von der NSDAP und ihrer Ideologie losgemacht hat.[6]

Oberhummers Aufgaben während des Krieges und danach waren umfangreich: „Er regelte den Dienst der Geschäftsstelle, er vertrat die Akademie in internationalen Gremien, ihm oblag die Beantwortung zahlreicher Anfragen von Behörden und er beaufsichtigte den Austausch von Veröffentlichungen der Akademie mit etwa 810 Außenstellen. Die mit dem Jahr 1963 einsetzende Gründung neuer Akademieinstitute brachte zusätzlich eine Fülle schwieriger Arbeiten". Obwohl er 1965 offiziell in den Ruhestand versetzt wurde, trat er erst am 31. Dezember 1974 endgültig zurück, da sich kein geeigneter Nachfolger fand. 1971 wurde ihm der Titel Hofrat und 1972 die Auszeichnung „Bene Merito" der Akademie verliehen.[7]

Abb. 39: Verleihung der Medaille „Bene Merito" an Oberhummer

[6] Abschriften in AÖAW, PA Wilfried Oberhummer. Vgl. auch seine *Anlage zum Personalblatt* vom 6. Juni 1945 im AÖAW, Politischer Fragebogen der Mitarbeiter, dem einige der Formulierungen nahezu entlehnt sind.

[7] Vgl. Almanach f.d.J. 1971, 122 (1972), S. 32f.

Abb. 40: Oberhummer an seinem Arbeitsplatz (ca. 1973)

Das Kanzleipersonal

Den Aktuaren unterstand als Kanzleikraft Emma Neumann, eine Tochter des früheren Aktuars Emil Kohl. Sie trat nach Abschluss der Handelsschule am 14. Mai 1924 *als jederzeit sofort kündbare Schreibkraft* in die Dienste der Akademie. Als vollbeschäftigte Kanzlistin war Neumann seit Jänner 1928 für die Führung des Einlaufprotokolls samt Indizierung und Registratur sämtlicher Akten sowie die Versendung der Druckkorrekturen an die Autoren zuständig. Die Akademie bemühte sich um eine Pragmatisierung von Emma Neumann, die jedoch zumindest 1951 noch nicht erledigt war. Ab 1. Oktober 1938 wurde sie ins Angestelltenverhältnis übernommen. Emma Neumann kündigte ihren Dienst für die Akademie aus privaten Gründen mit 1. August 1945,[8] nachdem sie zuvor schon zwei Monate unbezahlten Urlaub genommen hatte. Ab 15. November 1946 war sie bei der Technischen Hochschule Wien, Mechanisch-Technologisches Institut, angestellt.

Neben Neumann war auch Josef Soukup in der Akademieverwaltung beschäftigt. Soukup trat am 1. Mai 1903 als Unterbeamter – eingesetzt als Hausbesorger und Portier – in die Dienste der Akademie. Die Tätigkeiten als Hausbesorger wurden ab 1922 vom neu eingestellten Emerich Hesch übernommen, so dass sich Soukup verstärkt um die Bibliothek und das Druckschriftenmagazin kümmern konnte. Zwischen circa 1924 und 1933 war er Mitglied der Sozialdemokratischen Partei sowie des Bundes der öffentlichen Angestellten. Wegen Unentbehrlichkeit wurde 1937 eine Anfrage der Vaterländischen Front – dessen Mitglied Soukup zwischen 1934 und 1938 war – nach einer Versetzung des 71-Jährigen in den Ruhestand abschlägig

[8] Vgl. AÖAW, Ministerium, Nr. 5/1946.

behandelt. Schließlich wurde Soukup mit 1. April 1941 in den dauernden Ruhestand versetzt und starb im darauf folgenden Jahr. Im Juni 1941 gab er an, nicht Mitglied der NSDAP oder einer Untergruppierung zu sein.

An die Stelle Soukups trat Rudolf Thiel. Der gelernte Buchbinder war ab 1922 in verschiedenen Firmen als Geschäftsdiener bzw. Hilfsarbeiter tätig, immer wieder unterbrochen von zum Teil jahrelanger Arbeitslosigkeit (u. a. 1932–1938). Mit 1. Juni 1940 wurde Thiel als Ersatz für den zum Wehrdienst einberufenen Ferdinand Weiss in den Dienst der Akademie genommen. Bereits zum 8. Oktober 1940 sollte auch Thiel *zu einer mehrwöchigen Dienstleistung* einberufen werden. Die Akademie versuchte dies im Herbst 1940 mit dem Verweis zu verhindern, dass Thiel *augenblicklich der einzige Diener* [ist], *den die Akademie für die Besorgung auch nur der allerdringlichsten Dienstleistungen besitzt. Thiel hat für die Beheizung aller Diensträume (sieben grosse Zimmer und Säle), dann für die Aufrechterhaltung der Ordnung in der Akademiebibliothek (20.000 Bände), weiters für den täglichen Postversand, vor allem aber für die allmonatliche grosse Versendung wissenschaftlicher Publikationen der Akademie ins Ausland zu sorgen, eine Arbeit, die aus Propagandagründen aufrecht erhalten werden muss und die Packung, Verrechnung und Expedition mehrerer hundert Pakete umfasst.* Intensive Bemühungen seitens der Akademie, Thiel als Mitarbeiter behalten zu können, waren nur bis zum 20. Mai 1942 erfolgreich. Nach seiner Einberufung saß Thiel 1943 zwischenzeitlich in München in Untersuchungshaft, da er im Sommer 1943 einen Schweizer Sender gehört haben soll. Nach dem Krieg, aus dem sowohl Thiel als auch Weiss zurückkehrten, übernahm Thiel die Aufgaben des pensionierten Soukup. Er war fortan für die Betreuung der Bibliothek und das Druckschriftenmagazin zuständig und ging mit 31. Dezember 1967 in den Ruhestand.[9]

Der bereits erwähnte gelernte Schuster Ferdinand Weiss trat mit 10. Februar 1939 in die Dienste der Akademie. Am 9. Februar 1940 berichtete die Akademie dem Ministerium, dass *Weiss, der ihr seinerzeit vom Arbeitsamt aus zugewiesen wurde,* [...] *durchaus korrekt und politisch positiv eingestellt erscheint. Im Uebrigen möchte die Akademie bemerken, dass Ferdinand Weiss nur zu den niederen Arbeiten verwendet wird, wie Kohlentragen, Ofenheizen, Zimmerreinigen, Botengänge u.ä. Der in der Zuschrift der Kreisleitung angeführte Satz, wonach Ferdinand Weiss als judenfreundlich gilt, ist vermutlich darauf zurückzuführen, dass Weiss vor dem Umbruch 10 Jahre bei einer Judenfirma als Geschäftsdiener angestellt war.*

Mit 1. Juni 1940 wurde Weiss zum Wehrdienst einberufen und war in der Sowjetunion, Ungarn und der Slowakei im Einsatz. Am 13. Jänner 1942 erfolgte seine Übernahme ins Beamtendienstverhältnis, nachdem durch die Pensionierung Soukups eine Stelle vakant geworden war. Von Mai bis zum 27. August 1945 war er in US-amerikanischer Kriegsgefangenschaft und trat danach wieder seinen Dienst bei der Akademie an. Seine Tätigkeitsfelder wurden am 28. Oktober 1947 wie folgt beschrieben: *Dienst im Druckschriftenmagazin, Übernahme der einlangenden Druck-*

[9] Vgl. AÖAW, Sitzungsprotokoll der Gesamtakademie vom 15. Dezember 1967 (A 1181).

schriften, Betreuung derselben, Ausfolgung an die Verleger und Vorbereitung der Aussendung im Druckschriftentausch, Standzettelevidenz. Am 1. März 1960 wurde Weiss zum Oberaufseher ernannt; am 31. Juli 1969 trat er in den Ruhestand.

Abb. 41: Dienststempel der Akademie

Abb. 42: Dienstsiegel der Akademie

Die Buchhalter

Leopold Liegler wurde mit Beschluss vom 19. Juni 1913 *zum Probedienste als Gehilfe des Buchhalters mit einer monatlichen Entlohnung von K 140,–* in den Dienst der Akademie gestellt und ab dem 1. Jänner 1914 als Rechnungsassistent aufgenommen. Seine Bewerbung um die Nachfolge Kohls als Erster Aktuar blieb 1924 erfolglos. Nach dem Ausscheiden des Buchhalters Streicher übernahm Liegler ab 1925 dessen Stelle und führte in der Folge die doppelte Buchführung an der Akademie ein. Von circa 1924 bis 1933 war er Mitglied der Sozialdemokratischen Partei und von 1934 bis 1937 Mitglied der Vaterländischen Front. Er war ein guter Freund von Karl Kraus und trat selbst als Literaturwissenschaftler und Kritiker hervor. Auf eigenen Wunsch beantragte die Akademie im Juni 1945 Lieglers Pensionierung, der aufgrund eines schweren Herzleidens seit August 1942 seinen Dienst als Leiter der Buchhaltung nicht mehr versehen konnte.[10] Liegler wurde mit Ende Februar 1946 in den dauernden Ruhestand versetzt.

Die „Österreichische Zeitung" schrieb am 13. Oktober 1949 über den kurz zuvor verstorbenen Liegler: *Wer um die Wende der Jahre 1944 und 1945 Gelegenheit hatte, mit dem nun dahingeschiedenen Leopold Liegler zusammenzukommen, konnte es nicht für möglich halten, daß dieser todkranke Mann mit seinem geschwächten, verkrüppelten Körper noch einige Monate leben werde. Doch in diesem Organismus wohnte ein zäher, starker Geist, aufrechtgehalten von dem leidenschaftlichen Wunsch, das Ende der verhaß-*

[10] Vgl. AÖAW, PA Leopold Svajda, Akademie an Wehrbezirkskommando vom 24. August 1942.

ten Naziherrschaft noch zu erleben, und dieser verbissene Wille hat nicht nur Liegler gerettet, sondern hat es auch bewirkt, daß der Todeskandidat nach der Befreiung Wiens scheinbar gesundete, aufblühte und verjüngt schien. Mit Feuereifer stürzte er sich in die von allen Seiten herandrängende Arbeit am Aufbau eines neuen Staatswesens.

Dem Buchhalter Liegler stand Marie Repototschnig, geb. Calabek, als Assistentin zur Seite. Sie war in der Akademie vom 1. November 1911 bis zum 31. Dezember 1915 zunächst als Kanzleigehilfin tätig, seither – nach ihrer Definitivstellung – als Kanzleioffiziantin und seit dem 1. März 1925 als Buchhaltungsassistentin. In einem Schreiben an das Präsidium legte sie am 25. November 1938 dar: Sie *habe mit der Partei in jeder Richtung hin sympathisiert, was auch aus der beiliegenden Bestätigung der N.S.D.A.P. hervorgeht.*[11] *All das muß irgendwie zur Kenntnis der damaligen Machthaber gekommen sein, denn in der Krise des Jahre 1934 erreichte mich von der Vaterländischen Front, Innere Stadt, über das Präsidium der Akademie eine Anzeige betreffend mein politisches Verhalten.* [...] *Nur durch das wohlwollende und schützende Eintreten des Akademiepräsidiums wurde ich damals vor einer Katastrophe bewahrt.*[12] Per 1. April 1941 wurde sie krankheitshalber in den dauerhaften Ruhestand versetzt.

Nachfolger der pensionierten Marie Repototschnig wurde der Jurist Leopold Svajda. Er hatte zuvor im Finanzministerium gearbeitet, das mit Abschluss des Rechnungsjahres 1940/41 aufgelöst wurde. Er absolvierte seit dem 2. Dezember 1940 eine *viermonatige Probedienstzeit zur vollen Zufriedenheit*[13] und übernahm danach Repototschnigs Planstelle bei der Akademie. Formell *ist Svajda ab 1. April 1941 unter Ernennung zum Steuersekretär und Abordnung an den Kurator der wissenschaftlichen Hochschulen in Wien (soll heißen Akademie der Wissenschaften) an die Abteilung P des Oberfinanzpräsidiums versetzt worden.*[14] Im August 1942 wurde er *bis auf weiteres* u.k. gestellt, d. h. vom Militärdienst zurückgestellt; seit Mai 1942 war er wegen der schweren Erkrankung Lieglers alleinverantwortlich für die Akademiebuchhaltung.[15] Vom 22. Februar bis 1. März 1945 absolvierte Svajda einen Offizierslehrgang des Deutsche Volkssturmes. Er gehörte weder der NSDAP noch einer ihrer Gliederungen an.

---

[11] AÖAW, PA Marie Repototschnig, Schreiben der NSDAP, Gauleitung Wien, vom 24. November 1938: *Es wird hiemit bestätigt, dass der Gatte der Frau Marie Repototschnig, Pg. Ludwig Repototschnig seit 1934 Mitglied der N.S.D.A.P. ist, während der illegalen Zeit eifriger Mitarbeiter war und mit Wissen seiner Frau die illegalen Formationen in grossherziger Weise mit Lebensmitteln versorgt hat. Pg. Repototschnig war auch einige Zeit in Haft wegen nationalsozialistischer Betätigung. Pg. Repototschnig und seine Frau sind in jeder Hinsicht verlässlich und politisch einwandfrei.* Ein Schreiben der Kreisleitung VII des Gaues Wien der NSDAP vom 7. Juli 1939 bestätigt sie als *Alter Kämpfer der Ostmark,* [...] *da sie nachgewiesenermaßen eine außerordentlich verdienstvolle Tätigkeit in der Partei vor dem 11. März 1938 ausgeübt hat.*" Ebda.

[12] AÖAW, PA Marie Repototschnig.

[13] AÖAW, PA Leopold Svajda, Akademie an Kurator der wissenschaftlichen Hochschule vom 18. März 1941.

[14] AÖAW, PA Leopold Svajda, Erklärung des Kurators der wissenschaftlichen Hochschulen in Wien an die Akademie vom 26. August 1941.

[15] Vgl. AÖAW, PA Leopold Svajda, Akademie an Wehrbezirkskommando vom 24. August 1942.

Nach der Pensionierung Lieglers mit Ende Februar 1946 folgte Svajda ihm offiziell als Akademiebuchhalter nach. Im Jahre 1950 schrieb die Akademie gegenüber dem Bundesministerium für Unterricht anlässlich eines Gesuches, Svajda der Dienstpostengruppe IV zuzuteilen: *Es ist nicht zuletzt seiner Umsicht, Einsatzbereitschaft und Gewissenhaftigkeit zu verdanken, daß das ganze Magazin, dessen Bestand einen Millionenwert darstellt, ohne irgendwelche Verluste über die schwierigste Kriegs- und Nachkriegszeit hinüber gerettet wurde.*[16] Per 1. Jänner 1945 wurde Svajda zum Amtssekretär und per 1. Juli 1955 zum wirklichen Amtsrat ernannt. Er wurde mit Ende 1961 pensioniert.

Am 20. Oktober 1942 nahm Lucia Freiberg als Kriegsersatzkraft die Arbeit in der Akademie auf, wo sie im mittleren Dienst in der Buchhaltung beschäftigt wurde. Ihre Einstellung war aufgrund der schweren Erkrankung Lieglers notwendig geworden. Seit 1947 war sie im gehobenen Fachdienst tätig. Mit 1. Jänner 1962 übernahm Freiberg in der Nachfolge Svajdas die Leitung der Buchhaltung; als Amtsdirektorin wurde sie mit Ende Mai 1983 in den dauerhaften Ruhestand versetzt.

Die Hausbesorgerin

Abb. 43: Marie Hesch

Marie Hesch folgte ihrem Ehemann, dem Hausbesorger der Akademie Emerich Hesch, nach dessen Tod im April 1939 im Amt. Ihrem großen persönlichen Einsatz ist es zu verdanken, dass das Gebäude der Akademie und die darin verwahrten Güter

[16] AÖAW, PA Leopold Svajda, Schreiben vom 4. Juli 1950.

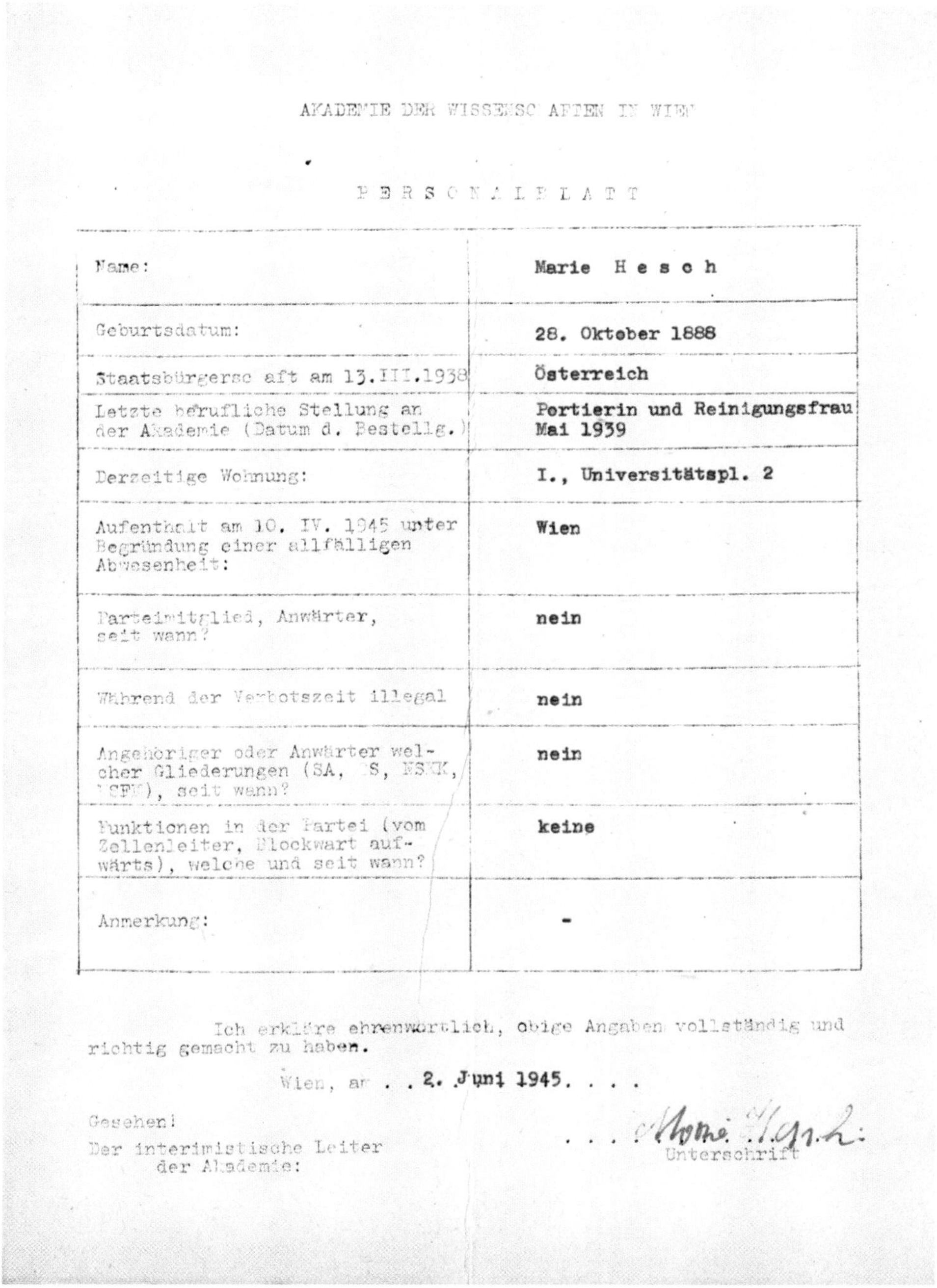

AKADEMIE DER WISSENSCHAFTEN IN WIEN

PERSONALBLATT

Name:	**Marie Hesch**
Geburtsdatum:	**28. Oktober 1888**
Staatsbürgerschaft am 13.III.1938	**Österreich**
Letzte berufliche Stellung an der Akademie (Datum d. Bestellg.)	**Portierin und Reinigungsfrau Mai 1939**
Derzeitige Wohnung:	**I., Universitätspl. 2**
Aufenthalt am 10. IV. 1945 unter Begründung einer allfälligen Abwesenheit:	**Wien**
Parteimitglied, Anwärter, seit wann?	**nein**
Während der Verbotszeit illegal	**nein**
Angehöriger oder Anwärter welcher Gliederungen (SA, SS, NSKK, NSFK), seit wann?	**nein**
Funktionen in der Partei (vom Zellenleiter, Blockwart aufwärts), welche und seit wann?	**keine**
Anmerkung:	**-**

Ich erkläre ehrenwörtlich, obige Angaben vollständig und richtig gemacht zu haben.

Wien, am . . **2. Juni 1945**. . . .

Gesehen!
Der interimistische Leiter der Akademie:

. . . . Marie Hesch
Unterschrift

Abb. 44: Fragebogen Marie Hesch 1945

bei der Befreiung Wiens 1945 von Plünderungen verschont blieben. Mit Erreichen des 65. Lebensjahres wurde ihr Angestelltenverhältnis als Reinigungsfrau per 31. Dezember 1953 beendet. Sie übte jedoch weiterhin die Funktion einer Hausbesorgerin aus.[17] Marie Hesch beendete mit 15. November 1956 auf eigenen Wunsch und mit Rücksicht auf ihre Gesundheit ihren Dienst als Hauswartin. Hesch, die um *die Weitergewährung eines kleinen monatlichen Zuschusses gebeten* hatte,[18] erhielt die Erträge einer Sammlung unter den Akademiemitgliedern, die ihr im Rahmen einer kleinen Abschiedsfeier überreicht wurden.

Stefan Sienell

[17] Vgl. AÖAW, Sitzungsprotokoll der Gesamtakademie vom 23. Oktober 1953 (A 1060).
[18] AÖAW, Sitzungsprotokoll der Gesamtakademie vom 9. November 1956 (A 1084),

Die Änderung der Satzung

Im Bundesgesetzblatt für die Republik Österreich vom 14. Oktober 1921 (BGBl. Nr. 569) heißt es in Paragraf 3: „Die Akademie der Wissenschaften in Wien übt ihre Tätigkeit aufgrund einer Satzung aus, zu deren Gültigkeit die Bestätigung durch den Bundespräsidenten erforderlich ist“. Diese 1922 bestätigte und 1925 durch einen zusätzlichen Nachtrag ergänzte Satzung wurde 1938 durch eine Vorläufige Satzung ersetzt.[1]

Bereits in der außerordentlichen Gesamtsitzung vom 25. März 1938 war eine Satzungskommission, bestehend aus den w.M. Hochstetter, Schweidler, Srbik, Durig, Hartmann, Himmelbauer, Mache, Späth, Redlich, Wenger, Hirsch, Meister, Radermacher und Dopsch sowie dem k.M. I. Ficker eingesetzt worden.[2] Diese sollte, um den geänderten Gegebenheiten gerecht zu werden, eine neue Satzung in Anpassung an die Rechtssituation der deutschen Akademien ausarbeiten. Die Formulierung der in Abstimmung mit der neuen Satzung notwendigen neuen Geschäftsordnung wurde ebenfalls der zur Erarbeitung der Satzung eingesetzten Beratungskommission übertragen.[3]

In der Gesamtsitzung vom 8. April 1938 erstattete Generalsekretär Egon Schweidler einen ersten Bericht über die Arbeit der zur Beratung der Satzung eingesetzten Kommission und stellte einen Entwurf der neuen Satzung vor. Der Entwurf wurde paragrafenweise diskutiert und schließlich mit geringen Änderungen angenommen. Die stilistische Schlussredaktion blieb dem Präsidium vorbehalten, danach sollte die neue Satzung zur Genehmigung nach Berlin weitergeleitet werden.[4] Der Schriftverkehr erfolgte aber nicht direkt mit Berlin, sondern über das Ministerium für innere und kulturelle Angelegenheiten, Abt. IV, in Wien. Dieses übermittelte auch die vom Reichsministerium für Wissenschaft, Erziehung und Volksbildung (REM) mit Erlass vom 22. Juli 1938 genehmigte neue (aber immer noch als vorläufig bezeichnete) Satzung an die Akademie. Präsident Heinrich Srbik erstattete in der Gesamtsitzung vom 21. Oktober 1938 einen Bericht über das Zustandekommen der neuen Satzung sowie die vorgenommenen Änderungen und hob dabei dankend die Unterstützung von Oberregierungsrat Hans Huber hervor, der das Referat Österreich im REM in Berlin leitete und in dieser Funktion auch maßgeblich an der „Säuberung“ der österreichischen Hochschulen im Jahre 1938 beteiligt war.[5]

Die Änderung einiger Punkte der Satzung ergab sich allein schon aufgrund der notwendigen Anpassung an die Bestimmungen der deutschen Akademien. So wur-

---

[1] Vgl. Kopetz (2006), Akademie, S. 139–142.

[2] Vgl. AÖAW, Protokoll der Gesamtsitzung vom 25. März 1938 (A 933).

[3] Vgl. AÖAW, Protokoll der Gesamtsitzung vom 25. März 1938 (A 933), u. AÖAW, Protokoll der Gesamtsitzung vom 21. Oktober 1938 (A 939).

[4] Vgl. AÖAW, Protokoll der Gesamtsitzung vom 8. April 1938 (A 935).

[5] Vgl. AÖAW, Protokoll der Gesamtsitzung vom 21. Oktober 1938 (A 939).

Abb. 45: Akademiegebäude (1935)

den aus wirklichen entsprechend der deutschen Sprachregelung ordentliche Mitglieder, und die Trennung der k.M. nach Inland und Ausland wurde aufgehoben. Lag bisher die Aufgabe der Akademie in der Förderung der Wissenschaft „in jeder Hinsicht", wobei sie „bei Erfüllung ihrer Aufgabe den Anspruch auf Schutz und Förderung durch den Bund" hatte,[6] wurde nunmehr die Förderung der Wissenschaft „im Dienste des deutschen Volkes" als Aufgabenstellung der Akademie definiert; „sie steht unter dem besonderen Schutze des Reiches."[7] In der Gesamtsitzung vom 8. März 1940 machte Präsident Srbik davon Mitteilung, dass einige kleinere Änderungen in der Satzung notwendig geworden seien.[8]

Es kam dann 1941 zu einem Versuch von Reichsminister Rust, die Satzung der Wiener Akademie denjenigen der anderen deutschen Akademien anzupassen. Präsident Srbik informierte die Gesamtsitzung am 17. Oktober 1941 darüber; im Protokoll ist allerdings vermerkt: *Der Präsident berichtet über den vom Herrn Reichsminister während der akademischen Ferien übermittelten Entwurf zur Satzung der Akademie und bittet um die nachträgliche Genehmigung seiner hiezu gemachten Einwendungen und Vorschläge. Die Gesamtakademie erteilt die nachträgliche Genehmigung.*[9]

In der Gesamtsitzung vom 2. Juli 1943 wies Srbik darauf hin, dass der Reichsminister für Wissenschaft, Erziehung und Volksbildung in Aussicht genommen habe, die Akademie unter Beibehaltung ihrer eigenen Rechtspersönlichkeit durch einen netto gewährten Reichszuschuss zu *etatisieren*.[10]

Die Zahl von bisher 66 w. (nunmehr: o.) M., 33 in jeder Klasse, wurde beibehalten, wobei nunmehr anstelle von 17 mindestens 22 Mitglieder jeder Klasse ihren Wohnsitz in Wien oder Umgebung haben mussten. Im Falle einer Verlegung des Wohnsitzes außerhalb des „Landes Österreich" bei Beibehaltung der Reichsbürgerschaft blieb die ordentliche Mitgliedschaft wohl erhalten, wurde jedoch in die Höchstzahl nicht eingerechnet. Erwarb ein bisheriges o.M. eine fremde Staatsangehörigkeit, so trat es selbsttätig in die Reihe der k.M. A. ein. Bei den korrespondierenden Mitgliedern blieb die Gesamtzahl von 160, davon 80 in jeder Klasse, gleich. Während aber bisher in jeder Klasse die Zahl der Inländer auf 35 und diejenige der Ausländer auf 45 begrenzt war, wurde nunmehr festgelegt, dass von den 80 k.M. je Klasse mindestens 55 die Reichsbürgerschaft besitzen mussten. Von diesen mussten wiederum mindestens 25 ihren Wohnsitz „im Lande Österreich" haben. Bei den k.M. fremder Staatszugehörigkeit sollten hingegen „die deutschen Volkszugehörigen entsprechend vertreten sein". Die Zahl der EM wurde auf höchstens zehn je Klasse und auf höchstens acht der Gesamtakademie begrenzt.[11]

---

[6] BGBl. für die Republik Österreich vom 14. Oktober 1921, Nr. 569, §2.

[7] Die Vorläufige Satzung ist im Almanach f.d.J. 1938, 88 (1939), S. 9–16, abgedruckt, aber auch bei Meister (1947), Geschichte, S. 240–242, hier: §2.

[8] Vgl. AÖAW, Protokoll der Gesamtsitzung vom 8. März 1940 (A 951).

[9] AÖAW, Protokoll der Gesamtsitzung vom 17. Oktober 1941 (A 965).

[10] AÖAW, Protokoll der Gesamtsitzung vom 2. Juli 1943 (A 980).

[11] Almanach f.d.J. 1938, 88 (1939), S. 11. Vgl. daneben Meister (1947), Geschichte, S. 181.

§ 7.

Die Akademie wählt ihre Mitglieder nach der in der Geschäftsordnung bestimmten Wahlordnung. Durch die vollzogene Wahl erwerben die Gewählten ohneweiters die Rechte der Mitgliedschaft.

§ 8.

Das Präsidium der Akademie setzt sich zusammen aus einem Präsidenten, einem Vizepräsidenten und zwei Sekretären. Der Präsident und der Vizepräsident, ebenso die zwei Sekretäre müssen verschiedenen Klassen angehören. Einer der Sekretäre leitet neben den Geschäften der Klasse, der er angehört, auch die Geschäfte der Gesamtakademie und führt den Titel Generalsekretär.

Die Amtsdauer des Präsidenten und des Vizepräsidenten beträgt drei Jahre, die der beiden Sekretäre vier Jahre.

Der Präsident, der Vizepräsident, der Generalsekretär und der zweite Sekretär werden in Gesamtsitzungen der Akademie aus den wirklichen Mitgliedern gewählt und sind nach Ablauf ihrer Amtsdauer wieder wählbar, der Präsident und Vizepräsident jedoch nur mit drei Vierteln der abgegebenen Stimmen bei Anwesenheit von zwei Dritteln der wirklichen Mitglieder.

Die Wahlen der Mitglieder des Präsidiums bedürfen der Bestätigung durch den Bundespräsidenten.

Abb. 46: Satzung von 1922, §§ 7 u. 8

Die wohl wesentlichste Satzungsänderung betraf aber die Wahl bzw. die Bestätigung der gewählten Mitglieder, weil hier wohl am massivsten in die Autonomie eingegriffen wurde: In Paragraf 7 der Satzung hieß es zuvor, wie übrigens auch wieder seit 1945 bis heute: „Durch die vollzogene Wahl erwerben die Gewählten ohne weiteres die Rechte der Mitgliedschaft.“[12] Nunmehr hieß es: „Die vollzogene Wahl bedarf der Bestätigung durch den Reichsminister für Wissenschaft, Erziehung und Volksbildung. Die Bestätigung ist widerruflich.“[13] Und hieß es bisher in Paragraf 8, dass die Wahlen der Mitglieder des Präsidiums der Bestätigung durch den Bundespräsidenten bedurften, war das Recht der Akademie aufgrund der neuen Satzung insofern eingeschränkt, als diese nur mehr geeignete Mitglieder aus den Reihen der o.M. dem Reichsminister für Wissenschaft, Erziehung und Volksbildung zur Ernennung vor-

[12] Satzung von 1922, bzw. Nachtrag vom 26. Februar 1925 im Almanach f.d.J. 1937, 87 (1937), S. 13.

[13] Vorläufige Satzung im Almanach f.d.J. 1938, 88 (1939), S. 12.

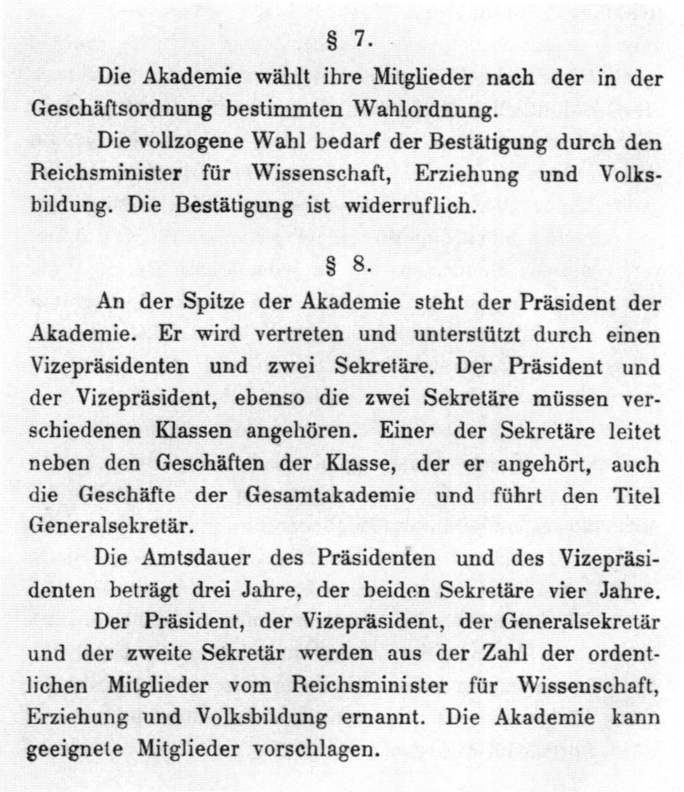

§ 7.

Die Akademie wählt ihre Mitglieder nach der in der Geschäftsordnung bestimmten Wahlordnung.

Die vollzogene Wahl bedarf der Bestätigung durch den Reichsminister für Wissenschaft, Erziehung und Volksbildung. Die Bestätigung ist widerruflich.

§ 8.

An der Spitze der Akademie steht der Präsident der Akademie. Er wird vertreten und unterstützt durch einen Vizepräsidenten und zwei Sekretäre. Der Präsident und der Vizepräsident, ebenso die zwei Sekretäre müssen verschiedenen Klassen angehören. Einer der Sekretäre leitet neben den Geschäften der Klasse, der er angehört, auch die Geschäfte der Gesamtakademie und führt den Titel Generalsekretär.

Die Amtsdauer des Präsidenten und des Vizepräsidenten beträgt drei Jahre, der beiden Sekretäre vier Jahre.

Der Präsident, der Vizepräsident, der Generalsekretär und der zweite Sekretär werden aus der Zahl der ordentlichen Mitglieder vom Reichsminister für Wissenschaft, Erziehung und Volksbildung ernannt. Die Akademie kann geeignete Mitglieder vorschlagen.

Abb. 47: Satzung von 1938, §§ 7 u. 8

schlagen durfte. Die Ernennung oblag dann dem Reichsminister. Und während in der alten Satzung das Kollegialprinzip betont wurde: „Das Präsidium setzt sich zusammen aus einem Präsidenten, einem Vizepräsidenten und zwei Sekretären“[14], heißt es nun: „An der Spitze der Akademie steht der Präsident der Akademie. Er wird vertreten und unterstützt durch einen Vizepräsidenten und zwei Sekretäre.“[15]

Reichsminister Rust konnte etwa gegenüber der Berliner Akademie eine Satzungsänderung durchsetzen, in der das „Führerprinzip“, die strikte Anwendung des Reichsbürgergesetzes sowie eine Aufweichung der räumlichen Beschränkung für o.M. explizit festgelegt wurde. Demgegenüber unterlagen die Satzungen der Wiener Akademie relativ geringen Veränderungen und boten daher wenig Ansatzpunkte für die Durchsetzung des „Führerprinzips“.

[14] Satzung von 1922, bzw. Nachtrag vom 26. Februar 1925 im Almanach f.d.J. 1937, 87 (1937), S. 13.

[15] Vorläufige Satzung im Almanach f.d.J. 1938, 88 (1939), S. 12.

So erfuhren die Paragrafen 9 bis 11, in denen die Aufgaben des Präsidiums und die Rechte der Mitglieder geregelt wurden, inhaltlich keine Veränderungen. In Paragraf 12, in dem bisher explizit auch Porto- und Gebührenbefreiungen sowie Steuerbefreiungen geregelt wurden und überdies der Akademie das Recht zugesichert wurde, „bei ihren eigenen und den von ihr veranlassten Unternehmungen die werktätige Förderung der Bundes- und Landesbehörden in Anspruch zu nehmen", wurden die betreffenden Bestimmungen durch den Passus „Die wissenschaftlichen Unternehmungen der Akademie werden von den Reichs- und Landesbehörden gefördert" ersetzt. Waren bisher gemäß Paragraf 15 die Rechnungsabschlüsse über die Geldzuwendungen dem unabhängigen Rechnungshof zur Überprüfung vorzulegen, so wurde diese Kontrolle nunmehr vom zuständigen Ministerium selbst wahrgenommen. Die anderen Teile der alten Satzung wurden hingegen nahezu unverändert übernommen, allfällige Änderungen erfolgten lediglich aufgrund sprachlicher Anpassungen. Neu hinzu kam jedoch ein zusätzlicher Paragraf 20, in dem es hieß: „Die Geschäftsordnung, Änderungen der Satzung und der Geschäftsordnung unterliegen der Genehmigung des Reichsministers für Wissenschaft, Erziehung und Volksbildung."[16]

Es wurde mehrfach darauf hingewiesen, dass die genannte Satzung auch insofern bemerkenswert war, als darin mehrmals (und zwar bis 1945) vom „Lande Österreich" die Rede ist. Nun entsprach dies im Frühjahr 1938 durchaus noch der offiziellen Sprachregelung. So wurde auch in der Verlautbarung des Bundesgesetzes vom 13. März 1938 im Zusammenhang mit dem „Anschluss" von der „Wiedervereinigung Österreichs mit dem Deutschen Reich" gesprochen. Erst am 24. Mai 1938 wurde dann die Aufteilung des „Landes Österreich" in sieben Gaue verfügt. Dies führte dazu, dass noch im Laufe des Jahres 1938 Österreich auch sprachlich ausgelöscht und durch den Begriff „Ostmark" ersetzt wurde. Ein „Führererlass" von 1942 führte dann als offizielle Sprachregelung die Bezeichnung „Donau- und Alpenreichsgaue" ein. Wenn sich also Jahr für Jahr und damit auch zu einem Zeitpunkt, als dies offiziell bereits längst unterdrückt war, die Bezeichnung „Land Österreich" in der im Almanach abgedruckten Vorläufigen Satzung findet,[17] so spiegelt dies zumindest ein gewisses Beharrungsvermögen der Akademie als Institution wider.[18]

Die Vorläufige Satzung teilte das Schicksal so vieler Provisorien: sie blieb während der gesamten NS-Zeit in Kraft und wurde erst 1945 durch die ursprüngliche Satzung des Jahres 1922 samt deren Ergänzung aus dem Jahre 1925 ersetzt.

Herbert Matis

---

[16] Vorläufige Satzung im Almanach f.d.J. 1938, 88 (1939), S. 16.

[17] Darauf verweist auch Graf-Stuhlhofer (1995), Akademie, S. 135 u. 159.

[18] Aber selbst Dienststellen im so genannten Altreich wandten noch in den 1940er Jahren diese Bezeichnung an, und auch im Firmentitel mancher Unternehmen blieb die Bezeichnung „Österreich" während der gesamten NS-Zeit erhalten.

I. 3. Programmatische und strukturelle Neuorientierungen

Reden des Akademiepräsidenten Heinrich (von) Srbik anlässlich der Feierlichen Sitzungen

Höhepunkt der Feierlichen Sitzung, die laut Geschäftsordnung jedes Jahr rund um den Gründungstag der Akademie am 30. Mai stattzufinden hat, ist die Ansprache des Akademiepräsidenten. In ihr geht der jeweilige Präsident auf aktuelle Probleme der Akademie ein oder trifft programmatische Aussagen zur Wissenschaftspolitik.

Die anlässlich des 90-jährigen Akademiejubiläums von Präsident Oswald Redlich gehaltene Festrede des Jahres 1937 stand noch ganz im Zeichen dieser Tradition, wenn er auf die Funktion der Wissenschaft in der Gesellschaft hinwies: „Der Drang nach Erkenntnis ist ein göttlicher Funke in der menschlichen Brust. Die Wissenschaft dient diesem Drange, sie erforscht die Natur und alles Menschenwerk. Es ist eine Errungenschaft des 19. Jahrhunderts, das jetzt so vielfach geschmäht wird, für diesen heiligen Drang die Forderung strenger wissenschaftlicher Forschung und Methode erarbeitet und festgestellt zu haben, das heißt den Geist des freien, aber doch kritisch gezügelten, wahrhaftigen und unparteiischen Strebens nach Erkenntnis. Diese Errungenschaft mit vollem Bewußtsein festzuhalten, sie zu wahren und zu verteidigen, ist die hohe Aufgabe und Pflicht der Wissenschaft und daher auch der Akademien der Wissenschaften."[1]

In der ersten Feierlichen Sitzung nach dem „Anschluss", die diesmal allerdings ausnahmsweise nicht im Frühjahr, sondern erst am 23. November 1938 abgehalten wurde, stellte der neue Präsident Heinrich Srbik die diesmal ungewöhnlich lange Festrede unter das Thema: „Die deutsche Wissenschaft und die Wiener Akademie im Großdeutschen Reich". Srbik betonte darin unter anderem „die Gemeinschaft des Blutes, der Erde, der Geister und der Herzen und die epochalen Änderungen des Volks- und Reichskörpers." Es fehlte auch nicht der Hinweis auf die „unvergleichliche Schöpfer- und Willenskraft des Führers", die diesen „nationalen Antrieb von gewaltiger Tiefe und Durchschlagskraft im Volk" bewirkt habe.[2] Dem herrschenden Zeitgeist – wohl aber auch einem persönlichen sprachlichen Gestus des Redners – entsprach nicht nur ein schwülstiger Pathos, der uns heute fremd geworden ist. Verstörend wirken auch die bei jeder sich bietenden Gelegenheit verwendeten Phraseo-

[1] Almanach f.d.J. 1937, 87 (1937), S. 183.
[2] Almanach f.d.J. 1938, 88 (1939), S. 163f.

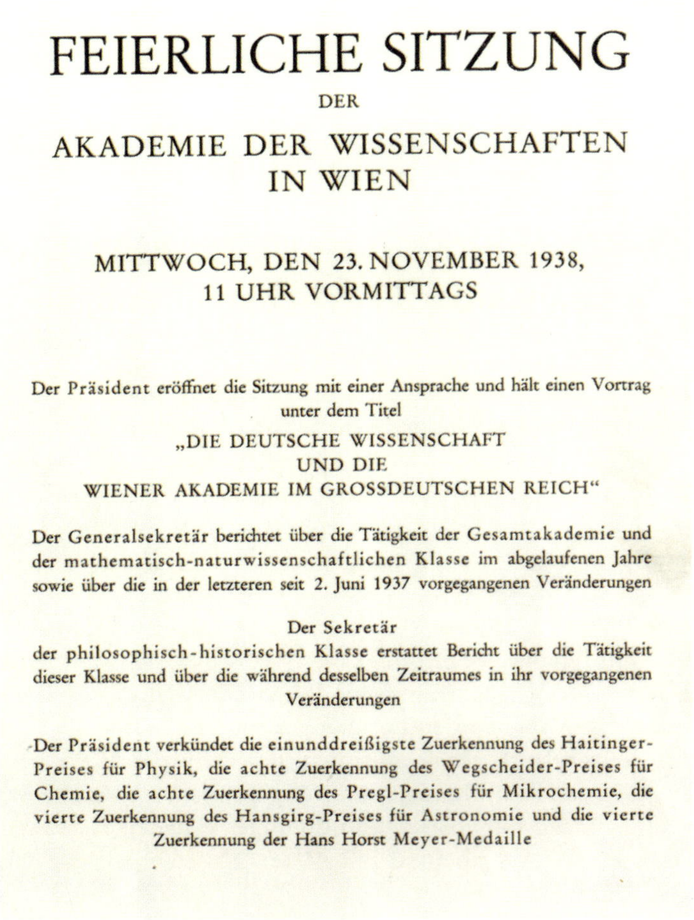

FEIERLICHE SITZUNG
DER
AKADEMIE DER WISSENSCHAFTEN
IN WIEN

MITTWOCH, DEN 23. NOVEMBER 1938,
11 UHR VORMITTAGS

Der Präsident eröffnet die Sitzung mit einer Ansprache und hält einen Vortrag unter dem Titel
„DIE DEUTSCHE WISSENSCHAFT
UND DIE
WIENER AKADEMIE IM GROSSDEUTSCHEN REICH“

Der Generalsekretär berichtet über die Tätigkeit der Gesamtakademie und der mathematisch-naturwissenschaftlichen Klasse im abgelaufenen Jahre sowie über die in der letzteren seit 2. Juni 1937 vorgegangenen Veränderungen

Der Sekretär
der philosophisch-historischen Klasse erstattet Bericht über die Tätigkeit dieser Klasse und über die während desselben Zeitraumes in ihr vorgegangenen Veränderungen

Der Präsident verkündet die einunddreißigste Zuerkennung des Haitinger-Preises für Physik, die achte Zuerkennung des Wegscheider-Preises für Chemie, die achte Zuerkennung des Pregl-Preises für Mikrochemie, die vierte Zuerkennung des Hansgirg-Preises für Astronomie und die vierte Zuerkennung der Hans Horst Meyer-Medaille

Abb. 48: Programm der Feierlichen Sitzung 1938

logismen: „deutsche Volksgemeinschaft“, „Dienst am deutschen Volk“, „Entscheidungskraft des geistigen und sittlichen Elements“, „geistige Überwölbung der Völker“, „geistige Heimatfront“, „Fruchtbarkeit des deutschen Geistes“, „Idee des ewigen Reichs“ durchziehen die uns in den Almanachen der Jahre 1938 bis 1943 dokumentierten Reden des Akademiepräsidenten.

„Wie könnte die Akademie der Wissenschaften in Wien nun, da Österreich ins Großdeutsche Reich eingegangen ist und da uraltes Sehnen nach der großen deutschen Staatsgemeinschaft erfüllt ist, wie könnte die höchste wissenschaftliche Gemeinschaft auf dem Boden der alten Ostmark abseits stehen, wenn Österreich wieder die Ostmark des einigen deutschen Volksstaates geworden und das Reich um Millionen Deutscher erweitert und bereichert worden ist?“[3] […] „Unsere Akademie

---

[3] Almanach f.d.J. 1938, 88 (1939), S. 164.

knüpft an ihre deutsche Vergangenheit organisch an, wenn sie sich nunmehr begeistert und pflichtbewußt ganz und gar in den Dienst des großdeutschen Volksstaates stellt."[4]

Abb. 49: Srbik-Büste mit Zitaten aus seinen Reden

Srbik stellte in seiner Festrede dann auch die „Frage nach der Lebensberechtigung der alten großen Forschungsgemeinschaften, der deutschen Akademien der Wissenschaften",[5] und betonte in diesem Zusammenhang: „Wissenschaftliche Arbeit schöpferischer Art ist ihrem tiefsten Sinne nach nicht Selbstzweck, sondern Dienst an einem Höheren. Sie hat die Gegenwart des eigenen Volkes und der Völker mitzuerleben und gestaltend zu beeinflussen. [...] Die Wissenschaft darf somit nicht lebens- und volksfremd werden, sie darf sich nicht in unmöglichen Vorstellungen einer nie erreichbaren völligen Objektivität verlieren, wenn sie nicht ihren besten Kräftestrom einbüßen will."[6]

[4] Almanach f.d.J. 1938, 88 (1939), S. 169.
[5] Almanach f.d.J. 1938, 88 (1939), S. 165.
[6] Almanach f.d.J. 1938, 88 (1939), S. 165 u. 169f.

Eine vergleichende Textanalyse der Reden Oswald Redlichs und Heinrich Srbiks[7] ergibt bei letzterem einen unverhältnismäßig häufigen Gebrauch der Worte „deutsch“, „Deutschland“, „Deutschtum“ in nahezu jedem zweiten Satz. Dies korrespondiert mit der die Rede Srbiks von 1938 eröffnenden und von ihm positiv beantworteten Frage nach der „Kontinuität nationalen Wirkens der Wiener Akademie“. Der Vergleich der Worthäufigkeiten zeigt darüber hinaus, dass neben dem inflationären Gebrauch von „deutsch“ auch die Begriffe „Volk“, „Reich“ und „Geist“ vorrangig verwendet werden. Bei Redlich hingegen, der über ein grundsätzlich umfangreicheres Wortrepertoire verfügt, kommen häufig die Begriffe „Österreich“, „Forschung“ und „Tätigkeit“ vor. Auch ein Vergleich der anhand der Schlüsselworte „national“ bzw. „international“ ermittelten Textstellen zeigt, dass Redlich in seinen Reden wiederholt die internationale Dimension von Wissenschaft und Forschung, insbesondere aber die internationale Assoziation der Akademien der Welt herausstreicht (1919, 1922, 1924, 1927, 1931), während Srbik diese Dimension deutlich seltener thematisiert. Er interpretiert die Förderung internationaler wissenschaftlicher Gemeinschaftsarbeit der Akademie vielmehr als einen Beitrag zur „Ehre des deutschen Namens in der Welt“ um (1938).[8] Eine Gegenüberstellung der Textstellen auf der Basis einer Verknüpfung der Begriffe „dienen“ und „Wissenschaft“ demonstriert eine deutlich unterschiedliche Wissenschaftsauffassung. Redlich betont mehrfach, dass Wissenschaft vorrangig der menschlichen Erkenntnis diene und fordert (am Schluss seiner Rede 1937) von der Wissenschaft und insbesondere der Akademie „den Geist des freien, aber doch kritisch gezügelten, wahrhaftigen und unparteiischen Strebens nach Erkenntnis zu wahren und zu verteidigen.“[9] In den Reden Srbiks hingegen steht die Wissenschaft nahezu ausschließlich im Dienst des deutschen Volkes, zumindest aber wird sie „in den Dienst neuer Wahrheitserkenntnis und in den Dienst der volklichen Ehre, der volklichen Macht, der volklichen Einheit und Freiheit und des neuen Idealismus, den unser Volk durchlebt“ gestellt,[10] so dass sich auch die Tätigkeit der Akademie – mehrfach als „Volksdienst“ bezeichnet – beispielsweise in „Arbeiten, die der deutschen Rasse, der deutschen Sprache und den deutschen Volkstumsfragen, dem deutschen Boden, dem deutschen Recht und der deutschen Kunst, der deutschen Familien- und Sippenkunde dienen“, zu erweisen habe.[11] Auch anhand einer Zitatenanalyse ist mit 1938 ein deutlicher Traditionsbruch nachzuweisen. Während Redlich in seinen Zitaten einerseits durch wiederholtes Rekurrieren (achtmal) auf das Revo-

[7] Ein Vergleich der Reden Redlichs und Srbiks bietet sich insofern an, da es erst ab 1919 kontinuierliche Eröffnungsreden des Präsidenten gibt. Vgl. Festgabe (1958). Die 19 Reden Redlichs aus dem Zeitraum 1919 bis 1937 umfassen circa 13.000 Worte, die sechs Reden Srbiks 1938 bis 1943 knapp 8.000 Worte; die 1944 gehaltene Rede Srbiks gelangte 1945 nicht mehr zur Publikation.

[8] Almanach f.d.J. 1938, 88 (1939), S. 167.

[9] Almanach f.d.J. 1937, 87 (1937), S. 183.

[10] Almanach f.d.J. 1938, 88 (1939), S. 176.

[11] Almanach f.d.J. 1938, 88 (1939), S. 177.

lutionsjahr 1848 als dem (nach Wegfall der Zensur) eigentlichen Beginn der Akademiegeschichte, andererseits durch zahlreiche Verweise auf frühere Präsidenten, Gedenktage verschiedener Mitglieder und deren Forschungsarbeiten sehr auf Kontinuität Bedacht nimmt, verweisen lediglich zwei der Zitate Srbiks in der Rede von 1938 auf die Akademietradition (wenn man vom protokollmäßigen Dank an Redlich absieht), wobei die Genannten – Leibniz und Grillparzer – freilich als verbindende Momente deutsch-österreichischer Geschichte instrumentalisiert werden.

Abb. 50: Auditorium bei der Feierlichen Sitzung 1939

Die Feierliche Sitzung des Jahres 1939 fand dann wieder zum gewohnten Frühjahrstermin statt. Die Rede des Präsidenten stand damals ganz unter dem Eindruck der Eingliederung des Sudetenlandes in das Deutsche Reich sowie der anschließenden Liquidierung der Tschechoslowakei, der Besetzung der so genannten Rest-Tschechei durch die Wehrmacht sowie der Errichtung des Protektorats Böhmen und Mähren. Aus Srbiks Sicht hatte „die Umgestaltung der Mitte Europas durch eine große Idee einen riesenhaften Fortschritt gemacht: [...] kostbarer deutscher Volksboden ist dem Reich wiedergewonnen und alle Wolken, die sich zusammenballen, alle Stürme, die ausbrechen können, werden dem starken Bau des deutschen politischen Körpers nichts anhaben können.“[12]

[12] Almanach f.d.J. 1939, 89 (1940), S. 166.

Der Ausbruch des Zweiten Weltkriegs ließ die Euphorie über „die Umgestaltung der Mitte Europas" allerdings bald verblassen. Srbik gewann in seiner relativ kurzen Festrede von 1940 die Einsicht: „Organisationen der geistigen Arbeit, wie unsere Akademie der Wissenschaften, haben als Gesamtheit im welterschütternden Ringen der Völker und Staaten, das wir heute durchleben, keine weithin vernehmbare Stimme." Das Bekenntnis zum deutschen Volk durfte selbstverständlich auch damals nicht fehlen, allerdings verbunden mit der Hoffnung auf einen baldigen Frieden: „Die Akademie als geistige Gemeinschaft dient dem deutschen Volk und dem Großdeutschen Reich in unwandelbarer Treue in der Zeit des Krieges, wie sie ihnen in den Zeiten des wiederkehrenden Friedens dienen will, und durch das Medium des eigenen Volkes dient sie auch der Menschheit. [...]. Ein deutscher Friede möge unsere Feierliche Sitzung im nächsten Jahr umglänzen!"[13]

In seiner Eröffnungsansprache von 1941 musste Srbik eingestehen, dass ein Ende des Krieges nicht absehbar sei: „Noch ist die Hoffnung nicht in Erfüllung gegangen, die ich vor einem Jahre ausgesprochen habe: daß ein deutscher Friede unsere Feierliche Sitzung im nächsten Jahr umglänzen möge. Noch ist die unermeßliche Dynamik des Kampfes Deutschlands um eine neue Ordnung Europas, ja um eine neue Weltordnung nicht beendet, noch währt das Ringen auf dem Festland und auf den Meeren mit voller Wucht an [...]. Es ist eine tausendjährige, mit tiefstem Verantwortungsgefühl erfüllte Aufgabe, die das deutsche Volk heute wieder übernommen hat. Der deutschen Wissenschaft ist bei dieser Aufgabe des Volkes eine nicht mindere Pflicht bestimmt als dem deutschen Schwert und dem deutschen Schönheitssinn: die deutsche Kultur soll in alle Welt ausstrahlen und die Fruchtbarkeit des deutschen Geistes soll auch andere Völker befruchten. In Treue gegenüber dem Volk, dem Reich und dem Führer wird auch die Akademie der Wissenschaften in Wien diese ihre deutsche Pflicht erfüllen. [...]. Aus solchem Wissen fließt Kraft und Siegeszuversicht auch auf uns über, die wir nur mit dem Geist, nicht auch mit der Waffe unserem Volk dienen können."[14]

Am Tag der Feierlichen Sitzung der Akademie im Jahre 1942 sprach der Präsident dann von der Notwendigkeit, Partei zu nehmen: „Die Partei, die wir ergreifen, ist die des deutschen Volks und Reichs; ihr hat auch der geistige Arbeiter seine Eigenpersönlichkeit und sein Schaffen einzugliedern und unterzuordnen." Auch appellierte Srbik an die „freudige Erfüllung der deutschen Dienstpflicht" – was übrigens für den Forscher im Hinterland gleichermaßen wie für den „Soldaten an der Front" gelte.[15] Im Anschluss an die Berichte der beiden Sekretäre hielt das neu gewählte Ehrenmitglied der Akademie, der NS-Schriftsteller Erwin Guido Kolbenheyer, einen Vortrag über „Die volksbiologische Funktion des Geisteslebens und der Geisteserziehung".[16]

---

[13] Almanach f.d.J. 1940, 90 (1941), S. 155f.
[14] Almanach f.d.J. 1941, 91 (1941), S. 167–169.
[15] Almanach f.d.J. 1942, 92 (1942), S. 169f.
[16] Almanach f.d.J. 1942, 92 (1942), S. 322–348.

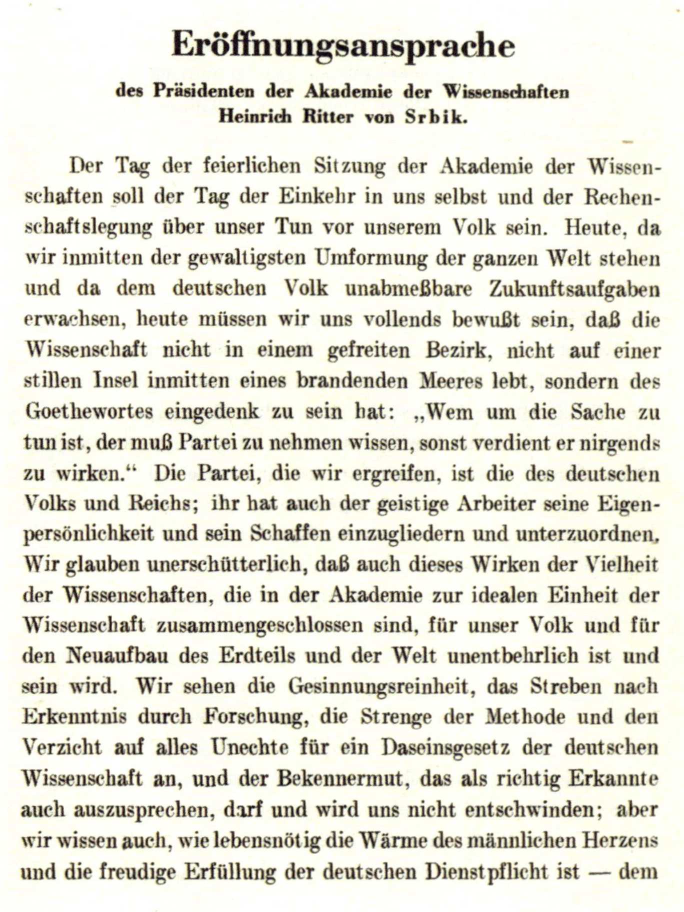

Eröffnungsansprache

des Präsidenten der Akademie der Wissenschaften Heinrich Ritter von Srbik.

Der Tag der feierlichen Sitzung der Akademie der Wissenschaften soll der Tag der Einkehr in uns selbst und der Rechenschaftslegung über unser Tun vor unserem Volk sein. Heute, da wir inmitten der gewaltigsten Umformung der ganzen Welt stehen und da dem deutschen Volk unabmeßbare Zukunftsaufgaben erwachsen, heute müssen wir uns vollends bewußt sein, daß die Wissenschaft nicht in einem gefreiten Bezirk, nicht auf einer stillen Insel inmitten eines brandenden Meeres lebt, sondern des Goethewortes eingedenk zu sein hat: „Wem um die Sache zu tun ist, der muß Partei zu nehmen wissen, sonst verdient er nirgends zu wirken.“ Die Partei, die wir ergreifen, ist die des deutschen Volks und Reichs; ihr hat auch der geistige Arbeiter seine Eigenpersönlichkeit und sein Schaffen einzugliedern und unterzuordnen. Wir glauben unerschütterlich, daß auch dieses Wirken der Vielheit der Wissenschaften, die in der Akademie zur idealen Einheit der Wissenschaft zusammengeschlossen sind, für unser Volk und für den Neuaufbau des Erdteils und der Welt unentbehrlich ist und sein wird. Wir sehen die Gesinnungsreinheit, das Streben nach Erkenntnis durch Forschung, die Strenge der Methode und den Verzicht auf alles Unechte für ein Daseinsgesetz der deutschen Wissenschaft an, und der Bekennermut, das als richtig Erkannte auch auszusprechen, darf und wird uns nicht entschwinden; aber wir wissen auch, wie lebensnötig die Wärme des männlichen Herzens und die freudige Erfüllung der deutschen Dienstpflicht ist — dem

Abb. 51: Srbiks Rede bei der Feierlichen Sitzung 1942, Anfang

In der Feierlichen Sitzung des Jahres 1943 sprach der Präsident dann neuerlich vom „Bekenntnis der Volks- und Reichstreue“ in den „schweren Jahren deutschen Weltringens, von der Weltaufgabe unserer deutschen Kulturarbeit“, von „reinster und tiefster gesamtdeutscher Gesinnung“. Auch bekundete er seine „Überzeugung, daß der Gedanke des Reichs und einer neuen Weltordnung die Aufopferung des eigenen Lebens für die Sendung der Nation erfordert und neues Leben zeugt“. Er verstieg sich sogar zu der Aussage, man müsse „reines Leben verbrennen, damit es als Opferflamme die Welt erhellt.“ Und im Hinblick auf den Krieg des Deutschen Reiches gegen die Sowjetunion führte er aus: „Wo der Marschstiefel des deutschen Musketiers stehen bleibt, bis dorthin wird sich das Reich Goethes und Beethovens erstrecken, deutsches Rechts- und Wirtschaftswesen, europäische Ordnung und Gesittung.“[17]

[17] Almanach f.d.J. 1943, 93 (1943), S. 171–173.

Es war dies übrigens die letzte Rede des Präsidenten Srbik, die im Almanach der Akademie zum Druck gelangte. Im Almanach für das Jahr 1944, der erst 1946 erschien, wird lediglich berichtet: „Der Präsident der Akademie der Wissenschaften, Prof. Dr. Heinrich R. v. Srbik, eröffnet die Feierliche Sitzung mit der Begrüßung der erschienenen Festgäste in einer kurzen Ansprache und erteilt das Wort dem Generalsekretär zur Erstattung seines Berichtes über die Gesamtakademie und die mathematisch-naturwissenschaftliche Klasse und hierauf dem Sekretär zur Erstattung seines Berichtes über die philosophisch-historische Klasse."[18]

Und am Beginn des besagten Almanachs heißt es: „Der Almanach für das Jahr 1944 erscheint infolge der Vernichtung des ersten Satzes durch einen Bombeneinschlag auf die Staatsdruckerei und die dadurch notwendige Wiederherstellung des Manuskriptes zu einem verspäteten Zeitpunkt. Die Angaben über das Präsidium und den Mitgliederstand entsprechen aber gemäß der Bestimmung des Almanachs, eine Sammlung des Stoffes für die Geschichte der Akademie zu sein, den Verhältnissen des Jahres 1944, und zwar mit dem Stichtag 31. Dezember 1944, auch die Wohnungsangaben der Mitglieder wurden nicht geändert. Dagegen erschien es entbehrlich, die durch die seither eingetretenen Veränderungen nicht mehr gültigen Satzungen der Akademie und des Reichsverbandes der deutschen Akademien der Wissenschaften sowie die einer Überarbeitung, bzw. Überprüfung bedürftigen Bestimmungen über Stiftungen, Vermächtnisse und Schenkungen und das Verzeichnis der Institute, die die Druckschriften der Akademie der Wissenschaften erhalten, aufzunehmen.
Wien, im Februar 1946.
Für das Präsidium
der Akademie der Wissenschaften:
J. Keil,
Generalsekretär."[19]

Herbert Matis

[18] Almanach f.d.J. 1944, 94 (1946), S. 101.
[19] Almanach f.d.J. 1944, 94 (1946), S. 1.

Vertrieben, verbrannt, verkauft, vergessen und verdrängt

Über die nachhaltige Vernichtung der Biologischen Versuchsanstalt und ihres wissenschaftlichen Personals

Heute ist es nur noch ein Straßenname, der an die Existenz jener Forschungseinrichtung erinnert, die in den ersten Jahrzehnten des 20. Jahrhunderts Biologie- und Medizingeschichte schrieb. Im Februar 1957 wurde die Vivariumstraße im Wiener Prater nach jenem Prachtbau benannt, der am Beginn der Prater Hauptallee anlässlich der Wiener Weltausstellung 1873 errichtet, zunächst als Schau-Aquarium fungierte und seit 1888 als Vivarium bezeichnet wurde. Nachdem dieses und etliche weitere Ausstellungsprojekte gescheitert waren, kauften drei junge wohlhabende Biologen aus dem jüdischen Bürgertum im Jahr 1902 das Gebäude: der erst 28-jährige Zoologe Hans Przibram und die beiden Botaniker Wilhelm Figdor (36) und Leopold Portheim (33). Das Triumvirat verwandelte den Prachtbau in ein privates Forschungsinstitut, das sie programmatisch Biologische Versuchsanstalt (BVA) nannten und in den folgenden Jahren zu einem der weltweit führenden Forschungszentren für experimentelle Biologie ausbauten.[1]

Ausgestattet mit damals modernster Laborinfrastruktur – unter anderem neuartigen Temperaturkammern – versuchten die Forscher nach dem Vorbild der Chemie und der Physik, die großen Fragen der Biologie durch Experimente zu beantworten und machten die BVA so zu einer Art ‚Brutstätte' der modernen Biologie und einem Vorbild für etliche Forschungsinstitute von New York bis Moskau. Nicht nur die Infrastruktur, auch die Forschungsorganisation war höchst innovativ: Wissenschaftlerinnen und Wissenschaftler aus verschiedenen Fachrichtungen arbeiteten interdisziplinär zusammen, es herrschte ein reges Kommen und Gehen von Fachkollegen aus dem In- und Ausland, denen Laborplätze zur Verfügung gestellt wurden. Viele Dissertationen von Studierenden der Universität Wien – so etwa jene des späteren Nobelpreisträgers Karl Frisch 1910 – wurden an der BVA geschrieben.

Die bis heute bekanntesten an der BVA durchgeführten Forschungsarbeiten sind die spektakulären Züchtungsexperimente des exzentrischen Zoologen Paul Kammerer, des ersten Mitarbeiters der BVA, der nach bis heute unaufgeklärten Fälschungsvorwürfen 1926 durch Selbstmord aus dem Leben schied. Der damals weithin bekannte Forscher suchte vor allem an Amphibien die Erblichkeit erworbener Eigen-

[1] Mittlerweile gibt es einige neuere Artikel über die BVA und ihre Geschichte, vgl. Hofer (2001), Goldscheid, oder Coen (2006), Fin-de-Siècle Wien. Die beste Arbeit bleibt Reiter (1999), Zerstört. Lesenswert ist nach wie vor der dokumentarische Roman von Lorenz (1952), Sieg, insbesondere S. 127–234 und 339–348.

Abb. 52: Das Vivarium

schaften zu beweisen, führte daneben aber auch wichtige Arbeiten unter anderem zur Wandelbarkeit von Geschlechtsmerkmalen oder der Bedeutung von Kooperation in der Evolution durch.[2] In den letzten Jahren wiederentdeckt wurde der Physiologe Eugen Steinach, der ab 1912 eine eigene Abteilung an der BVA leitete und mit seinen Arbeiten zum Pionier der Hormonforschung avancierte.[3] Weltberühmt wurde der fünf Mal für den Nobelpreis nominierte Steinach vor allem durch seine Verjüngungsoperation, der sich unter anderem auch Sigmund Freud unterzog. „Sich steinachen zu lassen" war in den 1920er Jahren ein geflügelter Begriff, und selbst im Englischen war der Ausdruck „to be steinached" so bekannt, dass ihn Tageszeitungen ohne weitere Erklärung verwendeten. Doch noch viele weitere Forscherinnen und Forscher trugen mit ihren Arbeiten zum hohen Ansehen der BVA und damit letztlich auch zur Reputation der Akademie der Wissenschaften bei, die seit 1914 die Eigentümerin der Anstalt war.

Um die Existenz der Privatgründung mittelfristig zu sichern, hatten die drei Gründer nämlich ihr einzigartiges Forschungsinstitut nach langwierigen Verhandlungen mit 1. Jänner 1914 der Akademie geschenkt. Doch damit nicht genug: Przibram, Portheim und Figdor hinterlegten gemeinsam mit Przibrams Bruder Karl ein Stiftungsvermögen von 300.000 K, was heute einem Warenwert von mehr als zwei Millionen Euro entspricht. Nach 1918 litt das Forschungsinstitut nicht nur unter den schlechten wirt-

[2] Die Literatur zu Kammerer ist kaum mehr überschaubar, auch wenn nicht immer Neues darunter ist. Die drei besten Arbeiten sind nach wie vor Koestler (1971), Case; Hirschmüller (1991), Kammerer, und Gliboff (2006), Kammerer.

[3] Vgl. u. a. Stoff (2004), Jugend, und Walch (2011), Sexualhormone.

schaftlichen Bedingungen, sondern auch unter dem immer stärker werdenden Antisemitismus der Professoren an der Universität Wien: Paul Kammerer etwa scheiterte 1918/19 aus politischen und „rassischen" Gründen an einer a.o. Titularprofessur und gab deshalb seine universitäre Laufbahn auf. Hauptgegner Kammerers war der Paläontologe Othenio Abel, der 1926 aus antisemitischen Motiven die Habilitationen der Zoologin Leonore Brecher und ihres Kollegen Paul Weiss verhinderte, Hans Przibrams engsten Mitarbeitern, die deshalb ins Ausland gingen.[4] Przibram selbst wiederum war trotz seiner eindrucksvollen wissenschaftlichen Leistungen chancenlos, eines der beiden 1925 frei gewordenen Zoologie-Ordinariate zu erhalten. Trotz der widrigen Umstände und der geringen Unterstützung seitens der Akademie – Przibram hatte an der Universität einen schwachen Stand und war kein Mitglied der Akademie – gelang es ihm, die Forschungen am Laufen zu halten: Zwischen 1914 und 1939 erschienen in den Publikationsorganen der Akademie 284 zum Teil buchlange Mitteilungen aus den BVA-Laboren, wo seit 1903 mehr als 250 beinahe ausschließlich über Drittmittel oder gar nicht bezahlte Forscherinnen und Forscher (davon rund ein Viertel Frauen) tätig waren.[5]

Abb. 53: Arbeitsplatz im Vivarium (1931)

[4] Vgl. Taschwer (2013), Geheimsache, und Taschwer (2012), Andenken.

[5] Nach vorläufigen unpublizierten Recherchen von Sabine Brauckmann. Nach Berechnungen von Gerd Müller erschienen 175 BVA-Arbeiten mit insgesamt 5.056 Seiten Umfang im „Archiv für Entwicklungsmechanik der Organismen", der damals international führenden Zeitschrift auf diesem Gebiet. Zitiert nach Markl (2002), Keimzelle.

Abb. 54: Mitarbeiterinnen und Mitarbeiter des Vivariums (1936) sitzend in der Mitte Leopold Portheim, stehend 3. von links Franz Köck.

Mit dem „Anschluss“ begann dann die Tragödie der seit 35 Jahren existierenden BVA. Führte die Akademieleitung nach 1938 die Streichung der Mitglieder aus politischen und „rassischen“ Gründen bürokratisch bedächtig und zum Teil *erst auf ausdrücklichen Befehl der Reichsstatthalterei* durch,[6] so zeigten die Verantwortlichen im Fall der BVA ein ganz anderes Gesicht. Der erste Akt der Vernichtung des Forschungsinstituts wurde fast schon generalstabsmäßig vollstreckt. Verantwortlich dafür waren in erster Linie Fritz Knoll, der bereits am 20. Jänner 1938 in das Akademiekuratorium der BVA gewählt worden war,[7] sowie Franz Köck. Dieser hatte seit 1927 als Nachfolger von Paul Weiss die Adjunktenstelle [entspricht der eines Verwaltungsbeamten, Anmerkung d. Verf.] an der BVA inne, obwohl er eigentlich nur als Fachmann für die technischen Apparaturen eingestellt worden war. Köck gab sich nach 1938 als Nationalsozialist zu erkennen, maßte sich angesichts der neuen politischen Umstände eine Leitungsfunktion an und verordnete am 17. März die *bedingte Schlie-*

[6] Das war etwa der Wortlaut eines Schreibens vom 23. November 1942, in dem der NS-Bevollmächtigte Heinrich Srbiks abwartende Haltung kritisierte. ÖStA-AdR, Gauakt Heinrich Srbik, BMI/GA 49317.

[7] Dem Kuratorium gehörten ab Jänner 1938 außerdem der Physiker und Akademiesekretär Egon Schweidler, der Zoologe Karl Grobben, der Physiologe Arnold Durig, der Chemiker Hermann Mark sowie der Genetiker und Botaniker Erich Tschermak-Seysenegg an. Knoll wurde sofort zum Vorsitzenden bestellt.

AKADEMIE DER WISSENSCHAFTEN IN WIEN

WIEN I., UNIVERSITÄTSPLATZ 2.

A B S C H R I F T.

Wien, 4.April 1938.

Der Unterzeichnete,welcher im Kuratorium der Biologischen Versuchsanstalt mit der Wahrung der Interessen der Landesleitung der N S D A P in Österreich für den Bereich der Akademie der Wissenschaften betraut ist, beauftragt hiemit den Parteigenossen Universitätsprofessor Dr.Victor J U N K ,Aktuar der Akademie der Wissenschaften gemeinsam mit Frau Marie R E P O T O T S C H N I G ,Buchhaltungsassistentin der Akademie der Wissenschaften die Zeichnung für den Widmungsfond der Biologischen Versuchsanstalt erliegend bei der österr.Creditanstalt -Wiener Bankverein und für das Konto ordinario erliegend beim Postsparkassenamt in Wien zh übernehmen. Die bisherigen Zeichnungsberechtigten Univ.Prof.Dr.Hans P R Z I B R A M und Leopold v. P O R T H E I M werden hiemit von der Zeichnungsberechtigung enthoben .

Herr Ing.Franz K Ö C K ,Adjunkt der Biologischen Versuchsanstalt hat sich zur Fortführung der laufenden Agenden nunmehr mit beiden obgenannten neuen Zeichnungsberechtigten in Verbindung zu setzen.

f.d.Landesleitung der N S D A P :

gez. F.KNOLL

5000 III 29 — Druck der Österreichischen Staatsdruckerei in Wien. 3009 29

Abb. 55: Schreiben Knolls vom 4. April 1938

ßung der BVA sowie die Vorbereitung von *Umgestaltungsmaßnahmen.*[8] Womöglich wurden bereits in dieser Zeit die Schlösser getauscht und jüdische Mitarbeiter und Mitarbeiterinnen am Zutritt gehindert. Am 4. April 1938 beauftragte Fritz Knoll *den Parteigenossen Universitätsprofessor Dr. Victor Junk, Aktuar der Akademie der Wissenschaften, gemeinsam mit Frau Marie Repototschnig, Buchhaltungsassistentin der Akademie der Wissenschaften, die Zeichnung für den Widmungsfonds der Biologischen Versuchanstalt* [...] *und für das Konto ordinario* [...] *zu übernehmen. Die bisherigen Zeichnungsberechtigten Univ.-Prof. Hans Przibram und Leopold von Portheim werden hiermit von der Zeichnungsberechtigung enthoben.*[9]

Tags darauf wurde Franz Köck offiziell als Unterbevollmächtigter der BVA bestätigt. Und am 13. April 1938, also einen Monat und einen Tag nach dem „Anschluss", gab die Akademieleitung folgende Order aus, die kaum zynischer hätte ausfallen können: *Die Biologische Versuchsanstalt wird zur Durchführung unaufschiebbarer Reinigungsarbeiten heute um 18 Uhr geschlossen und bleibt bis 25. April ds. J. gesperrt. Am 26. April 8 Uhr früh wird das Institut für die inzwischen auf Ansuchen mit Zulassungsscheinen beteilten Arbeitenden wieder eröffnet. Die Arbeitsplätze haben bis heute 18 Uhr in ordentlichem Zustande bereitgestellt zu werden. Für unaufschiebbare Arbeiten (Tierpflege, Abschlussarbeiten, etc.) werden kurzfristige, jederzeit widerrufbare Zwischenscheine ausgeteilt.*[10] Gezeichnet war das Schreiben von Knoll und dem designierten Akademiepräsidenten Heinrich Srbik.

Spätestens ab diesem Zeitpunkt war es Hans Przibram und Leopold Portheim, die über 35 Jahre lang die BVA geleitet und diese der Akademie geschenkt hatten, nicht mehr möglich, ihr Institut zu betreten. Przibram musste zudem seine Privatbibliothek zurücklassen. Eugen Steinach, Abteilungsleiter für Physiologie, war im März 1938 gerade auf einer Vortragsreise im Ausland und betrat Österreich bis zu seinem Tod 1944 nicht mehr. Seine Villa in der Böcklinstraße 51 im Pratercottage, einem zwischen Prater und Donaukanal gelegenen Wohngebiet mit großbürgerlicher Bebauung, wurde „arisiert".

Von den weiteren 22 Mitarbeitern und sieben Mitarbeiterinnen im März 1938 waren 15 jüdischer Herkunft. Sie alle mussten die BVA sofort verlassen, vier weitere Wissenschaftler und eine Wissenschaftlerin traten im März 1938 ‚freiwillig' aus. Damit verlor die BVA in kürzester Zeit alle Abteilungsleiter und zwei Drittel des Personals. Der Generalsekretär der Akademie, Egon Schweidler, stellte die Geschehnisse in seinem Bericht für das Jahr 1938 etwas weniger dramatisch dar: „Die Biologische Versuchsanstalt im Prater ist im Stadium einer Reorganisation sowohl in bezug auf bauliche Ausgestaltung und Verbesserung der Inneneinrichtung als auch in bezug auf die Organisation der wissenschaftlichen Tätigkeit."[11] Etwas deutlicher formu-

---

[8] AÖAW, Nachlass Fritz Knoll, K. 1, Mappe 2.

[9] Ebda. Umseitig faksimiliert.

[10] Ebda. Vgl. auch AÖAW, Biologische Versuchsanstalt (Vivarium), K. 1, Mappe 2.

[11] Almanach f.d.J. 1938, 88 (1939), S. 188.

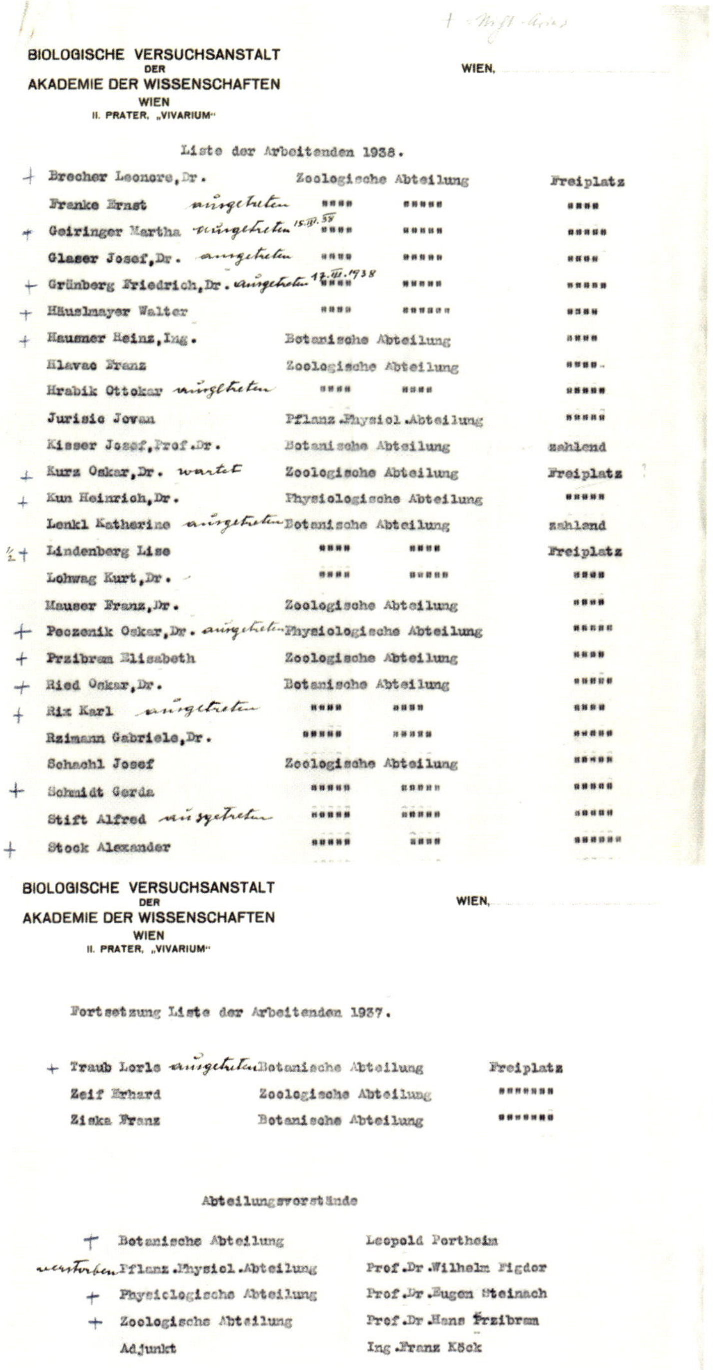

BIOLOGISCHE VERSUCHSANSTALT
DER
AKADEMIE DER WISSENSCHAFTEN
WIEN
II. PRATER, „VIVARIUM"

WIEN,

Liste der Arbeitenden 1938.

+	Brecher Leonore, Dr.	Zoologische Abteilung	Freiplatz
	Franke Ernst *ausgetreten*	" "	"
+	Geiringer Martha *ausgetreten 15.III.38*	" "	"
	Glaser Josef, Dr. *ausgetreten*	" "	"
+	Grünberg Friedrich, Dr. *ausgetreten 17.III.1938*	" "	"
+	Häuslmayer Walter	" "	"
+	Hausner Heinz, Ing.	Botanische Abteilung	"
	Hlavac Franz	Zoologische Abteilung	"
	Hrabik Ottokar *ausgetreten*	" "	"
	Jurisic Jovan	Pflanz.Physiol.Abteilung	"
	Kisser Josef, Prof. Dr.	Botanische Abteilung	zahlend
+	Kurz Oskar, Dr. *wartet*	Zoologische Abteilung	Freiplatz
+	Kun Heinrich, Dr.	Physiologische Abteilung	"
	Lenkl Katherine *ausgetreten*	Botanische Abteilung	zahlend
½ +	Lindenberg Lise	" "	Freiplatz
	Lohwag Kurt, Dr.	" "	"
	Mauser Franz, Dr.	Zoologische Abteilung	"
+	Peczenik Oskar, Dr. *ausgetreten*	Physiologische Abteilung	"
+	Przibram Elisabeth	Zoologische Abteilung	"
+	Ried Oskar, Dr.	Botanische Abteilung	"
+	Rix Karl *ausgetreten*	" "	"
	Rzimann Gabriele, Dr.	" "	"
	Schachl Josef	Zoologische Abteilung	"
+	Schmidt Gerda	" "	"
	Stift Alfred *ausgetreten*	" "	"
+	Stock Alexander	" "	"

BIOLOGISCHE VERSUCHSANSTALT
DER
AKADEMIE DER WISSENSCHAFTEN
WIEN
II. PRATER, „VIVARIUM"

WIEN,

Fortsetzung Liste der Arbeitenden 1937.

+	Traub Lorle *ausgetreten*	Botanische Abteilung	Freiplatz
	Zeif Erhard	Zoologische Abteilung	"
	Ziska Franz	Botanische Abteilung	"

Abteilungsvorstände

+	Botanische Abteilung	Leopold Portheim
verstorben	Pflanz.Physiol.Abteilung	Prof.Dr.Wilhelm Figdor
+	Physiologische Abteilung	Prof.Dr.Eugen Steinach
+	Zoologische Abteilung	Prof.Dr.Hans Przibram
	Adjunkt	Ing.Franz Köck

Abb. 56: „Liste der Arbeitenden" (1937/38)

lierte es Köck in einem am 4. Mai 1940 verfassten Schreiben an den Kurator der wissenschaftlichen Hochschulen: *Die Juden wurden nach dem Umbruche entfernt und soweit Gelder der biologischen Versuchsanstalt (private und staatliche) für persönliche Arbeiten der Juden Verwendung fanden, Arier mit diesen Geldern bezahlt, so weit Arier aus solchen Geldern bezahlt wurden, im Verbande der Biologischen Versuchsanstalt gelassen. Dies geschah aus diesem Grunde, um hier gewonnene jahrelange Erfahrungen bei wissenschaftlichen Arbeiten nicht dem Verlust anheimfallen zu lassen.*[12] Hat die „Arisierung" der Gelder funktioniert, so endete die Weiterführung der wissenschaftlichen Arbeiten in einem Desaster. Der einzige seriöse Forscher, der an der BVA nach dem „Anschluss" noch kurz weiterarbeitete, war der Botaniker Josef Kisser, der nach 1945 Professor an der heutigen Universität für Bodenkultur wurde und dort auch drei Mal Rektor war. Als Unfug entpuppten sich die Forschungen Köcks, die vor allem darin bestanden, Sägespäne mit Kleie zu versetzen und das Gemisch als Futtermittel bei Nutztieren zu testen. Das einzige, was einigermaßen funktionierte, war das für die Öffentlichkeit zugängliche Schau-Aquarium.

Nach etlichen Beschwerden und Klagen über Köck wurde Knoll am 8. November 1939 zum Gefolgschaftsführer der BVA bestellt, also zum Verantwortlichen. Köcks Kündigung trat mit 1. Oktober 1940 in Kraft,[13] nachdem dieser zuvor unter anderem für *die Zerstörung der Teiche und Terrarien, die Auflassung eines Teils der wissenschaftlichen Sammlung und mehrerer Schaukästen, Veränderung der Gartenanlagen*, kurzum: *eine schwere Schädigung des Werts der Anstalt* gesorgt hatte.[14] Bis 1943 existierte das Vivarium nur mehr in der Form, in der es fast 70 Jahre zuvor begonnen hatte, nämlich als Schau-Aquarium. Im Juni 1943 schloss die Akademie schließlich mit der Kaiser-Wilhelm-Gesellschaft einen Vertrag, der vorsah, dem Kaiser-Wilhelm-Institut für Kulturpflanzenforschung die Räumlichkeiten der Anstalt sowie die Glashäuser und den Garten für deren experimentelle Forschung zu überlassen.

Was aber geschah mit den ehemaligen Mitarbeiterinnen und Mitarbeitern der Versuchsanstalt? In ihrem Buch „Biologen unter Hitler" berichtet Ute Deichmann auch über jene Zoologie- oder Botanik-Professoren an deutschen und österreichischen Hochschulen, die von den Nationalsozialisten vertrieben und ermordet wurden. Sie beginnt ihre Ausführungen mit Hans Przibram, dem einzigen Biologie-Professor, der in einem KZ sterben musste.[15] Der BVA-Leiter hatte zwar von seinem ehemaligen Schüler Paul Weiss allem Anschein nach eine Einladung in die USA erhalten, unterschätzte aber die Gefahr durch die Nationalsozialisten. Noch vor Kriegsausbruch konnte er nach Holland flüchten, das im Frühjahr 1940 von deutschen Truppen besetzt wurde. Am 3. März 1941 wandte sich Hans Przibram an Fritz Knoll mit der Bitte, ihm ein Unterstützungsschreiben für seine geplante Ausreise in

[12] AÖAW, Nachlass Fritz Knoll, K. 1, Mappe 2.
[13] Vgl. AÖAW, Nachlass Fritz Knoll, K. 1, Mappe 2, Knoll an Köck vom 17. Juli 1940.
[14] AÖAW, Nachlass Fritz Knoll, K. 1, Mappe 2, Ungezeichnetes Schreiben vom 3. Juni 1940, vermutlich von Knoll verfasst, Blatt 2.
[15] Vgl. Deichmann (1995), Biologen, S. 36–40.

die USA zukommen zu lassen. Das Schreiben wurde von Knoll im Einvernehmen mit dem NS-Dozentenbundführer Arthur Marchet zwar ausgefertigt, der gesamte Akt ging jedoch zur Letztentscheidung an das Reichsministerium für Wissenschaft, Erziehung und Volksbildung nach Berlin, womit das Wiener Schreiben wohl gegenstandslos war.[16] Im April 1943 verschleppten die Nazis Hans Przibram und seine Ehefrau ins KZ Theresienstadt, wo Przibrams Leidensweg am 20. Mai 1944 endete. Er starb an einem Hungerödem; seine Frau Elisabeth, im März 1938 ebenfalls als BVA-Mitarbeiterin geführt, beging einen Tag später Selbstmord.[17]

Die beiden waren aber nicht die einzigen Mitarbeiterinnen und Mitarbeiter der BVA, die durch den NS-Terror den Tod fanden. Zu den weiteren Opfern zählte die Zoologin Leonore Brecher.[18] Sie befand sich zwar kurz nach dem „Anschluss“ auf einem unbezahlten Forschungsaufenthalt in Cardiff, musste jedoch zurückkehren und wurde am 14. September 1942 von Wien aus ins weißrussische Vernichtungslager Maly Trostinec bei Minsk deportiert und am Tag der Ankunft, am 18. September ermordet.[19] Von ihrer Kollegin Martha Geiringer, Dissertantin bei Przibram, ist nur bekannt, dass sie am 15. Jänner 1943 von Belgien nach Auschwitz gebracht wurde. Der Physiologe Heinrich Kun, engster Mitarbeiter von Eugen Steinach, starb in einem unbekannten Lager in Jugoslawien. Henriette Burchardt, ebenfalls viele Jahre bei Steinach beschäftigt, wurde am 24. September 1942 von Wien nach Theresienstadt deportiert und von da am 23. Oktober 1944 nach Auschwitz-Birkenau. Auch ihr genaues Todesdatum ist unbekannt. Die BVA war damit wohl jenes Forschungsinstitut in Österreich und im Deutschen Reich, das im Verhältnis zu seiner Größe die meisten NS-Opfer zu beklagen hatte.

In den letzten Kriegstagen in Wien erfolgte dann auch noch die physische Zerstörung des Gebäudes, nachdem ihm das Personal und die Forschung längst ausgetrieben worden waren. Nach einem Augenzeugenbericht des langjährigen Institutsdieners Albert Weiser waren vom 6. bis 9. April 1945 deutsche Kampfeinheiten (SS- und Heereseinheiten) mit schweren Panzerkampfwagen in der BVA einquartiert, die für die ersten Zerstörungen sorgten. *Am 11.4.1945 brach in der Anstalt selbst, an mehreren Stellen zugleich, vermutlich durch Brandgeschosstreffer hervorgerufen, ein Brand aus, der volle zwei Tage wütete. Ein Bekämpfen der Brandherde war wegen völligem Wassermangel und – da die Anstalt während dieser Zeit inmitten des Kampfgebietes lag – wegen des überaus starken Beschusses nicht möglich.*[20] Was dann geschah, ließ sich bereits 1947 in Richard Meisters „Geschichte der Akademie der Wissenschaften“ nachlesen: „Das Gebäude der Biologischen Versuchanstalt Prater, II., Hauptallee 1, ist im Zusammen-

[16] Vgl. UAW, Akademischer Senat, Studienjahr 1939/40/41. GZ 1679.

[17] Zum Schicksal der Przibrams vgl. Przibram (1959), Przibram, S. 187; Koestler (1971), Case, S. 121f., und Reiter (1999), Zerstört, S. 611f.

[18] Vgl. Taschwer (2012), Andenken.

[19] Diese und die folgenden Opferdaten wurden unter www.yadvashem.org recherchiert.

[20] AÖAW, Biologische Versuchsanstalt (Vivarium), K. 4, Mappe 2: Gedächtnisniederschrift über die Kriegsereignisse im April 1945.

Abb. 57: Das zerstörte Vivarium

hang mit den letzten Kriegsereignissen vollkommen ausgebrannt, so daß auch an seine Wiederherstellung aus den Mitteln der Akademie nicht gedacht werden konnte."[21] Und an anderer Stelle heißt es: „[D]ie noch vorhandenen Barmittel und der Erlös aus dem Verkauf des ausgebrannten Gebäudes werden im Sinne der Stifter zum Ausbau der Biologischen Station Lunz am See [...] verwendet."[22] Daneben gab es noch einen Absatz über die Tätigkeit der BVA – aber keine Zeile darüber, dass keine andere Einrichtung der Akademie von den Ereignissen 1938 bis 1945 härter getroffen wurde als die BVA. Und selbstverständlich auch kein Wort über die Schick-

[21] Meister (1947), Geschichte, S. 190.

[22] Ebda., S. 344. Bleibt die Frage, wie die Akademieverantwortlichen den Sinn der mit Ausnahme von Karl Przibram allesamt bereits verstorbenen Stifter ergründeten.

sale von Elisabeth und Hans Przibram, Wilhelm Figdor, Eugen Steinach, Leonore Brecher, Henriette Burchardt, Martha Geiringer oder Heinrich Kun. Immerhin gab es in den Medien Proteste gegen die Abstoßung der Brandruine. So berichtete die Zeitung „Neues Österreich" am 20. Oktober 1948 ein letztes Mal resignierend über „Die verkaufte Biologie": „[...] im wissenschaftlichen Zentrum, an der traditionellen Pflegestätte der Biologie, hat die materielle und wohl auch die moralische Kraft versagt. Schluß mit dem Vivarium! [...] Die Akademie der Wissenschaften hat das ihr geschenkte Haus verkauft".

Einer, der sich diesen und andere Zeitungsartikel über die Versuchsanstalt ausschnitt und auch noch weitere Materialien zur BVA vor 1938 und nach 1945 sammelte, war Fritz Knoll. Womöglich hatte der Botaniker angesichts der völligen Zerstörung des ihm anvertrauten Forschungsinstituts ein schlechtes Gewissen. Als er 1951 und 1957 im Auftrag der Akademie zwei Bände über große österreichische Naturforscher, Techniker und Mediziner herausgab, hätte er zwei Mal die Chance besessen, an die große Geschichte der Versuchsanstalt zu erinnern und deren wichtigste Wissenschaftlerinnen und Wissenschaftler zu würdigen. Allein, das Prinzip Verdrängung war stärker: Knoll hat keinen einzigen von ihnen auch nur mit einem einzigen Wort erwähnt. Und im Grunde wirkt die Auslöschung der BVA aus dem kollektiven wissenschaftshistorischen Gedächtnis bis heute nach: Eine halbwegs umfassende Gesamtdarstellung und Würdigung dieses einst weltberühmten Forschungsinstituts der Akademie fehlt nach wie vor.

Klaus Taschwer

Transformationen der Forschungspolitik

In der zur Hundertjahrfeier im Mai 1947 veröffentlichten Darstellung der Geschichte der Akademie der Wissenschaften in Wien blendete ihr Verfasser, der Vizepräsident Richard Meister, die Tätigkeit der Akademie im Nationalsozialismus nicht aus. Vielmehr sah er in ihr einen überzeugenden Beleg dafür, dass „die Mehrzahl der Mitglieder […] der Unterwerfung der Forschung unter den Primat der Politik widerstrebt" habe:[1] „Die Tätigkeit der Akademie selbst ist sowohl in ihrem Geschäftsgange wie nach Inhalt und Geist der Arbeiten durch die politische Wandlung nicht wesentlich beeinflusst worden […], und in den Arbeiten, die sie während dieses Zeitraums weitergeführt und in Veröffentlichungen herausgebracht hat, [ist sie] von der Linie streng wissenschaftlicher Objektivität der Forschung nicht abgewichen".[2] Dass diese Darstellung Meisters den historischen Sachverhalt verzerrt, sogar völlig entstellt, lässt sich schon daran erkennen, dass sie sein Zeitgenosse, der Althistoriker und langjährige Generalsekretär der Akademie (1945–1959), Josef Keil, noch im selben Jahr *als eine der wirksamsten Propagandaschriften für das geistige Österreich* bezeichnete.[3] Was Meisters Aussagen aber für den Historiker im Rückblick wertvoll macht, ist, dass sie indirekt auf das ambivalente Verhältnis zur Politik verweisen, das unter den Akademiemitgliedern nach dem „Anschluss" 1938 wahrnehmbar ist.

Wissenschaft und Politik – Allianzen? Getrennte Handlungsfelder?

In der Akademie der Wissenschaften unterwarf ein Teil der Mitglieder seine Forschungsaktivitäten der nationalsozialistischen Ideologie; zugleich lässt sich aber beobachten, dass ein anderer Teil auf die politischen Anforderungen der neuen Machthaber mit Zurückhaltung reagierte. Viele w.M., die dank Akademiegesetz und Satzung während der Ersten Republik an der Akademie in weitgehender Selbstbestimmung gewirkt hatten, mussten trotz der „relativ geringen Veränderungen" durch die Vorläufige Satzung (vor allem die Aufnahme neuer Mitglieder betreffend)[4] die Anforderungen vonseiten der NS-Herrschaft als vergleichsweise große Veränderung wahrnehmen. In der Praxis zeigte sich, dass die Übergriffe des NS-Regimes den in der Vorläufigen Satzung mit den nationalsozialistischen Machthabern ausverhandelten und vorgesehenen politischen Zugriff weit überschritten. Daher verwundert es nicht, dass von einzelnen Akademiemitgliedern bald auch Zeichen der Selbstbehauptung gesetzt wurden.[5] Zugleich standen aber viele Mitglieder der NSDAP nahe, manche waren überzeugte Nationalsozialisten. Die Gelehrtengesellschaft reagierte auf die neuen

---

[1] Meister (1947), Geschichte, S. 181f.

[2] Ebda., S. 183 u. 186.

[3] AÖAW, Protokoll der Gesamtsitzung am 10. Oktober 1947 (A 1013).

[4] Matis (1997), Anpassung, S. 25; sowie der vorstehende Beitrag von Herbert Matis, „Die Änderung der Satzung", in diesem Band, S. 91–96.

[5] Vgl. Matis (1997), Anpassung, S. 54–61.

politischen Verhältnisse ambivalent: einerseits durch opportunistische Anpassung, andererseits durch vereinzelte Versuche, sich den Anforderungen zu widersetzen. Diese ambivalenten Handlungsweisen lassen sich durch die nachfolgenden Beispiele dokumentieren. Die Anpassung zeigt sich ab 1938 unter anderem an der Art und Weise des Austausches der Vorstände von Personal führenden Akademieinstituten und daran, wie gefügig die Abgabe von Instituten an die Kaiser-Wilhelm-Gesellschaft vonseiten der Akademiemitglieder zur Kenntnis genommen wurde. So heißt es im Sitzungsprotokoll vom 16. Dezember 1938: *Das Ministerium ersucht um Stellungnahme der Akademie zu dem Vorschlage, den Privatdozenten Dr. Gustav Ortner zum Vorstand des Instituts für Radiumforschung und zugleich zum o. Professor am II. Physikalischen Institut der Universität zu ernennen.* Ohne dass Zugriffsrechte dieser Art in der Satzung vorgesehen waren, beschloss die Akademie *ueber Antrag des Vizepräsidenten* [Egon Schweidler], *dem Vorschlage zuzustimmen.*[6] In der Gesamtsitzung vom 27. Oktober 1939 wurde verlautbart, dass Ortner vom Reichsminister für Wissenschaft, Erziehung und Volksbildung zum Institutsvorstand ernannt worden sei.[7] Auch die Übertragung von Instituten wurde – wie erwähnt – ohne weitere Widerstände *zur Kenntnis* genommen: *Das Ministerium für innere und kulturelle Angelegenheiten, Abt. IV, macht Mitteilung von dem Erlass des Herrn Reichsministers für Wissenschaft, Erziehung und Volksbildung, wonach sich die weitere Unterstützung der beiden Kaiser Wilhelm Institute: Biologische Station in Lunz und Observatorium auf dem Sonnblick, in Hinkunft erübrigt.*[8]

Allerdings sind auch Zeichen der Selbstbehauptung unter den Akademiemitgliedern wahrnehmbar. Um politischen Missbrauch von Stiftungsgeldern vorzubeugen, beschloss die Gesamtsitzung am 8. März 1940, dem Statut für das Institut für Radiumforschung in Bezug auf den ihm gewidmeten Kupelwieser-Fonds einen zusätzlichen Paragrafen anzufügen, der folgenden Wortlaut beinhaltete: *Dieser Fonds wird von dem Institut für Radiumforschung unter Zustimmung des Kuratoriums für rein wissenschaftlich-gemeinnützige Aufgaben* [Hervorhebung d. Verf.], *wie solche im Radiuminstitut satzungsgemäß durchgeführt werden, verwendet.*[9]

Manche Mitglieder, Mitarbeiter und Mitarbeiterinnen der Akademie nutzen die neuen Machtverhältnisse als berufliches Sprungbrett. Sie beließen es nicht bei opportunistischer Anpassung, sondern ergriffen die Initiative und involvierten sich in politisch-beglaubigende Forschungsaktivitäten. Davon zeugt eine aktive Selbstmobilisierung sowohl durch Handlungen als auch durch Rhetoriken. In der 72. Mitteilung der Phonogrammarchiv-Kommission berichtete der neue Leiter des Phonogrammarchivs Walter Ruth wie folgt: „Das Phonogrammarchiv hat sich auch, den Anforderungen

[6] AÖAW, Protokoll der Gesamtsitzung am 16. Dezember 1938 (A 941).
[7] Vgl. AÖAW, Protokoll der Gesamtsitzung am 27. Oktober 1939 (A 948).
[8] AÖAW, Protokoll der Gesamtsitzung am 6. Juni 1939 (A 946).
[9] AÖAW, Protokoll der Gesamtsitzung am 8. März 1940 (A 951). Vgl. auch Almanach f.d.J. 1940, 90 (1941), S. 138. Die Gesamtsitzung wurde dort irrtümlich auf den 15. März 1940 datiert.

Abb. 58: Institut für Radiumforschung

der neuesten Zeit entsprechend, die Förderung der Sprech- und Gesangspädagogik zur Aufgabe gemacht und sich damit in den Dienst der nationalsozialistischen Erziehung gestellt. […] Seine stolze Aufgabe, als Vorposten und Bewahrer deutscher Kultur im Südosten zu wirken, soll uns Ansporn und Verpflichtung für die Zukunft sein."[10] Mit dem Vertrag, den das o.M. Viktor Christian zwischen dem Selbstverlag des Orientalischen Instituts der Universität Wien und dem Verlag der Stiftung Ahnenerbe schloss, wurde unter anderem die Akademiereihe „Rudolf Pöchs Nachlaß" unter die Oberhoheit der SS-Forschungseinrichtung gestellt.[11] Sie verfolgte das Ziel, die Vorherrschaft der arischen Rasse wissenschaftlich zu untermauern. Die bei-

[10] Ruth (1941), Phonogrammarchiv, S. 90f.
[11] Vgl. BAB, NS 21/388 K., Vertrag zwischen dem Selbstverlag des Orientalischen Instituts und dem Ahnenerbe-Stiftung-Verlag vom 14. Dezember 1938.

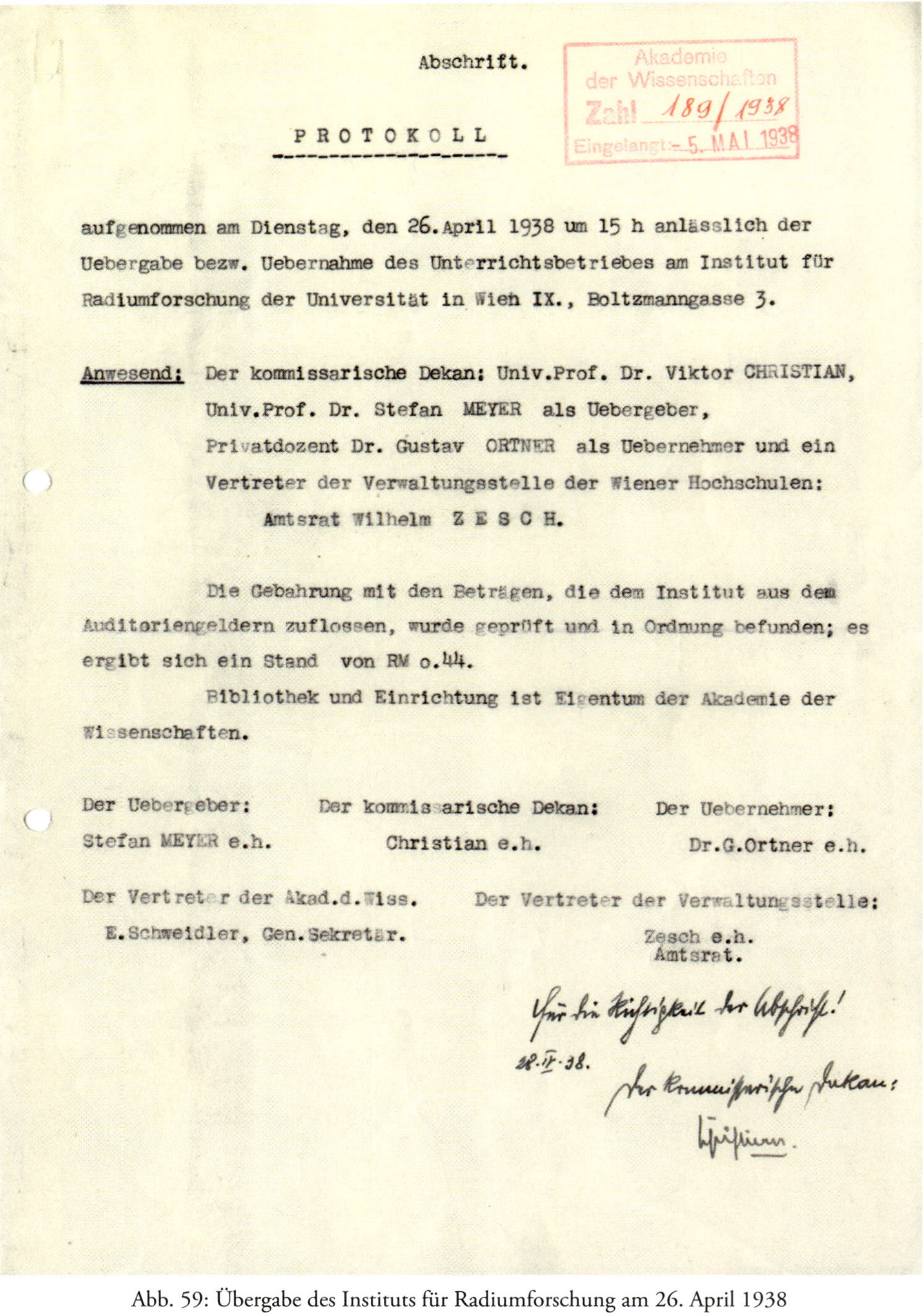

Abschrift.

Akademie der Wissenschaften
Zahl 189/1938
Eingelangt: 5. MAI 1938

P R O T O K O L L

aufgenommen am Dienstag, den 26. April 1938 um 15 h anlässlich der Uebergabe bezw. Uebernahme des Unterrichtsbetriebes am Institut für Radiumforschung der Universität in Wien IX., Boltzmanngasse 3.

Anwesend: Der kommissarische Dekan: Univ.Prof. Dr. Viktor CHRISTIAN,
Univ.Prof. Dr. Stefan MEYER als Uebergeber,
Privatdozent Dr. Gustav ORTNER als Uebernehmer und ein
Vertreter der Verwaltungsstelle der Wiener Hochschulen:
Amtsrat Wilhelm Z E S C H.

Die Gebahrung mit den Beträgen, die dem Institut aus dem Auditoriengeldern zuflossen, wurde geprüft und in Ordnung befunden; es ergibt sich ein Stand von RM o.44.

Bibliothek und Einrichtung ist Eigentum der Akademie der Wissenschaften.

Der Uebergeber: Stefan MEYER e.h.

Der kommissarische Dekan: Christian e.h.

Der Uebernehmer: Dr.G.Ortner e.h.

Der Vertreter der Akad.d.Wiss. E.Schweidler, Gen.Sekretär.

Der Vertreter der Verwaltungsstelle: Zesch e.h. Amtsrat.

Für die Richtigkeit der Abschrift!

28.IV.38.

Der kommissarische Dekan:

Christian.

Abb. 59: Übergabe des Instituts für Radiumforschung am 26. April 1938

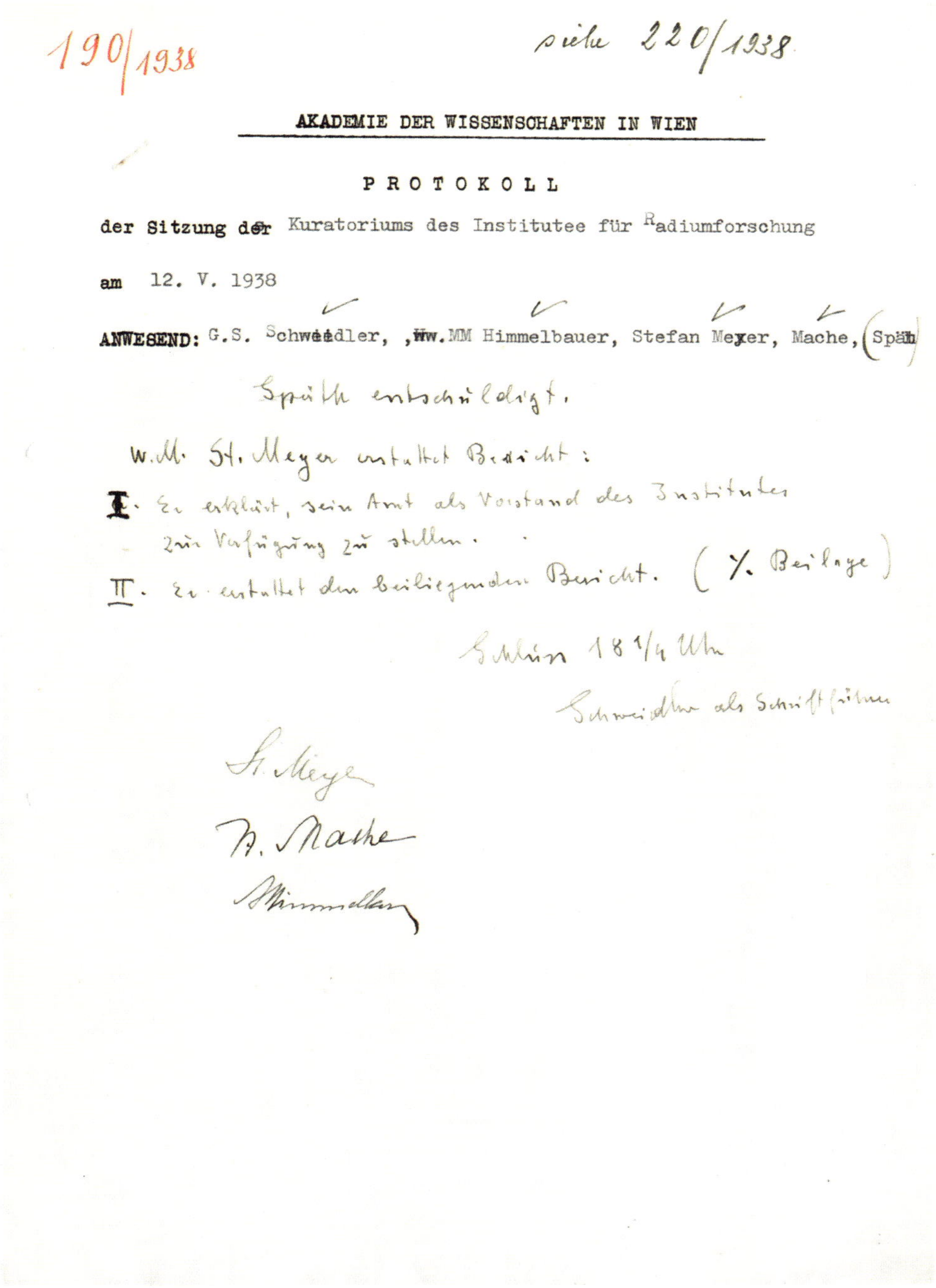

190/1938 siehe 220/1938

AKADEMIE DER WISSENSCHAFTEN IN WIEN

PROTOKOLL

der Sitzung der Kuratoriums des Institutee für Radiumforschung

am 12. V. 1938

ANWESEND: G.S. Schweidler, w.M. Himmelbauer, Stefan Meyer, Mache, (Späth)

Späth entschuldigt.

w.M. St. Meyer erstattet Bericht:

I. Er erklärt, sein Amt als Vorstand des Institutes zur Verfügung zu stellen.

II. Er erstattet den beiliegenden Bericht. (s. Beilage)

Schluss 18 1/4 Uhr

Schweidler als Schriftführer

St. Meyer

H. Mache

Himmelbauer

Abb. 60: Sitzung des Kuratoriums vom 12. Mai 1938

den von der Pöch-Kommission der Akademie veröffentlichten Bände über die Anthropologie der Turkvölker in Russland (1941) und über „Rassenkundliche Untersuchungen an Serben und Montenegrinern" (1943) sind „mit Unterstützung der Akademie der Wissenschaften in Wien" (so der Wortlaut in der Titelei) im Verlag der Ahnenerbe-Stiftung in Berlin-Dahlem erschienen.

In diesem Artikel sollen erste Schlaglichter auf Prozesse der Selbstbehauptung, der opportunistischen Anpassung und Selbstmobilisierung bzw. -involvierung der Akademie geworfen werden. Zu dieser zentralen Forschungsfrage liegen bezüglich der Situation im Deutschen Reich und an der Universität Wien erste wegweisende Untersuchungsergebnisse von Mitchell G. Ash und von Albert Müller vor.[12] Im Hinblick auf die Wiener Akademie und auf einen Institutionenvergleich besteht aber nach wie vor eine große wissenschaftliche Lücke, die nur ein größeres Forschungsprojekt schließen könnte.

1938 oder der so genannte „Umbruch"

In den Personal führenden naturwissenschaftlichen Instituten der Akademie wurden, sofern nicht schon illegale Nationalsozialisten Leitungsfunktionen innehatten, im Jahr 1938 NSDAP-Mitglieder als Vorstände eingesetzt. Die Ernennungsvorgänge zeigen eine opportunistische Anpassung seitens der Akademie, die hier von ihrer weiterhin relativ autonomen Stellung Abstriche machte. Sichtbar wird folgende Tendenz: „Rassisch" verfolgte und vereinzelt auch dem autoritären Ständestaat nahe stehende Leiter von Akademieeinrichtungen verloren ihre Stellen. Sie wurden durch illegale Nationalsozialisten ersetzt. Mit diesem personellen „Umbruch" wurden in den Mitarbeiter und Mitarbeiterinnen führenden Akademieeinrichtungen jahrelang praktizierte und international geschätzte wissenschaftliche Arbeitsstile sowie Forschungsprogramme und international richtungsweisende Forschungsinstitute mit einem Schlag ausgelöscht.[13] Folgende Akademieeinrichtungen zeugen davon.

Am Institut für Radiumforschung ersetzte das illegale NSDAP-Mitglied Gustav Ortner das w.M. Stefan Meyer, der als Pionier der Radiumforschung gemeinsam mit seinem Mitarbeiter Karl Przibram dem Institut Weltruhm verschafft hatte. Ein Viertel der Belegschaft, darunter Marietta Blau, Elisabeth Rona, Anni und Franz Urbach, Eduard Jahoda, Gustav Kürti und Stefan Pelz, wurden aus „rassischen" Gründen entlassen.[14] Am Institut wurde auch danach publiziert, allerdings viel weniger.

In der Biologischen Versuchsanstalt (BVA) im Prater wurden die Vorstände und Abteilungsleiter Leopold Portheim, Eugen Steinach und Hans Przibram abgesetzt. Die dort beschäftigten, international hoch angesehenen Wissenschaftler und Wissen-

---

[12] Vgl. Ash (2010), Wissenschaft; Ash (2006), Wissenschaftswandlungen; Ash (2004), Wissenschaftswandlungen; Ash (2002), Wissenschaft, und Müller (1997), Adaptierung.

[13] Vgl. Reiter (2006), Naturwissenschaften, S. 184.

[14] Vgl. Reiter (2000), Meyer, S. 122. Vgl. auch Reiter (1988), Wissenschaftsemigration, S. 709–729, Reiter (2006), Naturwissenschaften, S. 185, und Rosner/Strohmaier (2003), Blau, S. 49–51.

schaftlerinnen sowie rund zwei Drittel der Mitarbeiter und Mitarbeiterinnen des Instituts wurden ab April 1938 aus „rassischen" Gründen entlassen.[15] Die Leitung der BVA übernahm der illegale Nationalsozialist Franz Köck, der aufgrund einer „parteiämtlichen Maßnahme" vom „treuhänderischen Leiter der kulturellen Verbände und Organisationen" am 5. April 1938 zum „Unterbevollmächtigten für die Biologische Versuchsanstalt der Akademie" ernannt worden war. Diese Aneignung der kommissarischen Leitung stellte sogar der Obmann des Kuratoriums der BVA, der Wiener Universitätsrektor und o.M. Fritz Knoll, in einem Schreiben an das Amt des Kurators der wissenschaftlichen Hochschulen Wiens vom 8. Oktober 1940 in Frage.[16] Die wissenschaftliche Arbeit wurde nach vorübergehender Schließung im Jahr 1941 eingestellt.[17]

Am Phonogrammarchiv wurde anstelle des verdienstvollen Leiters Leo Hajek, für dessen 25-jähriges Dienstjubiläum vor dem „Anschluss" schon Vorbereitungen getroffen worden waren, die wissenschaftliche Hilfskraft Walter Ruth, die sich schon während der Verbotszeit als Nationalsozialist Verdienste erworben hatte, aufgrund eines Beschlusses der Phonogrammarchiv-Kommission vom 4. Mai 1938 mit der provisorischen Leitung betraut.[18] Hajek wurde mit 30. Juni 1939 aus dem Beamtendienstverhältnis entlassen, er musste im selben Jahr als „rassisch" Verfolgter emigrieren.[19] Das Phonogrammarchiv führte seither politisch-beglaubigende Forschungsvorhaben durch.

In Bezug auf die Biologische Station Lunz und das Forschungsinstitut Gastein wurden nach der NS-Machtübernahme in Österreich die Assoziierungsverträge mit der Akademie der Wissenschaften in Wien aufgelöst. Der ursprüngliche Träger der Station in Lunz war ein von der Kupelwieser-Stiftung 1923 gegründeter Verein gewesen, in dem die Akademie und die Kaiser-Wilhelm-Gesellschaft vertreten waren. 1939 wurde vom Stillhaltekommissär, der für die „Gleichschaltung" von Vereinen, Verbänden und Organisationen zuständig war, das Vereinsvermögen konfisziert, der Verein aufgelöst und die Station unter der Leitung des illegalen NSDAP-Mitgliedes Franz Ruttner mit gleicher Belegschaft von der Kaiser-Wilhelm-Gesellschaft weitergeführt. Die Akademie war durch den Vizepräsidenten des Kuratoriums, den Botaniker Fritz Knoll, weiterhin in der Station Lunz vertreten. Im Forschungsinstitut Gastein wurde 1938 dem bisher von der math.-nat. Klasse beschickten Kuratorium der

---

[15] Vgl. den vorstehenden Beitrag von Klaus Taschwer, „Vertrieben, verbrannt, verkauft, vergessen und verdrängt" in diesem Band, S. 110.

[16] Vgl. Reiter (1999), Zerstört, S. 609–614.

[17] Vgl. Meister (1947), Geschichte, S. 186. Zur BVA siehe den vorstehenden Beitrag von Klaus Taschwer, „Vertrieben, verkauft, verbrannt, vergessen und verdrängt", in diesem Band, S. 105–115.

[18] Vgl. AÖAW, Phonogrammarchiv, K. 1, Konv. 4., Protokoll der Sitzung der Phonogrammarchivskommission am 4. Mai 1938.

[19] Zur Person Hajeks siehe den vorstehenden Beitrag von Marlene Wahlmüller, „Konsequenzen für das wissenschaftliche Personal am Beispiel von Leo Hajek", in diesem Band, S. 71–79.

Akademie die wissenschaftliche Aufsichtsfunktion entzogen. Auch dieses Institut wurde von der Kaiser-Wilhelm-Gesellschaft weitergeführt. Ferdinand Scheminzky, Schüler des katholisch-konservativen Physiologen und w.M. Arnold Durig, musste

Abb. 61: Sonnblick-Observatorium

den Institutsleiterposten zugunsten des illegalen NSDAP-Mitglieds Gerhard Kirsch räumen.[20] Beide Institute wurden nach 1945 in das Eigentum der Akademie überführt: Lunz 1947, Gastein 1952.[21]

Die Verwaltung des Sonnblick-Observatoriums oblag weiterhin dem Sonnblick-Verein, die Mittel hierfür brachte die Kaiser-Wilhelm-Gesellschaft auf.[22] Zum Vorsitzenden des Sonnblick-Vereins wurde mit Verfügung des Reichsministers für Wissenschaft, Erziehung und Volksbildung vom 23. Jänner 1941 das o.M. Heinrich Ficker ernannt.[23]

Von den entlassenen Institutsleitern konnte Stefan Meyer die Zeit des Nationalsozialismus in Bad Ischl überleben. Der im autoritären Ständestaat geschätzte Physio-

---

[20] Vgl. Knierzinger (2012), Forschungsinstitut, S. 121f.

[21] 1947 wurde eine Kommission für die Verwaltung der Biologischen Station Lunz und 1952 eine Kommission für [die] wissenschaftliche Leitung des Forschungsinstituts Gastein in Badgastein eingesetzt. Vgl. Almanach f.d.J. 1947, 97 (1948), S. 56, und Almanach f.d.J. 1952, 102 (1953), S. 148.

[22] Vgl. Almanach f.d.J. 1939, 89 (1940), S. 177.

[23] Das Observatorium auf dem Hohen Sonnblick hatte seit 1939 „erhöhten militärischen Wert" für die Luftwaffe, demzufolge der Verein das Observatorium aufrechterhalten konnte. Vgl. Almanach f.d.J. 1941, 91 (1941), S. 190, und Almanach f.d.J. 1942, 92 (1942), S. 188f.

loge Ferdinand Scheminzky wurde 1942 als Extraordinarius an die Universität Innsbruck berufen. Karl Przibram, Leopold Portheim, Eugen Steinach und Leo Hajek wurden aus „rassischen" Gründen verfolgt und vertrieben. Hans Przibram verstarb 1944 nach zunächst gelungener Flucht in die Niederlande im KZ Theresienstadt.

Was die in Kommissionen strukturierte Akademie betrifft, wurde mit der „Kommission zur Herausgabe von Schriften zur Rassenkunde und menschlichen Erblehre" 1942 eine neue Akademieeinrichtung eingesetzt. Von dieser Kommission versprach man sich offenbar politisch verwertbare Ergebnisse. Andere Kommissionen wurden umbenannt. In manche wurden betonte Nationalsozialisten hinzugewählt. Mitunter wurden Obmänner durch andere Kommissionsmitglieder, die NSDAP-Mitglieder waren, ersetzt. Davon zeugen folgende Beispiele: Die „Kommission zur Förderung von Prähistorischen Forschungen und Ausgrabungen auf österreichischem Gebiete" wurde 1939 in Prähistorischen Kommission umbenannt und unter dem Obmann o.M. Oswald Menghin klassenübergreifend weitergeführt.[24] 1940 wurde der Dekan der Philosophischen Fakultät der Universität Wien, SS-Obersturmführer und o.M. Viktor Christian in diese Kommission kooptiert. In der klassenübergreifenden Phonogrammarchiv-Kommission wurde im Jahr darauf anstelle des o.M. Arnold Durig ein anderes o.M., nämlich der Anglist und NSDAP-Angehörige Friedrich Wild, zum Obmann gewählt. In der klassenübergreifenden Kommission für die Pöch-Erbschaft übernahm Viktor Christian vom o.M. Ferdinand Hochstetter die Obmannschaft. Hochstetter blieb allerdings in der Pöch-Kommission, ebenso wie Durig in der Phonogrammarchiv-Kommission. In der „Kommission für die Herausgabe der Inschriften des Deutschen Mittelalters" ersetzte der Germanist und NSDAP-Angehörige o.M. Dietrich Kralik-Meyrswalden den bisherigen Obmann und langjährigen Akademiepräsidenten Oswald Redlich. Die meisten NSDAP-Mitglieder betätigten sich im Jahr 1942 in folgenden Kommissionen: Phonogrammarchiv-Kommission (acht NSDAP-Mitglieder), Kommission für öffentliche Vorträge (acht), Kommission zur Herausgabe der Inschriften des Deutschen Mittelalters (sieben), Balkan-Kommission (sechs), Kommission für die Matthäus- und Rudolf-Much-Stiftung (sechs), Kleinasiatische Kommission (fünf), Prähistorische Kommission (fünf), Kommission zur Herausgabe von Schriften zur Rassenkunde und menschlichen Erblehre (fünf), Ägyptische Kommission (vier), Weistümer und Urbar-Kommission (vier) und Historische Kommission (drei). Bezeichnenderweise zählten diese Kommissionen zwischen 1938 und 1945 zu den vom Staat am höchsten dotierten Akademieeinrichtungen.[25]

Festzuhalten ist allerdings, dass die überwiegende Kommissionsarbeit im Jahr 1942 von Akademiemitgliedern verrichtet wurde, die der NSDAP nicht angehörten,

---

[24] Zu Menghin vgl. Urban (2010), Urgeschichte.

[25] Vgl. die unveröffentlichte Auswertung der jährlichen Rechnungsabschlüsse der Akademie der Wissenschaften in Wien für den Zeitraum 1938–1945 im Rahmen des von der Stadt Wien (MA 7) geförderten Projekts des Instituts für Kulturwissenschaften und Theatergeschichte, „Die Österreichische Akademie der Wissenschaften im 20. Jahrhundert", durch die Volkswirtin Johanna Aigner, MS.

abgesehen von Heinrich Srbik und Arnold Durig, die in 19 bzw. 14 Kommissionen vertreten waren. Die aktivsten Akademiemitglieder waren der Physiker Egon Schweidler (Mitglied von 29 Kommissionen und zwei Delegationen), der Chemiker Ernst Späth (Mitglied von 23 Kommissionen), der Klassische Philologe Ludwig Radermacher (18), der Historiker Oswald Redlich (17), der Sprachwissenschaftler Paul Kretschmer (13) und der Historiker Alfons Dopsch (12). Vor diesem Hintergrund ist es bemerkenswert und dennoch wenig erstaunlich, dass in vielen Kommissionen der Akademie „eine weitgehende Kontinuität in der Forschungsarbeit zu konstatieren ist."[26] Die auffallend aktive Mitarbeit jener älteren o.M., die den Übergriffen der neuen Machthaber wohl kritisch gegenüberstanden, lässt darauf schließen, dass viele von ihnen, die mit der umfassenden Selbstverwaltung der Akademie vor 1938 vertraut waren, ihre wissenschaftliche Arbeit auch im Sinne der Selbstbehauptung der Akademie investierten. Im Unterschied dazu wirkten andere Akademiemitglieder, die der NSDAP schon als Illegale angehört hatten, dem Nationalsozialismus nahe standen und/oder als Parteimitglieder nach dem „Anschluss" zu Akademiemitgliedern gewählt wurden, verstärkt an der opportunistischen Anpassung und Selbstmobilisierung bzw. Selbstinvolvierung der Akademie durch NS-gefällige Projekte mit.

Fazit

Die Transformation der Forschungspolitik im Nationalsozialismus ist das Ergebnis zweier Entwicklungen: einerseits der Aufgabe der weitreichenden Autonomie, in deren Rahmen die Akademie seit 1921/22 agiert hatte, sowie in Verbindung damit andererseits der Kenntnisnahme der weitreichenden Übergriffe durch die neuen Machthaber, die in der Satzung so gar nicht vorgesehen waren. Anzunehmen ist, dass unter manchen älteren Akademiemitgliedern Stimmen laut wurden, die darauf schließen lassen, dass sie Wissenschaft und Politik weiterhin als zwei getrennte Handlungsfelder auffassten. In opportunistischer Anpassung akzeptierten sie allerdings zugleich satzungsgemäß nicht vorgesehene, weitreichende politische Zugriffe. Auf Weisung der Machthaber wurden „rassisch" oder politisch nicht akzeptierte Institutsvorstände durch relativ junge illegale NSDAP-Mitglieder ersetzt. In Eigeninitiative richtete die Akademie verschiedene Kommissionen im nationalsozialistischen Sinne aus, und sie griff auch politische Allianzangebote auf. Wie der folgende Artikel zeigt, betrieb die Akademie unter dem „besonderen Schutze des Reiches" und im Sinne der Vorläufigen Satzung zwischen 1938 und 1945 „Wissenschaft im Dienste des deutschen Volkes".[27]

Johannes Feichtinger

[26] Matis (1997), Anpassung, S. 42.

[27] Almanach f.d.J. 1938, 88 (1939), S. 9.

Wissenschaft „im Dienste des deutschen Volkes“

In der Vorläufigen Satzung, die mit Erlass des Reichsministers für Wissenschaft, Erziehung und Volksbildung am 22. Juli 1938 genehmigt wurde, heißt es bezüglich der Aufgabe der Akademie der Wissenschaften in Wien: „Ihre Aufgabe ist es, die Wissenschaft im Dienste des deutschen Volkes durch selbständige Forschungen ihrer Mitglieder und durch Anregung und Unterstützung fremder Leistungen zu fördern.“[1] Dieser Aufgabe widmete sie sich mittels der Durchführung zivil oder militärisch relevanter Forschungsprojekte sowie der Bewilligung von Antragsforschung mit politisch-beglaubigender Funktion. Die Selbstmobilisierung und Selbstinvolvierung von Teilen der Akademie zeigt sich in der Initiative, gerade jene Forschungsziele zu verwirklichen, die in den Kernbereich der NS-Ideologie (Rassen- und Volkstumsforschung) und des NS-Staates (Kernforschung) fielen. Hand in Hand damit ging eine Fokussierung auf staatlich relevante Forschung anstelle der bis dahin vorherrschenden grundlagenorientierten wissenschaftlichen Tätigkeit. Die Selbstmobilisierung war häufig mit dem Ziel verknüpft, neue Ressourcen zu lukrieren. Davon zeugt eine Reihe von Unternehmungen, von denen hier einige beispielhaft angeführt werden.

Kernforschung

Am Institut für Radiumforschung versuchte der neue Institutsvorstand Gustav Ortner, „das ursprünglich nur der Radiumforschung gewidmete Haus dem größeren Aufgabenkreis eines modernen kernphysikalischen Instituts möglichst rasch anzupassen“.[2] Aufgrund der kriegswichtigen, geheimen Forschungen zur Energiegewinnung aus Kernprozessen wurden dem Institut, das 1943 mit Teilen des II. Physikalischen Instituts der Universität Wien zum Vierjahresplaninstitut für Neutronenforschung unter der Leitung der NSDAP-Mitglieder Georg Stetter und Gustav Ortner zusammengelegt wurde, großzügige Sonderfinanzierungen gewährt. Schon 1940 hatte die Akademie das Institut mit einer Subvention von 12.000 RM aus verbliebenen Reichszuschüssen der Jahre 1939 und 1940 für die *Konstruktion einer Hochspannungs-Entladungsröhre (Erzeugung schneller Kanalstrahlen)* gefördert.[3] Neue Ergebnisse wurden aber – wie Meister 1947 kritisch anmerkte – „von 1939 an in stark verringerter Zahl“ publiziert.[4]

---

[1] Almanach f.d.J. 1938, 88 (1939), S. 9.

[2] ÖStA-AdR, K 19/6147A, Georg Stetter, Antrag auf Umwandlung der a.o. Professur für Physik (Radiumforschung) in eine o. Professur, undatiert [Jänner 1943], zitiert bei Fengler (2012), Wüstentrockenheit, S. 101.

[3] AÖAW, Protokoll der Gesamtsitzung vom 25. Oktober 1940 (A 957), Beilage.

[4] Meister (1947), Geschichte, S. 186.

Rassenforschung

Seit Anfang der 1940er Jahre unterstützte die Akademie auch rassekundliche Forschungsprojekte. Zum einen Teil handelte es sich dabei um Antragsforschung, zum anderen Teil um Eigenforschung. Auf Antrag des mit der Oberleitung der wissenschaftlichen Staatsmuseen in Wien beauftragten Direktors Hans Kummerlöwe vermittelte Akademiepräsident Srbik die Subventionierung einer umfangreichen Untersuchungsreihe der Anthropologischen Abteilung des Naturhistorischen Museums im Kriegsgefangenenlager Kaisersteinbruch (Stalag XVII A), dem ersten Kriegsgefangenenlager Österreichs, im nördlichen Burgenland.[5] Die von dem Abteilungsleiter und illegalen NSDAP-Mitglied Josef Wastl durchgeführten Untersuchungen wurden durch das Akademiekomitee für die Verwaltung der Erbschaft Treitl finanziert. Srbik konzipierte die Bewilligung von Kummerlöwes Antrag am 18. Juli 1940, noch bevor die Schreiben der Komiteemitglieder in der Akademiekanzlei eingelangt waren. Expediert wurde das Schreiben nach dem Eintreffen der Gutachten am 22. Juli 1940: Die o.M. Oswald Redlich, Egon Schweidler, Paul Kretschmer, Josef Maria Eder und Ferdinand Hochstetter hatten mehr oder weniger bereitwillig, aber dennoch einstimmig die Remuneration für zehn Hilfskräfte und für den großen Sachaufwand (u. a. 100 Dutzend Fotoplatten, 120 Filmrollen, 60 Rollen Agfa Color Filme), inklusive einer *Zubuße* für die Angestellten des Naturhistorischen Museums genehmigt.[6] Das Komiteemitglied Srbik hatte am 16. Juli den Mitgliedern des Treitl-Komitees von einem *Einvernehmen* Ferdinand Hochstetters, des für anthropologische Arbeiten Zuständigen, mit Viktor Christian berichtet.[7] Als zusätzlicher wissenschaftlicher Teilnehmer wurde der Ethnologe Martin Gusinde finanziert. Vor der Bewilligung machte Srbik Kummerlöwe darauf aufmerksam, dass es von *einzigartigem Wert* wäre, könnten *die Leichen von in Kaisersteinbruch verstorbenen Afrikanern zur wissenschaftlichen Untersuchung in das Anatomische Institut der Wiener Universität* überführt werden, weil *nur sehr wenige Untersuchungen* darüber vorlägen, *wie weit die Verschiedenheit der Rassen in den inneren Organen ihre Ausprägung* fände.[8] Die vorläufigen Ergebnisse der zwischen 7. Juli und 7. November 1940 „im Auftrag der Akademie“[9] durchgeführten „Untersuchungen an belgischen und französischen Kriegsgefangenen“ mit dem Ziel, „Einblick in die rassische Zusammensetzung der Völker Westeuropas“ zu gewinnen,[10]

---

[5] Vgl. AÖAW, Subventionen, K. 11, Nr. 264/1940, Kummerlöwe an Srbik, 5. Juli 1940.

[6] AÖAW, Subventionen, K. 11, Nr. 264/1940, Mitglieder des Treitl-Komitees an Srbik (bzw. an die Akademiekanzlei) vom 17. Juli 1940 (Redlich, Schweidler), vom 20. Juli 1940 (Kretschmer), vom 18. Juli 1940 (Eder), sowie vom 19. Juli 1940 (Hochstetter).

[7] AÖAW, Nachlass Egon Schweidler, K. 1, Srbik an die Herren Mitglieder des Treitl-Komitees vom 16. Juli 1940.

[8] AÖAW, Subventionen, K. 11, Nr. 264/1940, Srbik an Kummerlöwe vom 9. Juli 1940.

[9] Diese Sprachregelung wurde in späteren Publikationen zur Tätigkeit der Anthropologischen Abteilung gewählt. Teschler-Nikola/Berner (1998), Abteilung, S. 335.

[10] Eine weitere Vermessungsreihe im Kriegsgefangenenlager Wolfsberg (Stalag XVIII) an Angehörigen der britischen Armee wurde von gefangenen Offizieren der Royal Army unter Verweis auf die Haager Konvention verhindert. Vgl. Berner (2011), Gegenstände, S. 161f.

wurden 1941 im Anzeiger der Akademie veröffentlicht: „3517 Individuen" waren vermessen (unter ihnen „Nordafrikaner", „Neger", „Juden" u. a.) und 20.000 fotografische Aufnahmen gemacht worden. Das zentrale Ergebnis lautete, „daß die gallokeltische Urbevölkerung in historischer Zeit sowohl von nordischen als auch von mediterranen Einwanderern rassisch stark beeinflußt" worden sei.[11] Srbik unterstützte namens der Akademie auch Kummerlöwes Antrag zur Errichtung einer „Wehrmachtsamtlichen Kommission für anthropologische-rassekundliche Untersuchungen an Kriegsgefangenen" an das Oberkommando der Wehrmacht (OKW). Der Antrag wurde trotz der *gegenwärtig ungewöhnlich günstigen Gelegenheit* und *der Fülle des Materials*, das vom *sowjetischen Völker- und Rassengemisch* zeuge, vom OKW abschlägig beschieden.[12]

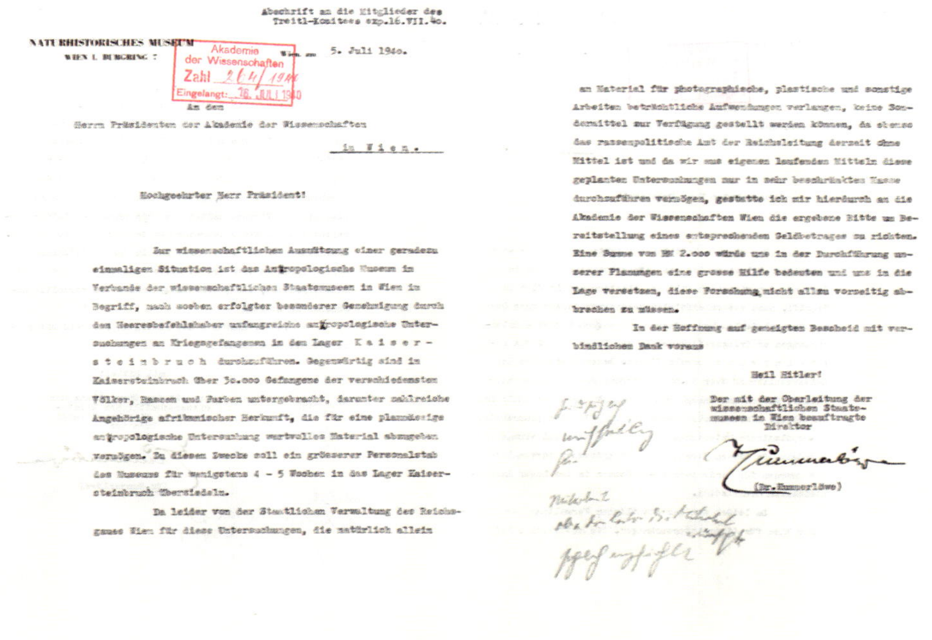
Abschrift an die Mitglieder des Treitl-Komitees exp.16.VII.4o.

NATURHISTORISCHES MUSEUM
WIEN I. BURGRING 7

Akademie der Wissenschaften
Zahl 264/1940
Eingelangt: 16. JULI 1940

Wien, am 5. Juli 194o.

An den
Herrn Präsidenten der Akademie der Wissenschaften
in Wien.

Hochgeehrter Herr Präsident!

Zur wissenschaftlichen Auswertung einer geradezu einmaligen Situation ist das Antropologische Museum im Verbande der wissenschaftlichen Staatsmuseen in Wien im Begriff, nach soeben erfolgter besonderer Genehmigung durch den Heeresbefehlshaber umfangreiche antropologische Untersuchungen an Kriegsgefangenen in dem Lager Kaisersteinbruch durchzuführen. Gegenwärtig sind in Kaisersteinbruch über 3o.ooo Gefangene der verschiedensten Völker, Rassen und Farben untergebracht, darunter zahlreiche Angehörige afrikanischer Herkunft, die für eine planmässige antropologische Untersuchung wertvolles Material abzugeben vermögen. Zu diesem Zwecke soll ein grösserer Personalstab des Museums für wenigstens 4 – 5 Wochen in das Lager Kaisersteinbruch übersiedeln.

Da leider von der Staatlichen Verwaltung des Reichsgaues Wien für diese Untersuchungen, die natürlich allein an Material für photographische, plastische und sonstige Arbeiten beträchtliche Aufwendungen verlangen, keine Sondermittel zur Verfügung gestellt werden können, da ebenso das rassenpolitische Amt der Reichsleitung derzeit ohne Mittel ist und da wir aus eigenen laufenden Mitteln diese geplanten Untersuchungen nur in sehr beschränkten Masse durchzuführen vermögen, gestatte ich mir hierdurch an die Akademie der Wissenschaften Wien die ergebene Bitte um Bereitstellung eines entsprechenden Geldbetrages zu richten. Eine Summe von RM 2.ooo würde uns in der Durchführung unserer Planungen eine grosse Hilfe bedeuten und uns in die Lage versetzen, diese Forschung nicht allzu vorzeitig abbrechen zu müssen.

In der Hoffnung auf geneigten Bescheid mit verbindlichen Dank voraus

Heil Hitler!

Der mit der Oberleitung der wissenschaftlichen Staatsmuseen in Wien beauftragte Direktor

(Dr. Kummerlöwe)

Abb. 62: Subventionsansuchen von Hans Kummerlöwe vom 5. Juli 1940

[11] Wastl (1941), Untersuchungen. Zur Vermessungsreihe vgl. Pawlowsky (2005), Erweiterung; Teschler-Nicola/Berner (1998), Abteilung, und Berner (2011), Gegenstände.

[12] AÖAW, Subventionen, K. 11, Nr. 264/1940, Kummerlöwe an OKW vom 16. April 1941. Vgl. ebda., Kummerlöwe an Srbik vom 11. August 1941, Srbik an OKW vom 21. August 1941, und OKW an Srbik vom 10. September 1941.

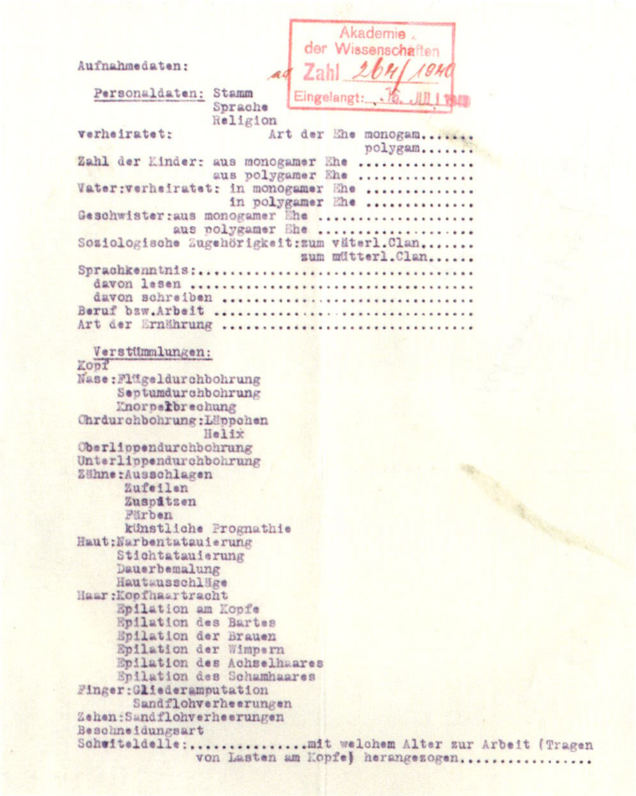

Akademie der Wissenschaften
ad Zahl 264/1940
Eingelangt: 16. JULI 1940

Aufnahmedaten:

Personaldaten: Stamm
Sprache
Religion
verheiratet: Art der Ehe monogam.......
polygam.......
Zahl der Kinder: aus monogamer Ehe ....
aus polygamer Ehe ....
Vater:verheiratet: in monogamer Ehe ....
in polygamer Ehe ....
Geschwister:aus monogamer Ehe ....
aus polygamer Ehe ....
Soziologische Zugehörigkeit:zum väterl.Clan.......
zum mütterl.Clan......
Sprachkenntnis:..................................
davon lesen ....
davon schreiben ....
Beruf bzw.Arbeit ....
Art der Ernährung ....

Verstümmlungen:
Kopf
Nase:Flügeldurchbohrung
Septumdurchbohrung
Knorpelbrechung
Ohrdurchbohrung:Läppchen
Helix
Oberlippendurchbohrung
Unterlippendurchbohrung
Zähne:Ausschlagen
Zufeilen
Zuspitzen
Färben
künstliche Prognathie
Haut:Narbentatauierung
Stichtatauierung
Dauerbemalung
Hautausschläge
Haar:Kopfhaartracht
Epilation am Kopfe
Epilation des Bartes
Epilation der Brauen
Epilation der Wimpern
Epilation des Achselhaares
Epilation des Schamhaares
Finger:Gliederamputation
Sandflohverheerungen
Zehen:Sandflohverheerungen
Beschneidungsart
Scheiteldelle:...............mit welchem Alter zur Arbeit (Tragen
von Lasten am Kopfe) herangezogen................

Abb. 63: Formblatt „Aufnahmedaten"

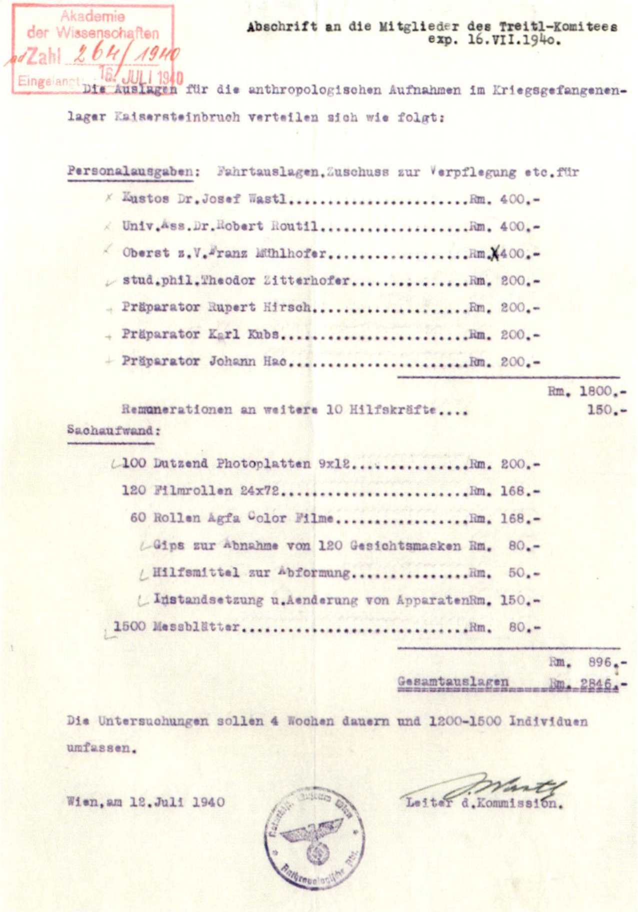

Akademie der Wissenschaften
ad Zahl 264/1940
Eingelangt: 16. JULI 1940

Abschrift an die Mitglieder des Treitl-Komitees
exp. 16.VII.194o.

Die Auslagen für die anthropologischen Aufnahmen im Kriegsgefangenenlager Kaisersteinbruch verteilen sich wie folgt:

Personalausgaben: Fahrtauslagen,Zuschuss zur Verpflegung etc.für

Kustos Dr.Josef Wastl	Rm. 400.-
Univ.Ass.Dr.Robert Routil	Rm. 400.-
Oberst z.V.Franz Mühlhofer	Rm. 400.-
stud.phil.Theodor Zitterhofer	Rm. 200.-
Präparator Rupert Hirsch	Rm. 200.-
Präparator Karl Kubs	Rm. 200.-
Präparator Johann Hac	Rm. 200.-
	Rm. 1800.-
Remunerationen an weitere 10 Hilfskräfte....	150.-

Sachaufwand:

100 Dutzend Photoplatten 9x12	Rm. 200.-
120 Filmrollen 24x72	Rm. 168.-
60 Rollen Agfa Color Filme	Rm. 168.-
Gips zur Abnahme von 120 Gesichtsmasken	Rm. 80.-
Hilfsmittel zur Abformung	Rm. 50.-
Instandsetzung u.Aenderung von Apparaten	Rm. 150.-
1500 Messblätter	Rm. 80.-
	Rm. 896.-
Gesamtauslagen	Rm. 2846.-

Die Untersuchungen sollen 4 Wochen dauern und 1200-1500 Individuen umfassen.

Wien,am 12.Juli 1940

Wastl
Leiter d.Kommission.

Abb. 64: Ausgabenkalkulation

Im Jahr 1942 richtete die Akademie in Eigenregie auf *Anregung* des o.M. Christian (nunmehr SS-Hauptsturmführer) eine anthropologische Sonderserie ein. Dafür wurde eine neue „Kommission zur Herausgabe von Schriften zur Rassenkunde und menschlichen Erblehre“ eingesetzt und mit o.M. beider Klassen, dem Mediziner Ferdinand Hochstetter, dem Botaniker Erich Tschermak-Seysenegg, dem Biologen Fritz Knoll, dem Mediziner Eduard Pernkopf, dem Geografen Eugen Oberhummer, dem Prähistoriker Oswald Menghin, dem Geografen Hugo Hassinger und Viktor Christian beschickt: Christian und Hochstetter wurden mit der *Leitung der Herausgabe* betraut.[13] Die Kommission arbeitete, wie Meister 1947 betonte, zwar „streng wissenschaftlich“,[14] sie war aber nicht sehr produktiv, wenngleich hoch dotiert: Schon im Oktober 1940 hatte die math.-nat. Klasse eine großzügige Subvention von 5.000 RM für *die Herausgabe einer Sonderserie rassekundlicher Arbeiten aus dem deutschen Südosten* bewilligt.[15] Das einzige Heft der Publikationsreihe „Untersuchungen zur Rassenkunde und menschlichen Erblehre“ erschien unter dem Titel „Familienanthropologische Untersuchungen in dem ostschwäbischen Dorfe Marienfeld im Rumänischen Banat“ (1942). Autor war Robert Routil, ein Mitarbeiter der Anthropologischen Abteilung des Naturhistorischen Museums, der davor schon an der Vermessung von inhaftierten jüdischen Männern im Wiener Stadion teilgenommen hatte, die später großteils nach Buchenwald abtransportiert wurden. Routil war auch an den Vermessungsaktionen in den Kriegsgefangenenlagern Kaisersteinbruch und Wolfsberg beteiligt gewesen.[16] Den Wert familienanthropologischer Untersuchungen sah man darin, dass sie zu zeigen vermochten, inwiefern der Charakter einer völkischen Minderheit, die „Eigenart eines Gastvolkes“, biologisch, d. h. „durch eine von Wirtsvolk abweichende Rassenzusammensetzung“ bedingt sei.[17] Die „Kommission zur Herausgabe von Schriften zur Rassenkunde und menschlichen Erblehre“ wurde in der ersten ordentlichen Gesamtsitzung am 22. Juni 1945 aufgelöst, eine ursprünglich in ihrer Schriftenreihe aufgenommene Arbeit des Rassenphysiologen und überzeugten Nationalsozialisten Robert Stigler wurde 1952 unter Mitwirkung des w.M. Eduard Pernkopf unter dem Titel „Rassenphysiologische Ergebnisse meiner Forschungsreise in Uganda 1911/12“ in der Reihe der Denkschriften der math.-nat. Klasse (Band 109,3) veröffentlicht.[18]

---

[13] AÖAW, Protokoll der Gesamtsitzung am 6. Februar 1942 (A 968). Zur Tätigkeit dieser Kommission vgl. Matis (1997), Anpassung, S. 44f.

[14] Meister (1947), Geschichte, S. 182.

[15] AÖAW, Protokoll der Gesamtsitzung vom 25. Oktober 1940 (A 957), Beilage.

[16] Vgl. Pawlowsky (2005), Erweiterung, S. 74–79.

[17] Geyer (1934), Anthropologie, S. 325f. Aufgrund des „familiären Aufbaus solcher Minderheiten“ versprachen familienanthropologische Untersuchungen auf biometrischem Wege neue Ergebnisse im Hinblick auf dieses politisch relevante Untersuchungsziel.

[18] Vgl. AÖAW, Protokoll der Sitzung der math.-nat. Klasse am 11. Jänner 1951 (B 2761).

Volkstumsforschung

Die Selbstmobilisierung der Akademie zeigte sich auch am Beispiel des Phonogrammarchivs, und zwar nicht nur – wie eingangs ausgeführt – in der Rhetorik, sondern auch in Handlungen. Sie wird in einer Initiative für Untersuchungen in Kriegsgefangenenlagern manifest. Den ersten Vorstoß unternahm der designierte Archivleiter Walter Ruth im Jahr 1939, den zweiten der designierte stellvertretende Obmann der Phonogrammarchiv-Kommission, o.M. Friedrich Wild, im Juli 1940, jedoch – wie sich nach längeren Verhandlungen zeigen sollte – vergebens. In die Phonogrammarchiv-Kommission waren im Mai selben Jahres drei o.M., die schon NSDAP-Mitglieder waren oder noch wurden, der Physiker Heinrich Mache, der Germanist Dietrich Kralik-Meyrswalden und der Anglist Friedrich Wild, kooptiert worden. 1940 wurden weitere Nationalsozialisten, der Techniker Franz Aigner und der Germanist Anton Pfalz, zugewählt. Der langjährige Kommissionsobmann Arnold Durig, der als ein „katholischer Konservativer" mit vermutlicher Nähe zum autoritären Ständestaat eingestuft wird,[19] hatte im April 1938 seine Funktion zur Verfügung gestellt. Am 26. April 1940 stellte er aufgrund dauernder Abwesenheit den Antrag, das o.M. Friedrich Wild zum Obmannstellvertreter zu designieren. Wild wurde am 7. März 1941 zum Obmann ernannt,[20] Ruth am 25. Oktober 1940 der Titel „Leiter des Phonogrammarchivs", den schon Leo Hajek geführt hatte, zuerkannt. Er wurde am 28. November 1941 unmittelbar nach Abschluss seines Habilitationsverfahrens schließlich definitiv zum Leiter ernannt.

Wild und Ruth hatten den Akademiepräsidenten Srbik seit 1939 mehrfach zu Anfragen beim Berliner OKW bezüglich *Schallplattenaufnahmen von Sprachen und Gesängen verschiedener Völker und Stämme des französischen und britischen Reiches, einschließlich der Eingeborenen*, und von *Sprachen und Gesängen polnischer Kriegsgefangener* in den Lagern der Ostmark bewegt.[21] Srbiks Ansuchen wurden ablehnend beschieden,[22] weil zuvor bereits das Institut für Lautforschung in Berlin zu Aufnahmen in Kriegsgefangenenlagern ermächtigt worden war und *Doppelbesuche* vermieden werden sollten.[23] Dem Argument, dass das Archiv aufgrund der *im großen Umfang im* [Ersten] *Weltkriege durchgeführten Aufnahmen in den Kriegsgefangenenlagern auf diesem Arbeitsgebiet über grosse Erfahrung verfügt*[24] und sich *nur jetzt während der Kriegszeit wieder die seltene Gelegenheit* bot, *in den Kriegsgefangenenlagern*

[19] Soukup (2004), Durig, S. 130.

[20] Zu Friedrich Wild vgl. Pils (2010), Gelehrter, S. 471–485.

[21] AÖAW, Phonogrammarchiv, K. 1, Konv. 4, Srbik an OKW vom 18. Juli 1940. Vgl. ebda., Srbik an OKW vom 19. Dezember 1940.

[22] Vgl. AÖAW, Phonogrammarchiv, K. 1, Konv. 4, OKW an Akademie der Wissenschaften in Wien vom 8. August 1940.

[23] Vgl. AÖAW, Phonogrammarchiv, K. 1, Konv. 4, Institut für Lautforschung der Universität Berlin an Akademie der Wissenschaften in Wien vom 7. Februar 1941.

[24] AÖAW, Phonogrammarchiv, K. 1, Konv. 4, Srbik an das OKW vom 19. Dezember 1940.

Abb. 65: Walter Ruth

Abb. 66: Friedrich Wild

moderne elektrische Schallaufnahmen von Volksliedern und Mundarten polnischer, ukrainischer und weissrussischer Gefangener durchzuführen, wurde nicht gefolgt.[25]

Die wissenschaftlichen Tätigkeiten, die das Phonogrammarchiv zwischen 1938 und 1945 initiierte und durchführte, waren Schallaufnahmen der wertvollsten Kirchenglocken Österreichs (1941/42), die aus kriegswirtschaftlichen Gründen eingeschmolzen werden sollten, Sprachaufnahmen von rücksiedelnden Südtirolern in das Reich (1940) und Aufnahmen der Mundarten von in verschiedene *Gaue der Ostmark* rücksiedelnden Bessarabien- und Dobrutscha-Deutschen (1941).[26] Der letzteren Unternehmung wurde auf Antrag Srbiks eine Förderung von den Vereinigten Grenzlandämtern der Gaue Wien und Nieder-Donau zugesichert.[27] Das Phonogrammarchiv verfügte über die modernste Technik, 1940 hatte ihm die phil.-hist. Klasse 4.300 RM zur Anschaffung eines Kathodenstrahl-Oszillografen bewilligt.[28] Weiters förderte das Phonogrammarchiv „im Dienst nationalsozialistischer Erziehung [...] die Erforschung des pathologischen Sprechens und seiner Therapie durch Aufnah-

[25] AÖAW, Phonogrammarchiv, K. 1, Konv. 4, Ruth an Ministerium für innere Angelegenheiten vom 3. Oktober 1939.

[26] Siehe u. a. AÖAW, Phonogrammarchiv, K. 1, Konv. 4, Tätigkeitsbericht des Phonogrammarchivs über das Jahr 1941 vom 25. März 1942.

[27] Vgl. AÖAW, Phonogrammarchiv, K. 1, Konv. 4, Protokoll der Sitzung der Phonogrammarchivkommission vom 25. Oktober 1940.

[28] Vgl. AÖAW, Protokoll der Gesamtsitzung vom 25. Oktober 1940 (A 957), Beilage.

men und Untersuchungen".[29] Die Steigerung in der *Durchführung kriegsbedingter Aufgaben*[30] und mehrere Interventionen durch Präsidiumsmitglieder im Wehrmeldeamt schützten Walter Ruth jedoch nicht vor der Einberufung, die 1942 erfolgte. Nach Kriegsgefangenschaft, Entnazifizierung und Begnadigung durch den Bundespräsidenten füllte Ruth erneut mit 1. Oktober 1948 als Vertragsbediensteter des Bundes den Leiterposten des Phonogrammarchivs aus. Wild wurde offiziell wieder nach dem durch den Bundespräsidenten bewilligten Ansuchen auf Erlass der Sühnefolgen als Obmann der Phonogrammarchiv-Kommission im Almanach für das Jahr 1949 geführt.[31] Im Jahr 1954 erstattete Wild ausführlichen Bericht über die *gegenwärtige Tätigkeit* des Phonogrammarchivs: Das Forschungsprogramm hatte sich kaum verändert, inhaltliche und personelle Kontinuitäten waren unübersehbar. Die Dialektaufnahmen, die wegen der *inhaltlichen und neuzeitlichen technischen Qualität* den Grundstock für weitere Tätigkeiten dieser Art darstellen sollten, waren die Aufnahmen der Südtiroler Mundarten von Josef Schatz, der deutschen Mundarten aus Bessarabien von Anton Pfalz, der Mundarten von Kärnten, Osttirol, Oberösterreich und des Burgenlandes von Eberhard Kranzmayer und jener der Steiermark von Leo Jutz. Jeder dieser Dialektforscher hatte schon in der NS-Zeit als Parteigenosse in politisch engagierter Art und Weise *zur systematischen Fixierung sämtlicher österreichischer Mundarten* beigetragen.[32]

Südostforschung

Die Akademie profitierte von der Konjunktur der Südostforschung, als deren Zentrum sich in der Zeit des Nationalsozialismus zusehends Wien etablierte. Die Wiener Südostforschung legte ihr Augenmerk auf Anwendungsorientierung, damit – wie der Wiener Kulturgeograf Hugo Hassinger 1942 schrieb – *nicht wieder einmal die Wissenschaft zu spät kommt, wenn politische Taten zu setzen sind.*[33] Wien war der Standort verschiedener Institute, die sich der Südostforschung widmeten. An der Akademie war die Südostforschung durch die 1940 neu benannte Balkan-Kommission vertreten, die seit 1942 in drei Abteilungen (linguistische, antiquarische und naturwissenschaftliche) und seit 1943 unter dem neuen Namen Südost-Kommission in zwei Abteilungen (geisteswissenschaftliche und naturwissenschaftliche) geführt wurde.[34] Die Balkan-Kommission ersetzte die 1897 eingesetzte „Kommission für die historisch-

---

[29] Ruth (1941), Phonogrammarchiv, S. 90f.

[30] AÖAW, Phonogrammarchiv, K. 1, Konv. 4, Tätigkeitsbericht des Phonogrammarchivs über das Jahr 1941 vom 25. März 1942.

[31] Vgl. AÖAW, PA Walter Ruth, und PA Friedrich Wild; Almanach f.d.J. 1949, 99 (1950), S. 121.

[32] AÖAW, Phonogrammarchiv, K. 1, Konv. 5, Wild an das Präsidium der ÖAW vom 16. März 1954. Vgl. zur Tätigkeit von Anton Pfalz und Eberhard Kranzmayer in der NS-Zeit Wahlmüller (2010), Akademie, S. 94–99, und Ranzmaier (2010), Germanistik.

[33] UAW, Nachlass Hugo Hassinger, 131.01, Hassinger an Triska vom 7. Mai 1942.

[34] Vgl. Stadtmüller (1942), Balkankommission.

archäologische und philologisch-ethnografische Durchforschung der Balkanhalbinsel". Die Anregung, in der Akademie ein Südost-Institut einzurichten, die laut Akademiesitzungsbericht durch das Amt des Reichsstatthalters erfolgt war, wurde von der phil.-hist. Klasse nicht aufgegriffen,[35] dafür aber die Balkan-Kommission 1940 zur klassenübergreifenden Akademieeinrichtung aufgewertet. Sechs ihrer 18 Mitglieder waren zugleich Angehörige der NSDAP. Der wissenschaftliche Output war für eine der höchst dotierten Kommissionen überschaubar und auf den ersten Blick politisch unverfänglich. Anzunehmen ist, dass die Vorarbeiten zur NS-„Umvolkungspolitik" in Südosteuropa nicht an der Akademie durchgeführt wurden. Die Balkan- bzw. Südost-Kommission war lediglich ein Teil des Wiener Südostforschungskomplexes, in dem die o.M. Heinrich Srbik, Hugo Hassinger und Viktor Christian die Fäden zogen. Im Jahr 1942 wurde Christian zum Delegierten der Akademie der Wissenschaften in die Südostgemeinschaft der Wiener Hochschulen (Südosteuropagesellschaft) ernannt.[36] Laut einer Denkschrift Christians sollte Srbik den Vorsitz eines Ausschusses in dem vom Amt Rosenberg konzipierten *Südosteuropäischen Forschungsinstitut* übernehmen, dessen Aufgabe es sein sollte, *über wissenschaftliche Unternehmungen in Südosteuropa Gutachten zu erstellen und diese dann den zuständigen Reichsministerien vorzulegen.*[37] Mit dem Südosteuropäischen Forschungsinstitut scheiterte auch dieses Vorhaben; tätig waren auf diesem Gebiet in Wien die „Südosteuropagesellschaft", eine „Südostgemeinschaft Wiener Hochschulen", die „Arbeitsgemeinschaft für Raumforschung" sowie die „Südostdeutsche Forschungsgemeinschaft" (SODFG). Das zentrale Ziel dieser Organisationen bestand in wissenschaftlichen Vorarbeiten für die „Umvolkung".[38] Insbesondere die SODFG hatte auch Anteil an der nationalsozialistischen „Volkstums- und Vernichtungspolitik".[39] Ordentliche Mitglieder waren in ihr in Leitungsfunktionen vertreten wie z. B. die Historiker Hans Hirsch und Otto Brunner, der Geograf Fritz Machatschek und der bereits erwähnte Hugo Hassinger.[40] 1945 wurden sämtliche dieser Organisationen aufgelöst. Die Südost-Kommission an der Akademie wurde in die phil.-hist. Klasse eingereiht (1948) und 1950 in Balkan-Kommission rückbenannt. Hugo Hassinger, der nie NSDAP-Mitglied gewesen war, aber in ihrem Sinne Volkstumsforschung betrieben hatte und „Wiens deutsche Sendung" darin sah, „die Stufe des Kulturgefälles zwischen Westen und Osten allmählich ostwärts" zu verschieben,[41] konnte seine wissenschaftliche Tätigkeit bruchlos fortsetzen. 1946 gründete er an der Akademie die Kommission für Raumforschung und Wiederaufbau. Im Jahr darauf wurde auf Antrag von w.M. Richard Meister eine Österreichische Forschungsgemeinschaft für den Südosten und Orient bei der Öster-

---

[35] Vgl. AÖAW, Protokoll der Sitzung der phil.-hist. Klasse am 27. April 1938 (C 2579).
[36] Vgl. Almanach f.d.J. 1942, 92 (1942), S. 97.
[37] BAB, BDC, PA Victor Christian, Bl. 137–138, 141–142.
[38] Vgl. dazu u. a. Beer/Seewann (2004), Südostforschung.
[39] Fahlbusch (2000), Forschungsgemeinschaft, S. 260.
[40] Vgl. Svatek (2010), Hassinger, und Svatek (2010), Wien.
[41] Hassinger (1942), Sendung, und Hassinger (1941), Lebensraumfragen.

reichischen Akademie der Wissenschaften unter der Obmannschaft von Hassinger errichtet, die 1950 aufgrund einer Verfügung der Besatzungsmächte wieder aufgelöst werden musste.[42]

Fazit

In der Akademie der Wissenschaften in Wien lassen sich zwischen 1938 und 1945 unterschiedliche Haltungen und Handlungen erkennen. Ein Großteil der Forschungsaktivitäten fand im Zeichen von opportunistischer Anpassung, Selbstmobilisierung und Selbstinvolvierung statt, denen hier verstärkt Aufmerksamkeit geschenkt wurde. Davon zeugen unter anderem die Kernforschung, die Rassenforschung, die Volkstumsforschung sowie die Südostforschung, deren Ausrichtung sich von der Grundlagen- auf die Anwendungsorientierung verschob. Die sich an der Akademie selbst mobilisierenden, häufig noch jüngeren Wissenschaftler ergriffen damit die Chance, durch politisch-beglaubigende Forschungsaktivitäten neue finanzielle Ressourcen zu lukrieren, wohl in der Hoffnung, dadurch auf der Karriereleiter aufzusteigen.

Johannes Feichtinger

[42] Vgl. Die Furche vom 2. Juli 1950, S. 4.

I. 4. Nationale und internationale Verflechtungen

Die „nationale Würde" der deutschen Akademien

Die Akademie der Wissenschaften in Wien im Kontext nationaler und internationaler Wissenschafskooperationen

Akademien der Wissenschaften sind in ihrem Wissenschaftsverständnis kosmopolitisch orientiert und nicht an nationale Grenzen gebunden. Sie kooperieren in verschiedensten Forschungsprojekten, die eine „internationale Friedensordnung" voraussetzen.[1] Das 1893 gegründete Kartell der deutschen Akademien und gelehrten Gesellschaften, dem die Kaiserliche Akademie der Wissenschaften in Wien und die Akademien im Deutschen Reich angehörten, trug dieses Wissenschaftsverständnis mit.[2] Das Kartell beteiligte sich 1899 an der Gründung der Internationalen Assoziation der Akademien (IAA), in der interdisziplinär und international 31 wissenschaftliche Institutionen verbunden waren. Die IAA, in der sowohl die Natur- als auch die Geisteswissenschaften vertreten waren, war bis zum Beginn des Ersten Weltkriegs aktiv und wurde „niemals formal aufgelöst".[3]

Nach 1918 wurde versucht, an das internationale Netzwerk der Akademien, das im Weltkrieg zerstört worden war, wieder anzuknüpfen. Bei einem Kongress in Brüssel vom 18. bis 28. Juli 1919 erfolgte die Gründung des International Research Council / Conseil International de Recherches (IRC/CIR) und der Union Académique Internationale (UAI), getrennt für die Natur- und Geisteswissenschaften, als Nachfolgeorganisationen der IAA.[4] Die Statuten der Union Académique Internationale enthielten – anders als jene des IRC/CIR – keinen Ausschlussparagrafen hinsichtlich der ehemaligen Mittelmächte, also Deutschlands und seiner Bündnispartner im Krieg.[5] Die UAI wandte sich 1922 und erneut 1923 über Vermittlung der niederländischen Akademie an die Akademie in Wien mit dem Vorschlag, der Union beizutreten und eine Brückenfunktion zu den Akademien im Deutschen Reich zu übernehmen. Die Wiener Akademie wollte den Schritt in die internationalen Orga-

---

[1] Mommsen (2000), Wissenschaft, S. 3.
[2] Vgl. Meister (1947), Geschichte, S. 127, und jüngst Wöckinger (2010), Akademie.
[3] Grau (1995), Wissenschaftsakademien, S. 31f.
[4] Vgl. Grau (2000), Preußische Akademie, S. 293.
[5] Vgl. Grau (2000), Preußische Akademie, S. 298.

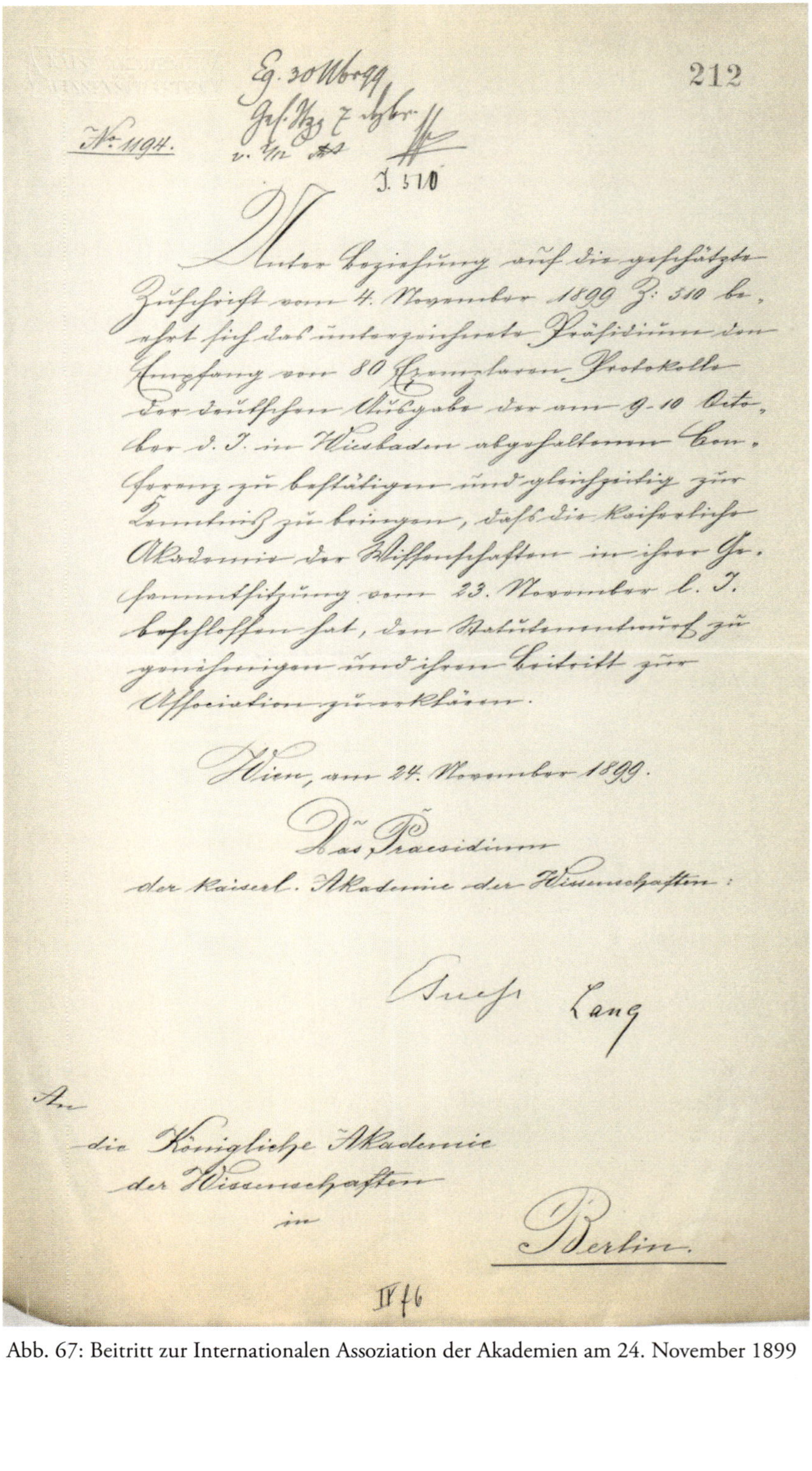

212

No 1194.

Unter Beziehung auf die geschätzte Zuschrift vom 4. November 1899 Z: 510 beehrt sich das unterzeichnete Präsidium den Empfang von 80 Exemplaren Protokolle der deutschen Ausgabe der am 9.–10. October d. J. in Wiesbaden abgehaltenen Conferenz zu bestätigen und gleichzeitig zur Kenntniß zu bringen, daß die Kaiserliche Akademie der Wissenschaften in ihrer Gesammtsitzung vom 23. November l. J. beschlossen hat, den Statutenentwurf zu genehmigen und ihren Beitritt zur Association zu erklären.

Wien, am 24. November 1899.

Das Praesidium
der Kaiserl. Akademie der Wissenschaften:

Suess Lang

An
die Königliche Akademie
der Wissenschaften
in
Berlin.

Abb. 67: Beitritt zur Internationalen Assoziation der Akademien am 24. November 1899 nisationen jedoch nur im Einvernehmen mit den deutschen Akademien gehen und lehnte ab.[6] In einem abschlägigen Schreiben an die niederländische Akademie verwies die Akademie in Wien am 23. Oktober 1923 auf die Ruhrbesetzung durch Frankreich; diese lasse *es gegenwärtig kaum als möglich erscheinen, dass deutsche und französische Gelehrte sich gemeinsam an den Beratungstisch setzen. Mit dem Fortfall der Aussicht, in der Union Académique Internationale erfolgreich für den Beitritt unserer reichsdeutschen Kollegen zu wirken, entfällt aber auch das wichtigste Motiv, welches die Wiener Akademie hätte bestimmen können, zeitweise taktisch von den reichsdeutschen Akademien abzurücken.*[7]

Als das Kartell 1935 in die UAI aufgenommen wurde, erwartete Redlich, dass nun alle Probleme, die *mit der nationalen Würde der kartellierten Akademien unvereinbar* waren, gelöst seien und eine *internationale Zusammenarbeit* [...] *für immer* möglich sein werde.[8] Der Philologe Ludwig Radermacher und der Historiker Heinrich Srbik, seit 1933 Sekretär der phil.-hist. Klasse, wurden als Delegierte für die UAI gewählt.[9] Doch an den Tagungen der UAI 1936 in Brüssel[10] und 1937 in London[11] nahm nur Radermacher teil.[12]

Beim „Anschluss“ Österreichs an das Deutsche Reich im März 1938 wurde die Wiener Akademie mit Glückwunschschreiben und -telegrammen im Kreis der deutschen Akademien willkommen geheißen. Aufgabe der Akademie in Wien war es nun, wie in Paragraf 1 der Vorläufigen Satzung festgehalten, *die Wissenschaft im Dienste des deutschen Volkes* zu fördern.[13] Um *vor der Weltöffentlichkeit die absolute Geschlossenheit der deutschen Wissenschaft* zu demonstrieren,[14] trat die Wiener Akademie im Oktober 1938 der Deutschen Forschungsgemeinschaft bei.[15]

---

[6] Vgl. Grau (1995), Wissenschaftsakademien, S. 35.

[7] Zitiert nach Grau (1995), Wissenschaftsakademien, S. 35.

[8] AÖAW, UAI, 1/A, Nr. 312/1935, Redlich an Bundesministerium für Unterricht in Wien vom 1. Juni 1935.

[9] Vgl. AÖAW, UAI, 1/A, Nr. 433/1935, Redlich an Pelseneer vom 18. Dezember 1935.

[10] Vgl. AÖAW, UAI, 1/B, Nr. 209/1936, Srbik an Bundeskanzleramt, Generaldirektion für öffentliche Sicherheit, vom 12. Mai 1936.

[11] Vgl. AÖAW, UAI, 1/B, Nr. 41/1937, Srbik an Sekretariat der UAI vom 27. Jänner 1937.

[12] Vgl. AÖAW, UAI, 1/B, Nr. 8/1938, Srbik an Sekretariat der UAI vom 3. März 1938.

[13] Vorläufige Satzung der Akademie der Wissenschaften in Wien, in: Almanach f.d.J. 1938, 88 (1939), S. 9. Vgl. auch den vorstehenden Beitrag von Herbert Matis, „Die Änderung der Satzung“, in diesem Band, S. 91–96.

[14] AÖAW, Allgemeine Akten, Nr. 363/1938, Präsident der DFG an Präsident der Wiener Akademie der Wissenschaften vom 30. September 1938.

[15] Vgl. AÖAW, Allgemeine Akten, Nr. 363/1938, Srbik an Mentzel vom 13. Oktober 1938.

Abschrift an Unterr-Minist.exp. 11.Juli 1935.

SECRÉTARIAT ADMINISTRATIF
DE
L'UNION ACADÉMIQUE
INTERNATIONALE

Bruxelles, le 1er juillet 1935

PALAIS DES ACADÉMIES

Akademie der Wissenschaften
Zahl 433/1935
Eingelangt: 4.VII. 1935

Indicateur n° U.A.I. 2410

Monsieur le Secrétaire général et
honoré Collègue,

J'ai l'honneur de vous faire savoir que comme suite au désir que vous avez exprimé, l'Union Académique internationale ayant mis à l'ordre du jour de sa seizième et dernière session, l'agréation de l'"Akadémie der Wissenschaften" à Vienne, celle-ci a été votée à l'unanimité (28 voix) par les délégués des 14 nations représentées.

Je vous envoie un exemplaire du compte-rendu et un exemplaire des statuts en vous signalant que la cotisation annuelle est de 2000 frs. belges à verser au Secrétariat administratif de l'U.A.I. avant la fin de l'exercice.

Je suis heureux d'être l'interprête de cette décision et je vous prie, Monsieur le Secrétaire général et honoré collègue, de vouloir agréer l'expression de mes sentiments les plus distingués.

Pour le Secrétariat administratif de l'U.A.I.
le Secrétaire Perpétuel de
l'Académie royale de Belgique,

Paul Pelseneer

à Monsieur Egon Scweidler
Secrétaire général de
l'Akademie der Wissenschaften
Universiteitsplatz

VIENNE.
Autriche.

(Paul Pelseneer)

Abb. 68: Schreiben der UAI vom 1. Juli 1935

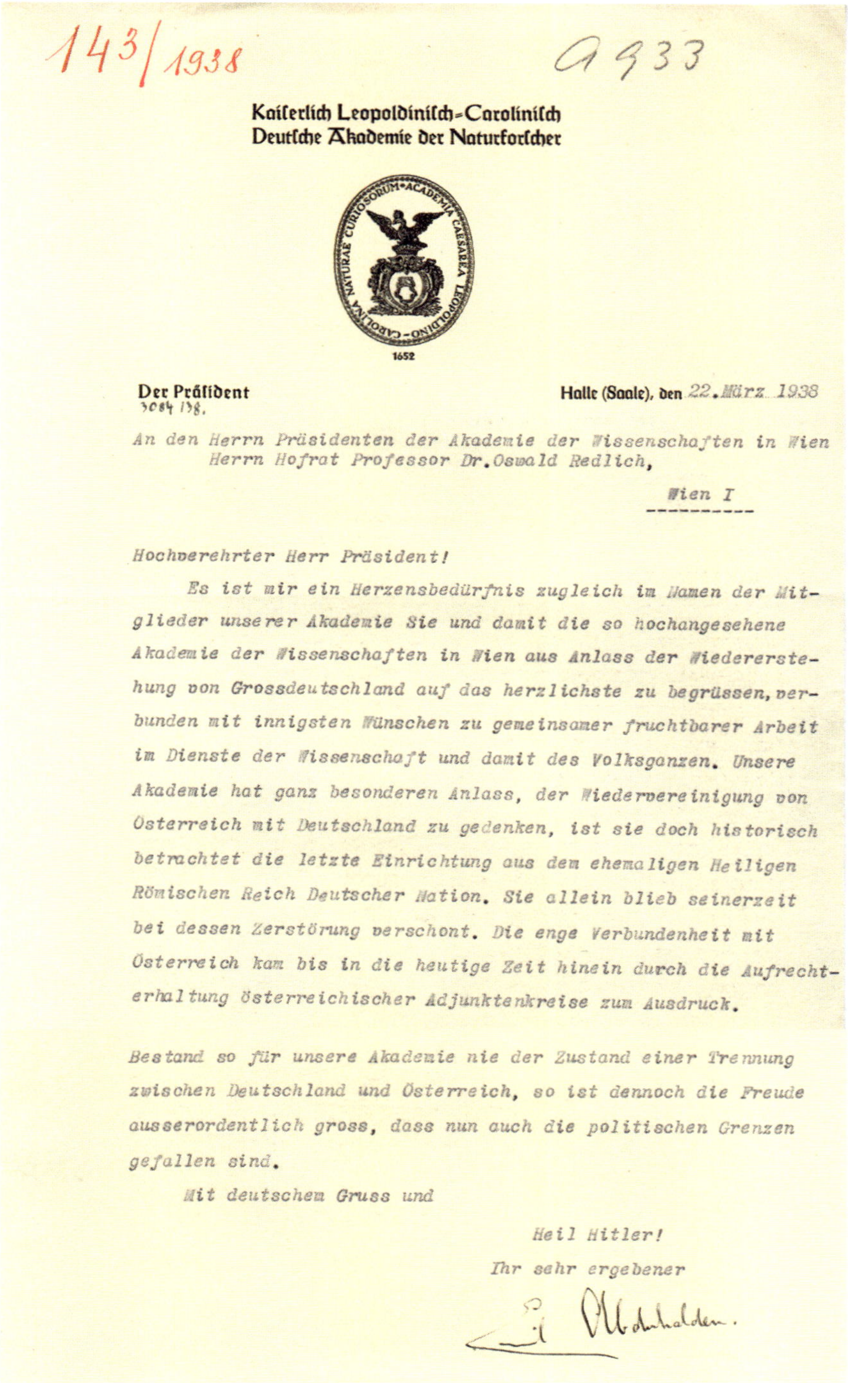

143/1938

a 933

Kaiserlich Leopoldinisch-Carolinisch
Deutsche Akademie der Naturforscher

1652

Der Präsident
3084/38.

Halle (Saale), den 22. März 1938

An den Herrn Präsidenten der Akademie der Wissenschaften in Wien
Herrn Hofrat Professor Dr. Oswald Redlich,

Wien I

Hochverehrter Herr Präsident!

Es ist mir ein Herzensbedürfnis zugleich im Namen der Mitglieder unserer Akademie Sie und damit die so hochangesehene Akademie der Wissenschaften in Wien aus Anlass der Wiedererstehung von Grossdeutschland auf das herzlichste zu begrüssen, verbunden mit innigsten Wünschen zu gemeinsamer fruchtbarer Arbeit im Dienste der Wissenschaft und damit des Volksganzen. Unsere Akademie hat ganz besonderen Anlass, der Wiedervereinigung von Österreich mit Deutschland zu gedenken, ist sie doch historisch betrachtet die letzte Einrichtung aus dem ehemaligen Heiligen Römischen Reich Deutscher Nation. Sie allein blieb seinerzeit bei dessen Zerstörung verschont. Die enge Verbundenheit mit Österreich kam bis in die heutige Zeit hinein durch die Aufrechterhaltung österreichischer Adjunktenkreise zum Ausdruck.

Bestand so für unsere Akademie nie der Zustand einer Trennung zwischen Deutschland und Österreich, so ist dennoch die Freude ausserordentlich gross, dass nun auch die politischen Grenzen gefallen sind.

Mit deutschem Gruss und

Heil Hitler!

Ihr sehr ergebener

E. Abderhalden.

Abb. 69: Begrüßungsschreiben der Leopoldina, 22. März 1938

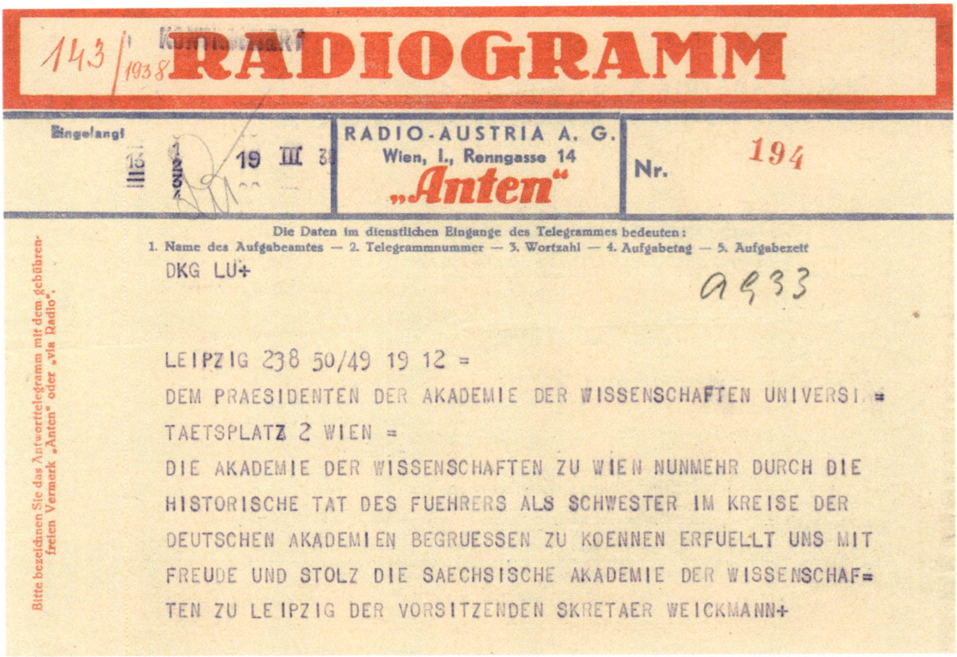
143/1938
RADIOGRAMM
Eingelangt 19 III 38
RADIO-AUSTRIA A. G.
Wien, I., Renngasse 14
„Anten"
Nr. 194
Die Daten im dienstlichen Eingange des Telegrammes bedeuten:
1. Name des Aufgabeamtes — 2. Telegrammnummer — 3. Wortzahl — 4. Aufgabetag — 5. Aufgabezeit
Bitte bezeichnen Sie das Antworttelegramm mit dem gebührenfreien Vermerk „Anten" oder „via Radio".
DKG LU+
LEIPZIG 238 50/49 19 12 =
DEM PRAESIDENTEN DER AKADEMIE DER WISSENSCHAFTEN UNIVERSI =
TAETSPLATZ 2 WIEN =
DIE AKADEMIE DER WISSENSCHAFTEN ZU WIEN NUNMEHR DURCH DIE
HISTORISCHE TAT DES FUEHRERS ALS SCHWESTER IM KREISE DER
DEUTSCHEN AKADEMIEN BEGRUESSEN ZU KOENNEN ERFUELLT UNS MIT
FREUDE UND STOLZ DIE SAECHSISCHE AKADEMIE DER WISSENSCHAF=
TEN ZU LEIPZIG DER VORSITZENDEN SKRETAER WEICKMANN+

Abb. 70: Begrüßungstelegramm der Sächsischen Akademie der Wissenschaften, 19. März 1938

Mit Rücksicht auf den Eintritt Oesterreichs in das Grossdeutsche Reich legten Srbik und Radermacher ihr Mandat bei der UAI zurück.[16] Damit das Kartell der deutschen Akademien bei der Tagung in London vom 8. bis 11. Mai 1939 *ordnungsgemäß vertreten* sei, wählte Reichsminister Rust Johannes Stroux, Preußische Akademie der Wissenschaften, und Srbik, Akademie der Wissenschaften in Wien, als Vertreter des Deutschen Reichs.[17] Beide nahmen an der Tagung der UAI in London 1939 teil. Obwohl die Verhandlungssprache der UAI Französisch war und auch die Vertreter Großbritanniens und Italiens in Französisch kommunizierten, beantragten Stroux und Srbik, Deutsch als Verhandlungssprache zuzulassen, davon überzeugt, dadurch der deutschen Sprache *zu grundsätzlicher Anerkennung verholfen* zu haben.[18] Srbik und Stroux berichteten zudem, dass es *während der ganzen Tagung keinen politischen Misston unter den Delegierten gab, im Gegenteil, es war der Wunsch unbefangener und offener Zusammenarbeit zu spüren.*[19]

---

[16] AÖAW, UAI, 1/B, Nr. 176/1938, Srbik an UAI vom 7. Mai 1938.

[17] AÖAW, UAI, 1/B, Nr. 184/1939, Rust an Srbik vom 3. April 1939.

[18] AÖAW, UAI, 1/B, Nr. 184/1939, Bericht von Srbik und Stroux über die 20. Tagung des Comité der UAI, 8. bis 11. Mai 1939, vom 22. April 1939, S. 1f.

[19] Ebda., S. 7.

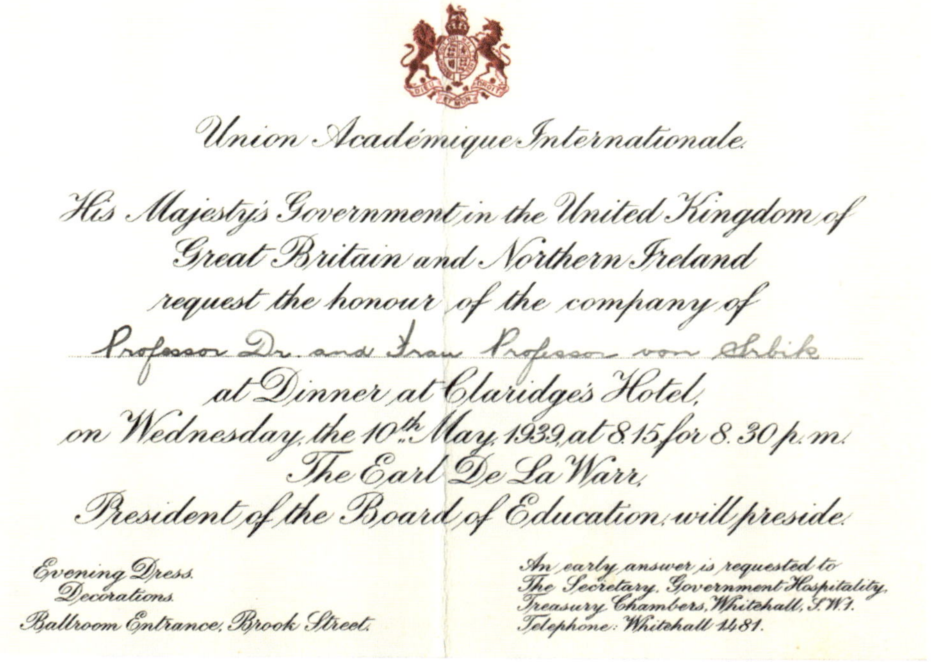
Union Académique Internationale.

His Majesty's Government in the United Kingdom of Great Britain and Northern Ireland request the honour of the company of

Professor Dr. and Frau Professor von Srbik

at Dinner at Claridge's Hotel, on Wednesday, the 10th May, 1939, at 8.15 for 8.30 p.m.

The Earl De La Warr, President of the Board of Education, will preside.

Evening Dress.
Decorations.
Ballroom Entrance, Brook Street.

An early answer is requested to
The Secretary, Government Hospitality,
Treasury Chambers, Whitehall, S.W.1.
Telephone: Whitehall 1481.

Abb. 71: Einladung zum UAI-Empfang in London am 10. Mai 1939

Mit Beginn des Zweiten Weltkrieges wurde der internationale Schriftentausch mit ‚feindlichen‘ Staaten stark reduziert. Die Société Mathématique in Amsterdam[20] oder das University College in London[21] tauschten 1939 noch die Schriften mit der Wiener Akademie, mit der Agricultural Experiment Station in Rehovot, Palästina,[22] wurde der Austausch hingegen eingestellt. Als der Direktor eines niederländischen Laboratoriums für Pflanzenphysiologie 1939 den Schriftentausch mit deutschen Universitäten wegen des Ausschlusses von jüdischen Studenten einstellte,[23] gab Reichsminister Rust zu verstehen, dass das Deutsche Reich *auf eine Aufrechterhaltung*

[20] Vgl. AÖAW, Protokollbuch 1939, Nr. 83, Zuschrift Schriftentausch der Société Mathématique in Amsterdam mit Akademie der Wissenschaften in Wien vom 8. Februar 1939.

[21] Vgl. AÖAW, Protokollbuch 1939, Nr. 85, Zuschrift Schriftentausch University College in London mit Akademie der Wissenschaften in Wien vom 8. Februar 1939.

[22] Vgl. AÖAW, Allgemeine Akten, Nr. 86/1939, Zuschrift Schriftentausch Agricultural Experiment Station in Rehovot, Palästina, mit Akademie der Wissenschaften in Wien vom 10. Februar 1939.

[23] Vgl. AÖAW, Protokollbuch 1939, Nr. 159, Botanisches Institut der TH Wien an Blaauw, Leiter des Laboratoriums voor Plantenphysilogisch Onderzoek Landbouwhoogeschool, Wageningen, weitergeleitet an Ministerium für innere und kulturelle Angelegenheiten und dann an die Akademie der Wissenschaften in Wien vom 6. März 1939.

der Beziehungen mit diesen deutschfeindlich eingestellten Kreisen [...] *keinen Wert* lege.[24] Rust verbot deutschen Anthropologen die Teilnahme am Kongress für Anthropologie und Prähistorische Archäologie 1939 in Istanbul, weil der Organisator, das Pariser Institut für Anthropologie, *dem Deutschen Reich gegenüber eine feindliche Haltung* einnehme.[25] Zu Staaten wie Finnland wurden die *kulturpolitischen Beziehungen* hingegen vertieft. Politisch ‚unbelastete' finnische Wissenschaftler wurden im Jänner 1939 von Reichsminister Rust zu Vorträgen ins Deutsche Reich eingeladen.[26] Ab 1940 wurden Auslandsreisen von deutschen Wissenschaftlern streng kontrolliert. Leiter wissenschaftlicher Institutionen mussten ausführlich *zur wissenschaftlichen und gesellschaftlichen Eignung des Antragsstellers* Stellung nehmen.[27]

Abb. 72: Bernhard Rust

Für die Wiener Akademie bedeutete, wie Herbert Matis feststellt, „die aufgezwungene Unterbrechung der Kontakte mit dem Ausland" die „wohl folgenschwerste Behinderung des wissenschaftlichen Gedankenaustausches."[28] Bei der Reorganisation

[24] AÖAW, Protokollbuch 1939, Nr. 159, Rust an Rektoren und Verwaltungsstellen deutscher Hochschulen und Unterrichtsverwaltungen einschließlich Österreich vom 14. Februar 1939.

[25] AÖAW, Allgemeine Akten, Nr. 116/1939, Rust an alle akademischen Institutionen im Deutschen Reich und Verwaltungsstellen vom 26. Jänner 1939.

[26] Vgl. AÖAW, Allgemeine Akten, Nr. 104/1939, Rust an alle akademischen Institutionen im Deutschen Reich und alle Verwaltungsstellen vom 18. Jänner 1939.

[27] AÖAW, Allgemeine Akten, Nr. 276/1940, Rust an Srbik vom 18. Juli 1940.

[28] Matis (1997), Anpassung, S. 50.

der Akademie nach dem Ende der NS-Herrschaft zählte die Wiederaufnahme der Verbindungen zur internationalen Wissenschaft[29] zu einem der vorrangigsten Ziele.

Felicitas Seebacher

---

[29] Vgl. den nachfolgenden Beitrag von Heidemarie Uhl „Hundertjahrfeier der Akademie der Wissenschaften 1947“ in diesem Band, S. 199–208.

„Die Leistungen der deutschen Wissenschaft mit allen Kräften steigern“

Das nationalsozialistische Projekt der Reichsakademie der Deutschen Wissenschaft

Das nationalsozialistische Regime versuchte auch die Akademien der Wissenschaften dem „Führerprinzip“ unterzuordnen. Ein wichtiger Schritt war die Zentralisierung des Kartells deutscher Akademien, dem die Akademien in Berlin, Göttingen, Heidelberg, Leipzig und München angehörten. Bislang hatte der Sitz der jeweils geschäftsführenden Akademie, der sogenannte „Vorort“, jährlich gewechselt. Im Mai 1939 wurde die Preußische Akademie der Wissenschaften in Berlin als „ständiger Vorort und Verwaltungssitz des Verbandes der deutschen Akademien“ bestimmt.[1] Bei der letzten Tagung des Kartells vom 7. bis 8. Juli 1939 in Leipzig wurde der Entwurf zu einer Satzung des Reichsverbands der Deutschen Akademien erstellt. Im August 1939 findet sich im Protokollbuch der Akademie der Wissenschaften in Wien bei *Kartell* bereits in Klammern die Ergänzung *Reichsverband*.[2] Am 21. August 1940 wurde die neue Satzung von Reichsminister Rust in Kraft gesetzt,[3] damit wurde das Kartell offiziell durch den Reichsverband der Deutschen Akademien abgelöst.

Im selben Jahr vollzog sich eine weitere Änderung im Verhältnis der Wiener Akademie zu den Berliner Zentralstellen: Ebenso wie die österreichischen Universitäten wurde auch die Akademie mit 1. Februar 1940 dem Reichsministerium für Wissenschaft, Erziehung und Volksbildung (REM) in Berlin unterstellt.[4] Akademiepräsident Srbik sprach in einem Schreiben an Minister Rust von *grosser Genugtuung* über diesen Schritt und versicherte, dass die Akademie *ihren damit verbundenen Verpflichtungen aufs gewissenhafteste nachkommen* werde.[5] Gegenüber Rudolf Mentzel, dem Chef des Amtes Wissenschaft im REM, begrüßte er die nunmehrige *engere Verbindung*.[6] Im

---

1 Zitiert nach Nötzoldt (2000), Strategien, S. 259; vgl. AÖAW, Protokollbuch 1939, Nr. 262, Rust an Srbik vom 22. Mai 1939.

2 AÖAW, Protokollbuch 1939, Nr. 373, Bericht des Kartells (Reichsverband der deutschen Akademien) betreffend die Kartellsitzung in Leipzig am 7. und 8. Juli 1939, vom 24. August 1939.

3 Satzung des Reichsverbands der Deutschen Akademien der Wissenschaften, in: Almanach f.d.J. 1941, 91 (1941), S. 160.

4 Vgl. Sechste Verordnung über die Übertragung von Aufgaben und Befugnissen des Reichsstatthalters in Österreich (Österreichische Landesregierung) vom 11. Januar 1940 (= RGBl., Teil 1, Nr. 9), § 7. Hierzu Bergmann-Pfleger (2010), Geschichte, S. 27. Die endgültige Liquidation des Unterrichtsministeriums in Wien erfolgte mit Wirkung vom 6. November 1940.

5 AÖAW, Allgemeine Akten, Nr. 30/1940, Srbik an Rust vom 9. Februar 1940. Faksimiliert auf S. 150.

6 AÖAW, Allgemeine Akten, Nr. 30/1940, Srbik an Mentzel vom 10. Februar 1940. Faksimiliert auf S. 151.

selben Jahr wurde die Deutsche Gesellschaft der Wissenschaften und der Künste in Prag in den Reichsverband aufgenommen.[7]

Abb. 73: Karl Theodor Vahlen

Hinter diesem Autonomieverlust der deutschen Akademien stand Karl Theodor Vahlen (1869–1945), Vertreter der antisemitischen „deutschen" Mathematik[8] und als überzeugter Nationalsozialist bereits seit den 1920er Jahren in der NSDAP in verschiedenen Funktionen aktiv. Im Dezember 1938 wurde Vahlen von Reichsminister Rust kommissarisch mit der Leitung der Preußischen Akademie der Wissenschaften betraut und, obwohl er in den nachträglichen Wahlen im Juni 1939 nicht bestätigt wurde, per „Erlass" als Präsident der Berliner Akademie eingesetzt.

Als Präsident des ständigen Vorortes des neuen Reichsverbandes der Deutschen Akademien konnte Theodor Vahlen nun offiziell seine Aktivitäten entfalten. Sein Ziel war die Schaffung einer neuen Institution, der Reichsakademie der Deutschen Wissenschaft. Bereits nach zwei Tagen im Amt lud Vahlen die Akademiepräsidenten zu einer Sitzung für den 2. September 1940 ein, am 3. September schickte er den Satzungsentwurf aus.

Paragraf 1 formulierte als zentrale Aufgabe der Reichsakademie, *die Leistungen der deutschen Wissenschaft mit allen Kräften* [zu] *steigern, hervorragende Einzelleistungen*

---

[7] Vgl. AÖAW, Protokollbuch 1940, Nr. 382, Rust an Srbik vom 12. November 1940.
[8] Nötzoldt (2000), Strategien, S. 259f.

a 949.

Preußische
Akademie der Wissenschaften
Der Präsident
Nr. 1643.39
bei Antwort anzugeben

Akademie
der Wissenschaften
Zahl 439/1939
Eingelangt: 11. NOV. 1939

Berlin, den 9. November 1939
NW 7. Unter den Linden 8
Fernsprecher: 16 26 18

Anlässlich des Anschlages in München habe ich an den Führer folgendes Telegramm gesandt:

Der Verband der Akademien der Wissenschaften dankt der Vorsehung, die Sie, mein Führer, vor dem ruchlosen Anschlag der Feinde unseres Volkes bewahrt hat. Er beklagt tief die Opfer, die ihre Treue zu Führer und Volk mit ihrem Blut besiegeln mussten.

Namens des Verbandes
der Akademien der Wissenschaften

Vahlen

Präsident der Preussischen Akademie
der Wissenschaften.

Heil Hitler!
Vahlen.

An
die Akademie der Wissenschaften
in
Wien.

Abb. 74: Brief der Preußischen Akademie vom 9. November 1939 exp. 9. II. 40

9. Februar 40.

30/1940

Herrn

Reichsminister für Wissenschaft, Erziehung und Volksbildung

Pg. Dr. Bernhard R u s t

Berlin.

Hochverehrter Herr Reichsminister !

Die Akademie der Wissenschaften in Wien hat mit Dank und grosser Genugtuung die Mitteilung vom 31.Januar 1940, W E 308/40, erhalten, wonach sie vom 1.Februar d.J. angefangen Ihnen unmittelbar unterstellt ist. Als Präsident der Akademie gestatte ich mir, Sie aus diesem Anlasse im Namen sämtlicher Mitglieder auf das herzlichste zu begrüssen und zu bitten,uns Ihre fürsorgliche Gunst, die wir schon bisher wiederholt zu erfahren das Glück hatten, nun umsomehr angedeihen zu lassen. Die Akademie der Wissenschaften wird selbstverständlich allen ihren damit verbundenen Verpflichtungen aufs gewissenhafteste nachkommen.

Präsident.

Abb. 75: Schreiben der Akademie an Reichsminister Rust vom 9. Februar 1940

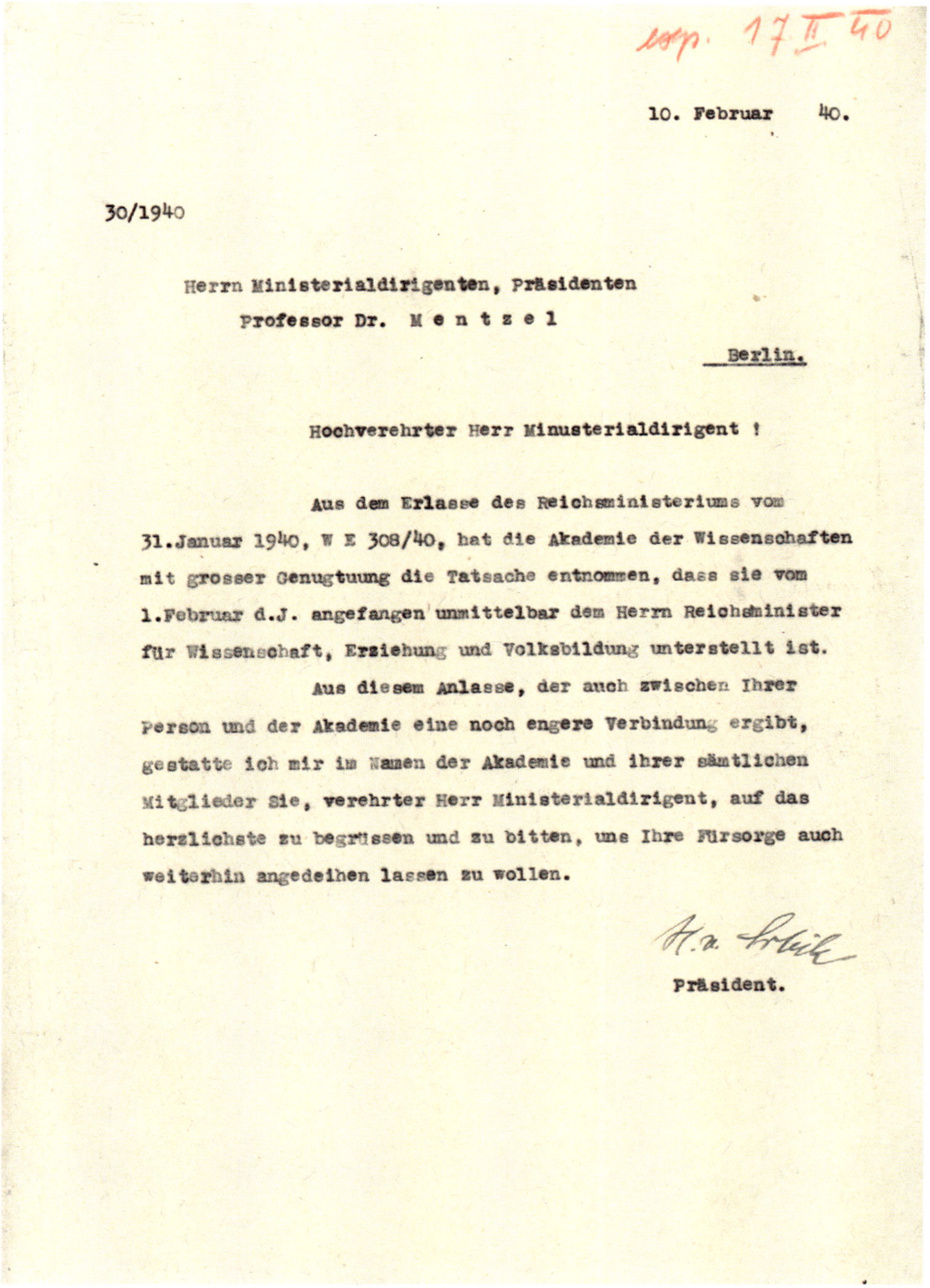

exp. 17 II 40

10. Februar 40.

30/1940

Herrn Ministerialdirigenten, Präsidenten
Professor Dr. M e n t z e l

Berlin.

Hochverehrter Herr Minusterialdirigent !

Aus dem Erlasse des Reichsministeriums vom 31.Januar 1940, W E 308/40, hat die Akademie der Wissenschaften mit grosser Genugtuung die Tatsache entnommen, dass sie vom 1.Februar d.J. angefangen unmittelbar dem Herrn Reichsminister für Wissenschaft, Erziehung und Volksbildung unterstellt ist.

Aus diesem Anlasse, der auch zwischen Ihrer Person und der Akademie eine noch engere Verbindung ergibt, gestatte ich mir im Namen der Akademie und ihrer sämtlichen Mitglieder Sie, verehrter Herr Ministerialdirigent, auf das herzlichste zu begrüssen und zu bitten, uns Ihre Fürsorge auch weiterhin angedeihen lassen zu wollen.

H.v. Srbik
Präsident.

Abb. 76: Schreiben der Akademie an Rudolf Mentzel vom 10. Februar 1940 *hervor*[zu]*heben und die Verbindung der Wissenschaft mit dem Volke sowie das Verständnis des Volkes für Leistungen der Wissenschaft* [zu] *fördern.* Dafür sollte ein *Tag der deutschen Wissenschaft* eingeführt werden.[9] Der „dies academicus" war bewusst am 18. Jänner angesetzt, dem Tag der Gründung des Deutschen Reichs 1871.[10] Vor allem sollte die Reichsakademie in jenen Disziplinen *Gemeinschaftsarbeiten* durchführen, denen *im nationalsozialistischen Staate besondere Bedeutung* zugemessen werde.[11] Die o.M. der Reichsakademie mussten reichsdeutsche Wissenschaftler *im besten Mannesalter* [und] *auf der Höhe ihrer Leistungsfähigkeit* sein. Ehrenmitglieder konnten laut Paragraf 15 auch reichsdeutsche Frauen sein, welche die deutsche wissenschaftliche Forschung ausgezeichnet gefördert oder in die Praxis umgesetzt hatten. Bei *Unwürdigkeit* konnte die Mitgliedschaft aufgehoben werden.[12] Um die Geschlossenheit der Reichsakademie nach außen hin zu symbolisieren, sollten die Akademien ihre Namen durch die Bezeichnung *Sozietät der Deutschen Reichsakademie* ergänzen. Ihre Struktur sollte durch drei Klassen bestimmt sein: *die Mathematisch-Physikalische, die Biologische und die Geisteswissenschaftliche Klasse.*[13]

In „außerordentlichen Gesamtsitzungen" sollte der Entwurf binnen 12 Tagen beraten und daraufhin in einer Sitzung der Akademiepräsidenten am 19. September 1940 der Beschlussfassung zugeführt werden. Gleichzeitig initiierte Vahlen eine Pressekampagne, mindestens 37 Zeitungen berichteten überwiegend am 4. und 5. September über die Gründung der Reichsakademie.[14] Minister Rust agierte ganz im Sinne Vahlens: Am 13. September, also noch vor Ablauf der für die Beratung in den Akademien vorgesehenen Frist, „erhob" er den Reichsverband zur Reichsakademie und übertrug dem Präsidenten der Preußischen Akademie die kommissarische Leitung.[15]

Bei den Beratungen in den Akademien stieß der Satzungsentwurf jedoch auf „heftige Kritik".[16] In der Wiener Akademie wurde am 13. September 1940 eine *lebhafte Debatte* über die Dreiteilung der Klassen geführt.[17] Auch die anderen Akademien standen der projektierten Reichsakademie reserviert gegenüber und schlugen zahlreiche Veränderungen im Satzungsentwurf vor. Trotz dieser Bedenken einigten sich die Akademiepräsidenten bei der Sitzung am 19. September 1940 in Berlin auf einen

---

9 AÖAW, Reichsakademie, Nr. 296/1940, Vahlen an Srbik vom 3. September 1940. Beilage „Vorentwurf für die Satzung der Deutschen Reichsakademie der Wissenschaften", S. 1.

10 Seidler (1995), Elite, S. 19.

11 AÖAW, Reichsakademie, Nr. 296/1940, Vahlen an Srbik vom 3. September 1940. Beilage „Vorentwurf für die Satzung der Deutschen Reichsakademie der Wissenschaften", S. 1.

12 Ebda., S. 8f.

13 Ebda., S. 2.

14 Vgl. Nötzold (2000), Strategien, S. 265, sowie AÖAW, Reichsakademie, Nr. 296/1940, Vahlen an Srbik vom 20. November 1940. Beilage Zeitungsausschnitte über Berichte der Reichsakademie der deutschen Wissenschaft.

15 Nötzold (2000), Strategien, S. 265.

16 Nötzold (2000), Strategien, S. 265.

17 AÖAW, Protokoll der außerordentlichen Gesamtsitzung am 13. September 1940 (A 956), S. 2.

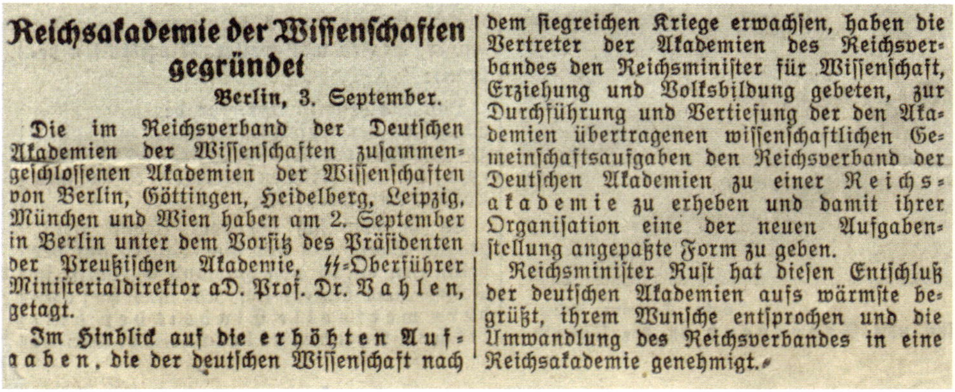

Reichsakademie der Wissenschaften gegründet

Berlin, 3. September.

Die im Reichsverband der Deutschen Akademien der Wissenschaften zusammengeschlossenen Akademien der Wissenschaften von Berlin, Göttingen, Heidelberg, Leipzig, München und Wien haben am 2. September in Berlin unter dem Vorsitz des Präsidenten der Preußischen Akademie, SS-Oberführer Ministerialdirektor aD. Prof. Dr. Vahlen, getagt.

Im Hinblick auf die erhöhten Aufgaben, die der deutschen Wissenschaft nach dem siegreichen Kriege erwachsen, haben die Vertreter der Akademien des Reichsverbandes den Reichsminister für Wissenschaft, Erziehung und Volksbildung gebeten, zur Durchführung und Vertiefung der den Akademien übertragenen wissenschaftlichen Gemeinschaftsaufgaben den Reichsverband der Deutschen Akademien zu einer Reichsakademie zu erheben und damit ihrer Organisation eine der neuen Aufgabenstellung angepaßte Form zu geben.

Reichsminister Rust hat diesen Entschluß der deutschen Akademien aufs wärmste begrüßt, ihrem Wunsche entsprochen und die Umwandlung des Reichsverbandes in eine Reichsakademie genehmigt.

Abb. 77: Gründung der Reichsakademie. Völkischer Beobachter vom 8. September 1940

gemeinsamen Satzungsentwurf für die Reichsakademie, der sich nur in einem, allerdings wesentlichen Punkt vom ursprünglichen Entwurf unterschied: der Reichsverband sollte nicht in der Reichsakademie aufgehen, die Sonderstellung der ‚alten' Akademien sollte bewahrt bleiben.[18]

Die Reichsakademie schien nun konkrete Formen anzunehmen: ein Finanzbedarf von 60.000 RM für den Reichshaushalt 1941 wurde angemeldet, Umbaupläne für die vorgesehenen Räume im Berliner Stadtschloss erstellt. Der Satzungsentwurf wurde jedoch im Ministerium nicht behandelt, vielmehr legte dieses am 15. April 1941 einen neuen Satzungsentwurf für die Reichsakademie vor. Der kommissarische Präsident wurde beauftragt, nun „die Zustimmung der beteiligten Akademien dazu herbeiführen".[19] Die Änderungen gegenüber dem Entwurf vom Oktober 1940 waren aber so grundlegend, dass die Akademien ihre Zustimmung verweigerten und Vahlen „mit massiven Änderungswünschen überschütteten". Nach Diskussion des ministeriellen Entwurfs in einer Gesamtsitzung der Preußischen Akademie griff Vahlen die dabei vorgebrachten Änderungsvorschläge auf und unterbreitete einen revidierten Satzungsvorschlag, der von der Gesamtsitzung der Berliner Akademie angenommen wurde. Zwei Tage später, am 31. Mai 1941, übersandte er diesen Entwurf an die Akademiepräsidenten mit der Bitte, eine Zustimmung herbeizuführen.

Die anderen Akademien blieben jedoch „geschlossen bei ihrer Ablehnung." Bemerkenswert ist, dass die Akademien dabei engen Kontakt hielten, um ihre Vorgangsweise zu koordinieren. So wandte sich etwa der Wiener Akademiepräsident Heinrich Srbik am 6. Juni 1941 in einem Schreiben an die Akademien in Göttingen, Heidelberg, Leipzig, München und Prag und wies darauf hin, Vahlen habe „zum ersten Mal klipp und klar gesagt, dass der Reichsverband zu bestehen aufgehört

[18] Vgl. Nötzold (2000), Strategien, S. 266.
[19] Zitiert nach Nötzold (2000) Strategien, S. 268.

habe."[20] Auch alle Stellungnahmen zum Satzungsentwurf wurden zwischen den Akademien ausgetauscht. Als Srbik die Ergebnisse der Klassensitzungen vom 11. und 19. Juni an Vahlen mitteilte, ließ er sämtliche Änderungswünsche einfließen, die er von den anderen Akademien im Vorfeld erhalten hatte.[21]

Am 9. Juli 1941 musste Vahlen dem Ministerium mitteilen, dass eine Einigung über den Entwurf der Reichsakademie-Satzung nicht herbeigeführt werden konnte und die Akademiepräsidenten eine weitere mündliche Beratung wünschen, unter Beiziehung eines Vertreters des Ministeriums. Diesem Wunsch kam das Ministerium nicht nach. Das Vorhaben der Reichsakademie fand am 5. März 1942 sein vorläufiges Ende, als das Reichsministerium mitteilte, dass „auch für das Rechnungsjahr 1942 Reichsmittel für die Reichsakademie der Deutschen Wissenschaft nicht zur Verfügung gestellt werden." Begründet wurde die Entscheidung mit einem Erlass Hitlers, wonach „derartige Maßnahmen als nicht kriegswichtig bis auf weiteres zurückzustellen sind".[22]

Im April 1943 legte Vahlen die Präsidentschaft der Preußischen Akademie der Wissenschaften zurück, Vizepräsident Hermann Grapow übernahm die Führung der Amtsgeschäfte.[23] Für den 22. Mai 1944 lud Grapow *die Präsidenten der Reichsakademie* zu einer Besprechung nach Weimar ein.[24] Srbik entsandte wegen der bevorstehenden Akademiewahlen und der Feierlichen Sitzung[25] bloß den Aktuar Wilfried Oberhummer als Vertretung.[26] Dieser konnte nur berichteten, dass es keine finanziellen Mittel für eine Reichsakademie gäbe.[27] Eine letzte Intervention Grapows bei Reichsminister Rust, dem *Schirmherr*[n] *der deutschen Wissenschaft*, war ergebnislos geblieben.[28]

Wenngleich in den Briefköpfen unter den Namen der einzelnen Akademien weiterhin *Sozietät der Reichsakademie* angegeben war,[29] der Berliner Zentralisierungsplan war gescheitert. Offenkundig hatten das „Eigeninteresse der Akademien und die Abwehrhaltung gegen eine Berliner Fremdbestimmung und einen unkontrollierbaren ‚Führerpräsidenten' (...) ein beachtliches Beharrungsvermögen" mobilisiert.[30] Herbert Matis gibt allerdings zu bedenken, dass der Erfolg dieser Politik „letztlich

---

[20] AÖAW, Reichsakademie, Nr. 110/1941. Schon zitiert bei NÖTZOLD (2000), Strategien, S. 269, der in Anm. 151 auf die seinerzeit gültige Archivsignatur verweist.

[21] Vgl. AÖAW, Reichsakademie, Nr. 110/1941, Srbik an Vahlen vom 20. Juni 1941, S. 1.

[22] NÖTZOLD (2000), Strategien, S. 270.

[23] Vgl. MOMMSEN (2000), Wissenschaft, S. 20.

[24] AÖAW, Allgemeine Akten, Nr. 84/1944, Grapow an Srbik vom 4. April 1944.

[25] Vgl. AÖAW, Allgemeine Akten, Nr. 84/1944, Oberhummer an Grapow vom 8. April 1944.

[26] Vgl. AÖAW, Allgemeine Akten, Nr. 84/1944, Srbik an Grapow vom 27. April 1944.

[27] Vgl. AÖAW, Allgemeine Akten, Nr. 84/1944, Bericht von Oberhummer über die Tagung der Akademiepräsidenten in Weimar am 22. Mai 1944, S. 1.

[28] Ebda., S. 5.

[29] AÖAW, Allgemeine Akten, Nr. 145/1944, Srbik an Knoll vom 4. September 1944.

[30] WENNEMUTH (1995), Heidelberger Akademie, S. 123.

aber wohl der ab 1941 evidenten kriegsbedingten Lähmung der staatlichen Aktivitäten zu verdanken“ ist.[31]

Felicitas Seebacher

[31] Matis (1997), Anpassung, S. 60.

II. DER UMGANG MIT DEM NATIONALSOZIALISMUS NACH 1945

Aufgaben und Wirkungskreis des neuen Präsidiums

Am 18. Mai 1945, bald nachdem die Republik Österreich durch die Unabhängigkeitserklärung vom 27. April 1945 wieder hergestellt worden war, trafen sich 13 in Wien anwesende o.M. zu einer außerordentlichen Gesamtsitzung im Altphilologischen Seminar der Universität Wien, dessen Vorstand Richard Meister war. Die Sitzung fand nicht im Akademiegebäude statt, weil dieses schwer beschädigt war. Keiner der Anwesenden war NSDAP-Mitglied gewesen.[1] Die Auswahl der Sitzungsteilnehmer war nach Rücksprache mit dem Staatsamt für Volksaufklärung, für Unterricht und Erziehung und für Kultusangelegenheiten erfolgt. Den Vorsitz der Sitzung führte w.M. Ernst Späth, der seit 1938 das Amt des Generalsekretärs der Akademie innegehabt hatte.[2] Der Akademiepräsident der Jahre 1938 bis 1945, Heinrich Srbik, hatte Wien in Richtung Tirol verlassen, Vizepräsident Egon Schweidler Richtung Salzburg. Auch der Sekretär der phil.-hist. Klasse, Dietrich Kralik-Meyrswalden, war als NSDAP-Mitglied nicht zur Sitzung eingeladen worden. Da alle nach dem 13. März 1938 vollzogenen Handlungen und Verfügungen der nationalsozialistischen Machthaber annulliert worden waren, gingen Späth und Meister davon aus, dass auch *das gegenwärtige Präsidium damit außer Funktion gesetzt* war.[3] Ziel der Sitzung war es daher, eine Interimsleitung der Akademie zu wählen, um ihre Neuordnung zu gewährleisten und eine außerordentliche Gesamtsitzung für die Wahl eines neuen Präsidiums einzuberufen. Als Leiter wurde Späth, als sein Stellvertreter Meister gewählt. Späth übernahm auch die Aufgaben des Sekretärs der math.-nat. Klasse, Meister jene des Generalsekretärs und Sekretärs der phil.-hist. Klasse. Letzterer wurde mit der personellen Neuordnung, der materiellen Bestandsaufnahme und der Ausarbeitung eines neuen Programms beauftragt. Das Staatsamt genehmigte am 23. Mai 1945 die Wahl der interimistischen Leitung und die Übernahme der mit dieser Funktion verbundenen Aufgaben.[4]

Zu den zentralen Agenden des neuen Präsidiums zählten die personelle und institutionelle Erneuerung der Akademie sowie ihre internationale Vernetzung und Integration. Die wichtigste Voraussetzung für die Umsetzung dieser Aufgaben bestand darin, die weitgehende Autonomie wiederzuerlangen, die ihr vom Staatsamt durch

---

[1] Der Archäologe Camillo Praschniker, der als einziges von den fünf eingeladenen NSDAP-Mitgliedern bzw. Anwärtern an dieser Sitzung teilnahm, war NSDAP-Anwärter gewesen, in die Partei aber aufgrund einer jüdischen Großmutter nicht aufgenommen worden. Praschniker wurde auf seiner o. Professur an der Universität Wien belassen, 1945 aber enthoben. Zu Praschniker vgl. Pfefferle/Pfefferle (2012), Glimpflich entnazifiziert, S. 128–130, und Wlach (2012), Praschniker.

[2] Vgl. Feichtinger/Uhl (2005), Akademie, S. 313f.

[3] AÖAW, Protokoll der Gesamtsitzung am 18. Mai 1945 (A 994), Beilage, Späth und Meister an das Staatsamt für Volksaufklärung, für Unterricht und Erziehung und für Kultusangelegenheiten vom 19. Mai 1945.

[4] Vgl. Feichtinger/Uhl (2005), Akademie, S. 315f.

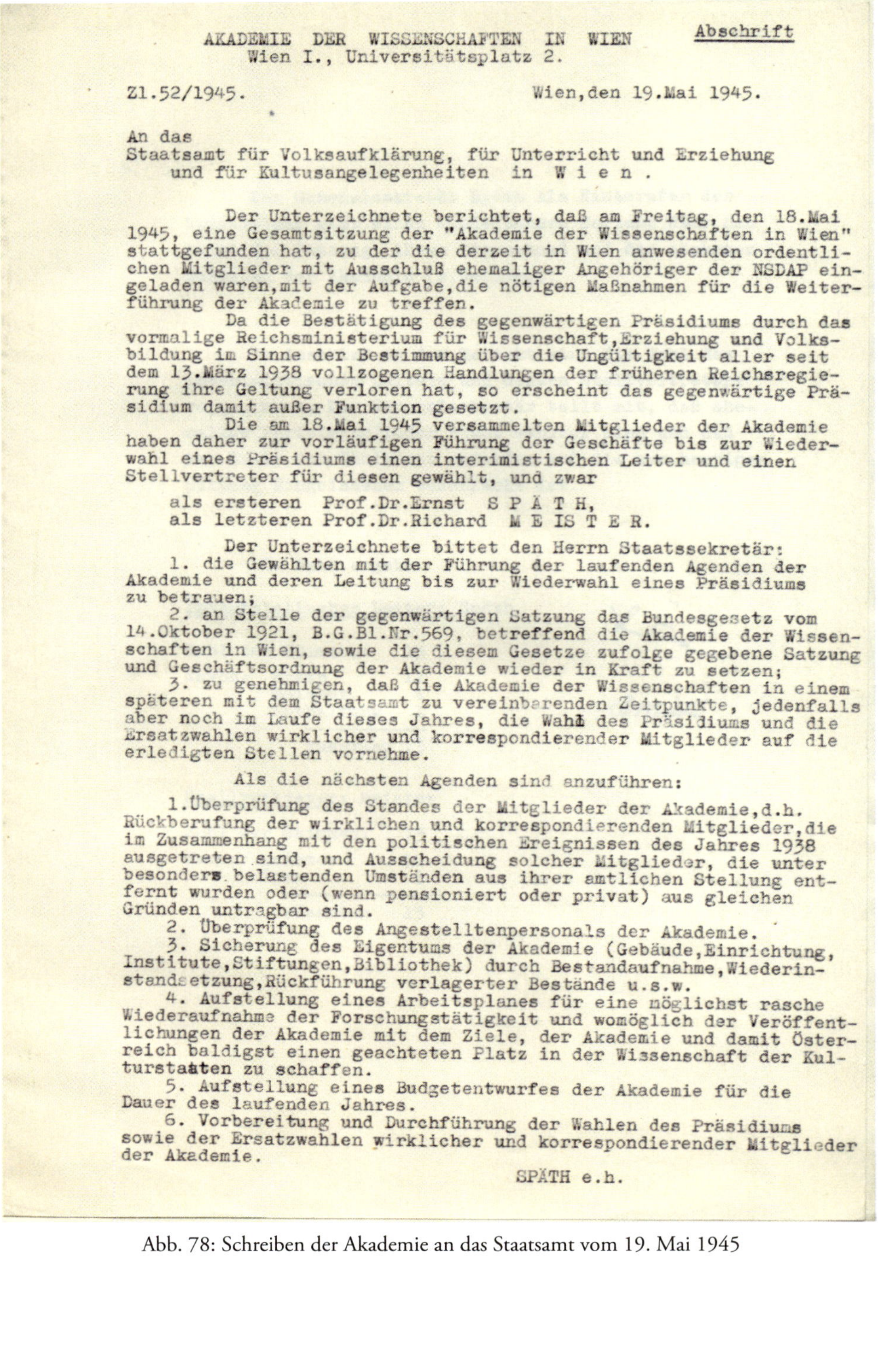

AKADEMIE DER WISSENSCHAFTEN IN WIEN
Wien I., Universitätsplatz 2.

Abschrift

Zl.52/1945. Wien,den 19.Mai 1945.

An das
Staatsamt für Volksaufklärung, für Unterricht und Erziehung und für Kultusangelegenheiten in W i e n .

Der Unterzeichnete berichtet, daß am Freitag, den 18.Mai 1945, eine Gesamtsitzung der "Akademie der Wissenschaften in Wien" stattgefunden hat, zu der die derzeit in Wien anwesenden ordentlichen Mitglieder mit Ausschluß ehemaliger Angehöriger der NSDAP eingeladen waren,mit der Aufgabe,die nötigen Maßnahmen für die Weiterführung der Akademie zu treffen.

Da die Bestätigung des gegenwärtigen Präsidiums durch das vormalige Reichsministerium für Wissenschaft,Erziehung und Volksbildung im Sinne der Bestimmung über die Ungültigkeit aller seit dem 13.März 1938 vollzogenen Handlungen der früheren Reichsregierung ihre Geltung verloren hat, so erscheint das gegenwärtige Präsidium damit außer Funktion gesetzt.

Die am 18.Mai 1945 versammelten Mitglieder der Akademie haben daher zur vorläufigen Führung der Geschäfte bis zur Wiederwahl eines Präsidiums einen interimistischen Leiter und einen Stellvertreter für diesen gewählt, und zwar

als ersteren Prof.Dr.Ernst S P Ä T H,
als letzteren Prof.Dr.Richard M E IS T E R.

Der Unterzeichnete bittet den Herrn Staatssekretär:

1. die Gewählten mit der Führung der laufenden Agenden der Akademie und deren Leitung bis zur Wiederwahl eines Präsidiums zu betrauen;

2. an Stelle der gegenwärtigen Satzung das Bundesgesetz vom 14.Oktober 1921, B.G.Bl.Nr.569, betreffend die Akademie der Wissenschaften in Wien, sowie die diesem Gesetze zufolge gegebene Satzung und Geschäftsordnung der Akademie wieder in Kraft zu setzen;

3. zu genehmigen, daß die Akademie der Wissenschaften in einem späteren mit dem Staatsamt zu vereinbarenden Zeitpunkte, jedenfalls aber noch im Laufe dieses Jahres, die Wahl des Präsidiums und die Ersatzwahlen wirklicher und korrespondierender Mitglieder auf die erledigten Stellen vornehme.

Als die nächsten Agenden sind anzuführen:

1.Überprüfung des Standes der Mitglieder der Akademie,d.h. Rückberufung der wirklichen und korrespondierenden Mitglieder,die im Zusammenhang mit den politischen Ereignissen des Jahres 1938 ausgetreten sind, und Ausscheidung solcher Mitglieder, die unter besonders belastenden Umständen aus ihrer amtlichen Stellung entfernt wurden oder (wenn pensioniert oder privat) aus gleichen Gründen untragbar sind.

2. Überprüfung des Angestelltenpersonals der Akademie.

3. Sicherung des Eigentums der Akademie (Gebäude,Einrichtung, Institute,Stiftungen,Bibliothek) durch Bestandaufnahme,Wiederinstandsetzung,Rückführung verlagerter Bestände u.s.w.

4. Aufstellung eines Arbeitsplanes für eine möglichst rasche Wiederaufnahme der Forschungstätigkeit und womöglich der Veröffentlichungen der Akademie mit dem Ziele, der Akademie und damit Österreich baldigst einen geachteten Platz in der Wissenschaft der Kulturstaaten zu schaffen.

5. Aufstellung eines Budgetentwurfes der Akademie für die Dauer des laufenden Jahres.

6. Vorbereitung und Durchführung der Wahlen des Präsidiums sowie der Ersatzwahlen wirklicher und korrespondierender Mitglieder der Akademie.

SPÄTH e.h.

Abb. 78: Schreiben der Akademie an das Staatsamt vom 19. Mai 1945 das Wiederinkrafttreten des Akademiegesetzes von 1921 sowie der Satzung von 1922 anstelle der Vorläufigen Satzung ebenfalls am 23. Mai bestätigt wurde. Ab der ersten Gesamtsitzung am 18. Mai 1945 wurden Schritte gesetzt in Richtung politischer Überprüfung der Mitglieder und Angestellten, Rückberufung jener o.M. und k.M., die zwischen 1938 und 1941 ausgeschlossen worden waren, und Ausscheidung solcher Mitglieder, die aufgrund besonderer Belastung untragbar waren. Weiters standen die Sicherung des Akademievermögens, die Rückführung verlagerter Bestände, die Aufstellung eines Arbeitsplanes, der Budgetentwurf und die Vorbereitung von Wahlen auf der Agenda.

Das neue Präsidium

In Bezug auf die rechtliche Situation der Akademie wurde im Protokoll der ersten Gesamtsitzung festgehalten: *Die Rechtslage, daß alle nach dem 13. März 1938 getroffenen Verfügungen ungültig sind, betrifft auch die Ernennungen des Präsidiums der Akademie.*[5] Damit waren Srbik, Schweidler und Kralik-Meyrswalden sowie auch Späth ihrer Ämter enthoben. Letzterer wurde – wie erwähnt – wiedergewählt. Vor dem „Anschluss" war der Chemiker Ernst Späth Rektor der Universität Wien gewesen. Dieses Amt hatte er am 15. März 1938 aber mit der Begründung zurückgelegt, „dass es der Wiener Universität nur zum Wohle gereichen kann, wenn die Amtsgeschäfte des Rektors nunmehr von einem Manne [Fritz Knoll] geführt werden, der Parteimitglied ist."[6] Noch im selben Jahr war Späth von der Akademie zum Generalsekretär gewählt worden. Dieses Amt hatte er bis Kriegsende inne.[7] Der interimistische stellvertretende Leiter der Akademie, Richard Meister, hatte 1938 seine Professur für Pädagogik aufgeben müssen. Dafür war ihm aber das Ordinariat für Klassische Philologie, in der er auch habilitiert war, zugesprochen worden.[8] 1943 wurde Meister zusätzlich mit der interimistischen Leitung der zu einem großen Philosophischen Institut vereinigten Fächer Philosophie, Psychologie und Pädagogik betraut. Meister war kein NSDAP-Mitglied, jedoch Mitglied mehrerer NS-Verbände.[9] Im autoritären Ständestaat hatte er als Vertreter der Wissenschaft im Bundeskulturrat gewirkt, und er hatte verschiedenen großdeutsch orientierten Vereinen angehört, so z. B. dem Deutschen Klub.

Die bisherigen interimistischen Leiter der Akademie, Späth und Meister, wurden in der außerordentlichen Gesamtsitzung am 30. Oktober 1945 definitiv zum Präsidenten bzw. Vizepräsidenten gewählt. Zu weiteren Präsidiumsmitgliedern wurden

5 AÖAW, Protokoll der Gesamtsitzung am 18. Mai 1945 (A 994). Die vollständige Aufhebung der während der NS-Zeit getroffenen Verfügungen, wie z. B. die Bestätigungen der neu gewählten Mitglieder durch den Reichsminister für Wissenschaft, Erziehung und Volksbildung, wurde letztlich nicht vollzogen.

6 Zitat bei Lichtenberger-Fenz (1988), Hochschulen, S. 269.

7 Vgl. Feichtinger/Uhl (2005), Akademie, S. 314.

8 Vgl. Römer/Schreiner (2010), Dis-kontinuitäten, S. 320–339.

9 Vgl. Feichtinger/Uhl (2005), Akademie, S. 321f.

Abb. 79: Präsidium beim Festakt 1947

Josef Keil und Adalbert Prey erkoren. Der Althistoriker Keil fungierte von 1945 bis 1959 als Generalsekretär und Sekretär der phil.-hist. Klasse, der Astronom Prey in den Jahren 1945 bis 1949 als Sekretär der math.-nat. Klasse. Ebenso wie Späth und Meister zählten auch Prey und Keil zu jenem Netzwerk von Akademiemitgliedern, die in der Zeit des autoritären Ständestaats ihren beruflichen Aufstieg genommen und die Zeit des Nationalsozialismus unbeschadet überstanden hatten. Prey war 1935, Keil 1939 zum wirklichen Akademiemitglied gewählt worden. Nach dem plötzlichen Tod Ernst Späths wurde im November 1946 der Meteorologe Heinrich Ficker zum Akademiepräsidenten gewählt. Diesem neu gewählten Präsidium oblag die verantwortungsvolle Aufgabe der Neugestaltung der Nachkriegsakademie.

Zur personellen Neuordnung der Akademie

Nachdem zunächst die gesetzlichen Grundlagen für den Fortbestand der Akademie geschaffen worden waren, setzte das Präsidium die notwendigen Schritte einerseits für die Rückberufung der 1938 ausgeschiedenen Mitglieder und Angestellten sowie andererseits für die durch das Nationalsozialistengesetz vom 8. Mai 1945 notwendig gewordene politische Überprüfung der Akademiemitglieder und -angestellten.[10] Auf

[10] Vgl. dazu den nachstehenden Beitrag von Johannes Feichtinger und Dieter J. Hecht, „Die Entnazifizierung an der Akademie der Wissenschaften“, in diesem Band, S. 171–187.

Abb. 80: Ernst Späth

Abb. 81: Richard Meister

Abb. 82: Josef Keil

Abb. 83: Adalbert Prey

Abb. 84: Heinrich Ficker

die politische Überprüfung der leitenden Angestellten wird hier kurz Bezug genommen. Die beiden höchsten Verwaltungsbeamten der Akademie, die Aktuare Viktor Junk und Wilfried Oberhummer, waren NSDAP-Mitglieder gewesen. Junk, ein illegaler Nationalsozialist seit 1933, war schon am 1. Februar 1945 in den dauerhaften Ruhestand versetzt worden, Oberhummer (seit 1938 Parteianwärter, 1942 Mitglied) wurde zunächst mit Zustimmung des Bundesministeriums für Unterricht im Amt belassen. Die politische Überprüfung der Akademieangestellten fand auf der Grundlage eines Erlasses des Ministeriums vom 8. März 1946 (Zl. 1147/Präs/46) statt. Zuständig war die Sonderkommission erster Instanz an der Universität Wien. Die Akademie entsandte ihren Sekretär Adalbert Prey in diese Kommission. Der Obergärtner des Vivariums, Rafael Kaiser (NSDAP-Anwärter seit 1943), sowie die gleichfalls belasteten Mitarbeiter Franz Köck und Marie Repototschnig standen zu diesem Zeitpunkt nicht mehr in einem Arbeitsverhältnis zur Akademie. Oberhummer (Mitglied der Betriebs-SA und der Nationalsozialistischen Volkswohlfahrt) wurde unter anderem dank eines ihn entlastenden Schriftsatzes des Akademiepräsidenten Ernst Späth in seiner Funktion belassen.[11] Er rückte zum ersten Aktuar auf und führte zusammen mit Ludmilla Krestan, der zweiten Aktuarin, die zunächst am 3. August

[11] Vgl. AÖAW, PA Wilfried Oberhummer, und ebda., Politischer Fragebogen, Mitarbeiter, ad Oberhummer.

1945 von Richard Meister mit der Führung der Agenden beider Aktuare betraut worden war, die Agenden der beiden Klassen in den ersten Nachkriegsjahrzehnten.[12]

Zur institutionellen Neuordnung der Akademie

Die ersten Aktivitäten richteten sich auf die Sicherung der Bestände der Akademie, auf die finanzielle Absicherung ihrer Tätigkeit sowie auf die Aufstellung eines Arbeitsplanes. Das Hauptgebäude der Akademie war im Herbst 1944 durch Bombenangriffe und im April 1945 durch Kampfhandlungen schwer beschädigt worden, das Deckengemälde im Festsaal aufgrund von Durchnässung gefährdet. Die Instandsetzungsarbeiten wurden mit Mitteln des Bundesministeriums für Unterricht und der Staats- bzw. Bundesgebäudeverwaltung der Republik 1946 begonnen und bis Anfang der 1950er Jahre vollständig abgeschlossen. Eine Gesamtsitzung fand am 7. Dezember 1945 wieder im Hauptgebäude statt. Die verlagerten Bestände wurden bis Sommer 1946 vollständig in das Akademiegebäude zurückgeführt und die Bibliothek 1947 neu aufgestellt. Im Clubraum wurde ein Lesezimmer für die Mitglieder der Akademie eingerichtet. Auch das Haus Liebiggasse 5, welches das Phonogrammarchiv bis heute beherbergt, war schwer beschädigt worden. Der große Aufnahmesaal wurde mit Unterstützung der Gebäudeverwaltung in den Jahren 1947/48 wiederhergestellt. Die Überreste der Biologischen Versuchsanstalt im Prater, deren Gebäude durch die Kampfhandlungen des Jahres 1945 völlig zerstört worden war, wurden im April 1947 an die Prater-Betriebsgesellschaft verkauft und der Erlös der Biologischen Station in Lunz gewidmet. Die Bauwerke, in denen sich das Institut für Radiumforschung und die Wörterbuchkanzlei befanden, waren intakt geblieben.

1945 wurde die Vorkriegsakademie auch symbolisch wieder aufgebaut: Die seit 1938 umbenannten Kommissionen wurden wieder rückbenannt. So hieß die „Kommission zur Herausgabe spätlateinischer Texte“ wieder „Kommission zur Herausgabe des Corpus der lateinischen Kirchenväter“, im neuen Titel wurde aber die ursprüngliche Beifügung „kritisch berichtigter Texte“ fallen gelassen. Eine Änderung der zwischen 1938 und 1945 eingeführten neuen Benennungen Prähistorischen Kommission und Südost-Kommission wurde zunächst aber nicht in Erwägung gezogen. Ab Dezember 1945 wurde auch die Rückverwandlung der 1939 umbenannten und/oder umgewandelten Stiftungen der Akademie, die für die Durchführung ihrer wissenschaftlichen Vorhaben eine zentrale Rolle spielten, in Angriff genommen und die ursprünglichen Stiftungsstatuten durch Tilgung der rassistischen Textstellen und reichsdeutschen Zuständigkeitsbestimmungen wieder hergestellt. Die Guttenbrunner-Stiftung hieß seit 1946 wieder Gustav-Figdor-Stiftung; in der Hans-Girg-Stiftung wurde der alte Wortlaut „ohne Unterschied der Nation und Religion“ wiederhergestellt; die Wagner-Jauregg-Stiftung erhielt den Namen ihres Anregers, des jüdischen Czernowitzer Arztes Arnold Flinker zurück und hieß wieder Arnold-Flinker-

[12] Vgl. AÖAW, PA Wilfried Oberhummer, und AÖAW, Protokoll der Gesamtsitzung vom 25. Oktober 1946 (A 1005).

sche-und-Julius-Wagner-Jaureggsche-Stiftung. In den Statuten der Sederl-Stiftung wurden Stellen, die auf die Zeit des Nationalsozialismus Bezug nahmen, bereinigt, und in den Statuten der Matthäus-und-Rudolf-Much-Preisstiftung wurde der Satz *Preisträger können nur Volksdeutsche arischer Abstammung sein* sowie eine Bezugnahme auf das Ahnenerbe gestrichen. Das Statut des Grillparzer-Preises wurde neu gefasst.[13]

Die Überprüfung der Akademiejahresbilanz für die Zeit seit dem 1. April ergab im Dezember 1945 einen Überschuss von 160.440,79 RM. Die Summe entsprach der durchschnittlichen Jahresdotation der Akademie durch den NS-Staat.[14] Von April bis Oktober dieses Jahres hatte die Akademie von der Republik Österreich keinerlei Subventionen erhalten, für November und Dezember die Summe von 14.300 ÖS (RM:ÖS = 1:1). Unter jenen Kommissionen, denen in der NS-Zeit der größte Anteil an staatlichen Mitteln zugeflossen war, befanden sich auch der Thesaurus Linguae Latinae, die Ägyptische Kommission und das Phonogrammarchiv. Im ersten Nachkriegsjahrzehnt wurden neben ihnen die Biologische Station Lunz sowie die neu gegründeten Kommissionen für Raumforschung und Wiederaufbau und das Österreichische Biographische Lexion verstärkt durch den Staat subventioniert.

Ihre Hauptaufgabe sah die provisorische Leitung der Akademie in der zügigen Wiederaufnahme der wissenschaftlichen Arbeit. Die erste reguläre Gesamtsitzung am 22. Juni beschloss die Auflösung der 1942 eingerichteten „Kommission zur Herausgabe von Schriften zur Rassenkunde und menschlichen Erblehre", die Wiederaufnahme der Tätigkeit in den anderen Kommissionen, die Erstellung eines Sitzungskalendariums für 1945 und die Umfunktionierung der Verbandskommission, auf die noch zurückzukommen sein wird. Die Wiederaufnahme des vollen Publikationsprogramms war das erklärte Ziel, sollte doch die aktive Publikationstätigkeit den ungestörten Fortgang der Akademiearbeit bezeugen. Der zentrale Programmpunkt lautete, *in dem gleichen Geiste strengster Wissenschaftlichkeit, wie sie es immer getan hat, fortzuarbeiten.* Zurückgestellt werden mussten – laut Meisters Vortrag vom 22. Juni 1945 über das *Arbeitsprogramm für die nächste Zukunft* – allerdings *Arbeiten von Verfassern, die aus persönlichen Gründen zu unnötiger Kritik herausfordern würden.* Meister betonte daher, dass der Inhalt aller Publikationen *streng darauf geprüft werden* müsse, *daß kein nationalsozialistisches Gedankengut mitunterläuft.*[15]

---

[13] AÖAW, Protokoll der Gesamtsitzung am 4. Juni 1946 (A 1003), Beilage, Bericht des Vizepräsidenten über die Neufassung der Statuten der Stiftungen. Der Beschluss hinsichtlich der Umbenennung der Wagner-Jauregg-Stiftung findet in den Almanachen keinen Niederschlag.

[14] Zwischen 1939 und 1943 hatte sich der Staatsanteil jährlich auf rund 15 Prozent belaufen, bevor er sich 1944 auf rund fünf Prozent verringerte. Nach 1945 sollte sich der Anteil des Akademievermögens zusehends zugunsten der staatlichen Subventionen vermindern. Vgl. die unveröffentlichte Auswertung der jährlichen Rechnungsabschlüsse der Akademie für den Zeitraum 1938–1955 im Rahmen des von der Stadt Wien (MA 7) geförderten Projekts des Instituts für Kulturwissenschaften und Theatergeschichte, „Die Österreichische Akademie der Wissenschaften im 20. Jahrhundert", durch die Volkswirtin Johanna Aigner, MS.

[15] AÖAW, Protokoll der Gesamtsitzung am 22. Juni 1945 (A 995), Bericht von Richard Meister.

Abwehr von Umstrukturierungen

Im Juni 1945 waren Pläne für eine Neuausrichtung der Akademie aufgetaucht. Sie sahen ihre Umgestaltung in eine Art „Wissenschaftskammer" vor, deren Aufgabe es sein sollte, die wissenschaftlichen Institutionen und Körperschaften in Österreich zentral zu koordinieren.[16] Der Schock, den diese Umwandlungspläne hervorriefen, saß tief, er wirkte noch in den offiziellen Reden der Präsidiumsmitglieder in den Jahren 1946/47 nach. Ernst Späth bezog sich in seiner Eröffnungsansprache zur Feierlichen Sitzung im Jahr 1946 ausdrücklich auf die abgewendeten Umstrukturierungspläne.[17] Auch Meister sprach in seiner Rede während der Hundertjahrfeier 1947 von „so manchem abenteuerliche[n] Projekt", das 1945 „wie stets in revolutionären Zeiten" an die Akademie herangetragen worden sei, aber auch von der geglückten Abwehr.[18] Die Erhaltung der Unabhängigkeit der wichtigsten außeruniversitären Forschungseinrichtung und Gelehrtengesellschaft in Österreich wurde auf zweierlei Art legitimiert: einerseits mit Widerstandsaktivitäten während des Nationalsozialismus, z. B. der Abwehr der Gründung einer Reichsakademie der deutschen Wissenschaften mit zentralem Sitz in Berlin; andererseits mit der sofortigen Aufnahme eines umfassenden Programms der Grundlagenforschung, das – wie Meister den w.M. eröffnete – *mit den aus Boden und Geschichte Österreichs erwachsenen Problemen zusammenhängt oder nach Maßgabe des jeweiligen Vorhandenseins bedeutsamer Forscher auf diesem oder jenem Gebiet aus Natur- und Geisteswelt* durchgeführt werden konnte.[19] In der Zurückweisung der Angriffe auf die Autonomie der Akademie hatte Meister die Handlungsinitiative übernommen. Er initiierte am 3. August 1945 die Umwandlung der 1892 eingerichteten „Verbandskommission wissenschaftlicher Körperschaften" in die „Verbandskommission österreichischer Wissenschaft", die künftig als Zentralstelle zur Zusammenfassung und Koordination der wissenschaftlichen Institutionen und Körperschaften in Österreich fungieren sollte. Dieser Schachzug – alte Strukturen als neue darzustellen – erwies sich als erfolgreiche Strategie.

Internationale Integration und Vernetzung

Eine internationale Vernetzung wurde nach 1945 auf zwei Ebenen angestrebt. Einerseits über die Wahl von k.M. im Ausland und andererseits über den Austausch mit anderen Akademien bzw. über die Teilnahme an Konferenzen. Diese Vorgehensweise stellt sich als eine Konstante in der Akademiepolitik dar. Zwischen den beiden Weltkriegen wurden nur selten Personen aus ehemals feindlichen Staaten zu Akademiemitgliedern gewählt. Im Großen und Ganzen beschränkten sich die Wahlvorschläge

---

[16] Vgl. Meister (1947), Geschichte, S. 191.

[17] Vgl. Eröffnungsansprache des Präsidenten der Akademie der Wissenschaften, Ernst Späth, in: Almanach f.d.J. 1946, 96 (1948), S. 35–41.

[18] Festvortrag des Vizepräsidenten Richard Meister. Die Geschichte der Akademie der Wissenschaften in Wien 1847–1947, in: Almanach f.d.J. 1946, 96 (1948), S. 196–216, hier S. 214.

[19] AÖAW, Protokoll der Gesamtsitzung am 22. Juni 1945 (A 995), Bericht von Richard Meister.

auf Kandidaten aus dem Deutschen Reich und aus neutralen Staaten wie skandinavischen Ländern.[20] Seit 1945 wurde die Zuwahl von k.M. A. stärker internationalisiert.

Die Wiederaufnahme internationaler Beziehungen der Akademie nach 1945 erfolgte durch Institutionen der Alliierten, denen die Akademie Tätigkeitsberichte vorlegen musste.[21] Im November 1945 suchte die Sowjetische Akademie der Wissenschaften in Moskau als erste um Wiederaufnahme des Schriftenaustausches mit der Akademie in Wien und einer Reihe wissenschaftlicher Institutionen in Österreich an. Die Moskauer Akademie bat erfolgreich um die Publikationen der Wiener Akademie von 1939 bis 1945.[22] Ende 1945 folgte das British Council und lud die Akademie zum Schriftenaustausch mit englischen wissenschaftlichen Zeitschriften ein.[23] Im Jahr 1946 folgten weitere Kontakte und erste Auslandsreisen von Akademiemitgliedern, die zunächst noch behördlich genehmigt werden mussten. Im Frühjahr 1946 lud die Schweizer Naturforschende Gesellschaft die Akademie zum 200-jährigen Jubiläum ein. Späth sagte seine Teilnahme zu; während seines Aufenthaltes starb er in Zürich am 30. September 1946.[24] Bereits im Sommer 1946 erfolgten Kontaktaufnahmen von Seiten deutscher Akademien, z.B. die Einladung der Sächsischen Akademie zu ihrem 100-jährigen Jubiläum[25] bzw. im Herbst die Einladung zur Kartellsitzung der Akademien in Göttingen.[26] Wichtige Schritte im Hinblick auf die internationale Vernetzung bildeten der Schriftentausch mit der Library of Congress in Washington, D.C. ab 1949 sowie die Aufnahme Österreichs in den International Council of Scientific Unions am 19. Juni 1949. Die Akademie vertrat Österreich in diesem Gremium und entsandte ihren Präsidenten Heinrich Ficker im September 1949 als Delegierten zur Generalversammlung in Kopenhagen.[27] Im März dieses Jahres fanden erneut Diskussionen über die Teilnahme am Kartell der deutschen Akademien statt. Die Wiener Akademie fasste den Beschluss, dass sie *größtes Gewicht darauf* lege, durch einem Delegierten in der Kommission des Thesaurus Linguae Latinae vertreten zu sein, und zwar unabhängig davon, ob *das Kartell heute zurecht besteht* [...] *und selbst in dem Fall, daß das Kartell als aufgelöst oder zeitweilig ruhend betrachtet und erklärt werden sollte.* Die Akademien der deutschsprachigen Länder hatten sich 1893 zu dem Kartell vereinigt mit dem Ziel, den Thesaurus herauszugeben. Nach einer Anfrage beim Bundesministerium für Unterricht wurde 1949 beschlossen, wieder am Kartell teilzunehmen. Als Argument diente der Akademie, dass das Kartell

20 Vgl. Graf-Stuhlhofer (1995), Akademie, S. 148.

21 Vgl. AÖAW, Protokoll der Gesamtsitzung am 25. Oktober 1946 (A 1005).

22 Vgl. AÖAW, Protokoll der Gesamtsitzung am 7. Dezember 1945 (A 998).

23 Vgl. AÖAW, Protokoll der Gesamtsitzung am 18. Jänner 1946 (A 999).

24 Vgl. AÖAW, Protokoll der Gesamtsitzung am 17. Mai 1946 (A 1002), und AÖAW, Protokoll der Gesamtsitzung am 25. Oktober 1946 (A 1005).

25 Vgl. AÖAW, Protokoll der Gesamtsitzung am 5. Juli 1946 (A 1004).

26 Vgl. AÖAW, Protokoll der Gesamtsitzung am 25. Oktober 1946 (A 1005).

27 Vgl. AÖAW, Protokoll der Gesamtsitzung am 1. Juli 1949 (A 1028).

keine Schöpfung der NS-Zeit gewesen sei.[28] Das Kartell sollte jedoch in seiner ursprünglichen Form nicht wiederaufleben. Die Teilnahme der Akademie am Thesaurus Linguae Latinae und an der Herausgabe der Monumenta Germaniae Historica wurde auf anderem Wege gesichert.

Im Dezember 1953 nahm Präsident Meister erstmals als Delegierter an der Jahressitzung der Bayerischen Akademie der Wissenschaften teil.[29] Nach seiner Rückkehr beantragte er – erfolglos – die Einführung von Talaren für das Präsidium, wie sie in der Bayerischen Akademie üblich waren.[30]

Mit ihren vielfältigen Aktivitäten hatte die Akademie wieder jenen Grad der internationalen Verflechtung erreicht, den sie vor 1938 hatte.

Johannes Feichtinger/Dieter J. Hecht

[28] Vgl. AÖAW, Protokoll der Gesamtsitzung am 11. März 1949 (A 1025).
[29] Vgl. AÖAW, Protokoll der Gesamtsitzung am 29. Jänner 1954 (A 1062).
[30] Vgl. AÖAW, Protokoll der Gesamtsitzung am 30. April 1954 (A 1064), und AÖAW, Protokoll der Wahlsitzung der Gesamtakademie am 26. Mai 1957 (A 1089).

Die Entnazifizierung an der Akademie der Wissenschaften

Der 22. Juni 1945 hätte für die Akademie ein zukunftsweisender Tag werden können. Er wurde es aber nicht. An diesem Freitag fanden sich 19 w.M. (darunter fünf Mitglieder bzw. Anwärter der seit 8. Mai 1945 verbotenen NSDAP) im Altphilologischen Seminar der Universität Wien zur ersten regulären Gesamtsitzung nach Kriegsende zusammen. Den Vorsitz führte der interimistische Leiter Ernst Späth, sein Stellvertreter Richard Meister erstattete Bericht. Der heikelste Punkt bezog sich auf *die politische Überprüfung der Mitglieder der Akademie*,[1] der im zweiten Teil der Sitzung unter Ausschluss der anwesenden NSDAP-Mitglieder bzw. Anwärter debattiert wurde. Am 16. Juni hatte der Wiener Historiker Alfons Dopsch[2] als rangältestes Akademiemitglied *Vorschläge für den Neuaufbau* eingebracht.

Sein wichtigster Antrag lautete: *All jene M*[it]*gl*[ieder], *welche Parteim*[it]*gl*[ied] *waren, scheiden automatisch von der Ehrenstellung eines Akademiem*[it]*gl*[ieds] *aus, auch wenn sie an der Universität belassen werden sollten.*[3] Der Antrag, der zu diesem Zeitpunkt die gesetzlich geforderten Sühnefolgen übertraf, scheiterte am Widerstand des interimistischen stellvertretenden Leiters und Generalsekretärs der Akademie, Richard Meister,[4] der die 14 anwesenden w.M.[5] von der Unzulässigkeit des *automatischen* kollektiven Ausschlusses jener Mitglieder überzeugte, die NSDAP-Mitglieder gewesen waren. Der Antrag von Dopsch sah noch andere, weitreichende Änderungen vor: Alle Wahlen zwischen dem März 1938 und dem März 1945 sollten einer Revision unterzogen werden, das interimistische Präsidium und damit auch Meister als Vizepräsident sollten durch so bald wie möglich stattfindende Neuwahlen abgelöst und die Art der Mitgliedschaft von der Ortsansässigkeit der Mitglieder abhängig

---

1 AÖAW, Protokoll der Gesamtsitzung am 22. Juni 1945 (A 995).

2 Vgl. zu Dopsch Buchner (2008), Dopsch.

3 AÖAW, Protokoll der Gesamtsitzung am 22. Juni 1945 (A 995), Beilage, Dopsch an Späth vom 16. Juni 1945.

4 Vgl. AÖAW, Protokoll der Gesamtsitzung am 22. Juni 1945 (A 995), Bericht von Richard Meister und dessen Stellungnahme zu den Anträgen von Dopsch.

5 Fünf w.M., die an der Gesamtsitzung teilgenommen hatten, mussten als NSDAP-Parteianwärter und Parteimitglieder den Saal verlassen (Kralik-Meyrswalden, Kruppa, Mewaldt, Saliger, Wild). Andere NSDAP-Mitglieder (Brunner, Egger, Junker, Mache, Mayrhofer, Praschniker, Sedlmayr) waren eingeladen worden, der Gesamtsitzung aber ferngeblieben. Nicht eingeladen wurden w.M., die ihren Wohnsitz außerhalb Wiens hatten oder zum Zeitpunkt der Sitzungen nicht in Wien waren (Bauer, Nadler) und solche, von denen angenommen wurde, das ihr Verbleib in der Akademie mit dem Verfassungsgesetz über das Verbot der NSDAP nicht vereinbar war (Knoll, Pernkopf, Christian, Schönbauer). Schließlich wurden auch jene Mitglieder nicht eingeladen, die durch das Staatsamt für Volksaufklärung, für Unterricht und Erziehung und für Kultusangelegenheiten von ihrer Professur auf unbestimmte Zeit entfernt worden waren (Schaffernak, Menghin und Srbik).

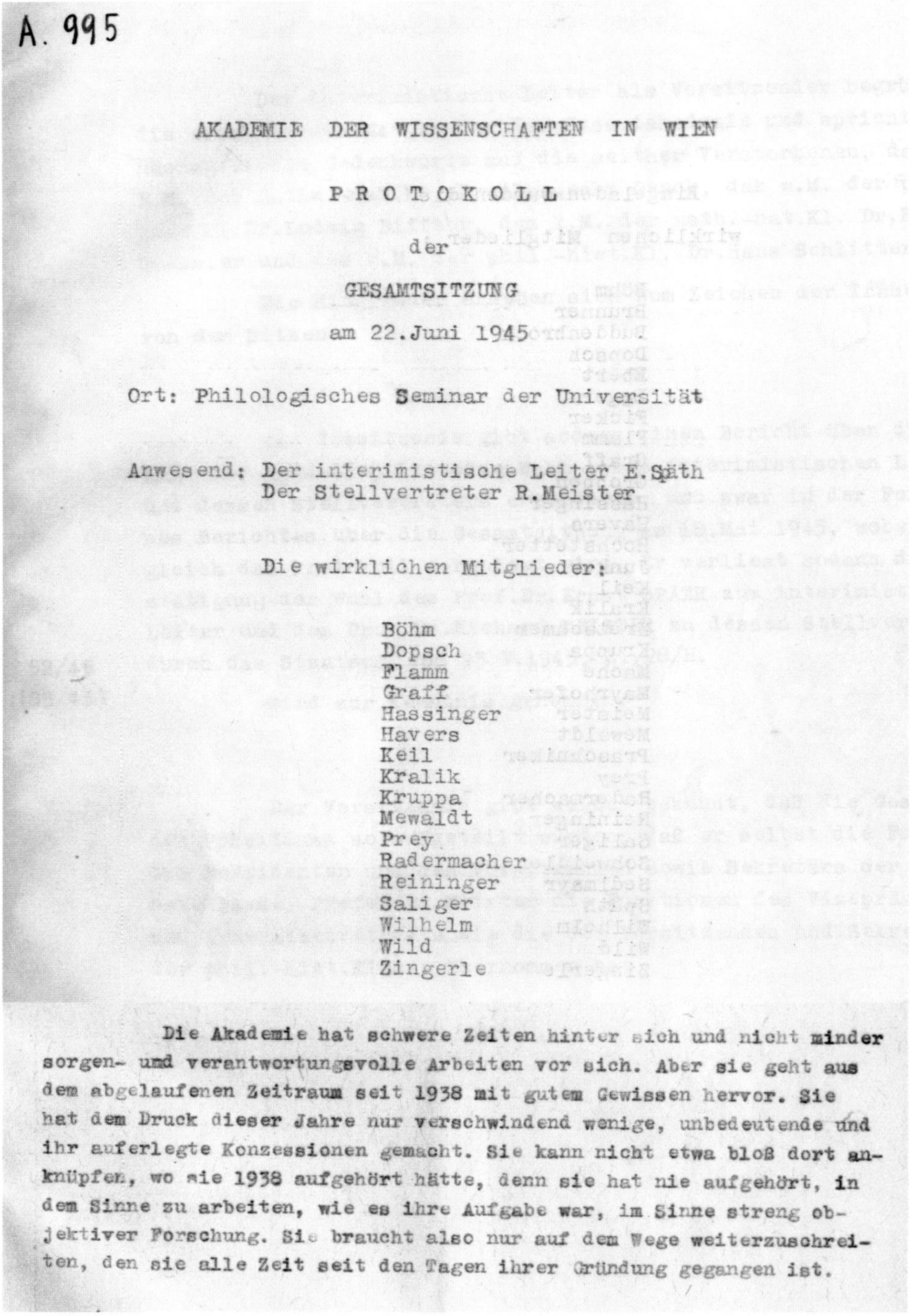

A. 995

AKADEMIE DER WISSENSCHAFTEN IN WIEN

PROTOKOLL

der

GESAMTSITZUNG

am 22. Juni 1945

Ort: Philologisches Seminar der Universität

Anwesend: Der interimistische Leiter E. Späth
Der Stellvertreter R. Meister

Die wirklichen Mitglieder:

Böhm
Dopsch
Flamm
Graff
Hassinger
Havers
Keil
Kralik
Kruppa
Mewaldt
Prey
Radermacher
Reininger
Saliger
Wilhelm
Wild
Zingerle

Die Akademie hat schwere Zeiten hinter sich und nicht minder sorgen- und verantwortungsvolle Arbeiten vor sich. Aber sie geht aus dem abgelaufenen Zeitraum seit 1938 mit gutem Gewissen hervor. Sie hat dem Druck dieser Jahre nur verschwindend wenige, unbedeutende und ihr auferlegte Konzessionen gemacht. Sie kann nicht etwa bloß dort anknüpfen, wo sie 1938 aufgehört hätte, denn sie hat nie aufgehört, in dem Sinne zu arbeiten, wie es ihre Aufgabe war, im Sinne streng objektiver Forschung. Sie braucht also nur auf dem Wege weiterzuschreiten, den sie alle Zeit seit den Tagen ihrer Gründung gegangen ist.

Abb. 85: Protokoll der ersten ordentlichen Gesamtsitzung vom 22. Juni 1945 (Ausschnitt) gemacht werden. Die wirklichen Mitglieder, so der Vorschlag von Dopsch, sollten in Wien ansässig sein (damit wäre Beschlussfähigkeit der Sitzung garantiert gewesen), die korrespondierenden Mitglieder ihren Wohnsitz außerhalb Wiens haben. Wäre sein Antrag angenommen worden, so hätte die Akademie mehr als die Hälfte ihrer w.M., darunter auch Heinrich Srbik, und drei Fünftel der k.M. I. ausschließen und zugeben müssen, sich als Gelehrtengesellschaft in der Zeit des Nationalsozialismus nicht so verhalten zu haben wie Richard Meister, der Architekt der politischen Überprüfungen an der Akademie, spätestens seit Juni 1945 vorgab, dass sie es getan hätte: *Die Akademie* [...] *geht aus dem abgelaufenen Zeitraum seit 1938 mit gutem Gewissen hervor. Sie hat dem Druck dieser Jahre nur verschwindend wenige, unbedeutende und ihr auferlegte Konzessionen gemacht.*[6]

Abb. 86: Alfons Dopsch

Meister wandte eine spitzfindige Argumentationsweise an, um Dopschs Vorschlag einer *generellen Lösung*[7] im Hinblick auf die personelle *Säuberung* abzuwenden. Zwar hatte er die *Ermächtigung des Staatsamtes* für die sofortige Wahl eines neuen Präsidiums erhalten, in Dopschs Antrag sah er jedoch *eine schwere Ehrenkränkung* und *Geringschätzung* für die Arbeit der *provisorischen Leitung*. Meister spielte Dopschs

[6] AÖAW, Protokoll der Gesamtsitzung am 22. Juni 1945 (A 995). Nebenstehend faksimiliert.

[7] Ebda.

Anträge geschickt gegeneinander aus, indem er sie verkoppelte: Die wirkliche Mitgliedschaft Wienern vorzubehalten, lehnte er als *unösterreichischen Zentralismus* ab[8] – ohne wahlfähige Gesamtsitzung gab es aber keine Wahl eines definitiven Präsidiums und ohne definitives Präsidium kein definitives Ausscheiden der NSDAP-Mitglieder. Daraufhin lehnte die Gesamtsitzung die Anträge auf Einschränkung der wirklichen Mitgliedschaft auf Wiener Mitglieder und auf eine sofortige Neuwahl des Präsidiums ab, worauf Dopsch seinen Antrag auf ein automatisches Ausscheiden der NSDAP-Mitglieder zurückzog. Was Dopsch zu dem Antrag bewogen hatte, ist unklar. Sicher ist, dass er von 1938 bis 1945 zu den aktivsten Akademiemitgliedern gezählt hatte und in 12 Kommissionen als Mitglied oder Obmann vertreten war. Anzunehmen ist daher, dass für ihn im Rückblick das Handeln der NSDAP-Mitglieder mit der Akademiemitgliedschaft, die er als eine der *größten wissenschaftlichen Ehrungen* bezeichnete,[9] unvereinbar war.

Die Akademie verfolgte damit den von Meister im Mai 1945 eingeschlagenen Weg individueller Entnazifizierung weiter, allerdings mit einer kleinen Richtungsänderung: Im Mai 1945 hatte die provisorische Leitung dem Staatsamt für Volksaufklärung, für Unterricht und Erziehung und für Kultusangelegenheiten folgende Schritte angekündigt: *Rückberufung der wirklichen und korrespondierenden Mitglieder, die im Zusammenhang mit den politischen Ereignissen des Jahres 1938 ausgetreten sind, und Ausscheidung solcher Mitglieder, die unter besonders belastenden Umständen aus ihrer amtlichen Stellung entfernt wurden oder (wenn pensioniert oder privat) aus gleichen Gründen untragbar sind.*[10] Der erste Schritt wurde gesetzt, der zweite ließ aber – schließlich vergebens – auf sich warten. In den Jahren 1938 bis 1941 waren „rassisch" und politisch verfolgte Akademiemitglieder ungeachtet ihrer wissenschaftlichen Exzellenz ausgeschlossen worden.[11] Viele frei gewordene Stellen wurden mit NSDAP-Mitgliedern nachbesetzt. Zwischen 1945 und 1948 wurden die Mitgliedschaften der vormaligen NSDAP-Mitglieder offiziell ruhend gestellt. Im Jahr 1949 scheinen aber beinahe sämtliche vormalige NSDAP-Mitglieder, die ab 1945 an den Universitäten (zumindest vorübergehend) ihre Stellen aufgeben mussten, wieder im Mitgliederstand der ÖAW auf. Wie war es dazu gekommen?

---

8 Die Akademie der Wissenschaften war vor 1945 in der Zusammensetzung ihrer o.M. – von wenigen Ausnahmen abgesehen – eine Wiener Akademie. Eine Analyse des Verzeichnisses der im Almanach f.d.J. 1938, 88 (1939) aufgeführten o.M. ergab ein Verhältnis von 49 Wienern zu sieben Nicht-Wienern.

9 AÖAW, Protokoll der Gesamtsitzung am 22. Juni 1945 (A 995), Beilage, Dopsch an Späth vom 16. Juni 1945.

10 AÖAW, Protokoll der Gesamtsitzung am 18. Mai 1945 (A 994), Beilage, Späth und Meister an das Staatsamt für Volksaufklärung, für Unterricht und Erziehung und für Kultusangelegenheiten vom 19. Mai 1945.

11 Vgl. Matis (1997), Anpassung, und den vorstehenden Beitrag von Herbert Matis, „Ausschluss von Mitgliedern", in diesem Band, S. 55–62.

Die Entnazifizierung und ihre Kontexte

Die Umbruchsituation des Jahres 1945 hatte unterschiedlichen politischen Akteuren die Chance eröffnet, in die auf das Akademiegesetz von 1921 und auf die Satzung von 1922/25 zurückreichende autonome Stellung der Akademie einzugreifen. Zwar hatte das Staatsamt schon am 23. Mai 1945 verfügt, die ursprüngliche Satzung wieder in Kraft zu setzen. Allerdings hatte der politische Vorstoß hinsichtlich einer „gänzlichen Umgestaltung" der Akademie in eine Art „Wissenschaftskammer" für Österreich ihren Bestand als Gelehrtengesellschaft gefährdet.[12] Richard Meister verstand es, alle Übergriffe auf die wiedergewonnene Selbstbestimmung der Akademie zurückzuweisen, und auch in der Entnazifizierungsfrage ging er relativ autonom vor.

Die wesentlichste Strategie, welche die Handschrift Meisters trägt, bestand darin, dass er jene Zeichen, die von der Akademie in der NS-Zeit zur Selbstbehauptung gesetzt wurden, als Argument verwendete, um die Anforderungen des Staates und der Politik abzuwehren. Dies galt z. B. für den Ausschluss jener Akademiemitglieder, die NSDAP-Mitglieder gewesen waren. Im Hinblick auf das Ausscheiden vormaliger NSDAP-Mitglieder erschien Meister nicht *die Wirkung auf das Ausland* als der *gewichtigere Gesichtspunkt*, sondern die *Erwägung, daß die Erhaltung von Mitgliedern in der Akademie vor allem nach der Notwendigkeit einer ungestörten und gerade für die nächste Zeit besonders intensiven Fortführung der Forschungsarbeiten der Akademie beurteilt werden muss.*[13] In diesem Zusammenhang nannte er Heinrich Srbik, dessen Ausscheiden die Akademie nicht von sich aus zulassen dürfe, weil *er als Präsident die Akademie durch die ganze Zeit in keiner Weise im Geiste des Nationalsozialismus geleitet* habe, sondern *vielmehr stets die österreichische Tradition hervorgehoben und in einer Reihe von Fällen mit mannhaftem Einsatz seiner ganzen Person gegen untragbare politische Zumutungen selbst des Reichswissenschaftsministerium* [sic!] *aufgetreten* sei. Meister brachte hierfür mehrere Belege, und er verlieh damit seiner Überzeugung Ausdruck, dass *sie* [...] *nicht etwa bloß dort anknüpfen* [konnte], *wo sie 1938 aufgehört hätte, denn sie hat nie aufgehört, in dem Sinne zu arbeiten, wie es ihre Aufgabe war, im Sinne streng objektiver Forschung. Sie braucht also nur auf dem Wege weiterzuschreiten, den sie alle Zeit seit den Tagen ihrer Gründung gegangen* sei.[14]

Um auf diesem Weg weiterzugehen, hatte die Akademie im Mai 1945 vom Staatsamt die Bestätigung erhalten, dass die am 14. Februar 1922 auf der Grundlage des Akademiegesetzes (BGBl. 569/1921) bestätigte Satzung und die am 29. Mai 1922 beschlossene Geschäftsordnung wieder in Kraft gesetzt seien. Die Satzung der Akademie sah Ausschluss und Ruhendstellung von Mitgliedschaften nicht vor. Allein dieser Umstand leistete einer ‚wohlwollenden' Entnazifizierungspraxis Vorschub. Mit Ausnahme von vier besonders belasteten illegalen Nationalsozialisten[15] wurden NSDAP-

---

[12] Meister (1947), Geschichte, S. 191.

[13] AÖAW, Protokoll der Gesamtsitzung am 22. Juni 1945 (A 995), Bericht von Richard Meister.

[14] Ebda., S. 5. Faksimiliert oben S. 172, Abb. 85.

[15] Vom Erlöschen der Mitgliedschaften waren Viktor Christian, Fritz Knoll, Karl Mayrhofer und Eduard Pernkopf betroffen. Sie wurden ab 1948 sukzessive wieder aufgenommen. Näheres unten S. 179.

Mitglieder nicht ausgeschlossen, ihre Akademiemitgliedschaft wurde bloß für ruhend erklärt.[16] Manchen Mitgliedern wurde in Aussicht gestellt, dass sich die Akademie auch im Falle einer ungünstigen Erledigung der Überprüfungsverfahren vorbehalte, das Ruhen der Mitgliedschaft wieder aufzuheben. Die Überprüfungsverfahren ergaben bis 25. August 1946, dass von 53 w.M. 26 NSDAP-Mitglieder oder Parteianwärter gewesen waren. Von den 66 k.M. I. betraf dies 38. Rund die Hälfte der w.M. und drei Fünftel der k.M. I. waren also Parteimitglieder bzw. -anwärter gewesen.[17] Während Otto Brunner, Viktor Christian, Fritz Knoll, Josef Nadler, Oswald Menghin, Eduard Pernkopf und Heinrich Srbik nicht mehr auf ihre Lehrkanzeln zurückkehren durften, wurde ihre Mitgliedschaft in der Akademie wieder aktiviert. Die zunächst in den offiziellen Mitgliederlisten noch nicht verzeichneten Akademiemitglieder Pernkopf und Menghin wurden seit 1950 bzw. 1959 wieder als w.M. bzw. k.M. A. geführt. Andere NSDAP-Angehörige unter den w.M., wie der Germanist Dietrich Kralik-Meyrswalden, der Mathematiker Karl Mayrhofer, der Kunsthistoriker Hans Sedlmayr und der Anglist Friedrich Wild, konnten eine neue Universitätslaufbahn starten.[18]

Die provisorische Leitung der Akademie hatte zunächst versucht, sich den gesetzlichen Vorgaben zur Entnazifizierung zu entziehen, sich ihnen aber seit Juli 1945 fügen müssen. Dieses Vorgehen zeigt, wie Herbert Matis treffend resümiert, dass „eine nachhaltige und innerliche Auseinandersetzung mit der Ära des Nationalsozialismus“ an der Akademie weder erwogen wurde, noch – wie sich zeigen wird – überhaupt stattfand.[19]

Das Entnazifizierungsprocedere an der Akademie

Die Entnazifizierungsmaßnahmen wurden auf der Grundlage des Verbotsgesetzes vom 8. Mai 1945, des Erlasses des Staatsamtes (Zl. 2805/III/4a/45) bezüglich der sofortigen Enthebung sämtlicher Parteiangehöriger vom 2. August 1945, der Verbotsgesetznovelle vom 15. August 1945 und der 3. Durchführungsverordnung zum Verbotsgesetz vom 22. August 1945 durchgeführt. Der interimistische Leiter der Akademie, Späth, hatte schon am 1. Juni 1945, d. h. vor der Kundmachung des Verbotsgesetzes vom 8. Mai (kundgemacht am 6. Juni 1945), ein Schreiben an die in Wien lebenden Akademiemitglieder verschickt, in dem diese aufgefordert wurden,

[16] In den Jahren 1948 bis 1950 wurden auch die vier ausgeschlossenen w.M. Viktor Christian, Fritz Knoll, Karl Mayrhofer und Eduard Pernkopf wieder als vollwertige Mitglieder in die Akademie aufgenommen.

[17] Zur Untersuchung der Entnazifizierung von Akademiemitgliedern haben Graf-Stuhlhofer (1995), Akademie, und Matis (1997), Anpassung, wesentliche Vorarbeiten geleistet. Von den 64 „belasteten“ Personen wurden zunächst zehn w.M. und 24 k.M. ausgeschieden. „Vorläufig enthoben“ (bis zur Klärung ihres Belastungsgrades) wurden vier w.M. und ein k.M. Als „minderbelastet“ eingestuft wurden 12 w.M. und 13 k.M. Matis (1997), Anpassung, S. 65f.

[18] Vgl. Pfefferle/Pfefferle (2012), Glimpflich entnazifiziert, und Rathkolb (2005), Universität Wien, S. 38–53.

[19] Matis (1997), Anpassung, S. 67.

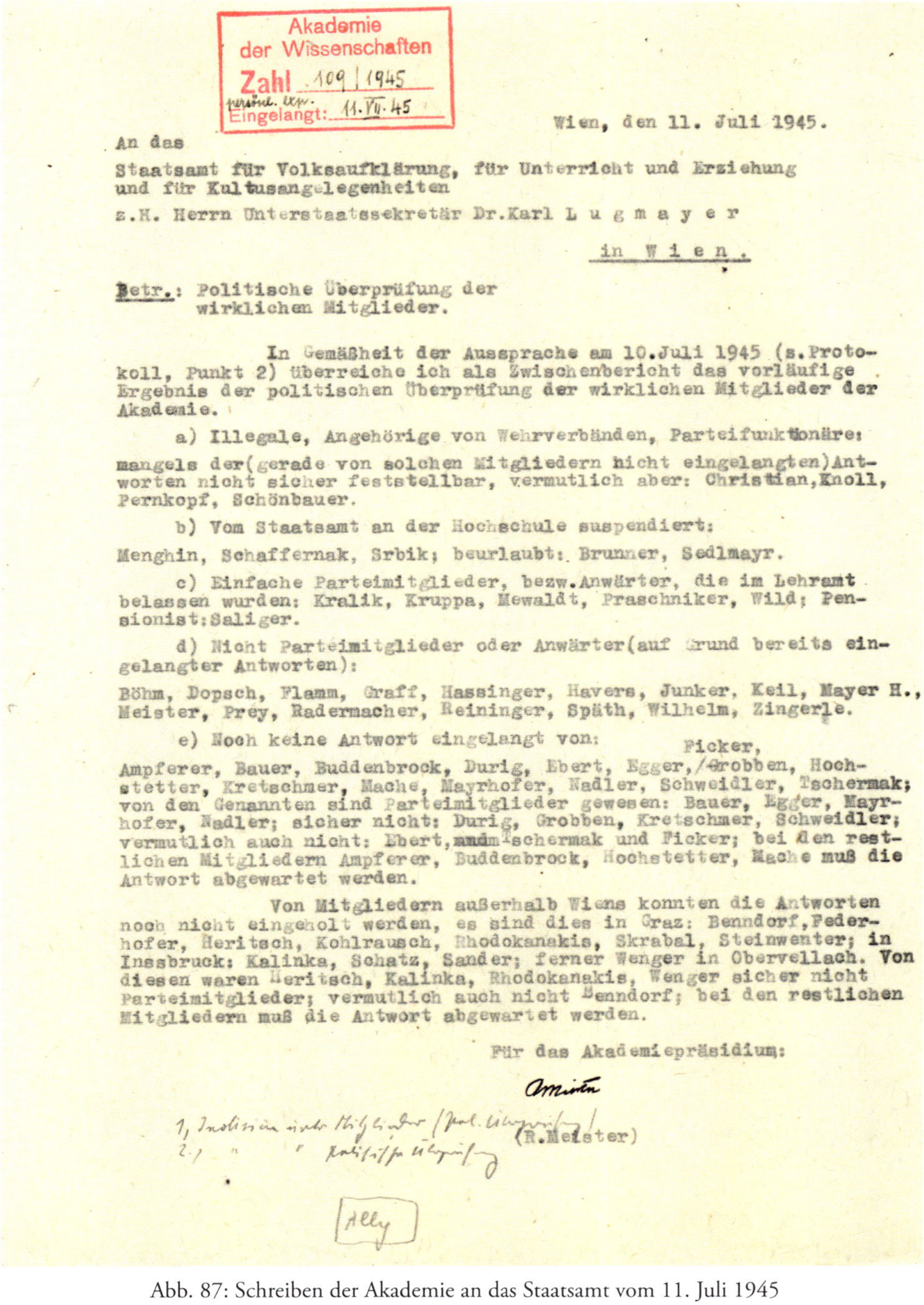

Wien, den 11. Juli 1945.

An das

Staatsamt für Volksaufklärung, für Unterricht und Erziehung und für Kultusangelegenheiten

z.H. Herrn Unterstaatssekretär Dr. Karl L u g m a y e r

in W i e n.

Betr.: Politische Überprüfung der wirklichen Mitglieder.

In Gemäßheit der Aussprache am 10. Juli 1945 (s. Protokoll, Punkt 2) überreiche ich als Zwischenbericht das vorläufige Ergebnis der politischen Überprüfung der wirklichen Mitglieder der Akademie.

a) Illegale, Angehörige von Wehrverbänden, Parteifunktionäre: mangels der (gerade von solchen Mitgliedern nicht eingelangten) Antworten nicht sicher feststellbar, vermutlich aber: Christian, Knoll, Pernkopf, Schönbauer.

b) Vom Staatsamt an der Hochschule suspendiert: Menghin, Schaffernak, Srbik; beurlaubt: Brunner, Sedlmayr.

c) Einfache Parteimitglieder, bezw. Anwärter, die im Lehramt belassen wurden: Kralik, Kruppa, Mewaldt, Praschniker, Wild; Pensionist: Saliger.

d) Nicht Parteimitglieder oder Anwärter (auf Grund bereits eingelangter Antworten): Böhm, Dopsch, Flamm, Graff, Hassinger, Havers, Junker, Keil, Mayer H., Meister, Prey, Radermacher, Reininger, Späth, Wilhelm, Zingerle.

e) Noch keine Antwort eingelangt von: Ampferer, Bauer, Buddenbrock, Durig, Ebert, Egger, Ficker, Grobben, Hochstetter, Kretschmer, Mache, Mayrhofer, Nadler, Schweidler, Tschermak; von den Genannten sind Parteimitglieder gewesen: Bauer, Egger, Mayrhofer, Nadler; sicher nicht: Durig, Grobben, Kretschmer, Schweidler; vermutlich auch nicht: Ebert, ~~und~~ Tschermak und Ficker; bei den restlichen Mitgliedern Ampferer, Buddenbrock, Hochstetter, Mache muß die Antwort abgewartet werden.

Von Mitgliedern außerhalb Wiens konnten die Antworten noch nicht eingeholt werden, es sind dies in Graz: Benndorf, Federhofer, Heritsch, Kohlrausch, Rhodokanakis, Skrabal, Steinwenter; in Innsbruck: Kalinka, Schatz, Sander; ferner Wenger in Obervellach. Von diesen waren Heritsch, Kalinka, Rhodokanakis, Wenger sicher nicht Parteimitglieder; vermutlich auch nicht Benndorf; bei den restlichen Mitgliedern muß die Antwort abgewartet werden.

Für das Akademiepräsidium:

(R. Meister)

Abb. 87: Schreiben der Akademie an das Staatsamt vom 11. Juli 1945

Rechenschaft über die Stellung [...] *zur ehemaligen NSDAP zu geben.*[20] In dem Schreiben wurde ihnen die Unvereinbarkeit der Mitgliedschaft in der Akademie als einer unter dem besonderen Schutz des Staates stehenden juristischen Person mit einer illegalen NSDAP-Mitgliedschaft, einer Angehörigkeit in NS-Wehrverbänden (SS, SA, NSKK, NSFK) und einer höheren Funktionärstätigkeit in der Partei mitgeteilt. Die Mitglieder wurden ersucht ein Formblatt auszufüllen und sie wurden darauf hingewiesen, dass ein Unterlassen als Verzicht auf den Verbleib in der Akademie verstanden würde.[21] Dass sich Registrierungspflicht und Sühnefolgen laut Verbotsgesetz jedoch nicht nur auf Illegale, NS-Wehrverbandsangehörige und höhere NSDAP-Funktionäre bezogen, sondern auch auf Personen, die seit 12. März 1938 einfache NSDAP-Mitglieder waren, wurde von der provisorischen Leitung geflissentlich übersehen. Meister hatte diese Gruppe, *einfache Parteimitglieder und Anwärter* zunächst *zur Mitarbeit in der Akademie zugelassen, wenn gegen sie keine Bedenken wegen hervorstechender Betätigung für den Nationalsozialismus bestanden.*[22]

In vertraulicher Sitzung berichteten Späth und Meister am 3. August 1945, dass sie am 10. Juli dem Unterstaatssekretär Karl Lugmayer und Ministerialrat Otto Skrbensky aufgrund von *Verdächtigungen* über den Fortgang der politischen Überprüfung der Akademiemitglieder hatten Rechenschaft ablegen müssen.[23] Aufgrund der Aussprache im Staatsamt[24] und des Erlasses vom 2. August 1945 erwies es sich als unabdingbar, im Sinne des Verfassungsgesetzes zu handeln und in Analogie zu den Universitäten NSDAP-Mitglieder *generell* aus der Akademie auszuscheiden und erst

---

[20] AÖAW, Protokoll der Gesamtsitzung am 22. Juni 1945 (A 995), Beilage, Späth an die Mitglieder der Akademie vom 1. Juni 1945.

[21] Laut Verbotsgesetz vom 8. Mai 1945 waren Personen mit ordentlichem Wohnsitz in Österreich, die zwischen 1. Juli 1933 und 27. April 1945 der NSDAP angehört hatten, in dafür zuständigen Registrierungsbehörden melde- bzw. registrierungspflichtig. Die NSDAP-Anwärter- oder Mitgliedschaft zog im Rahmen des Entnazifizierungsprozesses so genannte Sühnefolgen wie z. B. Entlassung oder vorzeitige Pensionierung nach sich. Die Listen dieser Personen sollten öffentlich zugänglich sein. Wer vor dem 13. März 1938 der NSDAP oder einem ihrer Wehrverbände beigetreten war, hatte sich laut Verbotsgesetz als so genannter Illegaler des Hochverrates schuldig gemacht, wer danach beigetreten war, sollte als so genannter Mitläufer registriert, aber auch mit Sühnefolgen belastet werden. In Österreich mussten sich 1945/46 rund 535.000 Personen als Nationalsozialisten registrieren lassen. Entregistrierungen fanden durch die Entnazifizierungskommissionen und im Zuge der Durchführung des Nationalsozialistengesetzes von 1947 und des Amnestiegesetzes von 1948 statt.

[22] AÖAW, Allgemeine Personalakten, K. 3, Mappe 16, „Amtsvermerk: Über das Ruhen der Mitgliedschaft der Akademie vom 4. August 1945".

[23] AÖAW, Protokoll der Gesamtsitzung am 3. August 1945 (A 996), Beilage, Vertrauliche Sitzung [vom 10. Juli].

[24] Vgl. AÖAW, Allg. Akten, Nr. 108/1945, Protokoll über die von den interimistischen Leitern der Akademie der Wissenschaften am 10. Juli 1945 im Staatsamt vor Herrn Unterstaatssekretär Dr. Karl Lugmayer und im Beisein des Herrn Ministerialrats Dr. Skrbensky durchgeführte Aussprache vom 11. Juli 1945; sowie auch AÖAW, Allg. Akten, Nr. 109/1945, Meister an Lugmayer, betr. Politische Überprüfung der wirklichen Mitglieder vom 11. Juli 1945 [mit dem Vermerk *persönl. exp.*]. Umseitig faksimiliert.

nach *Durchführung eines Rechtfertigungsverfahrens* auf der Grundlage des auch für Staatsbeamte verwendeten Fragebogens wieder aufzunehmen. Die Abstimmung darüber, ob *die Leitung auf dem bisherigen Wege weiter fortschreiten soll oder ob es sich empfiehlt, nach Analogie des Staats bei den ehemaligen Angehörigen der Partei unter den Akademiemitgliedern das Ruhen der Mitgliedschaft auszusprechen*, hatte wohl nur Proforma-Charakter. Die Akademie beschloss einstimmig, die Mitgliedschaft von allen ehemaligen Angehörigen der NSDAP ruhend zu stellen und sie darüber zu informieren.[25] Sie sah sich aber nicht verpflichtet, sich *in allen Fällen an das Ergebnis der Untersuchung an der Hochschule halten* zu müssen.[26] Aufgrund der Entscheidung, dass die Mitgliedschaft aller vormaligen NSDAP-Anwärter oder Mitglieder *bis zur Rehabilitierung durch das Urteil der Untersuchungskommission des Staatsamtes, bzw. bis zur Aufhebung ihrer Verpflichtung zur Registrierung durch das Staatsamt des Inneren zu ruhen* habe, wurden die betroffenen w.M. nicht zur Wahlsitzung am 30. Oktober 1945 eingeladen.[27] Ihnen wurde aber die sofortige Aufhebung dieser Maßnahme im „Falle einer günstigen Erledigung" des Überprüfungsverfahrens in Aussicht gestellt.[28] Franz Graf-Stuhlhofer verweist darauf, dass in den Briefen an die beiden Mitglieder Rudolf Egger und Josef Nadler hinzugefügt worden sei, dass sich die Akademie auch im „Falle eines ungünstigsten Ausganges" die Entscheidung vorbehalte, „das Ruhen der Mitgliedschaft wieder aufzuheben".[29] Die erste definitive Entnazifizierungsmaßnahme bestand darin, dass in den Klassensitzungen vom 17. und 18. Oktober 1945 *das Erlöschen* der wirklichen Mitgliedschaft von Viktor Christian sowie von Fritz Knoll, Karl Mayrhofer und Eduard Pernkopf ausgesprochen wurde.[30] Wie sich später

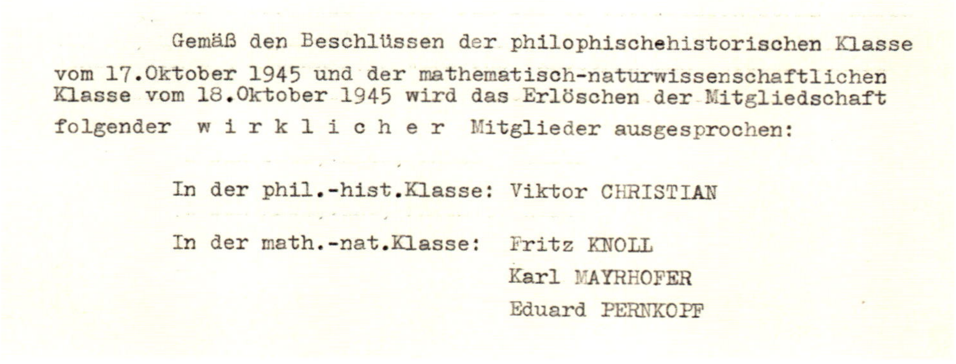

Gemäß den Beschlüssen der philophischehistorischen Klasse vom 17.Oktober 1945 und der mathematisch-naturwissenschaftlichen Klasse vom 18.Oktober 1945 wird das Erlöschen der Mitgliedschaft folgender w i r k l i c h e r Mitglieder ausgesprochen:

In der phil.-hist.Klasse: Viktor CHRISTIAN

In der math.-nat.Klasse: Fritz KNOLL
Karl MAYRHOFER
Eduard PERNKOPF

Abb. 88: Protokoll der Gesamtsitzung vom 30. Oktober 1945 (Ausschnitt)

---

[25] Vgl. AÖAW, Protokoll der Gesamtsitzung am 3. August 1945 (A 996), Beilage, Vertrauliche Sitzung [vom 10. Juli].

[26] Ebda. Allein in Bezug auf die Pensionisten empfahl Meister *ein* [definitives] *Ausscheiden ehemaliger Illegaler oder Parteifunktionäre.*

[27] AÖAW, Protokoll der außerordentlichen Gesamtsitzung am 30. Oktober 1945 (A 997).

[28] Graf-Stuhlhofer (1995), Akademie, S. 147.

[29] Ebda.

[30] AÖAW, Protokoll der Gesamtsitzung am 30. Oktober 1945 (A 997).

zeigen sollte, war dieser Ausschluss kein definitiver, denn deren erloschene Mitgliedschaften lebten 1948 bzw. 1950 wieder auf. Weitere Schritte wurden im Jahr 1945 nicht gesetzt.

Viele der an der Universität enthobenen oder entlassenen und an der Akademie ruhend gestellten Mitglieder nahmen weiterhin an den Akademiesitzungen teil, im November 1946 nach dem plötzlichen Tod Ernst Späths sogar an der Wahl des neuen Präsidenten Heinrich Ficker. Sie schienen auf unveröffentlichten Listen auch als Mitglieder und Obmänner einzelner Kommissionen auf.[31] Für die Jahre 1945 (nach dem 27. April), 1946 und 1947 verzichtete die Akademie auf die Veröffentlichung eines Mitgliederverzeichnisses im Almanach, der satzungsgemäß das Verzeichnis sämtlicher Mitglieder enthalten sollte. In diesen Jahren wurde das Problem der politischen Überprüfung von Akademiemitgliedern in den Sitzungen stillschweigend übergangen.[32] Die politische Überprüfung der Mitarbeiter und Mitarbeiterinnen beschäftigte die Akademiemitglieder hingegen immer wieder.[33] Das Akademiepräsidium setzte sich nicht nur für die Wiedereinstellung des am 21. Oktober 1938 *mit der zentralisierten Leitung der Kanzlei und der Buchhaltung*[34] betrauten Kanzleisekretärs Wilfried Oberhummer (NSDAP-Mitglied seit 1942) ein, der zum ersten Aktuar aufstieg, sondern auch für die illegalen NSDAP-Mitglieder Walter Ruth als Leiter des Phonogrammarchivs und Franz Ruttner als Leiter der Biologischen Station Lunz sowie für andere (auch illegale) Nationalsozialisten. Die allermeisten konnten wieder auf ihre Posten zurückkehren.

Die Entnazifizierungsfrage taucht in den Sitzungsprotokollen der Akademie wieder nach der Verabschiedung des Nationalsozialistengesetzes vom 17. Februar 1947 auf. Zwei Paragrafen dieses Gesetzes bezogen sich direkt auf die Akademie. Laut Paragraf 18n wurde belasteten Akademiemitgliedern die Sühnefolge auferlegt, nicht als w.M. oder k.M. I. der Akademie angehören zu dürfen. Minderbelastete durften der Akademie bis zum 30. April 1950 nicht als w.M. angehören (Paragraf 19j). Auch durften sie bis zu diesem Zeitpunkt nicht zu k.M. I. gewählt werden. Ausgenommen waren Minderbelastete nach Vollendung des 70. Lebensjahres, der Versehrtenstufe III und Belastete der Versehrtenstufe IV.[35] Die unmittelbare Auswirkung des National-

---

[31] Vgl. AÖAW, Protokoll der Gesamtsitzung am 7. Dezember 1945 (A 998), Beilage, Kommissionen (14. November 1945).

[32] Vgl. Almanache f.d.J. 1945, 95 (1947), f.d.J 1946, 96 (1948), und f.d.J. 1947, 97 (1948). Allein in der Gesamtsitzung vom 25. Oktober 1946 bezog sich Meister auf die *Denazifizierung in der Akademie*, als er berichtete: *Über Anforderungen der Alliierten, telefonisch mitgeteilt am 24. August 1946, mußte mit Befristung auf 10 Uhr des 25. Aug. 1946 ein Bericht über die Denazifizierung vorgelegt werden.* AÖAW, Protokoll der Gesamtsitzung am 25. Oktober 1946 (A 1005). Siehe auch AÖAW, Protokoll der Gesamtsitzung am 30. Oktober 1945 (A 997).

[33] Vgl. dazu den vorstehenden Beitrag von Johannes Feichtinger und Dieter J. Hecht, „Aufgaben und Wirkungskreis des neuen Präsidiums“, in diesem Band, S. 159–169.

[34] AÖAW, Protokoll der Gesamtsitzung vom 21. Oktober 1938 (A 939).

[35] Vgl. Bundesverfassungsgesetz vom 6. Februar 1947 über die Behandlung der Nationalsozialisten (Nationalsozialistengesetz), ausgegeben am 17. Februar 1947, BGBl. Nr. 25/1947.

BUNDESGESETZBLATT

FÜR DIE REPUBLIK ÖSTERREICH

Jahrgang 1947 **Ausgegeben am 17. Februar 1947** **8. Stück**

25. Bundesverfassungsgesetz: Nationalsozialistengesetz.

25. Bundesverfassungsgesetz vom 6. Februar 1947 über die Behandlung der Nationalsozialisten (Nationalsozialistengesetz).

Der Nationalrat hat beschlossen:

I. HAUPTSTÜCK.

3. Verbotsgesetznovelle.

Abschnitt I.

Das Verfassungsgesetz vom 8. Mai 1945, St. G. Bl. Nr. 13, über das Verbot der NSDAP (Verbotsgesetz) in der Fassung des Verfassungsgesetzes vom 15. August 1945, St. G. Bl. Nr. 127 (1. Verbotsgesetznovelle), des Verfassungsgesetzes vom 16. November 1945, B. G. Bl. Nr. 16/19… und des Bundesverf… 1946, B. G. Bl. Nr. … folgt:

1. § 3, Abs. (2), … treten folgende Besti…

„§ 3 a. Eines Verb… und wird mit dem … gesamten Vermögens …

1. wer versucht, … nationalsozialistische Organisation aufrechtzuerhalten oder wiederherzustellen oder mit einer solchen Organisation oder einer in ihrem Namen handelnden Person in Verbindung zu treten; als nationalsozialistische Organisationen (§ 1) gelten: die NSDAP, die SS, die SA, das NSKK, das NSFK, der N… ziersbund, alle … NSDAP und die … sowie jede andere … sation;

2. wer eine Verbin… es ist, durch Betäti… nationalsozialistischen … und Unabhängigkeit … zu untergraben oder … den Wiederaufbau … wer sich in einer Ver… betätigt;

3. wer den Ausbau einer der in der Z. 1 und der Z. 2 bezeichneten Organisationen und Verbindungen durch Anwerbung von Mitgliedern, Bereitstellung von Geldmitteln oder in ähnlicher Weise fördert, die Mitglieder einer solchen Organisation oder Verbindung mit Kampfmitteln, Verkehrsmitteln oder Einrichtungen zur Nachrichtenübermittlung ausrüstet oder in ähnlicher Weise die Tätigkeit einer solchen Organisation oder Verbindung ermöglicht oder unterstützt;

4. wer für eine solche Organisation oder Verbindung Kampfmittel, Verkehrsmittel oder Einrichtungen zur Nachrichtenübermittlung herstellt, sich verschafft oder bereithält.

§ 3 b. Wer an einer Organisation oder Verbindung der in § 3 a bezeichneten Art teilnimmt oder sie durch Geldzuwendungen oder in anderer Weise unterstützt, wird, wenn die … rafbar ist, wegen … erker von 10 bis … Verfall des gesam…

… r in den §§ 3 a und … en erlischt, wenn … Antrieb, ehe die Be… hrt, alles, was ihm … r Verbindung und … u einer Zeit, da es noch geheim war und ein Schaden verhütet werden konnte, der Behörde entdeckt.

§ 3 d. Wer öffentlich oder vor mehreren Leuten, in Druckwerken, verbreiteten Schriften oder bildlichen Darstellungen zu einer der nach § 1 oder § 3 verbotenen Handlungen auffor… en sucht, insbe… Ziele der NSDAP, … nahmen verherr… sich darin nicht … erbrechen darstellt, … 0 bis zu 20 Jahren … esamten Vermögens

… hung eines Mordes, … legung, eines Ver… oder 89 des Straf… hens nach § 4 des Sprengstoffgesetzes als Mittel der Betätigung im nationalsozialistischen Sinn mit einem anderen verabredet, wird mit dem Tode und mit dem Verfall des gesamten Vermögens bestraft.

„§ 18. Belastete Personen im Sinne des § 17, Abs. (2), haben die nachstehenden Sühnefolgen zu tragen:

n) Sie können der Akademie der Wissenschaften (der Österreichischen Akademie der Wissenschaften in Wien) weder als wirkliche noch als korrespondierende Mitglieder angehören.

„§ 19. (1) Minderbelastete Personen im Sinne des § 17, Abs. (3), haben die nachstehenden Sühnefolgen zu tragen:

j) Sie können bis zum 30. April 1950 der Akademie der Wissenschaften (der Österreichischen Akademie der Wissenschaften in Wien) nicht als wirkliche Mitglieder angehören; sie können bis zu diesem Zeitpunkt nicht zu korrespondierenden Mitgliedern ernannt werden.

Abb. 89: Nationalsozialistengesetz vom 17. Februar 1947 (Ausschnitt)

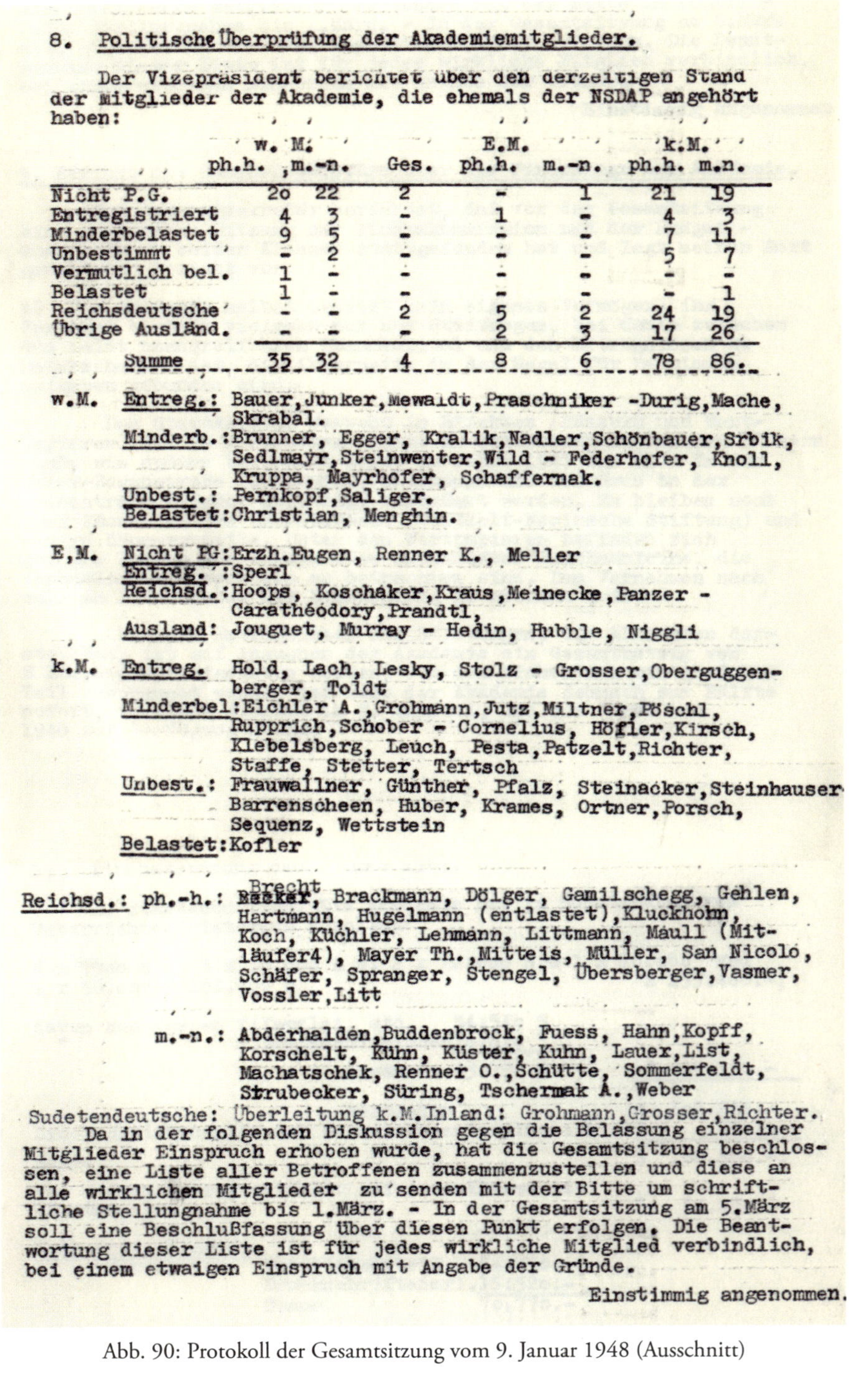

8. Politische Überprüfung der Akademiemitglieder.

Der Vizepräsident berichtet über den derzeitigen Stand der Mitglieder der Akademie, die ehemals der NSDAP angehört haben:

	w. M.			E.M.		k.M.	
	ph.h.	m.-n.	Ges.	ph.h.	m.-n.	ph.h.	m.n.
Nicht P.G.	20	22	2	-	1	21	19
Entregistriert	4	3	-	1	-	4	3
Minderbelastet	9	5	-	-	-	7	11
Unbestimmt	-	2	-	-	-	5	7
Vermutlich bel.	1	-	-	-	-	-	-
Belastet	1	-	-	-	-	-	1
Reichsdeutsche	-	-	2	5	2	24	19
Übrige Ausländ.	-	-	-	2	3	17	26
Summe	35	32	4	8	6	78	86

w.M. Entreg.: Bauer, Junker, Mewaldt, Praschniker - Durig, Mache, Skrabal.
Minderb.: Brunner, Egger, Kralik, Nadler, Schönbauer, Srbik, Sedlmayr, Steinwenter, Wild - Federhofer, Knoll, Kruppa, Mayrhofer, Schaffernak.
Unbest.: Pernkopf, Saliger.
Belastet: Christian, Menghin.

E.M. Nicht PG: Erzh. Eugen, Renner K., Meller
Entreg.: Sperl
Reichsd.: Hoops, Koschaker, Kraus, Meinecke, Panzer - Carathéodory, Prandtl,
Ausland: Jouguet, Murray - Hedin, Hubble, Niggli

k.M. Entreg. Hold, Lach, Lesky, Stolz - Grosser, Oberguggenberger, Toldt
Minderbel: Eichler A., Grohmann, Jutz, Miltner, Pöschl, Rupprich, Schober - Cornelius, Höfler, Kirsch, Klebelsberg, Leuch, Pesta, Patzelt, Richter, Staffe, Stetter, Tertsch
Unbest.: Frauwallner, Günther, Pfalz, Steinacker, Steinhauser - Barrenscheen, Huber, Krames, Ortner, Porsch, Sequenz, Wettstein
Belastet: Kofler

Reichsd.: ph.-h.: ~~Becker~~ Brecht, Brackmann, Dölger, Gamilschegg, Gehlen, Hartmann, Hugelmann (entlastet), Kluckhohn, Koch, Küchler, Lehmann, Littmann, Maull (Mitläufer4), Mayer Th., Mitteis, Müller, San Nicolo, Schäfer, Spranger, Stengel, Übersberger, Vasmer, Vossler, Litt

m.-n.: Abderhalden, Buddenbrock, Fuess, Hahn, Kopff, Korschelt, Kühn, Küster, Kuhn, Lauer, List, Machatschek, Renner O., Schütte, Sommerfeldt, Strubecker, Süring, Tschermak A., Weber

Sudetendeutsche: Überleitung k.M. Inland: Grohmann, Grosser, Richter.

Da in der folgenden Diskussion gegen die Belassung einzelner Mitglieder Einspruch erhoben wurde, hat die Gesamtsitzung beschlossen, eine Liste aller Betroffenen zusammenzustellen und diese an alle wirklichen Mitglieder zu senden mit der Bitte um schriftliche Stellungnahme bis 1. März. - In der Gesamtsitzung am 5. März soll eine Beschlußfassung über diesen Punkt erfolgen. Die Beantwortung dieser Liste ist für jedes wirkliche Mitglied verbindlich, bei einem etwaigen Einspruch mit Angabe der Gründe.

Einstimmig angenommen.

Abb. 90: Protokoll der Gesamtsitzung vom 9. Januar 1948 (Ausschnitt)

sozialistengesetzes bestand für jene Akademiemitglieder, die noch nicht von den Sühnefolgen befreit waren, darin, dass sie weder am vertraulichen Teil der Sitzungen teilnehmen durften noch zur Hundertjahrfeier 1947 eingeladen wurden.[36] Ausnahmen stellten die w.M. Hermann Junker, Camillo Praschniker, Heinrich Mache und das EM Hans Sperl dar, die als Minderbelastete das 70. Lebensjahr erreicht hatten. Die mittelbare Auswirkung des Gesetzes zeigte sich in einem Bericht Meisters, den er in der Gesamtsitzung vom 10. Oktober 1947 über den neuen *Stand der Denazifizierung* vorlegte: In der phil.-hist. Klasse waren von 35 w.M. nur noch neun, in der math.-nat. Klasse von 32 nur noch sechs *d*[er]*z*[ei]*t ruhend* gestellt, und in jeder Klasse waren jeweils zwei nicht namentlich genannte Mitglieder *ausgeschieden*. Aufgrund der Altersbefristung der Sühnefolgen konnten die vormaligen NSDAP-Mitglieder bzw. Anwärter Wilhelm Bauer, Arnold Durig und Heinrich Mache in den Verzeichnissen wieder als vollwertige Akademiemitglieder geführt werden. Auch konnte die Ruhendstellung der Mitgliedschaft der Altphilologen Johannes Mewaldt und Albin Lesky aufgrund von Entregistrierung sowie von Camillo Praschniker aufgrund der Nichtverpflichtung zur Registrierung aufgehoben werden.[37]

Am 9. Jänner 1948 konnte Meister erneut der Gesamtsitzung Bericht erstatten: Als minderbelastet wurden unter den w.M. in der phil.-hist. Klasse noch Otto Brunner, Rudolf Egger, Dietrich Kralik-Meyrswalden, Josef Nadler, Ernst Schönbauer, Heinrich Srbik, Hans Sedlmayr, Artur Steinwenter und Friedrich Wild geführt, in der math.-nat. Klasse der Techniker Karl Federhofer als Versehrter der III. Stufe, Fritz Knoll, Erwin Kruppa, Karl Mayrhofer und der Techniker Friedrich Schaffernak, ebenfalls als Versehrter der III. Stufe. Der Chemiker Anton Skrabal war als 70-Jähriger entregistriert worden. Belastet waren noch Viktor Christian und Oswald Menghin, unbestimmt zunächst Eduard Pernkopf und der Techniker und TH-„Anschlussrektor" Rudolf Saliger.[38] Angesichts des Umstandes, dass laut Meister unter den k.M. I. *eine größere Zahl nach dem Gesetz von 1945 ausgeschieden* [sei], *als nach dem* [Gesetz] *von 1947 zur Ausscheidung gekommen wäre,* waren im Herbst 1947 die k.M. ersucht worden, einen Nachweis der Registrierungsbehörde bezüglich Minderbelastung oder Aufhebung der Registrierungspflicht zu erbringen, um ihre Mitgliedschaft wieder als dauernd aussprechen zu können.[39]

---

[36] Vgl. AÖAW, Protokoll der Gesamtsitzung am 21. Februar 1947 (A 1008), und AÖAW, Protokoll der Gesamtsitzung am 25. April 1947 (A 1010). Im Protokoll der Gesamtsitzung vom 21. März 1947 (A 1009) werden der Mathematiker Erwin Kruppa, der Botaniker Karl Höfler und der Geologe Kurt Leuchs als *Gäste* geführt.

[37] Vgl. AÖAW, Protokoll der Gesamtsitzung am 10. Oktober 1947 (A 1013), Bericht von Richard Meister über die Denazifizierung, S. 6f.

[38] Vgl. AÖAW, Protokoll der Gesamtsitzung am 9. Jänner 1948 (A 1015), Politische Überprüfung der Akademiemitglieder.

[39] AÖAW, Protokoll der Gesamtsitzung am 10. Oktober 1947 (A 1013), Bericht von Richard Meister über die Denazifizierung.

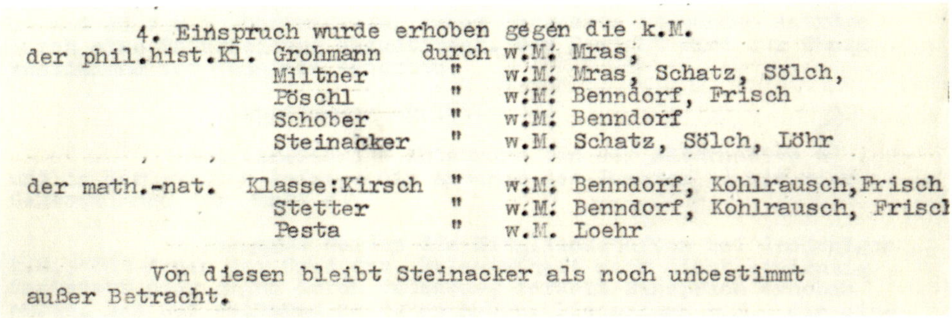

4. Einspruch wurde erhoben gegen die k.M.

der phil.hist.Kl.	Grohmann	durch	w.M. Mras,
	Miltner	"	w.M. Mras, Schatz, Sölch,
	Pöschl	"	w.M. Benndorf, Frisch
	Schober	"	w.M. Benndorf
	Steinacker	"	w.M. Schatz, Sölch, Löhr
der math.-nat.	Klasse:Kirsch	"	w.M. Benndorf, Kohlrausch, Frisch
	Stetter	"	w.M. Benndorf, Kohlrausch, Frisch
	Pesta	"	w.M. Loehr

Von diesen bleibt Steinacker als noch unbestimmt außer Betracht.

Abb. 91: Protokoll der Gesamtsitzung vom 16. März 1948 (Ausschnitt)

In der Gesamtsitzung vom 16. März 1948 wurde schließlich über den Verbleib einzelner k.M. entschieden. Mitglieder, die entregistriert worden waren oder das 70. Lebensjahr erreicht hatten, wurden – in den Worten des Berichterstatters Meister – *jedenfalls* belassen.[40] Diese Gruppe umfasste den Völkerrechtler Alexander Hold-Ferneck, den Altphilologen Albin Lesky, den Musikwissenschaftler Robert Lach, den Historiker Otto Stolz sowie den Mediziner Otto Grosser, den Astronomen Viktor Oberguggenberger und den Zoologen Karl Toldt. Über minder- oder unbestimmt belastete k.M., gegen deren Akademiemitgliedschaft andere wirkliche Mitglieder Einspruch erhoben hatten, wurde entschieden, dass deren Mitgliedschaft nicht abzuerkennen, sondern bis auf weiteres ruhen zu lassen sei.[41] Davon betroffen waren der Semitist and Arabist Adolf Grohmann,[42] der Althistoriker Franz Miltner, der Kirchenrechtler Arnold Pöschl, der Archäologe Arnold Schober,[43] der Historiker Harold Steinacker,[44] die beiden Physiker Gerhard Kirsch[45] und Georg Stetter sowie der Zoologe Otto Pesta. Bezüglich minderbelasteter, nicht beeinspruchter k.M. wurde entschieden, dass sie ihre Akademiemitgliedschaft behalten durften. Davon profitierten der Anglist Albert Eichler, die Germanisten Leo Jutz und Hans Rupprich sowie der Geologe Hans Peter Cornelius, der Botaniker Karl Höfler, der Geologe und Paläontologe Raimund Klebelsberg, der Geologe Kurt Leuchs, der Histologe Viktor Patzelt, der Botaniker Oswald Richter, der Zoologe Adolf Staffe und der Mineraloge Hermann Tertsch. Suspendiert wurde die Entscheidung in Bezug auf eine Gruppe, deren Belastungsgrad zu diesem Zeitpunkt noch *unbestimmt* war. Dazu zählten der Indologe Erich Frauwallner, der Wirtschaftswissenschaftler Adolf Günther, der Germanist

---

40 AÖAW, Protokoll der Gesamtsitzung am 16. März 1948 (A 1017), Bericht von Richard Meister über die Entscheidung über die Mitgliedschaft der k.M. im Inlande, die Angehörige der Partei waren.

41 Vgl. ebda.

42 Vgl. Wentker (2012), Grohmann.

43 Vgl. Pesditschek (2012), Miltner; Steirische Gesellschaft für Kulturpolitik (1985), Grenzfeste, S. 92 (zu Pöschl), und Mindler (2011), Schober, (zu Schober).

44 Vgl. Spreitzer (2008), Steinacker.

45 Vgl. Pfefferle/Pfefferle (2012), Glimpflich entnazifiziert, S. 118f.

Anton Pfalz, der Historiker Harold Steinacker und der Germanist Walter Steinhauser sowie der Chemiker Hermann Barrenscheen, die Mathematiker Anton Huber und Josef Krames, der Physiker Gustav Ortner, der Botaniker Otto Porsch, der Techniker Heinrich Sequenz und der Zoologe Otto Wettstein-Westersheimb.

Da Richard Meister die Mitgliederversammlung auf die Gefahr hingewiesen hatte, dass *die Öffentlichkeit* [...] *unter Umständen an der Belassung auch Minderbelasteter Abstoß* [sic!] *nehmen könnte*, lehnten die w.M. in einer Abstimmung zwei Optionen in Bezug auf den Umgang mit Minderbelasteten ab: einerseits den von Generalsekretär Josef Keil favorisierten Vorschlag, *von einer Streichung minderbelasteter Mitglieder überhaupt abzusehen*, andererseits aber auch die Idee, ein *Verfahren* [...] *über das Verbleiben* der minderbelasteten Mitglieder einzuleiten. Die dritte Option hatte Erfolg. Hierüber berichtete Meister: Ruhend gestellt verblieb die Mitgliedschaft jener, deren Belastungsgrad noch nicht eindeutig feststand und gegen deren Belassung *derzeit* ein Einspruch vorlag. *Diejenigen k.M., die eindeutig minderbelastet sind und gegen deren Verbleiben kein Einspruch erhoben wurde*, so Meister, *werden von der Weiterbelassung als Mitglieder verständigt und, soweit dies noch nicht geschehen ist, mit allen Publikationen seit 1945 und bis auf weiteres versehen werden.* Obzwar Meister in diesem Zusammenhang angekündigt hatte, dass im Almanach für das Jahr 1947 *unvermeidlich* Mitgliederlisten der Akademie abzudrucken seien,[46] sollte es dazu nicht kommen. Die Akademie zögerte offenbar aufgrund drohender öffentlicher Kritik.

Das Amnestiegesetz vom 21. April 1948 brachte schließlich den Wendepunkt.[47] Das Gesetz stellte für die Akademie den definitiven *Abschluss der politischen Überprüfung der w.M., E.M. und k.M. im Inland, die ehemalige* [minderbelastete] *Angehörige der Partei waren*, dar.[48] Im vertraulichen Teil der Gesamtsitzung vom 2. Juli 1948 konnte Präsident Ficker berichten, dass nach *Einholung eines Gutachtens beim Präsidenten des Verfassungsgerichtshofes, w.M. der phil.hist. Klasse, Univ.-Prof. Dr. Ludwig Adamovich von beiden Klassen* [...] *der übereinstimmende Beschluss gefaßt* [wurde], *alle wirklichen Mitglieder, die bisher aufgrund jener Bestimmung nicht der Akademie angehören konnten* [...] *zur Wiederaufnahme ihrer Mitgliedschaft einzuladen* [...] [und] *von einem allfälligen Einspruch gegen das Weiterverbleiben korrespondierender Mitglieder generell abzusehen.*[49] Alle zur Mitgliedschaft wieder Eingeladenen sollten hiervon Gebrauch machen, ausgeschieden blieben auf weiteres Viktor Christian, Oswald

---

[46] AÖAW, Protokoll der Gesamtsitzung am 16. März 1948 (A 1017).

[47] Vgl. Bundesverfassungsgesetz über die vorzeitige Beendigung der im Nationalsozialistengesetz vorgesehenen Sühnefolgen für minderbelastete Personen, ausgegeben am 5. Juni 1948, BGBl. Nr. 88/1948.

[48] AÖAW, Protokoll der Gesamtsitzung am 2. Juli 1948 (A 1020), Abschluss der politischen Überprüfung der w.M., E.M. und k.M. I.

[49] Ebda.

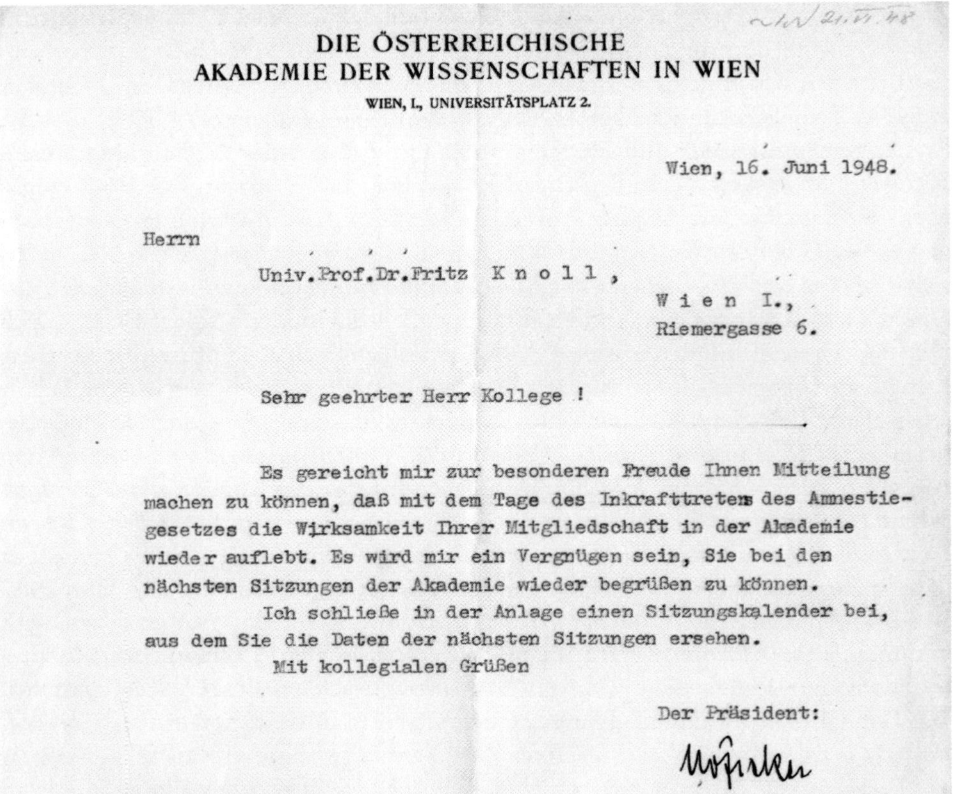

DIE ÖSTERREICHISCHE
AKADEMIE DER WISSENSCHAFTEN IN WIEN
WIEN, I., UNIVERSITÄTSPLATZ 2.

Wien, 16. Juni 1948.

Herrn

Univ.Prof.Dr.Fritz K n o l l ,

W i e n I.,
Riemergasse 6.

Sehr geehrter Herr Kollege !

Es gereicht mir zur besonderen Freude Ihnen Mitteilung machen zu können, daß mit dem Tage des Inkrafttretens des Amnestiegesetzes die Wirksamkeit Ihrer Mitgliedschaft in der Akademie wieder auflebt. Es wird mir ein Vergnügen sein, Sie bei den nächsten Sitzungen der Akademie wieder begrüßen zu können.

Ich schließe in der Anlage einen Sitzungskalender bei, aus dem Sie die Daten der nächsten Sitzungen ersehen.

Mit kollegialen Grüßen

Der Präsident:

(H. Ficker)

Österreichische Staatsdruckerei. 7154 46

Abb. 92: Schreiben der Akademie an Knoll vom 16. Juni 1948

Menghin und der Pharmakognistiker Ludwig Kofler.[50] Diese Maßnahme wurde dem Bundesministerium für Unterricht lediglich *zur Kenntnis* gebracht, um Genehmigung wurde nicht angesucht.[51] Die Ruhendstellung der Mitgliedschaften war damit – von wenigen Ausnahmen abgesehen – aufgehoben: Christian kehrte 1950 als w.M. in die Akademie zurück und Menghin, der sich mittlerweile in Argentinien aufhielt, 1959 als k.M. A. Das 1941 gewählte k.M. I. Ludwig Kofler verstarb vor einer möglichen Wiederaufnahme. Andere k.M., die 1945 als Professoren entlassen worden waren, wie Heinrich Sequenz, Anton Pfalz und Anton Huber, wurden wieder in den offiziellen Listen für das Jahr 1949 geführt. Im Mitgliederverzeichnis des Jahres 1949 schien auch Rudolf Saliger als w.M. auf, dessen Wiederaufnahme die w.M. Friedrich Hopfner und Ernst Melan sowie das k.M. I. Karl Wolf vergeblich zu verhindern versucht hatten.

Im Jahr 1948 war mehr als ein Drittel der wieder aktivierten Akademiemitglieder Angehörige der NSDAP gewesen, sie sollten die zukünftige Zusammensetzung der Akademie durch ihr Wahlverhalten bei der Zuwahl neuer Mitglieder entscheidend beeinflussen. Richard Meister hatte im April 1945 in der Entnazifizierungsfrage das Heft in die Hand genommen und er gab es nicht mehr her. Im Jahr 1951 wurde er zum Präsidenten der Akademie gewählt. Dieses Amt übte er von 1951 bis 1963 aus. In seiner Amtszeit und darüber hinaus wurden ehemalige Nationalsozialisten auch symbolisch rehabilitiert. Erwin Kruppa fungierte zwischen 1957 und 1960 als Vizepräsident, Fritz Knoll zwischen 1959 und 1964 als Generalsekretär und zwischen 1957 und 1959 als Sekretär der math.-nat. Klasse, und Albin Lesky zwischen 1959 und 1963 als Sekretär.

Johannes Feichtinger/Dieter J. Hecht

---

[50] In den Genuss des Amnestiegesetzes kamen vorläufig nicht die k.M. der phil.-hist. Klasse Erich Frauwallner und Anton Pfalz und in der math.-nat. Klasse Hermann Barrenscheen, Anton Huber, Otto Porsch und Heinrich Sequenz.

[51] AÖAW, Ministerium 1948–1950, Präsidium der Akademie an Bundesministerium für Unterricht vom 8. Juli 1948.

1945 und danach. Eine Zäsur und zwei Kontinuitäten

Im Schreiben der provisorischen Leiter der Akademie, Ernst Späth und Richard Meister, vom 19. Mai 1945 an das Staatsamt für Volksaufklärung, für Unterricht und Erziehung und für Kultusangelegenheiten wird als eine der nächsten Agenden Folgendes ins Auge gefasst: *Überprüfung des Standes der Mitglieder der Akademie, d. h. Rückberufung der wirklichen und korrespondierenden Mitglieder, die im Zusammenhang mit den politischen Ereignissen des Jahres 1938 ausgetreten sind, und Ausscheidung solcher Mitglieder, die unter besonders belastenden Umständen aus ihrer amtlichen Stellung entfernt wurden oder (wenn pensioniert oder privat) aus gleichen Gründen untragbar sind.*[1]

Die Zäsur ...

Als erste personelle Maßnahme erklärte die interimistische Akademieleitung am 22. Juni 1945 die *Aufhebungen der Mitgliedschaften* aufgrund der Rassengesetze bzw. aus politischen Gründen für ungültig.[2] Schon an diesem Tag konnte Meister von der *Rückberufung* der nach 1938 ausgeschiedenen Mitglieder berichten, die er als *Wiedergutmachung*[3] bzw. als „Akt der Wiedergutmachung“[4] bezeichnete. Stefan Meyer, August Loehr, Josef Weninger, Walther Brecht, Karl Bühler, Emil Abel, Viktor Moritz Goldschmidt, Viktor Franz Hess, Hermann Franz Mark, Wolfgang Pauli, Ernst Peter Pick und Erwin Schrödinger waren inzwischen eingeladen worden, ihre Mitgliedschaft wieder entgegenzunehmen.[5]

Seit Herbst bzw. Winter 1945 nahmen der Radiumforscher Stefan Meyer, der Historiker und Museumsdirektor August Loehr und der Anthropologe Josef Wenin-

---

1 AÖAW, Protokoll der Gesamtsitzung am 18. Mai 1945 (A 994), Beilage, Späth und Meister an das Staatsamt für Volksaufklärung, für Unterricht und Erziehung und für Kultusangelegenheiten vom 19. Mai 1945.

2 AÖAW, Protokoll der Gesamtsitzung am 22. Juni 1945 (A 995); vgl. auch den Bericht von Richard Meister über die personale Neuordnung der Akademie nach dem 27. April 1945 im Almanach f.d.J. 1945, 95 (1947), S. 89–91, hier S. 90.

3 AÖAW, Protokoll der Gesamtsitzung am 22. Juni 1945 (A 995), Bericht von Richard Meister.

4 Meister (1947), Geschichte, S. 188.

5 Vgl. AÖAW, Protokoll der Gesamtsitzung am 22. Juni 1945 (A 995), Bericht von Richard Meister. Verstorben waren mittlerweile die w.M. Hans Horst Meyer, Berthold Hatschek, Franz Eduard Suess sowie die k.M. Alfred Francis Přibram, Eduard Norden, Richard Willstätter, Ernst Theodor Brücke, Franz Boas und Alfred Hettner. Gleichzeitig wurde die vom Reichsminister nicht bestätigte Wahl von Hans Mayer zum o.M. und George Shull zum k.M. A. für gültig erklärt. Jene o.M., die ihren Wohnsitz zwischen 1938 und 1945 außerhalb der Grenzen Österreichs verlegt hatten, wurden in den Stand von k.M. A. versetzt (Fritz Machatschek, Karl Terzaghi und Hermann Weber). Vgl. Feichtinger/Uhl (2005), Akademie, S. 316.

ger wieder regelmäßig und aktiv an den Akademiesitzungen und -aktivitäten teil.[6] 1945 wurden Loehr (k.M. seit 1933) und Weninger (k.M. seit 1937) zu w.M. gewählt. Dank der Bemühungen Stefan Meyers kehrte auch der vertriebene Physiker Karl Przibram im Jahr 1946 wieder auf den Lehrstuhl des II. Physikalischen Instituts der Wiener Universität zurück. Przibram wurde 1946 als k.M. und 1950 als w.M. in die Akademie aufgenommen. Weitere nach dem „Anschluss" ausgeschlossene Akademiemitglieder konnten fortan an der Akademie keine wesentliche Rolle mehr spielen, denn sie befanden sich im Ausland. Der Physiknobelpreisträger Viktor Franz Hess lehrte in New York, Erwin Schrödinger in Dublin. Schrödinger wurde nach seiner Rückkehr im Jahr 1956 zum w.M. gewählt. Im Jahr 1970 wurde die Arbeit des in New York tätigen Wiener Spitzenforschers Hermann Franz Mark durch die Wahl zum EM gewürdigt. Als erster im Ausland lebender, vertriebener Wissenschaftler wurde der Wiener Staatsrechtslehrer Hans Kelsen, mittlerweile Professor an der Universität Berkeley, im Jahr 1947 zum k.M. gewählt, und als erste Frau die in Stockholm lehrende Wiener Physikerin Lise Meitner im Jahr 1948 in die Reihe der k.M. A. aufgenommen.[7] 1950 wurde der im Nationalsozialismus „rassisch" verfolgte Mathematiker Paul Funk zum w.M. gewählt. Funk wurde 1945 aus dem KZ Theresienstadt befreit und im selben Jahr auf eine Professur an der TH Wien berufen. Andere Rückkehrer wie der Wiener Chemiker Engelbert Broda, der während des Zweiten Weltkriegs am Cavendish Laboratorium in Cambridge geforscht hatte, wurden nicht in die Akademie aufgenommen.[8]

… und zwei Kontinuitäten

An der Akademie wie auch an der Universität übernahmen 1945 ehemalige Proponenten des autoritären Ständestaates das Ruder. An der Universität hatten sie als Konservative nationaler und großdeutscher Orientierung ihre Stellen nach dem „Anschluss" mit Hilfe nationalsozialistischer Fürsprecher sichern können.[9] Ab 1948 waren es die vor 1938 federführenden Eliten, die ehemaligen NSDAP-Mitgliedern nach der Phase der personellen Entnazifizierung, d. h. der Enthebung von ihren Stellen bzw. der Ruhendstellung ihrer Mitgliedschaft, wieder die Rückkehr in ihre Positionen ermöglichten, sowohl an der Universität als auch an der Akademie der Wissenschaften.

---

[6] Meyer und Loehr waren nach dem „Anschluss" „rassisch" verfolgt, Weninger wurde aufgrund seiner jüdischen Ehefrau zwangspensioniert und verlor auch seine Mitgliedschaft in der Akademie.

[7] Vgl. AÖAW, Protokoll der Gesamtsitzung am 13. Mai 1947 (A 1011), und AÖAW, Protokoll der Gesamtsitzung am 25. Mai 1948 (A 1019). Zu Hans Kelsen vgl. Feichtinger (2009), Vernetzungen, S. 327–335, zu Lise Meitner vgl. Sexl/Hardy (2002), Meitner.

[8] Vgl. Oberkofler (2012), Bemerkungen, S. 1, und Oberkofler (2005), Mathematiker, S. 200–217.

[9] Vgl. Heiss (2005), Wendepunkt, S. 27f.

Schon im Jahr 1945 hatte Richard Meister die *Erhaltung von Mitgliedern in der Akademie* aufgrund der *Notwendigkeit einer ungestörten* [...] *intensiven Fortführung der Forschungsarbeiten* befürwortet. Dieser Gesichtspunkt erschien ihm als *der gewichtigere* als *die Wirkung auf das Ausland.*[10] Meister und andere Protagonisten der Reorganisation der Akademie befürchteten offensichtlich, dass der Ausschluss der Hälfte der w.M. die Akademie handlungsunfähig und ihre Umwandlung in eine Art Wissenschaftskammer für Österreich wahrscheinlich gemacht hätte. In der Gesamtsitzung vom 3. August 1945 wurde nicht der Ausschluss, sondern die Ruhendstellung derjenigen Akademiemitglieder beschlossen, die der NSDAP angehört hatten.[11] Vorerst ausgeschlossen wurden aufgrund der Klassenbeschlüsse vom 17. und 18. Oktober 1945 die o.M. Viktor Christian, Fritz Knoll, Karl Mayrhofer und Eduard Pernkopf.[12] Weitere Schritte sollten erst nach der Verabschiedung des Nationalsozialistengesetzes 1947 gesetzt werden, der Fortgang der politischen Überprüfung der Mitglieder wurde in den Gesamtsitzungen nicht angesprochen.[13] Aufgrund des Amnestiegesetzes vom 21. April 1948 konnten die meisten ruhend gestellten Akademiemitgliedschaften wieder offiziell aktiviert werden.

An der Akademie hatten Ernst Späth, Richard Meister und Josef Keil jedenfalls schon ab 1945 die Reintegration ehemaliger Nationalsozialisten unterstützt. Späth und Meister intervenierten unter anderem zugunsten des abgesetzten Akademiepräsidenten Heinrich Srbik sowie für das auf die Kriegsverbrecherliste gesetzte o.M. Oswald Menghin.[14] Auch andere Akademiemitglieder wie der an der Universität entlassene Anglist Friedrich Wild konnten auf das neue Präsidium zählen. Laut inoffizieller Aufstellungen wurde Wild bereits im November 1945 wieder als Obmann der Phonogrammarchiv-Kommission geführt.[15] Am 14. Februar 1948 schrieb Generalsekretär Keil im Auftrag des Präsidiums für Wild eine Befürwortung des Ansuchens auf Nachlass der Sühnefolgen, das dieser an Bundespräsident Karl Renner gerichtet hatte. Wilds Ansuchen wurde am 22. Mai 1948 stattgegeben, woraufhin seine Akademiemitgliedschaft mit 24. Mai 1948 offiziell wieder auflebte.[16] Der Einsatz des Präsidiums galt auch der Wiederbestellung Walter Ruths, der „aufgrund seiner Verdienste während der Verbotszeit“ im Mai 1938 mit der vorläufigen Leitung des

---

[10] AÖAW, Protokoll der Gesamtsitzung am 22. Juni 1945 (A 995), Bericht von Richard Meister.

[11] Vgl. dazu den vorstehenden Beitrag von Johannes Feichtinger und Dieter J. Hecht, „Die Entnazifizierung an der Akademie der Wissenschaften“, in diesem Band, S. 171–187, bes. S. 179.

[12] Vgl. AÖAW, Protokoll der Gesamtsitzung am 30. Oktober 1945 (A 997). Im Protokoll heißt es, dass das *Erlöschen der Mitgliedschaft* dieser w.M. *ausgesprochen* wurde.

[13] Siehe dazu den vorstehenden Beitrag von Johannes Feichtinger und Dieter J. Hecht, „Die Entnazifizierung an der Akademie der Wissenschaften“, in diesem Band, S. 171–187.

[14] Vgl. AÖAW, PA Heinrich Srbik, und AÖAW, PA Oswald Menghin, sowie UAW, PA Oswald Menghin, PH PA 2617/161. Vgl. auch UAW, Nachlass Richard Meister, K. 324, Korrespondenz Meisters mit Oswald Menghin.

[15] Vgl. AÖAW, Protokoll der Gesamtsitzung am 7. Dezember 1945 (A 998), Beilage, Kommissionen (14. November 1945).

[16] Vgl. AÖAW, PA Friedrich Wild.

Phonogrammarchivs betraut worden war.[17] Keil verwendete sich erfolgreich für den aus der Kriegsgefangenschaft zurückgekehrten Nationalsozialisten.[18] Josef Keil und Richard Meister intervenierten im Staatsamt auch mehrfach für den Verbleib der Belegschaft der Biologischen Station Lunz, deren Mitarbeiter vor 1938 sämtlich illegal der NSDAP angehört hatten. Im Jahr 1947 drohte Meister dem Minister Felix Hurdes, dass er als Vizepräsident zurücktreten werde, wenn die Personalangelegenheiten von Lunz nicht bis Jahresende in seinem Sinne geklärt würden.[19] Alle Angestellten in Lunz durften bleiben und erhielten neue Dienstverträge. Vor diesem Hintergrund erscheint die Übertragung der Planstelle des Leiters und die Widmung des

Abb. 93: Biologische Station Lunz

[17] AÖAW, Phonogrammarchiv, K. 1, Konv. 4, Nr. 92/1939. Vgl. dazu den vorstehenden Beitrag von Marlene Wahlmüller „Konsequenzen für das wissenschaftliche Personal am Beispiel von Leo Hajek", in diesem Band, S. 71–79.

[18] Vgl. AÖAW, Ministerium 1948–1950, 1948. Keil wird in den Almanachen der Jahre 1946 bis 1948 als Obmann-Stellvertreter der Phonogrammarchiv-Kommission geführt. Im Almanach f.d.J. 1948, 98 (1949), S. 91, wird Wild zwar als Mitglied der Phonogrammarchiv-Kommission genannt, angeführt wird aber nicht, wer Obmann war, sondern allein die Funktion des Obmann-Stellvertreters, die Keil ausübte. Im Almanach f.d.J. 1949, 99 (1950), S. 121, wird Wild wieder als Obmann geführt.

[19] Überliefert ist diese Drohung in einem Schreiben von Ludmilla Krestan an Franz Ruttner vom 15. November 1947. Vgl. AÖAW, Biologische Station Lunz, Schuber „Diverses 1923–1950".

Abb. 94: Teilnehmer der Hundertjahrfeier besuchen die Biologische Station Lunz, Mai 1947

Verkaufserlöses der zerstörten Gebäude der Biologischen Versuchsanstalt im Prater an die Biologische Station Lunz besonders fragwürdig.[20]

Das Bundesministerium für Unterricht war mit der umfassenden Wiederaufnahme der vormaligen NSDAP-Mitglieder keineswegs einverstanden. Davon zeugt die Anfrage, die der zuständige Sektionschef Otto Skrbensky am 2. September 1948 an die Akademie richtete.[21] Er fragte, ob die Akademie wirklich jenen Mitgliedern, die soeben von den Sühnefolgen befreit worden waren, nun ihre Sitze zurückgeben wolle. Skrbensky hatte als Schlüsselfigur der Entnazifizierung an den Universitäten wenige Berührungsängste gegenüber ehemaligen Nationalsozialisten,[22] sofern sie seine christlich-konservativen Wertvorstellungen teilten. Er argumentierte gegenüber

---

[20] Vgl. dazu den vorstehenden Beitrag von Klaus Taschwer „Vertrieben, verbrannt, verkauft, vergessen und verdrängt", in diesem Band, S. 105–115, sowie den Beitrag von Johannes Feichtinger und Dieter J. Hecht, „Aufgaben und Wirkungskreis des neuen Präsidiums", in diesem Band, S. 159–169.

[21] Vgl. AÖAW, Ministerium 1948–1950, No. 1389/1948, Skrbensky an Ficker vom 2. September 1948 (eingelangt am 8. Oktober).

[22] Zur Rolle Skrbenskys vgl. Pfefferle/Pfefferle (2012), Glimpflich entnazifiziert, S. 25–48.

der Akademie, dass kein Recht auf Mitgliedschaft bestünde und die Wiedereingliederung von Personen wie Nadler oder Srbik eine Bloßstellung Österreichs und der Akademie bedeute; insbesondere, weil die Akademie Personen aufnahm, die von der Universität aufgrund ihrer NSDAP-Vergangenheit entfernt worden waren. In seinem Antwortschreiben widersprach Präsident Ficker der Meinung Skrbenskys. Er betonte, dass die Akademie stets nach dem Gesetz handelte und die belasteten Mitglieder ihre Mitgliedschaft nicht verloren hätten, weil die Sühnefolgen zeitlich beschränkt gewesen waren. Bezüglich Entfernung der genannten Personen von den Universitäten brachte er vor, dass dort die Jugend beeinflusst werde, was bei der Arbeit an der Akademie nicht der Fall sei.[23] Diese Haltung wird auch aus einem Schreiben Meisters an Ficker vom selben Tag deutlich, wo er den Wunsch Srbiks, einen Vortrag an der Akademie zu halten, befürwortete und mit dem lapidaren Kommentar versah: *Sollten sich in der Akademie Leute finden, die an einem Vortrag Srbiks Anstoß nehmen, so wird man dies eben hinnehmen müssen. Einmal muß auch mit diesen Dingen Rest gemacht werden.*[24]

Der Umgang des Akademiepräsidiums mit der NS-Vergangenheit wurde auch von der Presse mit Kritik bedacht. Ein Artikel im Organ „Der neue Vorwärts. Wochenblatt für fortschrittliche Sozialisten in Österreich", vom 15. Juli 1951 spitzte sie an der Person von Richard Meister anlässlich seiner Wahl zum Akademiepräsidenten zu: „Die Mitglieder der ‚Österreichischen Akademie der Wissenschaften', als der Körperschaft, die Österreichs wissenschaftliche Elite zu repräsentieren hätte, sind in ihrer Mehrheit noch immer die alten Protektionskinder der faschistischen Ära. Da sitzt noch ein Nadler drinnen, ein Knoll, ein Christian, ein Pernkopf und wie sie alle heißen, die, während ihre jüdischen Kollegen vergast wurden, sich als fanatische Nazi gebärdeten. Daß sie 1945 und danach nicht hinausgesäubert wurden, war vor allem das zweifelhafte Verdienst jenes Mannes, den wir schon einmal im ‚Neuen Vorwärts' als Österreichs schwarz-braune Eminenz hinter den Kulissen vorgestellt haben: Richard Meister, der seit mehr als zwanzig Jahren auf den Hochschulen und wo sich sonst Gelegenheit bietet, gegen alles intrigiert, was nach Demokratie riecht, und alles zu halten versucht, was ihn selbst im Notfall hält."[25]

Restaurative Erneuerung

Mit der umfassenden Aktivierung der im Jahr 1945 ruhend gestellten Mitgliedschaften handelte die Akademie nicht im Sinne der auch von den Besatzungsmächten geforderten radikalen demokratischen Erneuerung, sie handelte aber auf der Grundlage der Gesetze der Zweiten Republik. Sowohl an der Akademie als auch an den Universitäten waren – wie erwähnt – die Akteure aus der Zeit des autoritären Stände-

[23] Vgl. AÖAW, Ministerium 1948–1950, No. 1389/1948, Ficker an Skrbensky vom 9. Oktober 1948.

[24] AÖAW, PA Heinrich Ficker, Meister an Ficker vom 9. Oktober 1948.

[25] AÖAW, PA Richard Meister, Mappe 2.

staates als die neuen Amtsträger zurückgekehrt. Mit ihrer Hilfe gelangten hier wie dort viele ehemalige NSDAP-Mitglieder nach einer kurzen Zeit der Ruhendstellung der Mitgliedschaft bzw. Entlassung wieder auf ihre Positionen. Ein Unterschied bestand jedoch darin, dass Universitätsprofessoren nach Erreichen des Pensionsalters aus dem Dienstverhältnis ausschieden, während Akademiemitglieder auf Lebenszeit gewählt und häufig auch bis zu ihrem Ableben aktiv tätig waren. Anzunehmen ist daher, dass sich die Wiener Gelehrtengesellschaft aufgrund der Generationenabfolge ab den späten 1940er Jahren vorwiegend aus ehemaligen Anhängern des autoritären Ständestaates und des Nationalsozialismus zusammensetzte. Die Zuwahlpraxis nach 1945 zeigt keine grundsätzliche Zäsur, denn infolge der Minderbelastetenamnestie 1948 wurden seit Anfang der 1950er Jahre k.M., die als (minder-)belastet eingestuft worden waren, zu w.M. gewählt. Zugleich wurden auch ehemalige NSDAP-Mitglieder, die vor 1945 keine Akademiemitglieder gewesen waren, neu in beide Klassen der Akademie aufgenommen. Bemerkenswert ist etwa der hohe Anteil an gewählten ehemaligen NSDAP-Mitgliedern oder Anwärtern im Jahr 1955, dem Staatsvertragsjahr. Die phil.-hist. Klasse wählte in diesem Jahr den Indologen Erich Frauwallner und den Philosophen Friedrich Kainz zum w.M., die math.-nat. Klasse den Paläontologen Othmar Kühn.[26] Voraussetzung für die Wahl zum Akademiemitglied war allerdings die volle Rehabilitierung an der Universität:[27] Kainz und Kühn wirkten zum Zeitpunkt ihrer Wahl schon als o. Professoren an der Wiener Universität, Kainz war 1949 wieder zum a.o. Professor und 1950 zum o. Professor berufen worden, Kühn im Jahr 1951. Erich Frauwallner, ein illegales NSDAP-Mitglied, war im März 1955, also unmittelbar vor seiner Wahl zum w.M., wieder zum Extraordinarius an der Universität Wien berufen worden. 1960 wurde ihm der Lehrstuhl anvertraut.[28]

Auch andere (minder-)belastete k.M. wurden in den 1950er Jahren zu w.M. gewählt: der Altphilologe Albin Lesky im Jahr 1950, der Botaniker Karl Höfler 1951 und der Astronom Viktor Oberguggenberger im Jahr 1954. Der Leiter der Biologischen Station Lunz, Franz Ruttner, wurde 1952 als k.M. in die Akademie aufgenommen. In den 1950er Jahren wurde auch der Althistoriker und exponierte Nationalsozialist Fritz Schachermeyr, der nach mehrjährigem Berufsverbot 1952 als Nachfol-

---

26 Die Angaben über die NSDAP-Mitgliedschaft beruhen auf Recherchen im ÖStA-AdR, im Wiener Stadt- und Landesarchiv sowie in den Akten im BDC. Vgl. auch AÖAW, Protokoll der Wahlsitzung der Gesamtakademie vom 17. Mai 1955 (A 1073).

27 Schon gewählte, aber ruhend gestellte Mitglieder bzw. Personen, deren Mitgliedschaft aufgehoben worden war, wurden auch ohne vorhergehende Rehabilitierung an der Universität wieder als Akademiemitglieder aufgenommen. Dies traf auf die w.M. Viktor Christian, Fritz Knoll, Karl Mayrhofer und Eduard Pernkopf zu. Der Mathematiker Mayrhofer, illegales NSDAP-Mitglied, schien im Almanach f.d.J. 1948, 98 (1949), S. 17, wieder im Mitgliederverzeichnis auf. 46-jährig im Mai 1945 an der Universität entlassen, wurde ihm erst 1954 die Lehrbefugnis wieder verliehen. 1957 kehrte er als o. Professor an die Universität Wien zurück. Vgl. Pfefferle/Pfefferle (2012), Glimpflich entnazifiziert, S. 93.

28 Vgl. Stuchlik (2009), Ansatz; Pfefferle/Pfefferle (2012), Glimpflich entnazifiziert, S. 84, und Pollock (2002), Ex Oriente Nox, S. 359–362.

Abb. 95: Franz Ruttner

ger Josef Keils zum o. Professor an der Universität Wien berufen wurde, zum Akademiemitglied gewählt (k.M. 1954, w.M. 1957).[29] Zwischen 1945 und 1955 wählte die phil.-hist. Klasse 26 w.M., davon vier ehemalige NSDAP-Mitglieder bzw. Parteianwärter, d. h. 15,4 Prozent aller neuen Mitglieder. Die math.-nat. Klasse wählte in diesem Zeitraum 25 neue w.M., davon fünf ehemalige NSDAP-Mitglieder bzw. Parteianwärter, d. h. 20 Prozent.

In den 1960/70er Jahren wurden noch weitere (minder-)belastete k.M. in den Stand der w.M. aufgenommen: u.a. der Semitist und Arabist Adolf Grohmann, der Mathematiker Josef Krames, der Volkskundler Richard Wolfram, die Germanisten Otto Höfler, Eberhard Kranzmayer und Hans Rupprich sowie die Physiker Gustav Ortner und Georg Stetter. Der illegale Nationalsozialist Gustav Ortner war 1938 zum Vorstand des Instituts für Radiumforschung ernannt und 1945 aus seiner universitären Stellung entlassen worden. Mitte der 1950er Jahre kehrte er nach mehrjähriger Lehrtätigkeit an der Universität Kairo zurück nach Wien. Die Lehrbefugnis erhielt er wieder 1955. Das Bundesministerium für Unterricht betraute ihn zunächst mit der Planung des österreichischen Hochschulreaktors. 1960 erhielt Ortner die Berufung zum Ordinarius für Technische Kernphysik an der TH Wien, später auch zum Vorstand des Atominstituts der österreichischen Universitäten.[30] So wie Ortner wurde auch Georg Stetter, der schon vor 1938 Mitglied der NSDAP gewesen war,

[29] Vgl. zu Schachermeyr Pesditschek (2009), Barbar, Kreter, Arier.
[30] Vgl. Pfefferle/Pfefferle (2012), Glimpflich entnazifiziert, S. 127f.

zum w.M. der Akademie gewählt. Stetter hatte mit seinem Stellvertreter Ortner seit 1943 das Vierjahresplaninstitut für Neutronenforschung geleitet, er war nach Wiedererlangung der venia legendi im Jahr 1953 zum Ordinarius der Universität Wien berufen worden. Im Jahr 1964 wurde der mittlerweile 88-jährige „Anschlussrektor" der Universität Innsbruck, Harold Steinacker, unter anderem auf Vorschlag von Rudolf Egger zum EM der Akademie gewählt.[31] Gegen alle drei war 1947 gegen ihren Verbleib an der Akademie Einspruch erhoben worden.[32]

Seit den 1950er Jahren konnten entnazifizierte NSDAP-Mitglieder an der Akademie – so wie an der Universität – wieder wichtige Positionen einnehmen. In der Zeit der Akademiepräsidentschaft Richard Meisters (1951–1963) wurden sie auch wieder in Präsidialämter gewählt.[33] So gelang z.B. dem Altphilologen Albin Lesky in den 1960er Jahren eine beachtliche Karriere an der Akademie: 1959 bis 1963 als Sekretär der phil.-hist. Klasse, 1963 bis 1969 als Vizepräsident und 1969 bis 1970 als Präsident. Lesky, der von 1963 bis 1964 auch Rektor der Universität Wien war, konnte glaubhaft versichern, dass er nur aus Sorge um seine berufliche Laufbahn der NSDAP beigetreten sei.[34]

Die Rehabilitierung von ehemaligen NSDAP-Mitgliedern und ihre Re-Integration in die Gelehrtengesellschaft stellen keine Ausnahmeerscheinung dar, sondern entsprechen dem österreichischen Umgang mit dem Nationalsozialismus in dieser Zeit.[35] Christian Fleck hat für die Entwicklung der Wissenschaftslandschaft in den Nachkriegsjahrzehnten den Begriff der „autochthonen Provinzialisierung" geprägt.[36]

Wie in anderen österreichischen Wissenschaftsinstitutionen wirkten auch an der Akademie die personellen Weichenstellungen während Ständestaat-Diktatur und Nationalsozialismus weit über 1945 hinaus. Kontinuitäten spiegeln sich in der Wissenschaftsauffassung und -praxis und nicht zuletzt in der Zusammensetzung der Gelehrtengesellschaft und damit auch in der Forschungspolitik wider.

Johannes Feichtinger/Dieter J. Hecht

---

[31] Vgl. Feichtinger/Uhl (2005), Akademie, S. 335f.

[32] Vgl. den vorstehenden Beitrag von Johannes Feichtinger und Dieter J. Hecht, „Die Entnazifizierung an der Akademie der Wissenschaften", in diesem Band, S. 171–187, bes. S. 184.

[33] Vgl. den vorstehenden Beitrag von Johannes Feichtinger und Dieter J. Hecht, „Die Entnazifizierung an der Akademie der Wissenschaften", in diesem Band, S. 171–187, bes. S. 187.

[34] Vgl. Goller/Oberkofler (2003), Universität, S. 27. Im Jahr 1994 wurde nach ihm und seiner Frau Erna Lesky, die ebenfalls Mitglied der NSDAP war, im 22. Wiener Gemeindebezirk eine Gasse benannt, 1998 ein Tor am Wiener Universitätscampus. Vgl. Feichtinger/Uhl (2005), Akademie, S. 335.

[35] Vgl. Uhl (2011), Opfer, S. 27–46.

[36] Vgl. Fleck (2012), Provinzialisierung; Fleck (1996), Provinzialisierung, und Reiter (2006), Naturwissenschaften.

Hundertjahrfeier der Akademie der Wissenschaften 1947

Österreich-Identität – Neuverortung in der internationalen *scientific community* – Ausblendung der NS-Zeit

Es war der Zufall eines Jubiläums, welcher der Akademie der Wissenschaften die Möglichkeit eröffnete, sich zwei Jahre nach dem Ende der NS-Zeit öffentlichkeitswirksam als traditionsreicher Hort einer ‚reinen', vorgeblich unpolitischen Wissenschaft darzustellen, die vom Nationalsozialismus nicht kontaminiert worden sei und somit wieder ihren Platz in der internationalen akademischen Welt einnehmen könne.

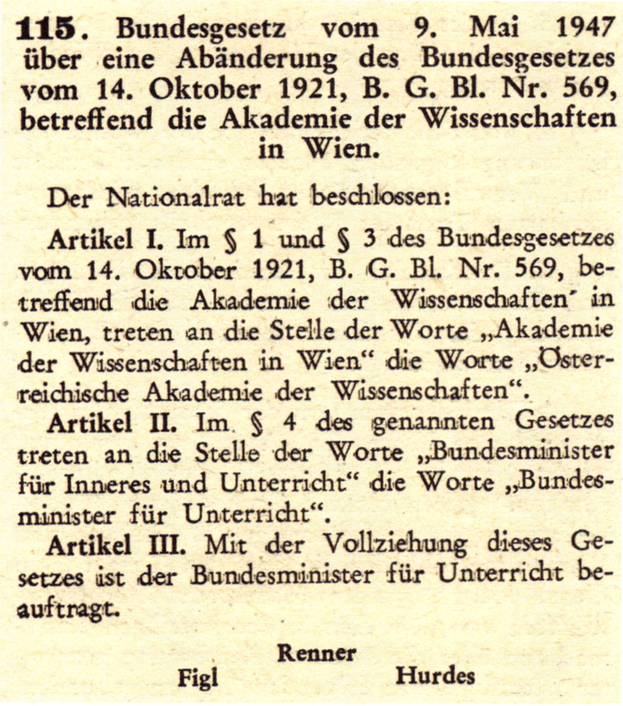

115. Bundesgesetz vom 9. Mai 1947 über eine Abänderung des Bundesgesetzes vom 14. Oktober 1921, B. G. Bl. Nr. 569, betreffend die Akademie der Wissenschaften in Wien.

Der Nationalrat hat beschlossen:

Artikel I. Im § 1 und § 3 des Bundesgesetzes vom 14. Oktober 1921, B. G. Bl. Nr. 569, betreffend die Akademie der Wissenschaften in Wien, treten an die Stelle der Worte „Akademie der Wissenschaften in Wien" die Worte „Österreichische Akademie der Wissenschaften".

Artikel II. Im § 4 des genannten Gesetzes treten an die Stelle der Worte „Bundesminister für Inneres und Unterricht" die Worte „Bundesminister für Unterricht".

Artikel III. Mit der Vollziehung dieses Gesetzes ist der Bundesminister für Unterricht beauftragt.

Renner

Figl **Hurdes**

Abb. 96: Bundesgesetz 1947

Die historische Verortung in einer österreichischen Kontinuitätslinie bildete den neuen Orientierungsrahmen, in dem die Akademie nach der Zäsur 1945 ihre wissenschaftlichen und institutionellen Aktivitäten neu zu legitimieren suchte. Bereits im

August 1945 wurde die klassenübergreifende „Verbandkommission österreichischer Wissenschaft" eingesetzt. Durch diese Kommission habe sich die Akademie, wie Präsident Späth in der Feierlichen Sitzung am 5. Juni 1946 unterstrich, „in den Dienst der Gegenwart" gestellt.[1] Signalwirkung hatte insbesondere die Namensänderung in Österreichische Akademie der Wissenschaften, die in der Gesamtsitzung am 22. Februar 1946 vom w.M. Leopold Wenger beantragt worden war und im Bundesgesetz vom 9. Mai 1947, „betreffend die Akademie der Wissenschaften in Wien" verlautbart wurde.[2] Im Oktober 1946 wurde die klassenübergreifende „Kommission für die Ausarbeitung eines österreichischen biographischen Lexikons" eingesetzt. Sie hatte das Ziel, die 1917 begonnene „Neue Österreichische Biographie" durch ein biografisches Gesamtlexikon zu ergänzen.[3]

In den Dienst der Stärkung des Österreichbewusstseins stellte sich die Akademie auch bei den staatlichen Jubiläumsfeierlichkeiten zu „950 Jahre Österreich". Die erstmalige urkundliche Erwähnung des Namens Ostarrîchi bot Anlass für eine großangelegte staatliche Identitätsoffensive, die darauf abzielte, das noch keineswegs gesicherte Österreichbewusstsein neu zu definieren und breit zu kommunizieren. Das neue Österreich präsentierte sich als Kulturgroßmacht: seine Leistungen in Kunst und Wissenschaft sollten zwei Jahre nach Kriegsende den Ruf Österreichs auf internationaler Ebene und vor allem gegenüber den Besatzungsmächten wiederherstellen. Die Akademie eröffnete „die Reihe der festlichen Veranstaltungen der österreichischen Wissenschaft" mit einer außerordentlichen Festsitzung am 21. Oktober 1946. In seiner Eröffnungsansprache wies Vizepräsident Meister der Akademie die Rolle zu, die „geschichtlichen Grundgedanken" und die „historische Bedeutung" des Jubiläums entsprechend zu würdigen. Aus der Urkunde des Jahres 996 gehe hervor, dass „schon damals Österreich als ein besonderer Bereich bewußt und allgemein anerkannt war, was eben durch das Vorhandensein einer besonderen und zwar volkstümlichen Bezeichnung bewiesen wird."[4] Daraufhin trug Raoul Aslan, der Direktor des Burgtheaters, Anton Wildgans' Rede über Österreich vor. Den Festvortrag über „Die

---

[1] Almanach f.d.J. 1946, 96 (1948), S. 37. In der konstituierenden Sitzung der Verbandkommission österreichischer Wissenschaft am 22. August 1945 wurde die Herausgabe eines Jahrbuches der österreichischen Wissenschaft in Aussicht genommen. Zwischen 1948 und 1965 erschienen fünf Bände dieses Jahr- bzw. Handbuchs. Daneben wurde die Veröffentlichung einer Reihe mit dem Titel „Austria. Darstellungen aus Natur, Geschichte und Kultur Österreichs" geplant.

[2] BGBl. Nr. 115/1947. Der Antrag erhielt die Zustimmung der Gesamtsitzung am 4. Juni 1946. Die vorgeschlagene Namensänderung lautete allerdings „Österreichische Akademie der Wissenschaften in Wien". AÖAW, Protokoll der Gesamtsitzung am 22. Februar 1946 (A 1000). Siehe daneben AÖAW, Protokoll der Gesamtsitzung am 4. Juni 1946 (A 1003).

[3] Vgl. Meister (1947), Geschichte, S. 201 u. 289. Als Kommissionsobmann wurde der antragstellende Historiker Leo Santifaller eingesetzt. Die erste Initiative war allerdings vom Inhaber des Amalthea-Verlags ausgegangen, der sich Anfang 1946 mit dem Vorschlag, die „Neue Österreichische Biographie" zu reaktivieren, an Vizepräsident Meister gewandt hatte. Vgl. Santifaller (1957), Vorwort, S. VIII.

[4] Almanach f.d.J. 1946, 96 (1948), S. 192f.

Das Referat über den gegenwärtigen Stand der Angelegenheit erscheint durch die vorstehenden Ausführungen erstattet. Ich erlaube mir weiterhin dazu folgendes zu berichten:

Die Bearbeitung eines "Biographischen Lexikons" aller bedeutender Oesterreicher für den Zeitraum von 1815 bis zur Gegenwart, welches nach dem Vorbilde des deutschen und englischen Werkes kurze, streng wissenschaftlich-systematisch gearbeitete und mit allen erforderlichen Quellen- und Literaturangaben versehene

Biographien enthalten sollte, entspricht einem dringenden Bedürfnis der Wissenschaft und des praktischen Lebens des In- und des Auslandes. Dieses bedeutsame österreichische Wissenschaftunternehmen ist daher der tatkräftigen Förderung der österreichischen Akademie der Wissenschaften in jeder Hinsicht würdig. Ohne die Hilfe einer grösseren wissenschaftlichen Körperschaft erscheint die Fertigstellung des Werkes überhaupt kaum durchführbar. Ich stelle daher zur Erwägung, ob die hohe Akademie das "Biographische Lexikon" als Unternehmen der Historischen Kommission erklären oder für die Betreuung desselben eine eigene Kommission einsetzen solle; eventuell würde es auch genügen, wenn die Hohe Akademie das "Biographische Lexikon" finanziell unterstützen und in ihren Schutz nehmen würde.

- . -

Wien, 23. Okt. 1946 Leo Santifaller

Abb. 97: Antrag zur Gründung des Österreichischen Biographischen Lexikons durch Leo Santifaller am 23. Oktober 1946 (Ausschnitte)

Urkunde von 996 und die Voraussetzungen für selbständige Staatengebilde im österreichischen Raume" hielt der Historiker Alphons Lhotsky.[5] Lhotsky verwies dabei auf

[5] Vgl. Almanach f.d.J. 1946, 96 (1948), S. 192f.; vgl. daneben Lhotsky (1947), Ostarrîchi.

die „natürlichen und geschichtlichen Faktoren, denen Österreich seit jeher seine Eigenart und seine Sonderstellung verdankt.“ Aus der Betrachtung „rund zweier Jahrtausende“ österreichischer Geschichte sei der Schluss zu ziehen, dass sich das Land immer wieder „dem völligen Aufgehen in übergeordnete größere Gebilde [...] erfolgreich zu entziehen vermochte“. Es handle sich um „gesetzmäßige Verhältnisse“, „konstante, fernhin wirkende geschichtliche Kräfte“, die Österreich „immer wieder zu sich selbst zurückgeführt haben.“[6] Lhotskys Ausführungen folgten damit jenen Vorstellungen, die Vizepräsident Meister in Hinblick auf die Beteiligung der Akademie an der Österreichfeier in der Gesamtsitzung vom 29. März 1946 geäußert hatte. Die Urkunde sollte angesichts ihrer Bedeutung für das Entstehen *der selbständigen Staatengilde im Donauraum Österreichs* entsprechend den *geopolitischen und historischen Voraussetzungen interpretiert werden.*[7]

Die Betonung der Österreichorientierung und die wiedergewonnene Bedeutung der Akademie als Wissenschaftsinstitution von internationalem Rang standen im Vordergrund der Hundertjahrfeierlichkeiten, die vom 11. bis 16. Mai 1947 stattfanden. Adressat der Festlichkeiten waren Wissenschaft, Politik und Öffentlichkeit in Österreich, vor allem aber die internationale *scientific community*, wie aus dem Bericht Richard Meisters hervorgeht: „Die Verbindungen der internationalen Wissenschaft waren durch den Krieg abgebrochen worden“, die Gedenkfeier eröffnete nun die Möglichkeit, „der Öffentlichkeit des In- und Auslandes [...] die Bewahrung ihrer alten Arbeitskraft und den festen Willen für künftige Leistungen zu erweisen. Sie bemühte sich darum, die Verbindungen mit den Akademien und gelehrten Gesellschaften der Welt wieder anzuknüpfen.“[8] Dieses Ziel wurde offenkundig erreicht. Der Einladung – die auch in die Sprachen der Besatzungsmächte übersetzt wurde – an die *Schwesteranstalten*[9] kamen Vertreter und Vertreterinnen angesehener Akademien und Wissenschaftsinstitutionen aus neun Staaten nach: Belgien, Frankreich, Großbritannien, Polen, Schweden, der Schweiz, der Tschechoslowakei, Ungarn und dem Vatikan.[10]

Den Gästen wurde mitgeteilt, dass die Feier *mit Rücksicht auf die derzeitige Lage Österreichs* [...] *nur eine bescheidene sein* kann, dass sich *die Akademie der Wissenschaften jedoch bemühen* [wird], *ihre Gäste mit größter Herzlichkeit zu empfangen und ihren Aufenthalt in Wien wertvoll und angenehm zu gestalten.*[11] Von Bescheidenheit konnte im Festprogramm allerdings keine Rede sein. Insbesondere den ausländischen Teilnehmern und Teilnehmerinnen sollte nicht nur die Akademie, sondern auch die österreichische Landschaft, Kultur und nicht zuletzt die Küche im besten Licht präsentiert werden. Den Auftakt des opulenten Rahmenprogramms bildete ein Begrü-

[6] Almanach f.d.J. 1946, 96 (1948), S. 195.
[7] AÖAW, Protokoll der Gesamtsitzung am 29. März 1946 (A 1001).
[8] Almanach f.d.J. 1947, 97 (1948), S. 65f.
[9] AÖAW, Feierliche Sitzungen, K. 2, Mappe „1947“, Einladung.
[10] Vgl. Almanach f.d.J. 1947, 97 (1948), S. 66.
[11] AÖAW, Feierliche Sitzungen, K. 2, Mappe „1947“, Einladung.

ßungsabend für die w.M. und k.M. sowie die Vertreter der ausländischen Akademien und Gelehrtengesellschaften am 11. Mai im Johannessaal der Akademie, wobei auch die im Sitzungssaal eingerichtete Ausstellung zur Akademiegeschichte besichtigt wurde.[12] Nach der Festsitzung der phil.-hist. Klasse am 12. Mai fand eine Führung im Kunsthistorischen Museum statt, am Abend wohnten die Festbesucherinnen und -besucher auf Einladung der Bundesregierung der Burgtheaterinszenierung von Hugo von Hofmannsthals „Jedermann" im Theater Ronacher bei.[13] Am 13. Mai wurde die Festsitzung der math.-nat. Klasse abgehalten, nachmittags standen Führungen im Naturhistorischen Museum und im Institut für Radiumforschung auf dem Programm. Der Tag der Feierlichen Sitzung, der 14. Mai 1947, war auch hinsichtlich des Abendprogramms der Höhepunkt der Festveranstaltungen. Die Festteilnehmerinnen und -teilnehmer und „eine Reihe von Gästen aus den wissenschaftlichen Kreisen" wurden vom Bundespräsidenten und der Bundesregierung in der Hofburg empfangen, im Redoutensaal bot die Staatsoper als Festaufführung Mozarts „Die Hochzeit des Figaro" dar. Die „herrliche Aufführung wurde mit größter Begeisterung von den Festgästen aufgenommen", berichtet der Vizepräsident.[14] Der 15. Mai war dem Besuch der Biologischen Station in Lunz gewidmet, dem ein Empfang in Stift Melk folgte. Am 16. Mai wurden der Prunksaal der Nationalbibliothek sowie die Sonderausstellung mit wertvollen Handschriften und Frühdrucken besucht, die eigens für das Akademiejubiläum zusammengestellt worden war. Beim anschließenden Mittagessen auf Einladung der Gemeinde Wien am Kahlenberg begrüßte Bürgermeister Theodor Körner die Festgäste, woraufhin der Abgesandte der British Academy, Sir

Abb. 98: Auditorium bei der Hundertjahrfeier 1947
(v.l.n.r.: Renner, Innitzer, Figl und Schärf)

[12] Vgl. Almanach f.d.J. 1947, 97 (1948), S. 67.
[13] Vgl. Almanach f.d.J. 1947, 97 (1948), S. 116.
[14] Almanach f.d.J. 1947, 97 (1948), S. 215.

Charles Webster, dem Bürgermeister und der Akademie den Dank der auswärtigen Gäste aussprach, „indem er der hohen Befriedigung über den Verlauf des Festes und dem hiebei zu Tage getretenen zuversichtlichen Aufbauwillen der österreichischen Wissenschaft Ausdruck gab."[15]

Den „eigentlichen Festakt der Jahrhundertfeier" bildete die Feierliche Sitzung, bei der Akademiepräsident Heinrich Ficker, Bundespräsident Karl Renner, Bundeskanzler Leopold Figl und Unterrichtsminister Felix Hurdes das Wort ergriffen. Die dabei vertretenen Positionen geben Aufschluss über den politischen Kontext und die Deutungshorizonte, die für das Feld der Wissenschaft zwei Jahre nach dem Ende des Nationalsozialismus und am Beginn des Kalten Krieges relevant waren. Präsident Ficker beschwor vor der „Hohen Festversammlung" – den w.M. und k.M. und den Vertretern von ausländischen Akademien, dem Bundespräsident und dem Bundeskanzler, Kardinal Theodor Innitzer, den Mitgliedern der Bundesregierung, dem Wiener Bürgermeister und weiteren Spitzen von Staat und Gesellschaft sowie den Vertretern der Hochkommissare der Alliierten Mächte – die 100-jährige „ruhmvolle Vergangenheit" dieser Institution, die ebenso wie das Sturmjahr 1848 auch den „vernichtendsten Gewittersturm [...], der je über die Erde gezogen ist", überstanden habe. „Im Trümmerfeld, das der Sturm hinterlassen hat, stehen wir und es ist viel, daß wir sagen können: Wir leben noch und arbeiten wieder!" Gerade aus der Tradition der Akademie erwachse die Aufgabe, nun auch der „kleinen Republik" Ansehen in der Welt zu verschaffen, denn „wenn wir auch politisch ein machtloser Kleinstaat sind und bleiben – kulturell, in Kunst und Wissenschaft wollen wir eine G r o ß m a c h t [im Original gesperrt, Anm. d. Verf.] sein." Dies erfordere, wie Ficker ausführlich darlegte, angesichts der unzureichenden finanziellen Ausstattung vor allem auch die Bereitstellung entsprechender finanzieller Mittel durch die öffentliche Hand.

Aber nicht Geldmangel sei „das Schlimmste für Wissenschaft und Forschung", „am würgendsten [...] für die Wissenschaft" seien „Parteien und Weltanschauungen, die Anspruch auf Totalität erheben und die, zur Macht gekommen, diese Totalität rücksichtslos durchführen". Diese „Gleichschaltung [...] haben wir in den Jahren vor dem Kriegsende kennen gelernt", erklärte Ficker, und nicht nur „Historiker, Philosophen, Rechtsforscher waren in der nationalsozialistischen Zeit in ihrer Arbeit kontrolliert und gehemmt. Niemand war sicher davor!" Dies gelte auch für die Naturwissenschaften, wie Ficker am Beispiel der so genannten Welteislehre, die zum Bestandteil der nationalsozialistischen Weltanschauung hätte werden sollen, illustrierte. Die Freiheit von Forschung und Lehre sei aber „das Fundament dessen, was wir unter

[15] Almanach f.d.J. 1947, 97 (1948), S. 220.

Abb. 99: Bundespräsident Renner als Festredner bei der Hundertjahrfeier 1947

Wissenschaft begreifen". Ficker schloss mit dem Appell: „Freie Forschung und freie Lehre in einem freien Österreich!"[16]

Bundespräsident Karl Renner, soeben zum EM der Gesamtakademie gewählt, dankte für die Auszeichnung „mit der höchsten Würde, die die Akademie zu vergeben hat", und bezeichnet sie als „feierliche Bekundung,", dass sich die wissenschaftli-

[16] Almanach f.d.J. 1947, 97 (1948), S. 152–161. Noch deutlicher wurde der Akademiepräsident am Vortag in seiner Begrüßungsansprache bei der Festsitzung der math.-nat. Klasse, als er erklärte: „In einer Zeit, in der der Kampf um eine neue Gesellschaftsordnung in vollem Gange ist, in der auf wirtschaftlichem Gebiete alles durch den Gegensatz zwischen Privat- und Planwirtschaft beherrscht wird, in einer solchen Zeit besteht auch mehr als früher die Gefahr, daß das Schlagwort von der Lenkung und Zweckgebundenheit der Wissenschaft erhöhte Bedeutung als bisher gewinnt." (Ebda., S. 117) Die Akademien seien „immer ein Symbol der Einheit aller Wissenschaften" gewesen, Einheit und Freiheit der Wissenschaft „waren immer die wahren Grundpfeiler der akademischen Tätigkeit und sollen es auch für unsere Akademie bleiben." (Ebda., S. 119)

che Elite Österreichs „vorbehaltlos zum freien, demokratischen Volksstaat“ bekenne.[17] Der Nazismus und „die alle überlieferten Vorstellungen übertreffende entsetzliche Katastrophe des zweiten Weltkriegs“ habe die „geistige Welt“ einer ganzen Generation „intellektuell und moralisch vernichtet.“ Renners Appell richtete sich auf die Zukunft: „Stellen Sie sich selbst, meine Herren, ein auf die Zukunft, schließen Sie in sich selbst ab mit der Vergangenheit.“[18] Nun gelte „Internationalismus, Demokratie und Sozialismus als geistige Grundrichtung. Diese gibt der Akademie, die soviel an Terrain verloren hat, an der Schwelle ihres neuen Jahrhunderts neues und größeres Terrain: Sie hat zweimal ein Reich, in dem sie gewirkt hat, verloren, aber sie ist daran, eine Welt, die ganze Welt zum Arbeitsfeld zu gewinnen.“[19]

Renners Postulat „das Buch der Vergangenheit ist abgeschlossen“[20], entsprach zwei Jahre nach dem Ende der NS-Herrschaft der gesellschaftlichen Praxis im Umgang mit den ehemaligen Nationalsozialisten. Dementsprechend wurde die Tatsache, dass auch Akademiemitglieder der Partei angehört hatten, die für die „würgende“ Gleichschaltung der Wissenschaften (Heinrich Ficker) verantwortlich gewesen war, naturgemäß nicht erwähnt. Eine diesbezügliche Andeutung findet sich im Tätigkeitsbericht von Generalsekretär Josef Keil für den Zeitraum vom 5. Juni 1946 bis Mai 1947. Diese Bemerkung diente allerdings eher dazu, den eigentlichen Sachverhalt – die noch nicht abgeschlossene politische Überprüfung von Akademiemitgliedern – zu verschleiern: Keil verwies darauf, dass „eine genaue Mitteilung über den derzeitigen Stand der Mitglieder der Akademie wegen mancher noch bestehender Unklarheiten derzeit nicht gegeben werden kann“.[21]

Abb. 100: Gedenkmedaille, recto und verso

[17] Almanach f.d.J. 1947, 97 (1948), S. 162f.
[18] Almanach f.d.J. 1947, 97 (1948), S. 172–175.
[19] Almanach f.d.J. 1947, 97 (1948), S. 177.
[20] Almanach f.d.J. 1947, 97 (1948), S. 177.
[21] Almanach f.d.J. 1947, 97 (1948), S. 71.

Angesichts der vielfachen Bemühungen der Akademie, jenen Mitgliedern, die unter das Verbotsgesetz 1945 fielen, entgegenzukommen, erscheint auch die Wahl der Inschrift für die Gedenkmedaille zur Hundertjahrfeier in einem neuen Licht: MULTI PERTRANSIERUNT ET PERTRANSIBUNT | AUCTA EST ET AUGEBITUR SCIENTIA (Viele sind dahingegangen und werden dahingehen, gemehrt wurde und wird werden die Wissenschaft). Dieses Motto kann als symbolische Amnestie gedeutet werden. Ungeachtet ihrer individuellen politischen Verstrickungen hätten alle Mitglieder zur Weiterentwicklung der Wissenschaft beigetragen. Dass diese Interpretation durchaus stichhaltig ist, zeigen die Schlussworte von Richard Meisters Festvortrag zur „Geschichte der Akademie der Wissenschaften in Wien 1847–1947“: „So steht die Akademie vor Ihnen heute mit dem Bekenntnis, von sich sagen zu dürfen, daß sie durch alle wechselvollen Zeiten hindurch dem Gesetz, unter dem alle Forschung steht, dem der strengsten Sachlichkeit und Objektivität, nie untreu geworden ist. Diesem Gesetz hat jeder gedient, ausnahmslos, der in diesem Haus gewirkt hat, und diesem Gesetz wollen auch künftig alle Mitglieder der Akademie und die Akademie als Ganzes dienen. Ein Wandel der Zeiten geht durch alles menschliche Tun, aber daraus hebt sich immer wiederum ein Gebiet der Kultur nach dem anderen mit Werken, die [...] als dauernd bezeichnet werden dürfen.“[22]

Das Streben nach Akzeptanz und Anerkennung in der internationalen Wissenschaftswelt war ein bestimmender Faktor für die ÖAW in der Nachkriegszeit. Die Wahl von Lise Meitner zum ersten weiblichen Mitglied der math.-nat. Klasse im Jahr 1948 ist wohl auch vor diesem Hintergrund zu sehen. Bei der Wahl von Mitgliedern finden sich allerdings immer wieder Wissenschaftler, die während der NS-Zeit hochrangige Positionen eingenommen hatten[23] – das Entgegenkommen gegenüber den „Ehemaligen“, das auf gesellschaftlicher und (partei-)politischer Ebene vorherrschend war, fand in der ÖAW seine Entsprechung. Ob sich die Akademie bei der Integration ehemaliger Nationalsozialsten im *mainstream* der österreichischen politischen Kultur positionierte oder darüber hinausgehende Aktivitäten setzte,[24] müssen weitere Forschungsarbeiten analysieren.

Den ersten Schritt zur Thematisierung der eigenen Rolle unternahm die Akademie anlässlich des 150-jährigen Gründungsjubiläums im Jahr 1997. Die in diesem Rahmen herausgegebene Festschrift enthält einen Beitrag von Herbert Matis über die „Akademie der Wissenschaften 1938 bis 1945“.[25] Damit begann auch die ÖAW, wenngleich zeitverzögert gegenüber den österreichischen Universitäten, wo bereits in den 1980er Jahren entsprechende Forschungsaktivitäten einsetzen, sich mit ihrer

---

[22] Almanach f.d.J. 1947, 97 (1948), S. 202 u. 216.

[23] Siehe dazu den vorstehenden Beitrag von Johannes Feichtinger und Dieter J. Hecht, „1945 und danach. Eine Zäsur und zwei Kontinuitäten“, in diesem Band, S. 189–197.

[24] Zu erwähnen ist etwa die Wahl des Historikers Harold Steinacker, Rektor der Universität Innsbruck 1938–1942, zum EM der phil.-hist. Klasse im Jahr 1964. Vgl. dazu den Nachruf von Franz Huter im Almanach f.d.J. 1965, 155 (1966), S. 306–335.

[25] Matis (1997), Akademie, S. 21–34.

Geschichte in jener Zeit auseinanderzusetzen, „als versucht wurde, auch die Wissenschaft in den Dienst eines menschenverachtenden, verbrecherischen Regimes zu stellen.“[26] Über die Verhaltensweisen nach 1945 schreibt Herbert Matis in der ausführlicheren Publikation „Zwischen Anpassung und Widerstand. Die Akademie der Wissenschaften in den Jahren 1938–1945“ resümierend: „Indem das Problem der ‚Entnazifizierung‘ rein juristisch abgehandelt wurde, kam eine nachhaltige und innerliche Auseinandersetzung mit dem Nationalsozialismus gar nicht erst zustande.“[27]

Heidemarie Uhl

---

[26] Matis (1997), Anpassung, S. 7.
[27] Ebda., S. 67.

III. BIOGRAMME

Biogramme

Die Biogramme enthalten Kurzinformationen über die in diesem Band erwähnten Mitglieder der Akademie im In- und Ausland sowie über Personen, die zur Akademie in einem Beschäftigungsverhältnis standen. Sie geben Auskunft über den wissenschaftlichen Werdegang und die Art der Akademie-Zugehörigkeit.

Zu den Angaben über die NS-Belastung einzelner Personen ist anzumerken: Da die Art der Mitgliedschaft in nationalsozialistischen Organisationen nicht in allen Fällen erhoben werden konnte, sind allein die derzeit bekannten Mitgliedschaften in der NSDAP, der SS und der SA angeführt. Jedenfalls wird darauf hingewiesen, dass die betreffende Person laut Verbotsgesetz vom 8. Mai 1945 amtlich registrierungspflichtig war. Dies betraf in Österreich lebende Personen, „die zwischen dem 1. Juli 1933 und dem 27. April 1945 der NSDAP oder einem ihrer Wehrverbände (SS, SA, NSKK, NSFK) angehört" hatten, „ferner alle Parteianwärter und Personen, die sich um die Aufnahme in die SS (Schutzstaffel) beworben" hatten.

Die biografischen Angaben beruhen auf Nachrufen in den Almanachen (betreffend die Mitglieder), den Personalakten (betreffend die Mitglieder, Mitarbeiterinnen und Mitarbeiter), auf die „Politischen Fragebögen der Mitglieder [zur Entnazifizierung]" im AÖAW, auf dem Österreichischen Biographischen Lexikon (ÖBL) sowie auf den im Literaturverzeichnis angeführten Werken.

Emil **Abel** (2. Juni 1875 – 2. April 1958)

Emil Abel stammte aus Wien, studierte an der TH Wien Chemie und promovierte 1900 an der Universität Göttingen. Danach war er in Wien in der chemischen Industrie beruflich tätig. 1905 habilitierte er sich an der TH, 1910 an der Universität Wien. 1911 wurde er a.o. Professor und 1923 o. Professor für Physikalische Chemie sowie Institutsvorstand an der TH Wien. 1938 wurde er aus „rassischen" Gründen seines Amtes enthoben. Abel konnte 1939 nach England emigrieren, wo er am University College in London und in der Privatwirtschaft tätig war. Nach 1945 stand er wieder in Kontakt mit der TH Wien auf und hielt dort Gastvorträge. Abel gehörte der Akademie seit 1929 als k.M. I. an. 1945 wurde er, in London lebend, zum k.M. A. umgewidmet. Er erklärte am 4. Jänner 1939 seinen Austritt und kam somit seinem Ausschluss zuvor.

Othenio **Abel** (20. Juni 1875 – 4. Juli 1946)

Othenio Abel wurde in Wien geboren. Er studierte Rechtswissenschaften sowie Naturwissenschaften und promovierte 1899. 1902 habilitiert, wurde er 1907 zum ao. Professor und 1912 zum o. Professor für Paläontologie und 1917 zum o. Professor für Paläobiologie an der Universität Wien ernannt. 1928 wurden beide Lehrstühle unter seiner Leitung zu einem Institut vereinigt. 1927/28 war Abel Dekan, 1932/33 Rektor der Universität Wien. Ein von ihm ab Anfang der 1920er Jahre organisiertes Netzwerk setzte es sich zum Ziel, Habilitationen und Berufungen von jüdischen und sozialdemokratischen Wissenschaftlerinnen und Wissenschaftlern zu verhindern. 1934 wurde er wegen seiner nationalsozialistischen Gesinnung in den Ruhestand versetzt. 1935 nahm einen Ruf nach Göttingen an. Nach seiner Emeritierung wechselte er 1941 als Leiter des Instituts für Lebensgeschichte, einer neugegründeten Einrichtung der SS-Forschungsgemeinschaft „Ahnenerbe", nach Salzburg. Er war aufgrund seiner NSDAP-Mitgliedschaft 1945 registrierungspflichtig. Die Akademie wählte Abel 1921 zum k.M. I.

Leopold **Adametz** (11. November 1861 – 27. Jänner 1941)
Leopold Adametz stammte aus dem damals zu Niederösterreich gehörigen Feldsberg. Er studierte Zoologie an der Hochschule für Bodenkultur in Wien und an der Universität Leipzig. 1886 promoviert, wurde er nach kurzer Tätigkeit in der Landwirtschaft Assistent an der Lehrkanzel für Tierproduktenlehre der Hochschule für Bodenkultur. Adametz habilitierte sich 1888 und wurde 1890 a.o. Professor in Wien. Von 1891 an lehrte er als a.o. Professor an der Universität Krakau, bevor er 1898 einem Ruf als o. Professor an die Hochschule für Bodenkultur in Wien folgte. 1901/02 war er Rektor dieser Hochschule. Adametz gehörte der Akademie seit 1931 zunächst als k.M. I. und seit 1937 als w.M. an.

Ludwig **Adamovich** (30. April 1890 – 23. September 1955)
Ludwig Adamovich wurde in Esseg/Kroatien geboren und studierte an der Universität Wien Rechtswissenschaften. 1913 promoviert, trat er 1920 in den Verfassungsdienst des Bundeskanzleramtes ein. Adamovich habilitierte sich 1924 an der Universität Wien. 1927 wurde er a.o. Professor an der Deutschen Universität in Prag. 1928 wurde er als o. Professor für Staats- und Verwaltungsrecht an die Universität Graz berufen, 1934 folgte er einem Ruf an die Universität Wien. Seit 1930 gehörte er dem Österreichischen Verfassungsgerichtshof an. Im letzten Kabinett Schuschnigg (1938) war er Justizminister und wurde nach dem „Anschluss" zwangspensioniert. Von 1945 bis 1947 war er Rektor der Universität Wien, 1945 Vizepräsident und von 1946 bis 1955 Präsident des Verfassungsgerichtshofes. 1945 wurde Adamovich zum w.M. der Akademie gewählt.

Franz **Aigner** (13. Mai 1882 – 19. Juli 1945)
Franz Aigner wurde in St. Pölten geboren und studierte an der Universität Wien Physik. 1906 promoviert, habilitierte er sich 1918 und wurde 1925 a.o. Professor und 1930 schließlich o. Professor für Hochfrequenzfernmeldetechnik an der TH Wien. 1937/38 versah er das Amt des Dekans an der TH Wien. Die Akademie wählte ihn 1939 zum k.M. I.

Otto **Ampferer** (1. Dezember 1875 – 9. Juli 1947)
Otto Ampferer wurde in Hötting bei Innsbruck geboren und studierte an der Universität Innsbruck Mathematik, Physik und Geologie. Seine Studien schloss er 1899 mit der Promotion ab. 1901 trat er in den Dienst der k.k. Geologischen Reichsanstalt in Wien. Von 1935 bis 1937 war er Direktor der Geologischen Bundesanstalt in Wien. Ampferer wurde 1925 zum k.M. I. und 1939 zum o.M. der Akademie gewählt.

Hermann **Barrenscheen** (19. November 1887 – 3. November 1958)
Hermann Barrenscheen wurde in Stuttgart geboren und wandte sich nach dem Studium der Medizin der Angewandten Medizinischen Chemie, der Physiologischen Chemie und der Medizinischen Biochemie zu. 1941 wurde er o. Professor an der Universität Wien, nachdem er zuvor als Assistenzarzt an der II. Medizinischen Universitätsklinik tätig gewesen war. Barrenscheen war seit 1933 bzw. 1934 illegales NSDAP- und SA-Mitglied und bekleidete seit 1938 den Rang eines SA-Sturmbannführers. 1943 scheiterte seine Ernennung zum Dekan am Widerstand des Professorenkollegiums. Er war aufgrund des NS-Verbotsgesetzes von 1945 registrierungspflichtig und wurde an der Universität Wien entlassen. Nach 1945 war Barrenscheen als Arzt am Salzburger Landeskrankenhaus tätig. Die Akademie wählte ihn 1941 zum

k.M. I., als einer von ganz wenigen scheint er nach 1945 nicht mehr in den Mitgliederverzeichnissen der Akademie auf.

Wilhelm **Bauer** (31. Mai 1877 – 23. November 1953)
Wilhelm Bauer wurde in Wien geboren. Er studierte dort Geschichte, besuchte den Vorbereitungskurs des Instituts für Österreichische Geschichtsforschung und promovierte 1902. 1907 habilitierte er sich an der Universität Wien und erhielt 1916 den Titel eines a.o. Professors. 1919 wurde er a.o. Professor, 1923 wurde ihm der Titel eines o. Professors verliehen. 1930 wurde er o. Professor für Allgemeine Neuere Geschichte und Mitdirektor des Historischen Seminars der Universität Wien. Er war aufgrund seiner NSDAP-Mitgliedschaft 1945 registrierungspflichtig und wurde 1945 an der Universität Wien enthoben und mit einem Lehrverbot belegt. 1946 wurde er dort in den dauernden Ruhestand versetzt. Die Akademie wählte Bauer 1931 zum k.M. I. und 1938 zum o.M. 1945 wurde seine Akademiemitgliedschaft für ruhendgestellt erklärt. Das Amnestiegesetz vom April 1948 ermöglichte die Reaktivierung, im Mitgliederverzeichnis für das Jahr 1948 scheint sein Name wieder auf.

Hans **Benndorf** (13. Dezember 1870 – 11. Februar 1953)
Hans Benndorf stammte aus Zürich und studierte Physik an den Universitäten Wien, Heidelberg und Berlin. 1895 promoviert, habilitierte er sich 1899 an der Universität Wien. 1904 wurde er a.o. Professor und 1910 o. Professor für Experimentelle Physik an der Universität Graz. 1920 war er Dekan und 1933/34 Rektor der Universität Graz. 1936 in den Ruhestand versetzt, war er in den Jahren 1945 bis 1947 an der Universität Graz als Honorarprofessor tätig. Benndorf gehörte der Akademie seit 1914 als k.M. I. und seit 1927 als w.M. an.

Franz **Boas** (9. Juli 1858 – 21. Dezember 1942)
Franz Boas stammte aus Minden/Westfalen und studierte Mathematik, Physik und Geografie an den Universitäten Heidelberg, Bonn und Kiel. 1881 in Kiel promoviert, habilitierte er sich 1886 an der Universität Berlin und übersiedelte im selben Jahr in die USA. 1892 wurde er Dozent für Anthropologie an der Clark University in Worcester. Seit 1896 war er für das American Museum of Natural History in New York in leitender Funktion tätig, und seit 1899 lehrte er als Professor an der Columbia University in New York. Er übte diese Tätigkeit bis zu seiner Emeritierung 1934 aus. Boas gehörte der Akademie seit 1923 als k.M. A. an. Er wurde am 3. Oktober 1940 aus der Akademie ausgeschlossen.

Leopold Karl **Böhm** (11. November 1886 – 11. September 1958)
Leopold Karl Böhm stammte aus Wien. Nach seiner Promotion 1910 arbeitete er zunächst als Assistent am Institut für Biologie und Pathologie der Fische sowie Allgemeine Zoologie und Parasitenkunde der Tierärztlichen Hochschule in Wien. 1920 habilitiert, wirkte er seit 1927 als a.o. Professor und Vorstand der neu errichteten Lehrkanzel für Allgemeine Zoologie. 1938 wurde er zum o. Professor ernannt. Da er nicht Mitglied der NSDAP war, verblieb er 1945 im Amt. Von 1948 bis 1950 war Böhm Rektor der Tierärztlichen Hochschule in Wien. Böhm wurde 1939 zum k.M. I. und 1941 zum o.M. gewählt.

Walther **Brecht** (31. August 1876 – 1. Juli 1950)
Walther Brecht wurde in Berlin geboren. Er studierte Geschichte und Deutsche Philologie in Freiburg i. Br., Bonn und Göttingen. 1902 promoviert, habilitierte er sich 1906 an der Universität Göttingen und übernahm 1910 eine Professur an der Königlichen Akademie in Posen. Von 1913 bis 1925 wirkte er als o. Professor an der Universität Wien, wechselte 1926 nach Breslau und war schließlich von 1927 bis 1937 als o. Professor der Deutschen Sprache und Literatur an der Universität München tätig. Brecht gehörte der Akademie seit 1916 als k.M. I.

und seit 1919 als w.M. an. 1926 wurde er zum k.M. A., 1938 zum o.M. und 1945 zum k.M. A. umgewidmet. Er wurde am 3. Oktober 1940 aus der Akademie ausgeschlossen.

Ernst Theodor **Brücke** (8. Oktober 1880 – 12. Juni 1941)
Ernst Theodor Brücke wurde in Wien geboren und studierte dort und an der Universität Leipzig Medizin. 1904 in Wien promoviert, habilitierte er sich 1908. Seit 1913 führte er den Titel eines a.o. Professors. 1916 erhielt er einen Ruf für Physiologie an die Universität Innsbruck. 1938 wurde er aus „rassischen Gründen" seines Amtes enthoben. 1939 emigrierte er in die USA und arbeitete fortan im Laboratorium von A. Forbes an der Harvard University in Cambridge, Mass. Brücke gehörte der Akademie seit 1922 als k.M. I. an. Er wurde am 20. Februar 1939 aus der Akademie ausgeschlossen.

Franz Theodor **Brücke** (15. Jänner 1908 – 25. März 1970)
Franz Theodor Brücke wurde in Leipzig geboren und studierte an den Universitäten Innsbruck, Wien, Berlin und Leipzig Medizin. Nach der Promotion in Innsbruck 1931 forschte er mehrere Jahre in Berlin, Graz und Wien, bevor er 1934 eine Assistentenstelle am Pharmakologischen Institut der Universität Wien antrat. 1941 habilitierte er sich an der Universität Wien. 1948 wurde er als o. Professor auf den Lehrstuhl für Pharmakologie der Universität Wien berufen, den er bis zu seinem Tod innehatte. Brücke war 1954/55 Dekan. Er wurde 1957 zum k.M. I. und 1959 zum w.M. der Akademie gewählt.

Otto **Brunner** (21. April 1898 – 12. Juni 1982)
Otto Brunner wurde in Mödling geboren und studierte in Wien Geschichte und Geografie, später auch Kunstgeschichte, Deutsche Rechtsgeschichte sowie Staatslehre. Daneben absolvierte er den Ausbildungskurs am Institut für Österreichische Geschichtsforschung. Seit 1923 als Archivar tätig, habilitierte er sich 1929 an der Universität Wien und wurde dort 1931 a.o. Professor. 1940 übernahm Brunner die Leitung des Instituts für Österreichische Geschichtsforschung, 1941 wurde er o. Professor. Er war aufgrund seiner NSDAP-Mitgliedschaft 1945 registrierungspflichtig. Brunner wurde 1945 an der Universität Wien enthoben, mit Lehrverbot belegt und 1948 in den dauernden Ruhestand versetzt. 1954 folgte er einem Ruf als o. Professor für Geschichte an die Universität Hamburg, wo er 1957/58 auch Dekan und 1959/60 Rektor war. Der Akademie gehörte Brunner von 1939 bis 1944 als k.M. I. und von 1944 bis 1954 als o.M. bzw. w.M. an. 1954 wurde er zum k.M. A. umgewidmet. 1945 wurde seine Akademiemitgliedschaft für ruhendgestellt erklärt. Das Amnestiegesetz vom April 1948 ermöglichte die Reaktivierung, im Mitgliederverzeichnis für das Jahr 1948 scheint sein Name wieder auf.

Karl **Bühler** (27. Mai 1879 – 24. Oktober 1963)
Karl Bühler stammte aus Meckesheim und studierte Medizin an der Universität Freiburg i. Br. sowie Psychologie an der Universität Straßburg. 1903 promoviert, habilitierte er sich 1907 in Würzburg und wechselte an die Universität Bonn. Von 1913 bis 1918 arbeitete Bühler als a.o. Professor an der Universität München und wurde 1918 zum o. Professor an die TH Dresden berufen. 1922 wurde er o. Professor für Philosophie und Psychologie an der Universität Wien, 1938 aus „rassischen Gründen" seines Amtes enthoben. Im selben Jahr emigrierte er nach Oslo, 1939 in die USA. Dort wirkte er bis 1945 zunächst als Professor für Psychologie am College von St. Scholastika in Duluth und ab 1940 am St. Thomas College in St. Paul, Minnesota. Von 1945 bis 1955 wirkte er als Visiting Clinical Professor für Psychiatrie an der University of Southern California in Los Angeles. Bühler wurde 1934 zum k.M. I. gewählt und 1939 zum k.M. A. umgewidmet. Am 3. Oktober 1940 wurde er aus der Akademie ausgeschlossen.

Viktor **Christian** (30. März 1885 – 28. Mai 1963)
Viktor Christian stammte aus Wien und studierte dort Geschichte und Geografie für das Lehramt sowie semitische Sprachen. Er setzte sein Studium an der Universität Berlin fort und kehrte schließlich nach Wien zurück, wo er 1922 die wissenschaftliche Leitung des Volksbildungshauses Urania übernahm. 1923 habilitierte er sich an der Wiener Universität und wurde 1924 zum a.o. Professor und 1930 zum o. Professor für Altsemitische Philologie und Orientalische Archäologie berufen. Von 1934 bis 1936 vom Dienst suspendiert, war er von 1938 bis 1943 Dekan der Philosophischen Fakultät der Universität Wien. Christian, Mitglied der NSDAP und SS-Mitglied im Rang eines Hauptsturmführers, war Leiter der Wiener „Lehr- und Forschungsstätte für den vorderen Orient" der SS-Forschungsgemeinschaft „Ahnenerbe". Er war aufgrund seiner NSDAP-Mitgliedschaft 1945 registrierungspflichtig und wurde 1945 an der Universität Wien entlassen. 1950 wurde er dort in den dauernden Ruhestand versetzt. Christian kehrte nicht in den Hochschuldienst zurück. Er gehörte der Akademie seit 1938 als k.M. I. und seit 1939 als o.M. an. 1945 wurde seine Akademiemitgliedschaft für erloschen erklärt, im Mitgliederverzeichnis für das Jahr 1950 scheint sein Name wieder auf.

Hans Peter **Cornelius** (29. September 1888 – 2. April 1950)
Hans Peter Cornelius wurde in München geboren und studierte erst in München, später an der ETH Zürich Mineralogie und Petrografie. Von 1928 bis 1945 arbeitete er an der Geologischen Bundesanstalt in Wien. Er war als illegaler Nationalsozialist 1945 registrierungspflichtig. Cornelius gehörte der Akademie seit 1941 als k.M. I. an. 1945 wurde seine Akademiemitgliedschaft für ruhendgestellt erklärt. Das Amnestiegesetz vom April 1948 ermöglichte die Reaktivierung, im Mitgliederverzeichnis für das Jahr 1948 scheint sein Name wieder auf. Seine Wahl zum w.M. stand zur Diskussion, bevor er verstarb.

Alfons **Dopsch** (14. Juni 1868 – 1. September 1953)
Alfons Dopsch stammte aus Lobositz in Nordböhmen. Er studierte Geografie, Geschichte und Kunstgeschichte an der Universität Wien. Von 1889 bis 1891 absolvierte er den Ausbildungskurs am Institut für Österreichische Geschichtsforschung. Nach seiner Habilitation 1893 wurde Dopsch a.o. Professor und wirkte von 1900 bis 1937 als o. Professor für Allgemeine und Österreichische Geschichte an der Universität Wien. 1920/21 bekleidete er das Amt des Rektors der Universität Wien. Dopsch gehörte der Akademie seit 1903 zunächst als k.M. I. und seit 1909 als w.M. an.

Arnold **Durig** (12. November 1872 – 18. Oktober 1961)
Arnold Durig wurde in Innsbruck geboren und studierte an der Universität Innsbruck Medizin. 1898 promoviert, war er seit dem selben Jahr als Sekundararzt und Volontär an verschiedenen Innsbrucker Kliniken tätig. 1902 habilitierte er sich an der Universität Wien, 1904 wurde er a.o. Professor und 1905 als o. Professor an die Hochschule für Bodenkultur in Wien berufen. 1918 übernahm er die Lehrkanzel für Physiologie an der Universität Wien. 1938 wurde er aus politischen Gründen zwangsweise pensioniert und trat nach eigenen Angaben 1941 oder 1942 der NSDAP bei. Er war aufgrund seiner NSDAP-Mitgliedschaft 1945 registrierungspflichtig. Durig gehörte der Akademie seit 1911 als k.M. I. und seit 1915 als w.M. an. 1945 wurde seine Akademiemitgliedschaft für ruhendgestellt erklärt. Das Amnestiegesetz vom April 1948 ermöglichte die Reaktivierung, im Mitgliederverzeichnis für das Jahr 1948 scheint sein Name wieder auf.

Josef Maria **Eder** (16. März 1855 – 18. Oktober 1944)
Josef Maria Eder stammte aus Krems und studierte an der Universität sowie der TH Wien Chemie und Physik. 1880 habilitierte er sich an der TH Wien und lehrte seit 1882 an der

Staatsgewerbeschule in Wien. 1888 wurde Eder Direktor der Graphischen Lehr- und Versuchsanstalt (vormals: Lehranstalt für Photographie und Reproduktionsverfahren) in Wien, die von ihm gegründet und bis 1922 geleitet wurde. 1892 wurde er a.o. Professor und wirkte von 1902 bis 1925 als o. Professor für Photochemie an der TH Wien. Eder wurde 1903 zum k.M. I. und 1916 zum w.M. der Akademie gewählt.

Rudolf **Egger** (11. April 1882 – 7. Mai 1969)
Rudolf Egger wurde in Bruck a.d. Mur geboren und studierte an der Universität Wien Klassische Philologie, Alte Geschichte, Epigraphik und Germanistik, bevor er in den Schuldienst am Gymnasium eintrat. 1917 habilitierte er sich an der Universität Wien. 1923 wurde er an dieser Universität a.o. Professor, 1929 o. Professor. 1935 wurde er Mitdirektor des Österreichischen Archäologischen Instituts. Er war aufgrund seiner NSDAP-Mitgliedschaft 1945 registrierungspflichtig. 1945 mit Lehrverbot belegt und von der Universität Wien entlassen, wurde er dort 1947 in den dauernden Ruhestand versetzt. Er war weiterhin für das Österreichische Archäologische Institut tätig. Egger gehörte der Akademie seit 1929 als k.M. I. und seit 1937 als w.M. an. 1945 wurde seine Akademiemitgliedschaft für ruhendgestellt erklärt. Das Amnestiegesetz vom April 1948 ermöglichte die Reaktivierung, im Mitgliederverzeichnis für das Jahr 1948 scheint sein Name wieder auf.

Albert **Ehrhard** (17. Oktober 1845 – 23. September 1940)
Albert Ehrhard stammte aus dem Unterelsass. Er wurde 1885 katholischer Priester, bevor er 1889 als Professor an das Straßburger Priesterseminar und 1892 an die Universität Würzburg berufen wurde. 1898 wurde er als o. Professor an die Universität Wien berufen und war dort 1899 Dekan. 1902 übernahm er eine Professur an der Universität Freiburg i. Br. und wechselte 1903 an die Universität Straßburg, wo er 1911/12 das Amt des Rektors ausübte. Von 1920 bis 1927 wirkte er an der Universität Bonn. Die Akademie wählte Erhard 1900 zum k.M. I. und 1901 zum w.M. 1902 wurde er zum k.M. A. und 1938 zum o.M. umgewidmet.

Albert **Eichler** (26. April 1879 – 8. Dezember 1953)
Albert Eichler wurde in Wien geboren und studierte dort Anglistik und Germanistik. 1902 promoviert, legte er die Lehramtsprüfung ab und war als Mittelschullehrer tätig. 1908 habilitierte er sich an der Universität Wien und wurde 1912 a.o. Professor an der Universität Graz. 1918 wurde Eichler in Graz zum o. Professor berufen. 1925/26 übte er das Amt des Dekans aus. Von 1938 bis 1944 war Eichler Prorektor der Reichsuniversität Graz. Er war aufgrund seiner NSDAP-Mitgliedschaft 1945 registrierungspflichtig und wurde 1946 aufgrund eines negativen Entscheids der Entnazifizierungskommission aus dem Lehramt entlassen. Eichler kehrte nicht mehr in den Hochschuldienst zurück. Er gehörte der Akademie seit 1944 als k.M. I. an. 1945 wurde seine Akademiemitgliedschaft für ruhendgestellt erklärt. Das Amnestiegesetz vom April 1948 ermöglichte die Reaktivierung, im Mitgliederverzeichnis für das Jahr 1948 scheint sein Name wieder auf.

Friedrich **Emich** (5. September 1860 – 22. Jänner 1940)
Friedrich Emich stammte aus Graz und studierte an der dortigen TH Chemie. Nach dem Studium war er zunächst als Lehrer an einem Mädchenlyzeum in Graz tätig. Er habilitierte sich 1888, wurde 1889 a.o. Professor und 1894 o. Professor an der TH Graz, wo er wiederholt auch das Amt eines Dekans und Rektors ausübte. 1931 emeritierte Emich. Die Akademie wählte ihn 1917 zum k.M. I. und 1928 zum w.M.

Friedrich **Engel-Janosi** (18. Februar 1893 – 7. März 1978)

Friedrich Engel-Janosi wurde in Wien geboren und studierte an der dortigen Universität Rechtswissenschaften (1919 Dr. iur.), bevor er sich dem Studium der Geschichte zuwandte (1921 Dr. phil.). 1929 habilitierte er sich an der Universität Wien und führte seit 1935 den Titel eines a.o. Professors. Seit 1924 leitete er die sich im Familienbesitz befindliche Holz- und Parkettfabrik in Wien-Heiligenstadt. Als „rassisch" Verfolgter emigrierte Engel-Janosi 1939 nach England und 1940 in die USA, wo er an der Johns Hopkins Universität in Baltimore tätig wurde. Von 1942 bis 1959 wirkte er als Professor an der Catholic University of America in Washington, D.C. Aus der Emigration zurückgekehrt, übernahm er 1959 die Lehrkanzel für Geschichte der Neuzeit an der Universität Wien. Engel-Janosi war seit 1963 k.M. I. der Akademie.

Karl **Federhofer** (5. Juli 1885 – 6. November 1960)

Karl Federhofer stammte aus Knittelfeld, studierte an der TH Graz Bauingenieurwesen und promovierte 1909. Er war im Baudienst der österreichischen Staatsbahnen sowie im Staatsbaudienst der steiermärkischen Statthalterei tätig, bevor er sich 1913 an der Montanistischen Hochschule in Leoben habilitierte. 1920 wurde er als o. Professor an die TH in Brünn berufen. 1923 kehrte er als o. Professor für Technische Mechanik an die TH Graz zurück und wirkte dort bis zu seiner Emeritierung 1956. Von 1925 bis 1927 war er Dekan der Bauingenieurschule an der TH Graz, 1928/29 stand er der TH als Rektor vor. Er war aufgrund seiner NSDAP-Mitgliedschaft 1945 registrierungspflichtig und wurde 1946 aufgrund eines positiven Entscheides der Entnazifizierungskommission im Lehramt belassen. Federhofer gehörte der Akademie seit 1935 als k.M. I. an, 1939 wurde er zum o.M. gewählt. 1945 wurde seine Akademiemitgliedschaft für ruhendgestellt erklärt. Das Amnestiegesetz vom April 1948 ermöglichte die Reaktivierung, im Mitgliederverzeichnis für das Jahr 1948 scheint sein Name wieder auf.

Heinrich **Ficker** (22. November 1881 – 29. April 1957)

Heinrich Ficker wurde in München geboren und studierte an den Universitäten Wien und Innsbruck. 1906 promoviert, habilitierte er sich 1909 an der Universität Innsbruck und wurde 1911 a.o. Professor an der Universität Graz. 1919 wurde er in Graz zum o. Professor berufen. 1923 folgte er einem Ruf als o. Professor an die Universität Berlin und wurde Direktor des Preußischen Meteorologischen Instituts. 1933 war Ficker als amtierender Sekretär der Preußischen Akademie der Wissenschaften in Berlin am Ausschluss von Albert Einstein beteiligt. Von 1937 bis zu seiner Emeritierung 1953 wirkte er als o. Professor für Physik der Erde an der Universität Wien und leitete die Zentralanstalt für Meteorologie und Geodynamik. Ficker gehörte der Akademie seit 1922 als k.M. I. an und wurde 1923 zum k.M. A. umgewidmet. 1937 erfolgte die abermalige Umwidmung zum k.M. I. 1939 wurde er zum o.M. der Akademie gewählt. Von 1946 bis 1951 war Ficker Präsident und danach bis zu seinem Tode Vizepräsident der Akademie.

Ludwig **Flamm** (29. Jänner 1885 – 4. Dezember 1964)

Ludwig Flamm wurde in Wien geboren und studierte an der dortigen Universität Physik. 1909 promoviert, habilitierte er sich 1916 an der Universität Wien und wurde 1919 a.o. Professor an der TH Wien. Von 1922 bis zu seiner Emeritierung 1956 war Flamm o. Professor für Physik und Vorstand der II. Physikalischen Lehrkanzel an der TH Wien. Von 1929 bis 1931 übte er das Amt des Dekans an der TH Wien aus und stand ihr 1930/31 als Rektor vor. Flamm gehörte der Akademie seit 1928 als k.M. I. und ab 1940 als o.M. an.

Erich **Frauwallner** (28. Dezember 1898 – 5. Juli 1974)

Erich Frauwallner stammte aus Wien und studierte an der dortigen Universität Altphilologie, Indologie und Iranistik, er promovierte 1921. Zunächst als Gymnasiallehrer tätig, habilitierte er sich 1928 an der Universität Wien. 1939 wurde Frauwallner durch ein Schreiben von Hitler zum a.o. Professor ernannt. Er war als illegaler Nationalsozialist 1945 registrierungspflichtig. 1945 an der Universität Wien entlassen, mit einem Lehrverbot belegt und 1948 in den dauernden Ruhestand versetzt, wurde er 1955 dort wieder a.o. Professor und Vorstand des Indologischen Instituts. 1960 wurde er schließlich o. Professor. Die Akademie wählte ihn 1940 zum k.M. I. und 1955 zum w.M. 1945 wurde seine Akademiemitgliedschaft für ruhendgestellt erklärt. Das Amnestiegesetz vom April 1948 ermöglichte die Reaktivierung, im Mitgliederverzeichnis für das Jahr 1948 scheint sein Name wieder auf.

Lucia **Freiberg** (* 3. Dezember 1926)

Lucia Freiberg wurde noch nicht 16-jährig als Kriegsersatzkraft in den Dienst der Akademie gestellt, wo sie im mittleren Dienst in der Buchhaltung beschäftigt war. Ihre Einstellung war aufgrund der schweren Erkrankung des Hauptbuchhalters Leopold Liegler notwendig geworden. 1947 legte sie die Externistenmatura ab und war seither im gehobenen Fachdienst tätig. 1949 bestand sie eine Prüfung in Staatsrechnungswissenschaft. 1962 übernahm Freiberg in der Nachfolge Leopold Svajdas die Leitung der Buchhaltung; als Amtsdirektorin wurde sie 1983 in den dauernden Ruhestand versetzt.

Paul **Funk** (14. April 1886 – 3. Juni 1969)

Paul Funk wurde in Wien geboren und studierte in Tübingen, Wien und Göttingen Mathematik und Physik. 1911 in Göttingen promoviert, habilitierte er sich 1915 an der Deutschen Universität in Prag, wo er 1921 a.o. Professor wurde. 1928 berief man ihn dort zum o. Professor. Nach der Besetzung der Tschechoslowakei 1939 wurde Funk zwangsweise pensioniert, später in das KZ Theresienstadt deportiert und 1945 dort befreit. Im selben Jahr nahm er einen Ruf an die TH Wien als Professor der Mathematik an und las als Honorarprofessor auch an der Universität Wien. Die Akademie wählte ihn 1950 zum w.M.

Philipp **Furtwängler** (21. April 1869 – 19. Mai 1940)

Philipp Furtwängler stammte aus Elze bei Hannover und studierte an der Universität Göttingen Mathematik. 1895 promoviert, arbeitete er seit 1899 als Assistent am Geodätischen Institut in Potsdam, bevor er 1904 als o. Professor an die Landwirtschaftliche Akademie in Bonn berufen wurde. 1907 wechselte er an die TH Aachen und kehrte 1910 an die Landwirtschaftliche Akademie in Bonn zurück. Von 1912 bis 1940 wirkte er als o. Professor der Mathematik an der Universität Wien. Furtwängler gehörte der Akademie seit 1916 als k.M. I. und seit 1927 als w.M. an.

Viktor Moritz **Goldschmidt** (27. Jänner 1888 – 20. März 1947)

Viktor Moritz Goldschmidt wurde in Zürich geboren und studierte Mineralogie, Geologie und Chemie an der Universität Oslo, wo er 1911 promovierte. 1914 wurde er Professor und leitete das Mineralogisch-Geologische Institut dieser Universität. 1929 nahm er einen Ruf als Mineraloge an die Universität Göttingen an. 1935 verließ er aufgrund „rassischer" Verfolgung Deutschland. In Oslo wirkte er wieder als o. Professor, Institutsleiter und Direktor des staatlichen Rohstoffkomitees. Goldschmidt konnte bis 1942 in dem seit 1940 von der Wehrmacht besetzten Norwegen verbleiben und flüchtete 1942 nach vorübergehender Internierung über Schweden nach Großbritannien. 1946 kehrte er als o. Professor nach Oslo zurück. Goldschmidt gehörte der Akademie seit 1928 als k.M. A. an. Er wurde am 12. Februar 1941 aus der Akademie ausgeschlossen.

Roland **Grassberger** (26. November 1867 – 4. Dezember 1956)
Roland Grassberger stammte aus Salzburg und studierte in Wien Medizin. 1892 promoviert, wurde er nach mehrjähriger Tätigkeit als Pathologe 1897 Assistent am Institut für Hygiene der Universität Wien. Nach seiner Habilitation wurde er 1906 a.o. Professor an der Universität Wien. 1917 wurde er zum tit. o. Professor, 1924 zum o. Professor der Hygiene bestellt. 1937 wurde Grassberger zum k.M. I. der Akademie gewählt.

Karl **Grobben** (27. August 1854 – 13. April 1945)
Karl Grobben stammte aus Brünn und studierte in Wien Naturwissenschaften mit Schwerpunkt Zoologie. 1877 promoviert, habilitierte er sich 1879, wurde 1884 a.o. Professor und nahm 1893 einen Ruf als o. Professor der Zoologie an die Universität Wien an. Von 1896 bis zu seiner Emeritierung 1925 leitete er das I. Zoologische Institut der Universität Wien. Grobben wurde 1891 zum k.M. I. und 1895 zum w.M. gewählt. In Vertretung des 1937 verstorbenen Vizepräsidenten der Akademie Hans Molisch wurde Grobben Ende Jänner 1938 interimistisch zu dessen Amtsnachfolger gewählt. Er legte sein Amt am 18. März 1938 nieder.

Adolf **Grohmann** (1. März 1887 – 21. September 1977)
Adolf Grohmann stammte aus Graz und studierte an der Universität Wien Semitische Philologie und Ägyptologie. 1911 promoviert, habilitierte er sich 1916 in Wien und wurde 1921 a.o. Professor an der Deutschen Universität in Prag. 1923 wurde er dort zum o. Professor der Semitischen Philologie und Islamkunde und der Arabischen Papyrologie berufen. 1930 war er Dekan. In Prag leitete er das „Orientalische Institut" der 1942 gegründeten Reinhard-Heydrich-Stiftung. Er war aufgrund seiner NSDAP-Mitgliedschaft 1945 registrierungspflichtig. 1945 aus Prag vertrieben, hielt er von 1949 bis 1962 als Honorarprofessor Vorlesungen an der Universität Innsbruck. Von 1949 bis 1956 bekleidete er zudem eine Professur für Moslem History and Archaeology an der Universität Kairo. Die Akademie wählte Grohmann 1937 zum k.M. I. und 1961 zum w.M. 1945 wurde seine Akademiemitgliedschaft für ruhendgestellt erklärt. Das Amnestiegesetz vom April 1948 ermöglichte die Reaktivierung, im Mitgliederverzeichnis für das Jahr 1948 scheint sein Name wieder auf.

Otto **Grosser** (21. November 1873 – 23. März 1951)
Otto Grosser wurde in Wien geboren und studierte dort Medizin. 1899 promoviert, habilitierte er sich 1902 und führte seit 1907 den Titel eines a.o. Professors. Seit 1909 leitete er – nunmehr o. Professor der Anatomie – das Anatomische Institut am deutschen Teil der Karls-Universität in Prag. In Prag wirkte Grosser 1913-1915, 1922/23 und 1936/37 als Dekan sowie 1928/29 und 1934/35 als Rektor der Deutschen Universität. Er war seit 1918 Vorsitzender der 1941 zur Deutschen Akademie der Wissenschaften in Prag umgewandelten Deutschen Gesellschaft der Wissenschaften und Künste. Grosser war aufgrund seiner NSDAP-Mitgliedschaft 1945 registrierungspflichtig. Die Akademie wählte ihn 1937 zum k.M. A. 1945 wurde seine Akademiemitgliedschaft für ruhendgestellt erklärt. Das Amnestiegesetz vom April 1948 ermöglichte die Reaktivierung, im Mitgliederverzeichnis für das Jahr 1948 scheint sein Name wieder auf. Nun wohnhaft in Österreich wurde er zum k.M. I. umgewidmet.

Adolf **Günther** (21. März 1881 – 14. Jänner 1958)
Adolf Günther stammte aus München und studierte dort, in Kiel und Erlangen Philosophie sowie Rechts- und Staatswissenschaften. 1910 habilitierte er sich an der Universität Berlin. 1920 folgte er einem Ruf an die Handelshochschule Nürnberg, wo er 1921/22 das Amt des Rektors bekleidete. 1923 wurde Günther als o. Professor an die Universität Innsbruck berufen und bekleidete dort 1924/25 und 1930/31 das Amt des Dekans, 1927/28 war er Rektor. 1938/39 wurde er wiederum Dekan. Ihm wurde der Titel eines SA-Sturmführers verliehen.

1940 wurde er als o. Professor der Wirtschaftswissenschaften und Gesellschaftslehre an die Universität Wien berufen. Er war aufgrund seiner NSDAP-Mitgliedschaft 1945 registrierungspflichtig und wurde 1946 aufgrund eines negativen Entscheides der Entnazifizierungskommission aus dem Lehramt entlassen. 1948 wurde er an der Universität Wien in den dauernden Ruhestand versetzt. Er gehörte der Akademie seit 1941 als k.M. I. an. 1945 wurde seine Akademiemitgliedschaft für ruhendgestellt erklärt. Das Amnestiegesetz vom April 1948 ermöglichte die Reaktivierung, im Mitgliederverzeichnis für das Jahr 1948 scheint sein Name wieder auf.

Martin **Gusinde** (29. Oktober 1886 – 20. Oktober 1969)
Martin Gusinde wurde in Breslau geboren und studierte in St. Gabriel bei Mödling Theologie. 1911 wurde er zum Missionspriester ordiniert. 1912 ging Gusinde nach Santiago/Chile, wo er als Lehrer und am Völkerkundemuseum tätig war. 1917 folgte Gusinde einem Ruf als Professor an die Universidad Católica in Santiago/Chile. Zwischen 1918 und 1924 unternahm er Forschungsreisen nach Feuerland, aus denen sein mehrbändiges, bekanntes Werk über die Feuerlandindianer hervorging. Gusinde promovierte 1926 an der Universität Wien. Nach einer Tätigkeit am Lateran-Museum in Rom von 1925 bis 1927 wurde er 1930 Mitglied des Anthropos-Instituts in St. Gabriel. 1949 wurde er auf eine Professorenstelle für Ethnologie an der Catholic University of America in Washington, D.C., berufen, die er bis zu seiner Emeritierung 1957 innehatte. Der Akademie gehörte Gusinde seit 1967 als k.M. I. an.

Leo **Hajek** (8. Jänner 1887 – Juli 1975)
Leo Hajek wurde in Prag geboren und studierte Mathematik und Physik für das Lehramt an der Universität Wien. Nach kurzer Lehrtätigkeit im Mittelschuldienst war er seit 1913 durchgängig im Phonogrammarchiv der Akademie tätig, zunächst als a.o. Hochschulassistent und seit 1921 als o. Assistent. 1928 übernahm er die Leitung des Phonogrammarchivs und wurde 1937 schließlich zum Kustos I. Klasse ernannt. Nach dem „Anschluss" wurde Hajek „rassisch" verfolgt, vom Dienst suspendiert und 1939 aus dem Beamtendienstverhältnis entlassen. Er konnte in diesem Jahr in die USA emigrieren. Später lebte er in Israel.

Günther **Hamann** (12. Oktober 1924 – 13. Oktober 1994)
Günther Hamann stammte aus Wien. Er studierte Geschichte an der Universität Wien und absolvierte den Vorbereitungskurs am Institut für Österreichische Geschichtsforschung. Er habilitierte sich 1961, wurde 1964 a.o. Professor und 1971 o. Professor für Geschichte der Neuzeit an der Universität Wien. Die Akademie wählte Hamann 1970 zum k.M. I. und 1974 zum w.M.

Friedrich **Hartmann** (29. März 1876 – 16. Jänner 1945)
Friedrich Hartmann stammte aus Troppau und studierte an der TH in Brünn Bauingenieurwesen. Zwischen 1902 und 1916 war er bei verschiedenen Eisenbaufirmen und -werken in Wien und Nordböhmen als Konstrukteur und Statiker tätig und folgte während des Ersten Weltkriegs einem Ruf als o. Professor für Brückenbau an die TH Wien. Er bekleidete die Professur bis zu seinem Tod 1945. Zwischen 1922 und 1924 wirkte er als Dekan und 1928/29 als Rektor der TH Wien. Hartmann war einer der ersten Ingenieure, die zum w.M. der Akademie gewählt wurden (1925).

Hugo **Hassinger** (8. November 1877 – 13. März 1952)
Hugo Hassinger wurde in Wien geboren und studierte an der dortigen Universität Geografie, Geschichte und Geologie. 1902 promoviert, legte er 1903 die Lehramtsprüfung ab und war seither als Gymnasiallehrer tätig. Er habilitierte sich 1914 an der Universität Wien. 1918

wurde er a.o. Professor und folgte einem Ruf als o. Professor an die Universität Basel. 1924/25 bekleidete er dort das Amt des Dekans. Von 1927 bis 1930 wirkte er als o. Professor an der Universität Freiburg i. Br. und kehrte 1931 als o. Professor für Kulturgeografie an die Universität Wien zurück. 1931 war Hassinger federführend an der Gründung der Südostdeutschen Forschungsgemeinschaft in Wien beteiligt, die er bis 1934 leitete. Der Akademie gehörte Hassinger seit 1931 als k.M. I. und seit 1934 als w.M. an.

Berthold **Hatschek** (3. April 1854 – 18. Jänner 1941)
Berthold Hatschek stammte aus Kirwein/Mähren und studierte an den Universitäten Wien und Leipzig Medizin und Naturwissenschaften. Von 1885 bis 1896 wirkte er als o. Professor am deutschen Teil der Karl-Universität in Prag. 1896 wurde er zum o. Professor der Zoologie an die Universität Wien berufen, wo er bis 1925 das II. Zoologische Institut leitete. Hatschek wurde nach 1938 „rassisch" verfolgt und starb in Wien bevor die großen Deportationen begannen. Hatschek gehörte der Akademie seit 1896 als k.M. I. und seit 1932 als w.M. an. Er erklärte am 31. Dezember 1938 seinen Austritt und kam somit seinem Ausschluss zuvor.

Franz **Heritsch** (26. Dezember 1882 – 17. April 1945)
Franz Heritsch stammte aus Graz und studierte an der dortigen Universität Geologie. 1906 promoviert, war er nach seiner Habilitation 1909 zunächst Privatdozent. 1921 wurde er a.o. Professor und 1924 zum o. Professor am Lehrstuhl für Geologie und Paläontologie an der Universität Graz berufen. Heritsch war seit 1935 k.M. I. und seit 1941 o.M. der Akademie.

Marie **Hesch** (28. Oktober 1888 – Dezember 1970)
Marie Hesch wurde in Lechwitz bei Znaim geboren, wo sie die Volksschule besuchte. Bis zu ihrem 18. Lebensjahr war sie in der Landwirtschaft tätig. 1906 übersiedelte sie nach Wien und arbeitete bis 1933 bei verschiedenen Dienstgebern als Köchin. Nach ihrer Heirat mit dem Hausbesorger der Akademie, Emerich Hesch (1877-1939), unterstützte sie ihn bei seinen Arbeiten und folgte ihm nach seinem Tod 1939 im Amt. Nach Erreichen der Pensionsgrenze wurde ihr Angestelltenverhältnis als Reinigungsfrau 1953 aufgelöst. Sie übte jedoch weiterhin die Funktion einer Hausbesorgerin aus. Marie Hesch beendete mit 1956 auf eigenen Wunsch und mit Rücksicht auf ihre Gesundheit ihren Dienst für die Akademie.

Victor Franz **Hess** (24. Juni 1883 – 17. Dezember 1964)
Victor Franz Hess stammte aus Deutschfeistritz in der Steiermark. Er studierte Physik an der Universität Graz. 1906 promoviert und 1910 habilitiert, war er bis 1919 als Assistent am II. Physikalischen Institut der Universität Wien und am Institut für Radiumforschung der Akademie der Wissenschaften tätig. 1919 wurde ihm der Titel eines a.o. Professors verliehen. 1920 wurde er a.o. Professor an der Universität Graz, um kurz darauf für zwei Jahre in den USA am Aufbau des Forschungslabors der Radium Corporation mitzuwirken. 1925 wurde er zum o. Professor für Experimentalphysik an der Universität Graz ernannt. 1929/30 fungierte er als Dekan. 1931 folgte er einem Ruf an die Universität Innsbruck. 1936 erhielt er für die 1912 von ihm entdeckte kosmische Strahlung den Nobelpreis für Physik. 1937 wurde er wieder als o. Professor an die Universität Graz berufen. Im autoritären Ständestaat war Hess als Vertreter der Wissenschaften Mitglied des Bundeskulturrates. 1938 wurde er von seiner Professur enthoben, inhaftiert und entlassen. Hess, mit einer als Jüdin verfolgten Frau verheiratet, emigrierte in die USA, wo er an der Fordham University in New York eine Professur am Department of Physics annahm. Hess gehörte der Akademie seit 1933 als k.M. I. an und wurde 1938 zum k.M. A. umgewidmet. Er wurde am 3. Oktober 1940 aus der Akademie ausgeschlossen.

Alfred **Hettner** (6. August 1859 – 31. August 1941)

Alfred Hettner wurde in Dresden geboren. Er studierte Geografie an den Universitäten Halle, Bonn und Straßburg. 1881 promoviert, habilitierte er sich 1887 an der Universität Leipzig und wurde 1897 a.o. Professor an der Universität Tübingen. 1899 wechselte er an die Universität Heidelberg, wo er 1906 den Lehrstuhl für Geografie übernahm, den er bis zu seiner Emeritierung 1928 innehatte. Hettner wurde 1930 zum k.M. A. gewählt und am 3. Oktober 1940 aus der Akademie ausgeschlossen.

Karl **Hillebrand** (26. Dezember 1861 – 10. Jänner 1939)

Karl Hillebrand stammte aus Wien und studierte an der Universität Wien Astronomie, Theoretische Physik und Mathematik. 1890 promoviert, arbeitete er seit 1892 als Assistent an der Sternwarte und war seit 1897 Privatdozent an der Universität Wien. 1902 wurde er a.o. Professor an der Universität Graz. Von 1911 bis 1933 stand er als o. Professor für Astronomie der Universitätssternwarte Graz vor. Hillebrand gehörte der Akademie seit 1926 als k.M. I. und seit 1936 als w.M. an.

Alfred **Himmelbauer** (6. Februar 1884 – 18. April 1943)

Alfred Himmelbauer wurde in Wien geboren und studierte an der Universität Wien Naturwissenschaften mit Schwerpunkt Mineralogie und Gesteinskunde. 1906 promoviert, lehrte er nach seiner Habilitation 1908 seit 1910 an der Universität Wien als Privatdozent. 1921 wurde er als o. Professor für Geognosie an die Hochschule für Bodenkultur in Wien berufen. Von 1927 bis zu seinem Tod leitete er das Mineralogisch-Petrografische Institut der Universität Wien. 1937/38 war er Dekan. Himmelbauer gehörte der Akademie seit 1929 als k.M. I. und seit 1931 als w.M. an.

Hans **Hirsch** (27. Dezember 1878 – 20. August 1940)

Hans Hirsch stammte aus Zwettl und studierte Geschichte an der Universität Wien. 1903 promoviert, wurde er nach seiner Habilitation 1908 im Jahr 1913 a.o. Professor an der Universität Wien. 1918 wurde er als o. Professor an die Deutsche Universität in Prag berufen. 1923/24 war er Dekan. 1926 kehrte er als o. Professor der Geschichte des Mittelalters und der Historischen Hilfswissenschaften an die Universität Wien zurück und übernahm dort die Leitung des Instituts für Österreichische Geschichtsforschung. Seit 1934 leitete er die Südostdeutsche Forschungsgemeinschaft in Wien, an derem Aufbau er federführend beteiligt war. 1936/37 war er Dekan und seit 1939 Prorektor der Universität Wien. Hirsch wurde 1927 zum k.M. I. und 1931 zum w.M. der Akademie gewählt. Zwischen 1938 und seinem Ableben fungierte er als Sekretär der Akademie.

Ferdinand **Hochstetter** (5. Februar 1861 – 10. November 1954)

Ferdinand Hochstetter stammte aus Hruschau/Österreichisch-Schlesien und gilt als Experte auf den Gebieten der Vergleichenden und Systematischen Anatomie sowie der Vergleichenden Embryologie. 1888 habilitiert, wurde er 1892 a.o. Professor an der Universität Wien und folgte 1896 einem Ruf als o. Professor an die Universität Innsbruck. 1908 kehrte er als Vorstand des II. Anatomischen Instituts nach Wien zurück, wo er bis zu seiner Emeritierung 1932 tätig war. Hochstetter wurde 1900 zum k.M. I. und 1911 zum w.M. gewählt.

Karl **Höfler** (11. Mai 1893 – 22. Oktober 1973)

Karl Höfler stammte aus Wien und studierte dort Naturwissenschaften, Mathematik, Physik und Chemie. 1919 promoviert, habilitierte er sich 1925 an der Universität Wien und übernahm 1935 die provisorische Leitung des Pflanzenphysiologischen Instituts dieser Universität. 1937 wurde er als a.o. Professor Leiter des Instituts und 1940 zum o. Professor der Anatomie und Physiologie der Pflanzen ernannt. Er war aufgrund seiner NSDAP-Mitgliedschaft 1945 registrierungspflichtig, wurde an der Universität Wien aus dem Dienst enthoben und mit Lehrverbot belegt. 1949 wurde Höfler wieder zum o. Professor an der Universität Wien ernannt. Der Akademie gehörte Höfler seit 1942 als k.M. I. an. 1945 wurde seine Akademiemitgliedschaft für ruhendgestellt erklärt. Das Amnestiegesetz vom April 1948 ermöglichte die Reaktivierung, im Mitgliederverzeichnis für das Jahr 1948 scheint sein Name wieder auf. 1951 wurde er w.M. der Akademie.

Otto **Höfler** (10. Mai 1901 – 25. August 1987)
Otto Höfler wurde in Wien geboren. Er studierte dort Germanistik, Skandinavistik sowie Philosophie und promovierte 1926. 1931 habilitiert, wurde er 1935 an der Universität Kiel zum o. Professor für Germanische Altertumskunde und Philologie und 1938 an der Universität München zum o. Professor für Germanische Philologie und Volkskunde ernannt. Seit 1943 leitete Höfler das Deutsche Wissenschaftliche Institut in Kopenhagen. 1945 wurde er dieser Ämter enthoben und aufgrund seiner NSDAP-Mitgliedschaft mit Lehrverbot belegt. 1950 wurde ihm die Lehrbefugnis für Skandinavistik wieder erteilt. 1954 wurde er nach bescheinigter politischer Integrität in München zum a.o. Professor für Nordische Philologie und Germanische Altertumskunde ernannt. 1957 berief ihn die Universität Wien auf den Lehrstuhl für Deutsche Sprache und Deutsche Literatur. Er emeritierte 1971. Die Akademie wählte Höfler 1956 zum k.M. A. und 1964 zum w.M.

Alexander **Hold-Ferneck** (10. Oktober 1875 – 25. Jänner 1955)
Alexander Hold-Ferneck wurde in Wien geboren und studierte dort und an der Universität Innsbruck Rechtswissenschaften. 1899 promoviert, habilitierte er sich 1903 an der Universität Wien und wurde 1912 ebendort a.o. Professor. 1919/20 supplierte er die Lehrkanzel für Strafrecht an der Deutschen Universität in Prag. 1922 wurde er als o. Professor für Völkerrecht und Rechtsphilosophie an die Universität Wien berufen. 1929/30 war er Dekan und 1934/35 Rektor der Universität Wien. Er war aufgrund seiner NSDAP-Mitgliedschaft 1945 registrierungspflichtig und wurde 1945 an der Universität Wien in den dauernden Ruhestand versetzt. Hold-Ferneck gehörte seit 1940 der Akademie als k.M. I. an. 1945 wurde seine Akademiemitgliedschaft für ruhendgestellt erklärt. Das Amnestiegesetz vom April 1948 ermöglichte die Reaktivierung, im Mitgliederverzeichnis für das Jahr 1948 scheint sein Name wieder auf.

Friedrich **Hopfner** (28. Oktober 1881 – 5. September 1949)
Friedrich Hopfner wurde in Trautenau/Böhmen geboren und studierte an der deutschen Universität in Prag und in München Mathematik, Physik, Astronomie und Geophysik. 1905 in Prag promoviert, arbeitete er an den Meteorologischen Instituten in Berlin, Innsbruck und Wien sowie im k.k. Meeresobservatorium in Triest. 1921 wurde er Chefastronom für den wissenschaftlichen Vermessungsdienst im Bundesamt für Eich- und Vermessungswesen in Wien. 1936 erhielt er einen Ruf als o. Professor für Höhere Geodäsie und Sphärische Astronomie an die TH Wien. 1938 aus dem Universitätsdienst entlassen, erhielt er seine Lehrkanzel 1945 zurück und wurde Dekan. 1948/49 war er Rektor der TH Wien. Die Akademie wählte Hopfner 1945 zum w.M.

Anton **Huber** (24. Jänner 1897 – 31. August 1975)
Anton Huber wurde in Teufelhof bei St. Pölten geboren und studierte Mathematik und verwandte Fächer an der Universität sowie der TH Wien. 1922 legte er die Lehramtsprüfung ab, promovierte 1924 und habilitierte sich 1927 an der Hochschule für Bodenkultur in Wien. 1928 wurde er a.o. Professor, 1933 folgte er einem Ruf als o. Professor an die Universität Fribourg/Schweiz. 1938 wurde er zum o. Professor der Angewandten Mathematik an der Univer-

sität Wien ernannt. Er war als illegaler Nationalsozialist 1945 registrierungspflichtig, wurde 1945 von der Universität Wien entlassen und mit einem Lehrverbot belegt. Seit 1952 arbeitete er als mathematischer Konsulent bei den Stickstoffwerken in Linz. Huber gehörte der Akademie seit 1941 als k.M. I. an. 1945 wurde seine Akademiemitgliedschaft für ruhendgestellt erklärt, im Mitgliederverzeichnis für das Jahr 1949 scheint sein Name wieder auf.

Johan **Huizinga** (7. Dezember 1872 – 1. Februar 1945)
Johan Huizinga wurde in Groningen geboren und begann dort Niederländische Philologie, Geschichte und Geografie zu studieren. 1897 promoviert, lehrte er seit 1903 Altindische Literatur- und Kunstgeschichte an der Universität Amsterdam. 1905 übernahm er den Lehrstuhl für Allgemeine und Niederländische Geschichte an der Universität Groningen, 1915 wurde er auf den Lehrstuhl für Allgemeine Geschichte an die Universität Leiden berufen. Von 1927 bis 1931 war er Dekan und 1932/33 Rektor der Universität Leiden. Die o. Professur für Geschichte hatte er bis zur Schließung der Universität 1942 inne. Nach seiner Internierung durch die deutschen Besatzungsbehörden im Sommer 1942 und dem Verbot, nach Leiden zurückzukehren, ließ er sich in Arnheim nieder. Er gehörte der Akademie seit 1937 als k.M. A. an.

Adolf **Jarisch** (23. Februar 1891 – 31. August 1965)
Adolf Jarisch stammte aus Innsbruck und studierte in Graz Medizin. 1914 promoviert, war er seit 1919 am Pharmakologischen Institut der Universität Graz tätig. Er habilitierte sich 1922 und wurde 1923 an die Universität Innsbruck berufen. 1930 folgte er einem Ruf an die Universität Düsseldorf, doch schon 1931 kehrte er wieder nach Innsbruck auf den Lehrstuhl für Pharmakologie zurück und war dort bis zu seiner Emeritierung 1958 tätig. Jarisch gehörte der Akademie seit 1951 als k.M. I. an.

Viktor **Junk** (18. April 1875 – 5. April 1948)
Viktor Junk wurde in Wien geboren und studierte an der dortigen Universität Germanistik. 1899 promoviert, habilitierte er sich 1906 an der Universität Wien. Sie verlieh ihm 1926 den Titel eines a.o. Professors. 1900 trat Junk zunächst als Konzeptsbeamter mit dem Titel eines Ersten Kanzlisten in den Dienst der Akademie (Änderung des Titels im Jahre 1903 in Zweiter Aktuar). Junk war illegaler Nationalsozialist, 1945 ging er in den Ruhestand.

Hermann **Junker** (29. November 1877 – 9. Jänner 1962)
Hermann Junker wurde in Bendorf am Rhein geboren und trat 1896 in das Priesterseminar in Trier ein, wo er Katholische Theologie studierte. Nach der Priesterweihe war er Kaplan in Ahrweiler und studierte daneben an den Universitäten Bonn und Berlin Ägyptologie, Semitische Sprachen und Sanskrit. 1903 in Berlin promoviert, wurde er nach seiner Habilitation 1907 im Jahr 1909 a.o. Professor an der Universität Wien. 1912 wurde er in Wien zum o. Professor berufen und leitete dort das für ihn eingerichtete Institut für Ägyptologie und Afrikanistik. Junker wirkte leitend an den Ausgrabungen in Gizeh mit. Als Leiter des Deutschen Archäologischen Instituts in Kairo lehrte und forschte er bis 1939 an den Universitäten Wien und Kairo. Er war aufgrund seiner NSDAP-Mitgliedschaft 1945 registrierungspflichtig. 1945 in den Ruhestand versetzt, wirkte er von 1948 bis zu seiner Emeritierung 1953 als Honorarprofessor an der Universität Wien. Die Akademie wählte ihn 1914 zum k.M. I. und 1919 zum w.M. 1945 wurde seine Akademiemitgliedschaft für ruhendgestellt erklärt. Das Amnestiegesetz vom April 1948 ermöglichte die Reaktivierung, im Mitgliederverzeichnis für das Jahr 1948 scheint sein Name wieder auf.

Leo **Jutz** (3. März 1889 – 6. Dezember 1962)

Leo Jutz wurde in Frastanz geboren und studierte an der Universität Innsbruck Germanistik und Romanistik. 1914 promoviert, trat er nach dem Abschluss der Lehramtsprüfung 1918 in den Schuldienst ein und nahm 1923 eine Tätigkeit im akademischen Bibliotheksdienst auf. 1926 habilitierte sich Jutz an der Universität Innsbruck und trug seit 1932 den Titel eines a.o. Professors. 1936 wurde er a.o. Professor an der Universität Graz, 1940 wurde er zum o. Professor für Deutsche Sprache und Literatur ernannt. Jutz war aufgrund seiner NSDAP-Mitgliedschaft 1945 registrierungspflichtig. 1946 aufgrund eines positiven Entscheides der Entnazifizierungskommission im Lehramt belassen, wirkte er in Graz bis zu seiner Emeritierung. Die Akademie wählte Jutz 1941 zum k.M. I. 1945 wurde seine Akademiemitgliedschaft für ruhendgestellt erklärt. Das Amnestiegesetz vom April 1948 ermöglichte die Reaktivierung, im Mitgliederverzeichnis für das Jahr 1948 scheint sein Name wieder auf. 1961 wurde er zum w.M. gewählt.

Friedrich **Kainz** (4. Juli 1897 – 1. Juli 1977)

Friedrich Kainz wurde in Wien geboren und studierte dort Philosophie, Psychologie, Germanistik und Kunstgeschichte, daneben aber auch Geschichte und Musikwissenschaften. 1921 promoviert, wurde er 1923 Dozent am Pädagogischen Seminar der Stadt Wien. 1925 habilitierte sich Kainz an der Universität Wien. Seit 1931 war er tit. a.o. Professor, seit 1939 a.o. Professor. Er war als Anwärter des NSDAP 1945 registrierungspflichtig. Kainz wurde 1945 an der Universität Wien enthoben. 1949 wurde er zum a.o. Professor wiederernannt und 1950 zum o. Professor für Philosophie berufen. Von 1950 bis 1954 leitete er auch das Institut für Theaterwissenschaft. 1950 wählte ihn die Akademie zum k.M. I. und 1955 zum w.M.

Rafael **Kaiser** (6. Juli 1892 – Oktober 1965)

Rafael Kaiser stammte aus Wien. Nach Abschluss der Volksschule absolvierte er eine Lehre als Gärtner und arbeite danach als Gärtnergehilfe in verschiedenen Handels- und Privatgärtnereien. 1920 trat er als Gärtner (technischer Assistent) in die Dienste der BVA und wurde 1921 pragmatisiert. Er war aufgrund seiner NSDAP-Mitgliedschaft 1945 registrierungspflichtig. Kaiser wurde 1945 aus dem Beamtendienstverhältnis entlassen und quittierte den Dienst bei der BVA. 1946 wurde er in den dauernden Ruhestand versetzt.

Josef **Keil** (13. Oktober 1878 – 13. Dezember 1963)

Josef Keil stammte aus Reichenberg/Nordböhmen und studierte Klassische Philologie und Archäologie, Alte Geschichte und Epigraphik an der Universität Wien. 1903 promoviert, war er von 1904 bis 1914 Sekretär des Österreichischen Archäologischen Instituts in Smyrna (Izmir). Nach seiner Habilitation 1920 wurde er 1925 apl. a.o. Professor an der Universität Wien. Von 1927 bis 1935 wirkte Keil als o. Professor an der Universität Greifswald. 1936 kehrte er als o. Professor für Griechische Geschichte, Altertumskunde und Epigrafik an die Universität Wien zurück, wo er bis zu seiner Emeritierung 1951 tätig war. 1946 wurde er vorübergehend von seiner Stelle enthoben, nach einem Monat aber wieder eingestellt. Keil gehörte der Akademie seit 1938 als k.M. I. und seit 1939 als o.M. an. Von 1945 bis 1959 war er Generalsekretär der Akademie.

Hans **Kelsen** (11. Oktober 1881 – 19. April 1973)

Hans Kelsen wurde in Prag geboren und studierte Rechtswissenschaften an der Universität Wien. 1906 promoviert, habilitierte er sich 1911, wurde 1915 zum tit. a.o. Professor ernannt, 1918 a.o. Professor und 1919 zum o. Professor für Staats- und Verwaltungsrecht an der Universität Wien berufen. Von 1919 bis 1930 war er Mitglied des Österreichischen Verfassungsgerichtshofs. Von 1930 bis 1933 wirkte er als o. Professor für Völkerrecht an der Universität

Köln und von 1933 bis 1940 am Institut Universitaire de Hautes Études Internationales in Genf. Von 1936 bis 1938 war er zudem Gastprofessor an der Deutschen Universität in Prag. Von 1940 bis 1941 arbeitete er als Lecturer an der Harvard University in Cambridge, Mass., sowie als Gastprofessor am Wellesley College, und seit 1942 als Gastprofessor bzw. Lecturer an der University of California in Berkeley, 1945 wurde er zum Full Professor ernannt, 1951 ging er in den Ruhestand. Die Akademie wählte ihn 1947 zum k.M. A.

Gerhard **Kirsch** (21. Juni 1890 – 15. September 1956)
Gerhard Kirsch wurde in Wien geboren und studierte dort Physik und Geologie. 1920 promoviert, war Kirsch Mitarbeiter des Instituts für Radiumforschung und Assistent am II. Physikalischen Institut. 1925 habilitierte er sich an der Universität Wien und trug seit 1932 den Titel eines a.o. Professors. 1938 wurde er mit der kommissarischen Leitung des III. Physikalischen Instituts der Universität Wien sowie des Forschungsinstituts Gastein betraut. 1939 wurde er zum apl. Professor und 1941 zum o. Professor für Physik sowie zum Vorstand des I. Physikalischen Instituts der Universität Wien ernannt. Er war als illegaler Nationalsozialist 1945 registrierungspflichtig, wurde 1945 von der Universität Wien entlassen und 1947 in den dauernden Ruhestand versetzt. Kirsch kehrte nicht mehr an die Universität zurück. Er gehörte der Akademie seit 1940 als k.M. I. an. 1945 wurde seine Akademiemitgliedschaft für ruhendgestellt erklärt. Das Amnestiegesetz vom April 1948 ermöglichte die Reaktivierung, im Mitgliederverzeichnis für das Jahr 1948 scheint sein Name wieder auf.

Josef **Kisser** (19. September 1899– 28. Juli 1984)
Josef Kisser stammte aus Wien und studierte an der dortigen Universität Chemie und Botanik. 1927 habilitierte er sich und wechselte 1930 zur BVA. 1934 erhielt er den Titel eines a.o. Professors und wurde Angestellter am Naturhistorischen Museum in Wien. 1936 wurde er a.o. Professor und leitete das Botanische Institut der Hochschule für Bodenkultur in Wien. 1938 aus politischen Gründen entlassen, arbeitete Kisser bis 1941 an der BVA. 1945 übernahm er interimistisch die Leitung des Botanischen Instituts und Gartens der Universität Wien. Im selben Jahr wurde er erneut zum Vorstand des Botanischen Instituts der Hochschule für Bodenkultur ernannt. 1946 wurde er zum o. Professor für Botanik berufen. Er emeritierte 1971. Kisser war achtmal Rektor der Hochschule für Bodenkultur. Der Akademie gehörte er seit 1968 als k.M. I. an.

Raimund **Klebelsberg** (14. Dezember 1886 – 6. Juni 1967)
Raimund Klebelsberg stammte aus Brixen und studierte an den Universitäten München und Wien Geologie und Paläontologie. 1910 promoviert und 1915 habilitiert, wurde er an der Universität Innsbruck 1921 a.o. Professor und 1925 o. Professor sowie Vorstand des Instituts für Geologie und Paläontologie. 1933/34 und von 1942 bis Mai 1945 stand Klebelsberg als Rektor an der Spitze der Universität Innsbruck. Er war aufgrund seiner NSDAP-Mitgliedschaft 1945 registrierungspflichtig. 1946 folgte die Enthebung von seiner Innsbrucker Professur, Klebelsberg erhielt Lehrverbot. 1949 wurde er rehabilitiert und wieder zum o. Professor ernannt. Die Akademie wählte Klebelsberg 1942 zum k.M. I. 1945 wurde seine Akademiemitgliedschaft für ruhendgestellt erklärt. Das Amnestiegesetz vom April 1948 ermöglichte die Reaktivierung, im Mitgliederverzeichnis für das Jahr 1948 scheint sein Name wieder auf. 1950 wurde er zum w.M. gewählt.

Fritz **Knoll** (21. Oktober 1883 – 24. Februar 1981)
Fritz Knoll wurde in Gleisdorf/Steiermark geboren und studierte an der Universität Graz Naturwissenschaften mit Schwerpunkt Zoologie und Botanik. 1906 promoviert und 1912 in Graz habilitiert, wurde er 1913 Assistent am Botanischen Institut der Universität Wien. 1922

wurde ihm der Titel eines a.o. Professors verliehen. Im selben Jahr wurde er a.o. Professor an der Deutschen Universität in Prag sowie Direktor des Botanischen Instituts und Gartens. 1926 wurde er zum o. Professor ernannt. 1930 war er Dekan. 1933 wurde Knoll als o. Professor an die Universität Wien berufen und leitete fortan das Botanische Institut und den Botanischen Garten. 1938 wurde er zum kommissarischen Rektor der Universität Wien ernannt, der er bis 1943 als Rektor vorstand. 1938 wurde er auch mit der Wahrnehmung der Interessen der Landesleitung der NSDAP für die Akademie der Wissenschaften betraut. Knoll war als illegaler Nationalsozialist 1945 registrierungspflichtig. Er wurde 1945 an der Universität Wien entlassen und 1947 in den dauernden Ruhestand versetzt. Er kehrte nicht mehr an die Universität zurück. Knoll war seit 1934 k.M. I. und seit 1939 o.M. 1945 wurde seine Akademiemitgliedschaft für erloschen erklärt. Das Amnestiegesetz vom April 1948 ermöglichte die Reaktivierung, im Mitgliederverzeichnis für das Jahr 1948 scheint sein Name wieder auf. Von 1957 bis 1959 übte er das Amt eines Sekretärs aus und von 1959 bis 1964 war er Generalsekretär der Akademie.

Rudolf **Köstler** (15. Juni 1878 – 11. Februar 1952)
Rudolf Köstler wurde in Mödling geboren und studierte an den Universitäten Czernowitz, Wien und Bonn Rechtswissenschaften. 1901 promoviert, habilitierte er sich 1908 an der Universität Czernowitz. 1912 wurde er dort zum a.o. Professor ernannt. 1913 wurde er a.o. Professor an der Universität Wien und 1923 dort zum o. Professor für Kirchenrecht und Deutsches Recht berufen. 1928/29 und 1946/47 war er Dekan. Die Akademie wählte ihn 1941 zum k.M. I., was jedoch erst 1943 bestätigt wurde. Seit 1947 gehörte er ihr als w.M. an.

Ludwig **Kofler** (30. November 1891 – 23. August 1951)
Ludwig Kofler wurde in Dornbirn geboren und studierte an der Universität Wien Botanik und Pharmazie, später auch noch Medizin. 1922 habilitiert, wurde er 1925 zum a.o. Professor an der Universität Innsbruck ernannt. Auch übernahm er die Leitung des Pharmakognostischen Instituts. 1929 zum o. Professor für Pharmakologie berufen, war er 1934/35 Dekan und 1935/36 Rektor der Universität Innsbruck. 1938 wurde er zum Gaudozentenführer ernannt. Er war als illegaler Nationalsozialist 1945 registrierungspflichtig. 1946 wurde er aufgrund eines negativen Entscheides der Entnazifizierungskommission aus dem Lehramt entlassen und mit einem Lehrverbot belegt. Er kehrte nicht mehr in den Hochschuldienst zurück. Kofler gehörte der Akademie seit 1941 als k.M. I. an. 1945 wurde seine Akademiemitgliedschaft für ruhendgestellt erklärt, er verstarb vor seiner absehbaren Wiederaufnahme.

Fritz **Kohlrausch** (6. Juli 1884 – 17. September 1953)
Fritz Kohlrausch stammte aus Niederösterreich und studierte Physik und Mathematik an der Universität Wien. 1907 promoviert, war er von 1908 bis 1920 als Assistent am II. Physikalischen Institut der Universität Wien tätig. 1911 habilitierte er sich. Er war Dozent an der Wiener Musikakademie und lehrte von 1917/18 bis 1920 an der Kunstgewerbe-Schule sowie an der Grafischen Lehr- und Versuchsanstalt in Wien. Seit 1920 führte er den Titel eines a.o. Professors. Im selben Jahr wurde er als o. Professor für Physik an die TH Graz berufen. 1922/23 und von 1946 bis 1948 war Kohlrausch dort Dekan, 1923/24 Rektor. Die Akademie wählte Kohlrausch 1929 zum k.M. I. und 1939 zum o.M.

Erwin **Kolbenheyer** (30. Dezember 1878 – 12. April 1962)
Erwin Kolbenheyer wurde in Budapest geboren und studierte in Wien Zoologie und Philosophie. Nach dem Studium wandte er sich der Dichtkunst und Schriftstellerei zu. Von Tübingen, wo er seit 1919 lebte, übersiedelte er 1932 nach München und entwickelte eine rege Vortragstätigkeit. Er war Mitglied der NSDAP und erhielt als Repräsentant des nationalsozialistischen

Kulturschaffens zahlreiche Auszeichnungen. 1948 wurde er von einer Spruchkammer als belastet, schließlich als Mitläufer eingestuft. Die Akademie wählte ihn 1941 zum EM. 1947 trat er aus der Akademie aus.

Dietrich **Kralik-Meyrswalden** (15. August 1884 – 27. Dezember 1959)
Dietrich Kralik-Meyrswalden stammte aus Wien und studierte Germanistik an der Universität Wien. 1907 promoviert, wurde er nach seiner Habilitation 1914 im Jahr 1923 als o. Professor an die Universität Würzburg berufen. 1924 kehrte er als o. Professor für Deutsche Sprache und Literatur an die Universität Wien zurück, wo er bis zu seiner Emeritierung 1957 tätig war. 1934/35 war er Dekan. Kralik-Meyrswalden war aufgrund seiner NSDAP-Mitgliedschaft 1945 registrierungspflichtig. Er wurde 1945 von seiner Professur enthoben. 1949 wurde er wieder zum o. Professor ernannt. Die Akademie wählte ihn 1925 zum k.M. I. und 1935 zum w.M. Von 1941 bis 1945 übte er das Amt eines Sekretärs der Akademie aus. 1945 wurde seine Akademiemitgliedschaft für ruhendgestellt erklärt. Das Amnestiegesetz vom April 1948 ermöglichte die Reaktivierung, im Mitgliederverzeichnis für das Jahr 1948 scheint sein Name wieder auf.

Josef **Krames** (7. Oktober 1897 – 30. August 1986)
Josef Krames stammte aus Wien und studierte Mathematik und Darstellende Geometrie für das Lehramt sowie Bauingenieurwesen an der TH Wien. 1920 promoviert, habilitierte er sich 1924 dort und wurde 1929 a.o. Professor an der TH in Brünn. 1932 wurde er als o. Professor für Darstellende Geometrie an die TH Graz berufen, wo er 1938/39 auch Dekan und Prorektor war. 1939 übernahm er die II. Lehrkanzel für Darstellende Geometrie an der TH Wien. Er war aufgrund seiner NSDAP-Mitgliedschaft 1945 registrierungspflichtig. 1945 aus dem Universitätsdienst entlassen, war er von 1948 bis 1956 am Bundesamt für Eich- und Vermessungswesen in Wien tätig. 1957 wurde er o. Professor und Leiter des I. Instituts für Geometrie an der TH Wien. Dort bekleidete er 1961/62 auch das Amt des Rektors. 1969 emeritierte er. Die Akademie wählte Krames 1942 zum k.M. I. 1945 wurde seine Akademiemitgliedschaft für ruhendgestellt erklärt. Das Amnestiegesetz vom April 1948 ermöglichte die Reaktivierung, im Mitgliederverzeichnis für das Jahr 1948 scheint sein Name wieder auf. 1962 wurde er zum w.M. gewählt.

Eberhard **Kranzmayer** (15. Mai 1897 – 13. September 1975)
Eberhard Kranzmayer wurde in Klagenfurt geboren und studierte in Wien und Innsbruck Linguistik und Altertumskunde. 1925 promoviert, wurde er Mitarbeiter in der Wörterbuchkanzlei der Akademie. Er habilitierte sich 1933. 1940 wurde er a.o. Professor an der Universität München, 1942 an der Universität Graz. Im selben Jahr wurde Kranzmayer zum Leiter des „Instituts für Kärntner Landesforschung“ der SS-Forschungsgemeinschaft „Ahnenerbe“ in Klagenfurt ernannt. Er war aufgrund seiner NSDAP-Mitgliedschaft 1945 registrierungspflichtig und wurde von seiner Professur enthoben. Nach Wien zurückgekehrt, wurde ihm 1949 seine Lehrbefähigung wieder verliehen. 1959 wurde Kranzmayer a.o. Professor an der Universität Wien, 1961 o. Professor für Deutsche Sprache und Ältere deutsche Literatur. 1951 wählte ihn die Akademie zum k.M. I. und 1967 zum w.M.

Ludmilla **Krestan** (10. Mai 1911 – 3. Oktober 1998)
Ludmilla Krestan wurde in Wien geboren und studierte dort Klassische Philologie und Romanistik. Nach bestandener Lehramtsprüfung 1935 war sie zunächst im Schuldienst tätig. Seit 1938 arbeitete sie als wissenschaftliche Hilfskraft in der Kommission zur Herausgabe des Corpus der lateinischen Kirchenväter, seit 1941 war sie auch für weitere Kommissionen der Aka-

demie tätig. Von 1945 bis 1976 war sie zweite Aktuarin der Akademie. 1950 wurde sie zum Kustos 2. Klasse ernannt und pragmatisiert. 1954 wurde sie Kustos 1. Klasse.

Paul **Kretschmer** (2. Mai 1866 – 9. März 1956)
Paul Kretschmer wurde in Berlin geboren und studierte dort Sprachwissenschaft und Archäologie. 1889 promoviert, habilitierte er sich 1891 an der Universität Berlin und lehrte dort bis 1896. 1897 wurde er a.o. Professor an der Universität Marburg und setzte seine akademische Laufbahn 1899 als o. Professor für Vergleichende Sprachwissenschaft an der Universität Wien fort, wo er bis zu seiner Emeritierung 1936 tätig war. Die Akademie wählte Kretschmer 1902 zum k.M. I. und 1909 zum w.M.

Erwin **Kruppa** (11. August 1885 – 26. Jänner 1967)
Erwin Kruppa wurde in Biala-Bielitz/Schlesien geboren und studierte in Graz und Wien Bauingenieurwesen, Mathematik und Darstellende Geometrie. 1911 in Graz promoviert, habilitierte er sich im selben Jahr an der Universität Czernowitz, 1921 wurde ihm der Titel eines a.o. Professors an der TH Wien verliehen. 1929 wurde er dort zum o. Professor berufen, wo er bis zu seiner Emeritierung die I. Lehrkanzel für Darstellende Geometrie leitete. Kruppa war von 1933 bis 1935 sowie während der Jahre 1940 bis 1945 Dekan. Er war aufgrund seiner NSDAP-Mitgliedschaft 1945 registrierungspflichtig. 1953/54 war er Rektor der TH Wien. Kruppa gehörte der Akademie seit 1935 als k.M. I. an, seit 1937 war er w.M. 1945 wurde seine Akademiemitgliedschaft für ruhendgestellt erklärt. Das Amnestiegesetz vom April 1948 ermöglichte die Reaktivierung, im Mitgliederverzeichnis für das Jahr 1948 scheint sein Name wieder auf. Zwischen 1957 und 1960 übte er das Amt des Vizepräsidenten der Akademie aus.

Othmar **Kühn** (5. November 1892 – 26. März 1969)
Othmar Kühn wurde in Wien geboren und studierte dort Botanik und Paläontologie. 1919 promoviert, arbeitete er zunächst als Mittelschullehrer sowie in der Geologisch-Paläontologischen Abteilung des Naturhistorischen Museums. 1944 wurde er dort Kustos I. Klasse und 1949 Direktor der Geologisch-Paläontologischen Abteilung. Er war aufgrund seiner NSDAP-Mitgliedschaft 1945 registrierungspflichtig. 1951 erfolgte seine Berufung zum o. Professor für Paläontologie an die Universität Wien, wo er 1956/57 auch Dekan und 1960/61 Rektor war. 1964 emeritierte Kühn. Der Akademie gehörte Kühn seit 1952 als k.M. I. und seit 1955 als w.M. an.

Robert **Lach** (29. Jänner 1874 – 11. September 1958)
Robert Lach stammte aus Wien und studierte dort zunächst Rechtswissenschaften und später Musikwissenschaften. 1902 am deutschen Teil der Karl-Universität in Prag promoviert, habilitierte er sich 1915 an der Universität Wien und leitete von 1912 bis 1920 zugleich die Musiksammlung der k.k. Hofbibliothek. 1920 wurde er a.o. Professor an der Universität Wien, 1927 zum o. Professor und Vorstand des Musikwissenschaftlichen Instituts berufen. Er leitete das Institut bis zu seiner Emeritierung 1939. Daneben wirkte er von 1924 bis 1945 als Professor an der Wiener Musikakademie. Lach war als illegaler Nationalsozialist 1945 registrierungspflichtig. Die Akademie wählte ihn 1918 zum k.M. I. 1945 wurde seine Akademiemitgliedschaft für ruhendgestellt erklärt. Das Amnestiegesetz vom April 1948 ermöglichte die Reaktivierung, im Mitgliederverzeichnis für das Jahr 1948 scheint sein Name wieder auf.

Viktor **Lang** (2. März 1838 – 3. Juli 1921)
Viktor Lang stammte aus Wiener Neustadt und studierte an den Universitäten Wien, Heidelberg und Gießen Physik, wo er 1858 promovierte. 1861 habilitierte er sich an der Universität Wien und wurde 1864 a.o. Professor an der Universität Graz. 1865 wurde er zum o. Professor

für Physik an der Universität Wien berufen. 1870 war er dort Dekan sowie 1884 und 1889 Rektor. 1908 erfolgte seine Emeritierung. Lang gehörte der Akademie seit 1866 zunächst als k.M. I. und seit 1867 als w.M. an. Seit 1898 war er mit dem Amt des Sekretärs und seit 1899 mit dem Amt des Generalsekretärs betraut. Von 1911 bis 1915 wirkte Lang als Vizepräsident der Akademie und von 1915 bis 1919 stand er der Akademie als Präsident vor.

Max **Layer** (17. September 1866 – 24. Jänner 1941)
Max Layer wurde in Graz geboren und studierte an den Universitäten Graz, Wien und Heidelberg Rechtswissenschaften. 1889 promoviert, habilitierte er sich 1902 an der Universität Graz. 1903 wurde er a.o. Professor an der Universität Wien, 1908 wurde er zum o. Professor für Öffentliches Recht und zeitweilig Kirchenrecht an die Universität Graz berufen, wo er 1912/13 und 1924/25 Dekan war. Von 1924 bis 1929 gehörte er dem Verfassungsgerichtshof an. 1928 wurde er als o. Professor für Staats- und Verwaltungsrecht an die Universität Wien berufen. 1933 wurde er aufgrund eines von ihm initiierten landesweiten Protests gegen die Ausschaltung des Verfassungsgerichtshofes zwangspensioniert. Layer gehörte der Akademie seit 1934 als k.M. I. und seit 1940 als o.M. an.

Albin **Lesky** (7. Juli 1896 – 28. Februar 1981)
Albin Lesky stammte aus Graz und studierte dort Klassische Philologie. Nach erfolgter Promotion und Lehramtsprüfung (jeweils 1920) unterrichtete er am Gymnasium und habilitierte sich 1924. 1932 wurde er a.o. Professor an der Universität Wien. 1936 folgte er einem Ruf an die Universität Innsbruck, wo er 1937/38 auch Dekan und 1942 Prorektor war. Er war aufgrund seiner NSDAP-Mitgliedschaft 1945 registrierungspflichtig. 1946 wurde er aufgrund eines positiven Entscheides der Entnazifizierungskommission im Lehramt belassen und 1949 zum o. Professor für Klassische Philologie an die Universität Wien berufen. Dort war er 1958/59 Dekan und 1963/64 Rektor. Der Akademie gehörte er seit 1942 als k.M. I. an. 1945 wurde seine Akademiemitgliedschaft für ruhendgestellt erklärt. Das Amnestiegesetz vom April 1948 ermöglichte die Reaktivierung, im Mitgliederverzeichnis für das Jahr 1948 scheint sein Name wieder auf. 1950 wurde er zum w.M. gewählt. Von 1959 bis 1963 war er Sekretär, von 1963 bis 1969 Vizepräsident und 1969/70 Präsident der Akademie.

Kurt **Leuchs** (14. September 1881 – 7. September 1949)
Kurt Leuchs stammte aus Nürnberg und studierte an der Universität München Naturwissenschaften und insbesondere Geologie und Paläontologie. 1906 promoviert, habilitierte er sich 1912 in München und erhielt 1919 den Titel eines a.o. Professors. Seit 1925 lehrte er an der Universität Frankfurt. 1936 folgte er einem Ruf als o. Professor an die Universität Ankara, wo er 1938/39 auch Dekan war. 1939 wechselte er an die Universität Wien und leitete seit 1940 die dortige Lehrkanzel für Geologie. Er war als illegaler Nationalsozialist 1945 registrierungspflichtig und wurde 1945 an der Universität Wien enthoben. Seit 1948 war er wieder auf seiner alten Lehrkanzel tätig. 1943 wurde er zum k.M. I. der Akademie gewählt. 1945 wurde seine Akademiemitgliedschaft für ruhendgestellt erklärt. Das Amnestiegesetz vom April 1948 ermöglichte die Reaktivierung, im Mitgliederverzeichnis für das Jahr 1948 scheint sein Name wieder auf.

Alphons **Lhotsky** (8. Mai 1903 – 21. Juni 1968)
Alphons Lhotsky wurde in Wien geboren, studierte dort Geschichte und Kunstgeschichte und absolvierte den Ausbildungskurs am Institut für Österreichische Geschichtsforschung. 1925 promoviert, trat er 1927 als Angestellter und 1937 als Beamter in die Volksbildungsstelle des Bundesministeriums für Unterricht ein. 1938 wurde er Referent für historische Fragen am Kunsthistorischen Museum. 1945 habilitierte er sich an der Universität Wien, 1946 wurde er

a.o. Professor und 1951 dort zum o. Professor für Österreichische Geschichte ernannt. Lhotsky gehörte der Akademie seit 1946 als k.M. I. und seit 1950 als w.M. an.

Leopold **Liegler** (30. Juni 1882 – 8. Oktober 1949)
Leopold Liegler stammte aus Wien. Seit 1899 arbeitete er im Rechnungsdienst des k.k. Finanzministeriums. Seit 1913 stand er als Buchhaltergehilfe und seit 1914 als Rechnungsassistent im Dienst der Akademie. Seine Bewerbung um die Nachfolge Kohls als Erster Aktuar blieb 1924 erfolglos. 1925 wurde er Nachfolger des Buchhalters Streicher. Aus Krankheitsgründen konnte Liegler seinen Dienst als Leiter der Buchhaltung seit August 1942 nicht mehr versehen. Er wurde 1946 in den Ruhestand versetzt.

August **Loehr** (31. März 1882 – 11. Juli 1965)
August Loehr stammte aus Wien und studierte dort sowie in Heidelberg und Grenoble Geschichte, Kunstgeschichte, Altertumswissenschaften und Geografie, später auch Rechtswissenschaften. Er absolvierte den Ausbildungskurs am Institut für Österreichische Geschichtsforschung, promovierte 1911 und übernahm 1913 die Leitung des Münzkabinetts am Kunsthistorischen Museum. 1929 wurde er Honorarprofessor an der Universität Wien. 1938 in den Ruhestand versetzt, wurde Loehr 1945 erster Direktor des Kunsthistorischen Museums und nahm seine Vorlesungstätigkeit an der Universität Wien wieder auf. Daneben fungierte er auch als Generaldirektor der Kulturhistorischen Sammlungen des Bundes. Loehr gehörte der Akademie seit 1933 als k.M. I. und seit 1945 als w.M. an. Er wurde am 29. März 1939 aus der Akademie ausgeschlossen.

Karl **Luick** (27. Jänner 1865 – 20. September 1935)
Karl Luick wurde in Wien geboren. Er studierte an der Universität Wien Anglistik, promovierte 1889 und habilitierte sich dort 1890. 1891 wurde er a.o. Professor an der Universität Graz und 1898 dort zum o. Professor für Anglistik berufen. 1908 folgte er einem Ruf als o. Professor an die Universität Wien. Luick war 1920/21 Dekan und 1925/26 Rektor dieser Universität. Seit 1909 k.M. I. und seit 1915 w.M. der Akademie, übernahm Luick 1926 das Amt des Obmanns der Phonogrammarchiv-Kommission der Akademie.

Fritz **Machatschek** (22. September 1876 – 25. September 1957)
Fritz Machatschek stammte aus Wischau/Mähren und studierte an der Universität Wien Geografie, bevor er in den Schuldienst an Gymnasien in Wien und Brünn eintrat. Er habilitierte sich 1906 und folgte 1915 einem Ruf als o. Professor an den deutschen Teil der Karls-Universität in Prag. Seit 1924 leitete er den Lehrstuhl für Geografie an der ETH Zürich und wurde 1928 an die Universität Wien berufen. Machatschek war als Vorstandsmitglied am Aufbau der Südostdeutschen Forschungsgemeinschaft in Wien beteiligt. 1934 vom Dienst suspendiert, folgte er 1935 einem Ruf als o. Professor für Physikalische Geographie an die Universität München, wo er bis 1946 tätig war. Von 1949 bis 1951 wirkte er an der Universität Tucumán/Argentinien, bevor er nach München zurückkehrte. Die Akademie wählte ihn 1929 zum w.M., 1936 wurde er zum k.M. A. und 1938 zum o.M. umgewidmet. Seit 1945 gehörte er ihr als k.M. A. an.

Heinrich **Mache** (27. April 1876 – 1. September 1954)
Heinrich Mache wurde in Prag geboren und studierte Physik und Astronomie in seiner Heimatstadt und an der Universität Wien. 1898 promoviert, wurde er nach seiner Habilitation 1901 im Jahr 1906 a.o. Professor an der Universität Innsbruck. 1908 wurde er zunächst a.o. Professor an der TH Wien, 1911 o. Professor für Physik. Von 1916 bis 1918 war Mache Dekan, 1925/26 Rektor der TH Wien. Er war aufgrund seiner NSDAP-Mitgliedschaft 1945

registrierungspflichtig. Mache gehörte der Akademie seit 1924 als k.M. I. und seit 1927 als w.M. an. 1945 wurde seine Akademiemitgliedschaft für ruhendgestellt erklärt. Das Amnestiegesetz vom April 1948 ermöglichte die Reaktivierung, im Mitgliederverzeichnis für das Jahr 1948 scheint sein Name wieder auf.

Hermann Franz **Mark** (3. Mai 1895 – 6. April 1992)
Hermann Franz Mark stammte aus Wien und studierte in seiner Heimatstadt Chemie und Physik. Seit 1922 forschte er am Kaiser-Wilhelm-Institut für Faserstoffchemie in Berlin. Mark habilitierte sich 1925 und wurde im selben Jahr Abteilungsleiter. 1927 wechselte Mark als stellvertretender Direktor zur I.G. Farbenindustrie AG nach Ludwigshafen. Daneben lehrte er als apl. Professor an der TH Karlsruhe. 1932 kehrte Mark als o. Professor für Physikalische Chemie an die Universität Wien zurück. 1938 aus dem Amt vertrieben, emigrierte Mark nach Kanada. In Ontario war er als Forschungsleiter in einem Großunternehmen tätig. 1940 wurde Mark a.o. Professor am Polytechnic Institute of New York in Brooklyn, 1942 o. Professor. 1944 gründete er das Institute of Polymer Research in New York, das er bis 1964 leitete. Mark wurde 1934 zum k.M. I. und 1935 zum w.M. gewählt. Er wurde am 3. Oktober 1940 aus der Akademie ausgeschlossen. 1945 wurde er zum k.M. A. umgewidmet und 1970 schließlich zum EM gewählt.

Hans **Mayer** (7. Februar 1879 – 27. Oktober 1955)
Hans Mayer stammte aus Wien und studierte an der Universität Wien Rechts- und Staatswissenschaften. Neben seinem Dienst in der k.k. Finanzverwaltung habilitierte er sich und wurde 1912 a.o. Professor an der Universität Fribourg/Schweiz. 1914 wurde er auf den neu geschaffenen Lehrstuhl für Politische Ökonomie an die deutsche TH in Prag berufen, auf den er kriegsbedingt erst 1919 zurückkehrte. 1921 folgte er einem Ruf als o. Professor an die Universität Graz. Von 1923 bis 1950 wirkte er als o. Professor für Nationalökonomie an der Universität Wien. Mayer fungierte 1927/28 als Dekan und 1945/46 als Prodekan. Die Akademie wählte Mayer 1932 zum k.M. I., seit 1941 gehörte er ihr als o.M./w.M. an.

Karl **Mayrhofer** (24. März 1899 – 24. Juli 1969)
Karl Mayrhofer stammte aus Südtirol und studierte an den Universitäten Innsbruck und München sowie an den TH München und Wien Mathematik und Physik. 1922 in Innsbruck promoviert und 1927 habilitiert, forschte er 1927/28 an der Universität Hamburg und ging danach als Privatdozent an die Universität Tübingen. Seit 1929 war er Assistent an der Universität Wien. 1935 erhielt er den Titel eines a.o. Professors. 1936 wurde er dort zum o. Professor für Mathematik berufen. Er war als illegaler Nationalsozialist 1945 registrierungspflichtig. 1945 wurde er aus dem Dienst entlassen, mit einem Lehrverbot belegt und 1947 in den dauernden Ruhestand versetzt. 1954 wurde ihm die Lehrbefugnis wieder verliehen. 1957 kehrte er als o. Professor an die Universität Wien zurück. Die Akademie wählte Mayrhofer 1937 zum k.M. I. und 1941 zum o.M. 1945 wurde seine Akademiemitgliedschaft für erloschen erklärt. Das Amnestiegesetz vom April 1948 ermöglichte die Reaktivierung, im Mitgliederverzeichnis für das Jahr 1948 scheint sein Name wieder auf.

Richard **Meister** (5. Februar 1881 – 11. Juli 1964)
Richard Meister wurde in Znaim/Mähren geboren und studierte an der Universität Wien Indogermanistik, Klassische Altertumswissenschaft, Philosophie und Pädagogik. 1904 promovierte er, 1905 erwarb er die Lehrbefähigung für Gymnasien. 1906/07 wirkte er im Auftrag der Akademie der Wissenschaften in Wien an der Erstellung des Thesaurus Linguae Latinae an der Universität München mit, bevor er in den österreichischen Schuldienst eintrat. 1918 wurde er a.o. Professor für Klassische Philologie an der Universität Graz, 1920 kam er in gleicher Eigen-

schaft zurück an die Universität Wien. 1923 wurde er dort zum o. Professor für Pädagogik berufen. 1930/31 war er Dekan. Vor und in der Zeit des autoritären Ständestaats war Meister Mitglied verschiedener großdeutsch orientierter Vereine. 1934 bis 1938 gehörte er als Vertreter der Wissenschaften dem Bundeskulturrat an. Aller politischen Funktionen enthoben, wurde er 1938 auf den Lehrstuhl für Klassische Philologie versetzt. 1945 kehrte Meister auf die Professur für Pädagogik (erweitert um Kulturphilosophie) zurück, die er bis zu seiner Emeritierung 1956 inne hatte. Seit 1945 war er Prorektor und 1949/50 Rektor der Universität Wien. Die Akademie wählte ihn 1931 zum k.M. I. und 1934 zum w.M. In den Jahren 1945 bis 1951 übte er das Amt des Vizepräsidenten, von 1951 bis 1963 das Amt des Präsidenten der Akademie aus.

Lise **Meitner** (7. November 1878 – 27. Oktober 1968)
Lise Meitner wurde in Wien geboren und studierte dort Physik und Mathematik. 1906 promovierte sie als zweite Frau mit dem Hauptfach Physik an der Universität Wien und legte die Lehramtsprüfung ab. 1907 wechselte sie nach Berlin und wurde 1912 Assistentin Max Plancks. Im selben Jahr wurde sie als Gastforscherin an der „Abteilung Hahn" des Kaiser-Wilhelm-Instituts für Chemie aufgenommen. 1922 habilitierte sie sich an der Universität Berlin und wurde 1926 – als erste Frau in dieser Position im Deutschen Reich – a.o. Professorin. 1933 wurde Meitner aus „rassischen" Gründen die Lehrbefugnis entzogen. Als österreichische Staatsbürgerin konnte sie ihre berufliche Stellung erhalten. Aufgrund des „Anschlusses" 1938 musste sie nach Schweden emigrieren, wo sie ihre Forschungen am Nobel-Institut weiterführte. 1946 übernahm sie eine Gastprofessur an der Catholic University of America in Washington, D.C. Ab 1947 bis zu ihrer Emeritierung 1960 wirkte sie am Physikalischen Institut der TH in Stockholm, wo sie die kernphysikalische Forschungsabteilung leitete. Meitner wurde als erstes weibliches Akademiemitglied 1948 zum k.M. A. gewählt.

Ernst **Melan** (16. November 1890 – 10. Dezember 1963)
Ernst Melan wurde in Brünn geboren und studierte Bauingenieurwesen an der deutschen TH in Prag. 1917 promoviert, war er zunächst als Bauingenieur tätig, habilitierte sich 1922 an der TH Wien und wurde 1923 a.o. Professor für Baumechanik und Festigkeitslehre an der deutschen TH in Prag. 1925 kehrte er an die TH Wien als o. Professor für Baustatik zurück und wirkte dort bis zu seiner Emeritierung 1962. Von 1946 bis 1948 war er Dekan und 1952/53 Rektor der TH Wien. Die Akademie wählte ihn 1945 zum w.M.

Max **Mell** (10. November 1882 – 12. Dezember 1971)
Max Mell wurde in Marburg an der Drau geboren. Er studierte an der Universität Wien Kunstgeschichte und Germanistik und wurde dort 1906 promoviert. Fortan wirkte er als Dichter, Dramatiker und Schriftsteller. Zwar trat er 1933 aus Protest über die Bücherverbrennungen im Deutschen Reich aus dem P.E.N.-Klub aus, leitete aber den dem Nationalsozialismus nahe stehenden Bund deutscher Schriftsteller Österreichs und publizierte nach 1938 in nationalsozialistischen Anthologien. Mell gilt als einer der bedeutendsten katholischen Schriftsteller Österreichs nach 1945. Max Mell war seit 1956 EM der Akademie.

Oswald **Menghin** (19. April 1888 – 29. November 1973)
Oswald Menghin stammte aus Meran und studierte an der Universität Wien Prähistorische Archäologie. Zugleich absolvierte er den Ausbildungskurs am Institut für Österreichische Geschichtsforschung. 1910 promoviert, wurde er nach seiner Habilitation 1913 im Jahr 1918 a.o. Professor und 1922 o. Professor am Institut für Urgeschichte der Universität Wien, dem er bis 1945 vorstand. 1928/29 war Menghin Dekan, 1935/36 Rektor der Universität Wien und zugleich Mitglied im „Siebzehnerausschuss", der illegale Nationalsozialisten in das politische Leben des autoritären Ständestaates zu integrieren suchte. Menghin gehörte dem Kabinett

Seyß-Inquart als Unterrichtsminister an. In dieser Funktion war er für die politische und „rassische" „Säuberung" der Universitäten verantwortlich. Er war aufgrund seiner NSDAP-Mitgliedschaft 1945 registrierungspflichtig. 1945 wurde er an der Universität Wien entlassen und im Dezember dieses Jahres auf die sogenannte „1. Kriegsverbrecherliste" gesetzt. Bis 1947 wurde er von der US-Besatzung interniert. 1948 flüchtete er nach Argentinien, wo er an den Universitäten von Buenos Aires und La Plata lehrte. 1957 wurde Menghin an der Universität Wien in den dauernden Ruhestand versetzt. Er war seit 1927 k.M. I., nach mehrmaligen vergeblichen Anläufen erfolgte 1936 die Wahl zum w.M. der Akademie. 1945 wurde seine Akademiemitgliedschaft für ruhendgestellt erklärt, aufgrund eines Beschlusses der Gesamtakademie vom Oktober 1959 wurde Menghin wieder als k.M. (nunmehr im Ausland) geführt.

Johannes **Mewaldt** (29. April 1880 – 1. Mai 1964)

Johannes Mewaldt wurde in Posen geboren und studierte in Berlin Klassische Philologie und Medizin. 1907 habilitiert, wirkte er als Privatdozent an der Universität Berlin, bevor er 1909 eine a.o. Professur an der Universität Greifswald antrat. 1914 wurde er als o. Professor an die Universität Marburg berufen. 1916 kehrte er an die Universität Greifswald zurück und folgte 1923 einem Ruf an die Universität Königsberg. Von 1927 bis 1931 wirkte er an der Universität Tübingen und wechselte 1931 schließlich als o. Professor für Klassische Philologie an die Universität Wien. Er war aufgrund seiner NSDAP-Mitgliedschaft 1945 registrierungspflichtig, wurde 1945 an der Universität Wien entlassen und 1946 in den dauernden Ruhestand versetzt. 1932 wurde Mewaldt k.M. I. und 1937 w.M. der Akademie. 1945 wurde seine Akademiemitgliedschaft für ruhendgestellt erklärt. Das Amnestiegesetz vom April 1948 ermöglichte die Reaktivierung, im Mitgliederverzeichnis für das Jahr 1948 scheint sein Name wieder auf.

Hans Horst **Meyer** (17. März 1853 – 6. Oktober 1939)

Hans Horst Meyer stammte aus Insterburg/Ostpreußen und studierte in Königsberg, Leipzig und Berlin Medizin. 1877 promoviert, habilitierte er sich 1881 in Straßburg und folgte 1882 einem Ruf als o. Professor für Pharmakologie, Diätetik und Geschichte der Medizin an die Universität Dorpat. Von 1884 bis 1904 leitete er als o. Professor das Pharmakologische Institut der Universität Marburg. Zweimal war Meyer Dekan und im Jahr 1900 Rektor dieser Universität. 1904 wechselte er auf den Lehrstuhl für Pharmakologie an der Universität Wien, den er bis zu seiner Emeritierung 1924 innehatte. Nach dem „Anschluss" wurde Meyer „rassisch" verfolgt. Meyer gehörte der Akademie seit 1905 zunächst als k.M. I. und seit 1920 als w.M. an. Am 13. Dezember 1938 erklärte er seinen Austritt aus der Akademie und kam somit seinem Ausschluss zuvor.

Stefan **Meyer** (27. April 1872 – 29. Dezember 1949)

Stefan Meyer wurde in Wien geboren und studierte in seiner Heimatstadt und an der Universität Leizpig Physik, Mathematik und Chemie. An der TH Wien besuchte er Lehrveranstaltungen für Maschinenbau. 1896 an der Universität Wien promoviert, wurde er 1897 am Physikalischen Institut dieser Universität als Mitarbeiter von Ludwig Boltzmann Assistent. 1899 habilitierte er sich an der Universität Wien. Seit 1908 übernahm er die Planung und inoffizielle Leitung des Instituts für Radiumforschung der Akademie. Das erste der Radioaktivitätsforschung gewidmete wissenschaftliche Institut weltweit wurde 1910 eröffnet. 1911 wurde Meyer a.o. Professor an der Universität Wien, 1915 wurde ihm der Titel eines o. Professors verliehen, 1920 wurde er zum o. Professor an der Universität Wien berufen. Seither leitete er auch offiziell das Institut für Radiumforschung. Unmittelbar nach dem „Anschluss" 1938 ersuchte Meyer um seine Versetzung in den Ruhestand. Meyer wurde aus „rassischen" Gründen verfolgt, überlebte aber die Zeit des Nationalsozialismus zurückgezogen in seinem Sommerdomizil in Bad Ischl. Meyer wurde 1921 zum k.M. I. und 1932 zum w.M. der Akademie gewählt. Am

24. November 1938 erklärte er seinen Austritt aus der Akademie und kam somit seinem Ausschluss zuvor.

Franz **Miltner** (28. Oktober 1901 – 23. Juli 1959)

Franz Miltner stammte aus Wien und studierte dort Klassische Altertumswissenschaften. 1925 promoviert, habilitierte er sich 1932 und wurde 1933 a.o. Professor für Geschichte des Altertums einschließlich der Geschichte des Alten Orients an der Universität Innsbruck. 1939 wurde er als a.o. Professor zum Dekan bestellt (bis 1943), 1940 zum o. Professor für Alte Geschichte und 1941 zum Direktor des Seminars für Alte Geschichte und Epigraphik ernannt. Miltner war als illegaler Nationalsozialist 1945 registrierungspflichtig und wurde 1945 an der Universität entlassen. 1947 wurde er in den Ruhestand versetzt. 1950 wurde er in die Kleinasiatische und in die Limes-Kommission der Akademie aufgenommen, 1954 wurde Miltner am Österreichischen Archäologischen Institut wieder auf eine beamtete Stelle gesetzt, um als „Staatsarchäologe I. Klasse" die Grabungstätigkeit in Ephesos zu leiten. Die Akademie wählte Miltner 1943 zum k.M. I. 1945 wurde seine Akademiemitgliedschaft für ruhendgestellt erklärt. Das Amnestiegesetz vom April 1948 ermöglichte die Reaktivierung, im Mitgliederverzeichnis für das Jahr 1948 scheint sein Name wieder auf.

Hans **Molisch** (6. Dezember 1856 – 8. Dezember 1937)

Hans Molisch stammte aus Brünn und studierte in Wien Naturwissenschaften. 1879 promoviert und 1885 habilitiert, wurde er 1889 a.o. Professor an der TH Graz. Von 1894 bis 1909 war er als o. Professor an der deutschen Universität in Prag tätig. Von 1909 bis zu seiner Emeritierung 1928 stand Molisch als o. Professor der Anatomie und Physiologie der Pflanzen dem Pflanzenphysiologischen Institut der Universität Wien vor. Er war 1922/23 Dekan und 1926/27 Rektor. Molisch war seit 1894 k.M. I. und seit 1908 w.M. der Akademie. Zwischen 1931 und 1937 übte er das Amt des Vizepräsidenten der Akademie aus.

Josef **Nadler** (23. Mai 1884 – 14. Jänner 1963)

Josef Nadler wurde in Neudörfl/Böhmen geboren und studierte Germanistik und Klassische Philologie am deutschen Teil der Karls-Universität in Prag. 1908 promoviert, wurde er 1912 (ohne Habilitationsschrift, aufgrund des ersten Bandes seiner Literaturgeschichte der deutschen Stämme und Landschaften) a.o. Professor, ab 1914 o. Professor an der Universität Fribourg/Schweiz und seit 1925 an der Universität Königsberg. 1931 folgte er einem Ruf als o. Professor für deutsche Sprache und Literatur an die Universität Wien. 1941 bis 1945 war Nadler Direktor des Germanistischen Seminars an der Universität Wien. Er war aufgrund seiner NSDAP-Mitgliedschaft 1945 registrierungspflichtig und wurde 1945 an der Universität Wien enthoben, mit einem Lehrverbot belegt und 1947 dauernd pensioniert. Nadler gehörte der Akademie seit 1933 als k.M. I. und seit 1934 als w.M. an. 1945 wurde seine Akademiemitgliedschaft für ruhendgestellt erklärt. Das Amnestiegesetz vom April 1948 ermöglichte die Reaktivierung, im Mitgliederverzeichnis für das Jahr 1948 scheint sein Name wieder auf.

Emma **Neumann** (30. April 1900 – 1. April 1974)

Emma Neumann, die Tochter des früheren Akademie-Aktuars Emil Kohl (1862-1924), wurde in Wien geboren und absolvierte dort die Handelsschule des Schulvereines für Beamtentöchter. 1924 trat sie als Schreibkraft in die Dienste der Akademie. Seit 1928 war sie als vollbeschäftigte, jedoch nicht pragmatisierte Kanzlistin tätig. 1938 wurde sie an der Akademie ins Angestelltenverhältnis übernommen, sie kündigte ihren Dienst im August 1945. Seit 1946 war sie an der TH Wien, Mechanisch-Technologisches Institut, angestellt, wo sie bis zu ihrer Pensionierung 1965 als Verwaltungskraft beschäftigt war.

Eduard **Norden** (21. September 1868 – 13. Juli 1941)
Eduard Norden stammte aus Emden und studierte an der Universität Bonn Klassische Philologie. 1891 promoviert, habilitierte er sich 1892 an der Universität Straßburg und wurde im darauf folgenden Jahr a.o. Professor an der Universität Greifswald. 1895 wurde er dort o. Professor und in weiterer Folge 1898 an die Universität Breslau und 1906 an die Universität Berlin als o. Professor für Klassische Philologie berufen. 1927/28 war Norden Rektor der Berliner Universität. Norden wurde nach 1933 „rassisch" verfolgt, 1935 wurde ihm die Lehrbefugnis entzogen. Er konnte 1939 in die Schweiz emigrieren. Norden gehörte der Akademie seit 1923 als k.M. A. an. Er erklärte am 20. Dezember 1938 seinen Austritt und kam somit seinem Ausschluss zuvor.

Viktor **Oberguggenberger** (3. Februar 1893 – 2. März 1963)
Viktor Oberguggenberger wurde in Innsbruck geboren und studierte dort Physik, Mathematik und Astronomie. 1921 promoviert, habilitierte er sich 1926 und war seit 1929 als a.o. Professor an der Universität Innsbruck tätig. Oberguggenberger war 1945 aufgrund seiner NSDAP-Mitgliedschaft registrierungspflichtig und wurde 1946 aufgrund eines positiven Entscheides der Entnazifizierungskommission im Lehramt belassen. 1956 emeritierte er. Der Akademie gehörte Oberguggenberger seit 1940 als k.M. I. an. 1945 wurde seine Akademiemitgliedschaft für ruhendgestellt erklärt. Das Amnestiegesetz vom April 1948 ermöglichte die Reaktivierung, im Mitgliederverzeichnis für das Jahr 1948 scheint sein Name wieder auf. 1954 wurde er zum w.M. gewählt.

Wilfried **Oberhummer** (2. April 1900 – 26. März 1982)
Wilfried Oberhummer wurde in München geboren und studierte an den Universitäten Wien und Berlin Chemie. Nach seiner Promotion im Jahr 1923 legte er 1936 die Lehramtsprüfung ab. 1937 trat Oberhummer als Aktuar in die Dienste der Akademie. Bis 1945 war er als Zweiter Aktuar und seither als Erster Aktuar tätig. Er war aufgrund seiner NSDAP-Mitgliedschaft 1945 registrierungspflichtig. 1966 verlieh ihm der Bundespräsident das Goldene Ehrenzeichen für Verdienste um die Republik Österreich, seit 1971 trug er den Titel eines Hofrats. 1972 verlieh ihm die Akademie die Medaille „Bene Merito" in Gold.

Gustav **Ortner** (31. Juli 1900 – 24. November 1984)
Gustav Ortner wurde in Haus im Ennstal/Steiermark geboren und studierte Mathematik und Physik an der Universität Wien. 1923 promoviert, habilitierte er sich 1931 und übernahm 1938 die provisorische Leitung des Instituts für Radiumforschung der Akadmie. Seit 1939 planmäßiger a.o. Professor, war Ortner bis 1945 Institutsvorstand. Er war als illegaler Nationalsozialist 1945 registrierungspflichtig und wurde 1945 an der Universität Wien entlassen und mit einem Lehrverbot belegt. Von 1950 bis 1955 wirkte er als o. Professor an der Universität Kairo. 1960 wurde er als o. Professor für Kernphysik an die TH Wien berufen und 1961 Vorstand des Atominstituts der Österreichischen Hochschulen. Beide Funktionen hatte er bis zu seiner Emeritierung 1970 inne. Ortner gehörte der Akademie seit 1941 als k.M. I. an. 1945 wurde seine Akademiemitgliedschaft für ruhendgestellt erklärt. Das Amnestiegesetz vom April 1948 ermöglichte die Reaktivierung, im Mitgliederverzeichnis für das Jahr 1948 scheint sein Name wieder auf. 1964 wurde er zum w.M. gewählt.

Viktor **Patzelt** (8. Juli 1887 – 17. September 1956)
Viktor Patzelt wurde in Prag geboren und studierte dort sowie in Freiburg i. Br. und Graz Medizin. 1913 an der Universität Graz promoviert und 1923 habilitiert, wurde er 1928 a.o. Professor und übernahm – inzwischen o. Professor – die Leitung des Histologisch-Embryologischen Instituts der Universität Wien. Er war aufgrund seiner NSDAP-Mitgliedschaft 1945

registrierungspflichtig. 1945 wurde er pardoniert und ununterbrochen, weil unabkömmlich, im Dienst belassen. 1950 wurde er wieder zum o. Professor berufen. Der Akademie gehörte Patzelt seit 1940 als k.M. I. an. 1945 wurde seine Akademiemitgliedschaft für ruhendgestellt erklärt. Das Amnestiegesetz vom April 1948 ermöglichte die Reaktivierung, im Mitgliederverzeichnis für das Jahr 1948 scheint sein Name wieder auf.

Wolfgang **Pauli** (11. September 1869 – 4. November 1955)
Wolfgang Pauli stammte aus Prag und studierte am deutschen Teil der Karls-Universität in Prag Medizin. 1893 in Prag promoviert, übersiedelte er im selben Jahr nach Wien und habilitierte sich 1899 an der dortigen Universität. Pauli wirkte als Mediziner an verschiedenen Instituten der Universität Wien sowie am Rudolfsspital und an der Wiener Allgemeinen Poliklinik. Seit 1907 führte er den Titel eines a.o. Professors. 1913 wurde er zum a.o. Professor ernannt und 1922 zum o. Professor für Biologisch-Physikalische Chemie an die Universität Wien berufen. 1934 trat er aus Altersgründen in den Ruhestand, lehrte aber weiter. Nach dem „Anschluss" 1938 wurde ihm jede Lehrtätigkeit verboten. Als „rassisch" Verfolgter emigrierte er im selben Jahr nach Zürich, wo er am Chemischen Institut der Universität eine Arbeitsmöglichkeit erhielt. Pauli wurde 1935 zum k.M. I. der Akademie gewählt. Nach seiner Emigration wurde er 1938 zum k.M. A. umgewidmet. Am 28. Jänner 1939 wurde Pauli aus der Akademie ausgeschlossen.

Eduard **Pernkopf** (24. November 1888 – 17. April 1955)
Eduard Pernkopf wurde in Rappottenstein/Niederösterreich geboren und studierte an der Universität Wien Medizin. 1912 promoviert, habilitierte er sich 1921 und wurde 1927 tit. a.o. Professor und 1929 a.o. Professor an der Universität Wien. 1933 wurde er dort zum o. Professor für Anatomie und Embryologie berufen. Von 1938 bis 1943 war Pernkopf Dekan der Medizinischen Fakultät, von 1943 bis 1945 Rektor der Universität Wien. Pernkopf war seit 1933 illegales NSDAP-Mitglied und seit 1934 Mitglied der SA. 1938 wurde ihm der Dienstgrad eines SA-Obersturmbannführer verliehen. Er war aufgrund seiner NSDAP-Mitgliedschaft 1945 registrierungspflichtig, wurde 1945 an der Universität Wien entlassen und bis 1947 im Anhaltelager Glasenbach inhaftiert. 1949 wurde er in den dauernden Ruhestand versetzt. Pernkopf wurde 1939 zum k.M. I. und 1940 zum o.M. der Akademie gewählt. 1945 wurde seine Akademiemitgliedschaft für erloschen erklärt. Das Amnestiegesetz vom April 1948 ermöglichte die Reaktivierung, im Mitgliederverzeichnis für das Jahr 1948 scheint sein Name wieder auf.

Otto **Pesta** (8. Juni 1885 – 5. April 1974)
Otto Pesta wurde in Innsbruck geboren und studierte dort Zoologie und Botanik. Daneben absolvierte er das Lehramtsstudium der Naturgeschichte mit den Nebenfächern Physik und Mathematik. 1907 promoviert, wurde er 1912 Assistent am k.k. Naturhistorischen Hofmuseum in Wien. 1922 erhielt er eine Dozentur an der Hochschule für Bodenkultur in Wien, 1933 wurde ihm dort der Titel eines a.o. Professors der Zoologie verliehen. 1937 habilitierte er sich an der Universität Wien. 1938 wurde er zum kommissarischen Leiter des Naturhistorischen Museums ernannt und lehrte daneben weiter an der Universität Wien. Er war als illegaler Nationalsozialist 1945 registrierungspflichtig. 1945 erhielt er Lehrverbot. Der Akademie gehörte Pesta seit 1939 als k.M. I. an. 1945 wurde seine Akademiemitgliedschaft für ruhendgestellt erklärt. Das Amnestiegesetz vom April 1948 ermöglichte die Reaktivierung, im Mitgliederverzeichnis für das Jahr 1948 scheint sein Name wieder auf.

Anton **Pfalz** (4. Dezember 1885 – 11. November 1958)

Anton Pfalz stammte aus Deutsch-Wagram und studierte an der Universität Wien Germanistik und verwandte Fächer. 1910 promoviert, legte er 1911 die Lehramtsprüfung ab und habilitierte sich 1919 an der Universität Wien. 1931 wurde er dort a.o. Professor. Seit 1912 wirkte Pfalz zudem als „erster Assistent" der neu gegründeten Wiener Wörterbuchkanzlei der Akademie, deren Leitung er 1920 übernahm. Pfalz war als illegaler Nationalsozialist 1945 registrierungspflichtig, wurde an der Universität Wien entlassen und mit einem Lehrverbot belegt. 1949 wurde er dort in den dauernden Ruhestand versetzt. Er kehrte nicht mehr an die Universität zurück. Der Akademie gehörte er seit 1939 als k.M. I. an. 1945 wurde seine Akademiemitgliedschaft für ruhendgestellt erklärt, im Mitgliederverzeichnis für das Jahr 1949 scheint sein Name wieder auf.

Ernst Peter **Pick** (18. Mai 1872 – 1. Jänner 1960)

Ernst Peter Pick wurde in Jermer/Böhmen geboren und studierte Medizin am deutschen Teil der Karls-Universität in Prag. 1896 in Prag promoviert, danach forschte er drei Jahre lang am Physiologisch-Chemischen Institut der Universität Strassburg. 1899 wurde Pick Mitarbeiter des staatlichen Serotherapeutischen Instituts in Wien. 1904 habilitierte er sich an der Universität Wien und wurde dort 1912 a.o. Professor. 1924 wurde er zum o. Professor für Pharmakologie und Angewandte Medizinische Chemie an die Universität Wien berufen. Auch wurde er Leiter des Pharmakologischen Instituts und Direktor der Experimentell-Pharmakologischen Untersuchungsanstalt. 1932/33 fungierte er als Dekan und von 1933 bis 1937 als Vizedekan. 1938 wurde Pick aus „rassischen Gründen" zwangspensioniert und vorübergehend inhaftiert. Er konnte schließlich in die USA emigrieren, wo er 1939 bis 1946 als Clinical Professor an der Columbia University und am Mount Sinai Hospital in New York sowie für das Merck Research Institut wirkte. Pick gehörte der Akademie seit 1931 als k.M. I. an. Er erklärte am 1. Jänner 1939 seinen Austritt und kam dadurch seinem Ausschluss zuvor.

Theodor **Pintner** (5. September 1857 – 9. September 1942)

Theodor Pintner stammte aus Brünn und studierte Zoologie an der Universität Wien. 1888 promoviert, arbeitete er von 1885 bis 1887 an der Lehrkanzel für Mineralogie und Geologie der TH in Brünn und danach als Demonstrator am Zoologischen Institut der Universität Graz. 1894 wurde er Konservator am Zoologisch-Vergleichend Anatomischen Institut der Universität Wien. Nach seiner Habilitation im Jahr 1897 wurde er 1905 a.o. Professor. 1913 berief ihn die Universität Wien zum o. Professor für Zoologie. Von 1925 bis zu seiner Emeritierung leitete er das I. Zoologische Institut der Universität Wien. Pintner war ab 1920 k.M. I. und ab 1937 w.M. der Akademie.

Otto **Porsch** (12. September 1875 – 1. Jänner 1959)

Otto Porsch wurde in Wien geboren und studierte dort Zoologie und Botanik. 1901 promoviert, habilitierte er sich 1906 an der Universität Wien und leitete seit 1909 die Botanische Lehrkanzel an der Tierärztlichen Hochschule in Wien. 1911 wurde er a.o. Professor für Botanik an der Universität Czernowitz, wo er 1914 zum o. Professor berufen wurde. 1920 wechselte er als o. Professor für Botanik an die Hochschule für Bodenkultur in Wien. 1932 und 1939–1941 war er dort Rektor. Er war als illegaler Nationalsozialist 1945 registrierungspflichtig und wurde 1945 pensioniert. 1940 wählte ihn die Akademie zum k.M. I. 1945 wurde seine Akademiemitgliedschaft für ruhendgestellt erklärt. Das Amnestiegesetz vom April 1948 ermöglichte die Reaktivierung, im Mitgliederverzeichnis für das Jahr 1948 scheint sein Name wieder auf.

Arnold **Pöschl** (14. Mai 1880 – 15. Oktober 1959)

Arnold Pöschl wurde in Graz geboren und studierte dort Rechtswissenschaften. Später setzte er sein Studium der Mathematik und Geschichte in Graz, Wien und Bonn fort. Pöschl habilitierte sich 1908 in Graz und wurde 1909 a.o. Professor. 1915 erfolgte dort die Berufung zum o. Professor für Kirchenrecht. In den Jahren 1920, 1930, 1938 und 1939 war er Dekan und 1927/28 Rektor der Universität Graz. Von 1934 bis 1938 war Pöschl zwangsweise pensioniert. 1938 wurde er wieder in den Dienststand eines o. Professors aufgenommen. 1945 war er als illegaler Nationalsozialist registrierungspflichtig und wurde 1946 aufgrund eines negativen Entscheides der Entnazifizierungskommission aus dem Lehramt entlassen. 1920 wurde Pöschl zum k.M. I. der Akademie gewählt. 1945 wurde seine Akademiemitgliedschaft für ruhendgestellt erklärt. Das Amnestiegesetz vom April 1948 ermöglichte die Reaktivierung, im Mitgliederverzeichnis für das Jahr 1948 scheint sein Name wieder auf.

Camillo **Praschniker** (13. Oktober 1884 – 1. Oktober 1949)

Camillo Praschniker wurde in Wien geboren und studierte an der Universität Innsbruck Klassische Altertumswissenschaft. 1908 in Graz promoviert, habilitierte er sich 1914 an der Universität Wien. 1923, nach der Erlangung des Titels eines a.o. Professors, trat Praschniker eine Professur an der deutschen Universität in Prag an. 1930 folgte er einem Ruf an die Universität Jena und kehrte 1931 als a.o. Professor an die Universität Wien zurück. 1934 wurde er zum o. Professor für Klassische Archäologie berufen und 1935 zum Direktor des Österreichischen Archäologischen Instituts bestellt. Praschniker war aufgrund seiner NSDAP-Anwärterschaft 1945 registrierungspflichtig und wurde 1945 an der Universität Wien enthoben. 1948 wurde er zum o. Professor wiederernannt. Die Akademie wählte Praschniker 1932 zum k.M. I. und 1937 zum w.M. 1945 wurde seine Akademiemitgliedschaft für ruhendgestellt erklärt. Das Amnestiegesetz vom April 1948 ermöglichte die Reaktivierung, im Mitgliederverzeichnis für das Jahr 1948 scheint sein Name wieder auf.

Adalbert **Prey** (16. Oktober 1873 – 22. Dezember 1949)

Adalbert Prey wurde in Wien geboren und studierte Physik, Mathematik und Astronomie an der Universität Wien. 1896 promoviert, wurde er im selben Jahr Assistent an der Wiener Universitätssternwarte und 1900 Adjunkt im Österreichischen Gradmessungsbüro. 1902 folgte die Habilitation an der Universität Wien, 1906 an der TH Wien. 1909 wurde Prey der Titel eines a.o. Professors verliehen, und er wurde Leiter der Innsbrucker Sternwarte. 1911 wurde er a.o. Professor. 1917 wechselte er als o. Professor für Astronomie an die deutsche Universität in Prag. 1930 kehrte er an die Universität Wien zurück und wirkte am Lehrstuhl für Theoretische Astronomie bis zu seiner Emeritierung 1939. Er vertrat seine eigene Lehrkanzel bis 1945 und war bis kurz vor seinem Tod weiter als Honorarprofessor tätig. Prey gehörte der Akademie seit 1929 zunächst als k.M. I. und seit 1935 als w.M. an. Von 1945 bis 1949 war er Sekretär der Akademie.

Alfred Francis **Přibram** (1. September 1859 – 7. Mai 1942)

Alfred Francis Přibram wurde in London geboren, studierte an der Universität Wien Geschichte und absolvierte den Ausbildungskurs am Institut für Österreichische Geschichtsforschung in Wien. 1882 promoviert, wurde er 1887 Privatdozent. 1893 erhielt den Titel eines a.o. Professors, 1900 den eines o. Professors. 1913 wurde er zum o. Professor für Mittlere und Neuere Geschichte an der Universität Wien bestellt. Nach dem „Anschluss“ wurde er „rassisch“ verfolgt. 1939 emigrierte er nach Großbritannien und lehrte bis zu seinem Tod an der London School of Economics. Přibram gehörte der Akademie seit 1919 als k.M. I. an. Er erklärte im Dezember 1938 seinen Austritt und kam somit seinem Ausschluss zuvor.

Hans **Przibram** (7. Juli 1874 – 20. Mai 1944)
Hans Przibram wurde in Wien-Lainz geboren und studierte an den Universitäten Wien, Leipzig und Straßburg Zoologie. 1899 an der Universität Wien promoviert und 1903 habilitiert, erhielt er 1913 den Titel eines a.o. Professors. 1921 wurde er a.o. Professor an der Universität Wien. 1903 kaufte Przibram gemeinsam mit den Botanikern Leopold Portheim und Wilhelm Figdor das „Vivarium“, ein Schau-Aquarium, im Wiener Prater und richtete das Gebäude als Forschungsanstalt für experimentelle Biologie ein. Die private Wissenschaftseinrichtung wurde Biologische Versuchsanstalt (BVA) benannt. 1914 übergaben die Gründer die BVA der Akademie. Przibram leitete dort die von ihm begründete Zoologische Abteilung. Er wurde 1938 aus „rassischen“ Gründen entlassen und emigrierte 1939 nach Amsterdam. 1943 wurde er zusammen mit seiner Ehefrau in das KZ Theresienstadt deportiert und kam dort 1944 zu Tode.

Karl **Przibram** (21. Dezember 1878 – 10. August 1973)
Karl Przibram wurde in Wien geboren und studierte dort sowie an der Universität Graz Physik, Chemie und Mathematik. 1901 in Graz promoviert, habilitierte er sich 1905. 1912 begann seine Tätigkeit am Institut für Radiumforschung, zunächst als Privatgelehrter und seit 1920 als Assistent. 1927 wurde er a.o. Professor an der Universität Wien. 1938 erfolgte seine zwangsweise Pensionierung aus „rassischen“ Gründen. Von 1940 bis 1946 im Brüsseler Exil lebend, wurde er 1946 zum a.o. Professor für Physik ernannt. 1947 wurde er zum o. Professor berufen. Er leitete das II. Physikalische Institut der Universität Wien bis zu seiner Emeritierung 1951. Die Akademie wählte Przibram 1946 zum k.M. I. und 1950 zum w.M.

Ludwig **Radermacher** (31. Oktober 1867 – 28. Juni 1952)
Ludwig Radermacher stammte aus Siegburg und studierte an der Universität Bonn zunächst Medizin, später Klassische Philologie und Germanistik. 1891 promoviert, unterrichtete er als Gymnasiallehrer, bevor er an die Universität Bonn zurückkehrte und sich dort 1897 habilitierte. 1903 wurde er a.o. Professor an der Universität Greifswald, 1906 wechselte er als a.o. Professor an die Universität Münster und übersiedelte 1909 schließlich nach Wien, wo er die o. Professur für Klassische Philologie übernahm. 1936 wurde er pensioniert. Radermacher wurde 1914 zum k.M. I. und 1915 zum w.M. in die Akademie gewählt. Von 1918 bis 1929 wirkte er als Sekretär und von 1929 bis 1933 als Generalsekretär der Akademie.

Oswald **Redlich** (17. September 1858 – 20. Jänner 1944)
Oswald Redlich wurde in Innsbruck geboren, studierte dort sowie in Wien Geschichte und Geografie und absolvierte den Ausbildungskurs am Institut für Österreichische Geschichtsforschung. 1881 promoviert und 1887 sowie 1890 an der Universität Innsbruck für Historische Hilfswissenschaften und Österreichische Geschichte habilitiert, wurde er 1893 a.o. Professor an der Universität Wien. Von 1897 bis zu seiner Emeritierung 1929 war er dort o. Professor für Geschichte und Historische Hilfswissenschaften. 1908/09 Dekan, übte er 1911/12 das Amt des Rektors der Universität Wien aus. Von 1926 bis 1929 war er Vorstand des Instituts für Österreichische Geschichtsforschung. Von 1918 bis 1924 wirkte er als Archivbevollmächtigter der Republik Österreich. Redlich war seit 1899 k.M. I. und seit 1900 w.M. der Akademie. 1915 war er Vizepräsident der Akademie. Von 1919 und 1938 stand er der Akademie als Präsident vor.

Karl **Renner** (14. Dezember 1870 – 31. Dezember 1950)
Karl Renner wurde in Unter-Tannowitz/Mähren geboren und studierte an der Universität Wien Rechts- und Staatswissenschaften. 1898 promoviert, war er seit 1895 als Bibliothekar an der Reichsratsbibliothek tätig und wurde 1907 für die Sozialdemokraten in den Reichsrat gewählt. Bei der Gründung der Ersten Republik 1918 übernahm er das Amt des Staatskanzlers

(bis 1920). Von 1920 bis 1934 war Renner Abgeordneter zum Nationalrat, von 1931 bis 1933 Präsident des Nationalrates. 1938 trat er bei der Volksabstimmung zum „Anschluss" für ein „Ja" ein. Die Zeit des Nationalsozialismus verbrachte er in Gloggnitz/Niederösterreich mit wissenschaftlichen und schriftstellerischen Arbeiten. Am 27. April 1945 wurde Renner zum Staatskanzler der Provisorischen Staatsregierung bestellt. Im selben Jahr wurde er von der Nationalversammlung zum ersten Bundespräsidenten der Zweiten Republik gewählt. Dieses Amt übte er bis zu seinem Tod 1950 aus. Renner gilt als einer der Gründer der Ersten und Zweiten Republik. Die Akademie wählte ihn 1947 zum EM.

Marie **Repototschnig**, geb. Calabek (14. Juli 1895 – 30. Oktober 1953)

Marie Repototschnig, geb. Calabek, wurde in Žižkov bei Prag geboren und absolvierte die Handelsschule des Schulvereins für Beamtentöchter in Wien. Von 1911 bis 1915 war sie in der Akademie zunächst als Kanzleigehilfin tätig, danach als Kanzleioffiziantin und schließlich seit 1925 als Buchhaltungsassistentin. 1941 wurde sie aus Krankheitsgründen in den Ruhestand versetzt.

Oswald **Richter** (8. Juni 1878 – 8. April 1955)

Oswald Richter wurde in Prag geboren und studierte am deutschen Teil der Karls-Universität in Prag Botanik. 1903 promoviert, habilitierte er sich dort 1906. 1908 habilitierte er sich auch an der deutschen TH in Prag. Seit 1898 war er Assistent am Pflanzenphysiologischen Institut der deutschen Universität in Prag. 1910 wurde er am gleichnamigen Institut der Universität Wien Assistent. 1912 wurde er a.o. Professor. 1920 erfolgte seine Berufung als o. Professor an die TH in Brünn, wo er 1925/26 Dekan und 1927/28 Rektor war. 1938 war er auch Professor für Botanik an der deutschen Universität in Prag. 1941 wurde er von Hitler zum o. Professsor der deutschen TH in Brünn und Direktor des Instituts für Botanik, Warenkunde und Technische Mikroskopie ernannt. 1945 wurde er mit seiner Familie aus der Tschechoslowakei vertrieben. 1948 ließ er sich in Hannover nieder, wo er an der Tierärztlichen Hochschule eine Gastprofessur erhielt. 1951 pensioniert, übte er weiter seine Lehrtätigkeit aus. Richter gehörte der Akademie seit 1926 als k.M. A. an. 1938 wurde er zum k.M. I. umgewidmet. 1945 wurde seine Akademiemitgliedschaft für ruhendgestellt erklärt. Das Amnestiegesetz vom April 1948 ermöglichte die Reaktivierung, im Mitgliederverzeichnis für das Jahr 1948 scheint sein Name – nunmehr als k.M. A. – wieder auf.

Richard **Rössler** (7. Juni 1897 – 4. Mai 1945)

Richard Rössler stammte aus Ebensee und studierte Medizin an der Universität Innsbruck. 1922 promoviert, wurde Rössler 1924 Assistent am Pharmakologischen Institut der Universität Wien. Nach zweijährigem Forschungsaufenthalt in Cambridge, Oxford und London habilitierte er sich 1931 an der Universität Wien. 1934 wurde Rössler der Titel eines a.o. Professors verliehen. 1938 wurde er anstelle seines „rassisch" verfolgten und entlassenen Förderers Ernst Peter Pick zum o. Professor der Pharmakologie und Direktor des Pharmakologischen Instituts der Universität Wien ernannt. Rössler wurde 1941 zum k.M. I. der Akademie gewählt.

Hans **Rupprich** (28. Oktober 1898 – 4. Jänner 1972)

Hans Rupprich wurde in Alt-Ruppersdorf/Niederösterreich geboren und studierte Germanistik und Geschichte an der Universität Wien. 1924 promoviert, habilitierte er sich 1929 dort und wurde 1939 a.o. Professor. Er war aufgrund seiner NSDAP-Mitgliedschaft 1945 registrierungspflichtig und wurde 1945 an der Universität Wien enthoben. 1949 wurde er wieder zum a.o. Professor ernannt und war von 1952 bis zu seiner Emeritierung 1970 als o. Professor der Deutschen Sprache und Literatur an der Universität Wien tätig. Rupprich wurde 1944 zum k.M. I. der Akademie gewählt. 1945 wurde seine Akademiemitgliedschaft für ruhendgestellt erklärt. Das Amnestiegesetz vom April 1948 ermöglichte die Reaktivierung, im Mitgliederverzeichnis für das Jahr 1948 scheint sein Name wieder auf. 1969 wurde er zum w.M. gewählt.

Walter **Ruth** (25. September 1905 – 23. Juli 1956)

Walter Ruth wurde in Waidhofen an der Thaya geboren und studierte an der Universität Wien Anglistik, Germanistik und Experimentalphonetik. Seit 1928 war er als wissenschaftliche Hilfskraft am Phonogrammarchiv der Akademie tätig, 1937 promovierte er. 1938 übernahm er an der Universität Wien ein Lektorat für Experimentalphonetik, das 1940 auf das Gebiet der Englischen Phonetik erweitert wurde. 1938 löste er als vorläufiger Leiter des Phonogrammarchivs den suspendierten (später entlassenen) und „rassisch" verfolgten Leo Hajek ab. 1942 erhielt er die Dozentur für Phonetik und wurde an der Akademie in das Beamtendienstverhältnis übernommen. Ruth war als illegaler Nationalsozialist 1945 registrierungspflichtig. Nach seiner Rückkehr aus der jugoslawischen Kriegsgefangenschaft 1946 wurde er wieder als Leiter des Phonogrammarchivs eingesetzt. Diese Funktion hatte er bis zu seinem Tod inne.

Franz **Ruttner** (12. Mai 1882 – 17. Mai 1961)

Franz Ruttner wurde in Kalk-Podol/Böhmen geboren. Er studierte am deutschen Teil der Karls-Universität in Prag Naturwissenschaften und promovierte 1906. Im selben Jahr wurde er Assistent, 1908 stellvertretender Leiter der Biologischen Station in Lunz, die er von 1924 bis zu seiner Pensionierung 1957 leitete. Nach seiner Habilitation 1925 erhielt er 1927 den Titel eines a.o. Professors. Er war aufgrund seiner NSDAP-Mitgliedschaft 1945 registrierungspflichtig. Er gehörte der Akademie seit 1952 als k.M. I. an.

Rudolf **Saliger** (1. Februar 1873 – 31. Jänner 1958)

Rudolf Saliger wurde in Spachendorf bei Troppau/Österreichisch-Schlesien geboren und studierte an der TH Wien Bauingenieurwesen. Er arbeitete zunächst im Brückenbaubüro der k.k. Südbahngesellschaft. Es folgten weitere Studien- und Arbeitsaufenthalte im Deutschen Reich, in Belgien und Frankreich. 1908/09 wurde er a.o. Professor an der deutschen TH in Prag und folgte 1909 einem Ruf an die TH Wien, wo er bis zu seiner Emeritierung 1939 als o. Professor für Eisenbetonbau und Statik tätig war. Von 1920 bis 1922 war er Dekan, 1924/25 und 1938 Rektor der TH Wien. Daneben fungierte er als Bauberater der Gemeinde Wien. Er war aufgrund seiner NSDAP-Mitgliedschaft 1945 registrierungspflichtig. Saliger wurde 1939 als o.M. in die Akademie aufgenommen. 1945 wurde seine Akademiemitgliedschaft für ruhendgestellt erklärt, im Mitgliederverzeichnis für das Jahr 1949 scheint sein Name wieder auf.

Leo **Santifaller** (24. Juli 1890 – 5. September 1974)

Leo Santifaller stammte aus Kastelruth/Südtirol und studierte an der Universität Wien Astronomie und Naturwissenschaften, bevor er sich dem Studium der Geschichte zuwandte. Darin promovierte er 1919. Er absolvierte den Ausbildungskurs am Institut für Österreichische Geschichtsforschung und habilitierte sich 1928 an der Universität Berlin. 1929 wurde er o. Professor an der Universität Breslau und wechselte 1943 an die Universität Wien. 1945 übernahm er die Leitung des Instituts für Österreichische Geschichtsforschung. 1946 wurde er vorübergehend vom Lehramt enthoben, aber im selben Jahr durch Ministerverfügung wieder in den Dienst gestellt. 1952/53 war er Dekan. Daneben war er seit 1945 Generaldirektor des Österreichischen Staatsarchivs. Die Akademie wählte Santifaller 1943 zum k.M. I. und 1945 zum w.M.

Fritz **Schachermeyr** (10. Jänner 1895 – 26. Dezember 1987)

Fritz Schachermeyr stammte aus Urfahr bei Linz und studierte an den Universitäten Graz, Berlin, Wien und Innsbruck Alte Geschichte, Geschichte und Geographie. 1920 promovierte er in Innsbruck in Alter Geschichte. Von 1921 bis 1931 unterrichtete er am Städtischen Mädchenrealgymnasium in Innsbruck. 1928 habilitierte er sich. 1931 wurde er als o. Professor für Alte Geschichte nach Jena berufen, 1936 nach Heidelberg und 1941 nach Graz. Er war als illegaler Nationalsozialist 1945 registrierungspflichtig. 1945 wurde er an der Universität Graz entlassen und 1946 in den Ruhestand versetzt. Weiter am Institut arbeitend, wurde er 1952 als o. Professor für Griechische Geschichte, Altertumskunde und Epigrafik an die Universität Wien berufen. Er emeritierte 1966. Die Akademie wählte Schachermeyr 1954 zum k.M. I. und 1957 zum w.M.

Josef **Schaffer** (13. Oktober 1861 – 27. April 1939)

Josef Schaffer stammte aus Trient und studierte an der Universität Graz Medizin. 1886 promoviert, habilitierte er sich 1889 an der Universität Wien. 1894 wurde ihm der Titel eines a.o. Professors verliehen. Seit 1899 leitete er das Embryologische Institut der Universität. 1908 erhielt er den Titel eines o. Professors. 1911 wurde er als o. Professor an die Universität Graz berufen. Von 1913 bis zu seiner Emeritierung 1933 wirkte Schaffer als o. Professor für Histologie an der Universität Wien. Die Akademie wählte Schaffer 1906 zum k.M. I. und 1923 zum w.M.

Friedrich **Schaffernak** (27. April 1881 – 12. März 1951)

Friedrich Schaffernak wurde in Windischgraz/Untersteiermark geboren und studierte an der TH Graz Bauingenieurwesen. 1914 promoviert, trat er in den steiermärkischen Staatsbaudienst ein. Schon seit 1909 hatte er im Departement für Wasserkraftanlagen im k.k. Ministerium für öffentliche Arbeiten in Wien gewirkt. 1917 habilitierte er sich an der TH Wien und wurde dort 1919 zum o. Professor für Wasserbau berufen. 1929/30 bekleidete er das Amt des Rektors der TH Wien und war 1930/31 und 1938 Prorektor der Hochschule. Er war aufgrund seiner NSDAP-Mitgliedschaft 1945 registrierungspflichtig, 1945 wurde er suspendiert und 1947 in den Ruhestand versetzt. Schaffernak wurde 1927 zum k.M. I. und 1934 zum w.M. gewählt. 1945 wurde seine Akademiemitgliedschaft für ruhendgestellt erklärt. Das Amnestiegesetz vom April 1948 ermöglichte die Reaktivierung, im Mitgliederverzeichnis für das Jahr 1948 scheint sein Name wieder auf.

Josef **Schatz** (3. März 1871 – 23. März 1950)

Josef Schatz stammte aus Imst in Tirol und studierte an der Universität Innsbruck Germanistik, Klassische Philologie und Vergleichende Sprachwissenschaften. 1895 promoviert und 1897 habilitiert, forschte er kurzzeitig an der Universität Leipzig und ging 1905 als a.o. Professor an die Universität Lemberg. 1911 erhielt er den Titel eines o. Professors und kehrte 1912 als o. Professor für Deutsche Sprache und Literatur an die Universität Innsbruck zurück. 1917/18 war Schatz Dekan und 1922/23 Rektor an der Universität Innsbruck. Er emeritierte 1939, wurde aber von 1943 bis 1945 reaktiviert. Schatz wurde 1920 zum k.M. I. und 1939 zum o.M. der Akademie gewählt.

Ferdinand **Scheminzky** (17. Februar 1899 – 9. Juni 1973)

Ferdinand Scheminzky wurde in Wien geboren und studierte in seiner Heimatstadt Medizin. 1925 promoviert, wurde er 1927 habilitiert und 1929 Assistent an der Universität Wien. 1933 erhielt er den Titel eines a.o. Professors. 1942 wurde er a.o. Professor am Physiologischen Institut der Universität Innsbruck, 1944 folgte die Ernennung zum o. Professor für Physiologie. Von 1936 bis 1938 und wieder ab 1945 leitete er nebenamtlich die balneologischen Forschungen am Forschungsinstitut Gastein. 1952 übernahm Scheminzky die Leitung des neu gegründeten Balneologischen Instituts in Innsbruck. Von 1945 bis 1946 und von 1951 bis 1953 war er Dekan an der Universität Innsbruck. Er gehörte der Akademie seit 1946 als k.M. I. und seit 1952 als w.M. an.

Wilhelm **Schlenk** (22. März 1879 – 29. April 1943)
Wilhelm Schlenk wuchs in München auf und studierte an der Universität München zunächst Philologie, danach Chemie. 1905 promoviert, schloss er eine Tätigkeit in der chemischen Industrie an, kehrte aber in seine Heimatstadt zurück und habilitierte sich dort 1910. 1913 wurde er zum a.o. Professor an der Universität Jena bestellt und wechselte 1918 als o. Professor an die Universität Wien. 1921 ging er als Nachfolger von Emil Fischer nach Berlin. 1935 wurde er aufgrund seiner demokratischen Überzeugung an die Universität Tübingen strafversetzt, wo er die Leitung des Lehrstuhls für Chemie übernahm. Die Akademie wählte Schlenk 1917 zum k.M. I. und 1918 zum w.M. 1921 wurde er zum k.M. A. und 1938 zum o.M. umgewidmet.

Wilhelm **Schmidt** (16. Februar 1868 – 10. Februar 1954)
Wilhelm Schmidt wurde in Hörde bei Dortmund geboren und schloss sich bereits als Jugendlicher der katholischen deutschen Missionsgesellschaft Societas Verbi Divini an. 1892 wurde er zum Priester geweiht Von 1893 bis 1895 studierte Schmidt an der Universität Berlin Semitische Sprachen. 1895 übersiedelte er in das Missionshaus St. Gabriel bei Mödling/Niederösterreich. 1921 habilitierte er sich an der Universität Wien. 1924 erhielt er den Titel eines a.o. Professors. Seit dem selben Jahr wirkte er im Auftrag von Papst Pius XI. am Aufbau des Museo Missionario-Etnologico im Vatikan mit, als dessen Direktor Schmidt von 1926 bis 1938 fungierte. Nach dem „Anschluss“ wurde Schmidt vorübergehend von den Nationalsozialisten interniert. Ihm wurde auch die Lehrbefugnis entzogen. Er konnte aber über Rom in die Schweiz ausreisen, wohin er auch das von ihm gegründete Anthropos-Institut verlegte. Seit 1939 unterrichtete er an der Universität Fribourg/Schweiz, von 1942 bis 1948 als o. Professor und seit 1949 als Honorarprofessor. Schmidt gehörte der Akademie seit 1906 als k.M. I. an, nach seiner Emigration wurde er 1941 zum k.M. A. umgewidmet.

Arnold **Schober** (16. April 1886 – 15. August 1959)
Arnold Schober wurde in Windisch-Landsberg/Steiermark geboren und studierte in Graz, Berlin, München und Wien Kunstgeschichte und Archäologie. 1909 in Graz promoviert, war er ab 1912 Assistent an der Universität Wien. 1921 habilitierte er sich dort; 1927 wurde er a.o. Professor. 1935 wurde er zum a.o. Professor und Vorstand des Archäologischen Instituts an der Universität Graz ernannt, 1940 zum o. Professor. Er war aufgrund seiner NSDAP-Mitgliedschaft 1945 registrierungspflichtig. 1945 wurde er in den dauernden Ruhestand versetzt, 1946 aufgrund eines negativen Entscheides der Entnazifizierungskommission aus dem Lehramt entlassen. Die Akademie wählte ihn 1940 zum k.M. I. 1945 wurde seine Akademiemitgliedschaft für ruhendgestellt erklärt. Das Amnestiegesetz vom April 1948 ermöglichte die Reaktivierung, im Mitgliederverzeichnis für das Jahr 1948 scheint sein Name wieder auf.

Ernst **Schönbauer** (29. Dezember 1885 – 3. Mai 1966)
Ernst Schönbauer wurde in Windigsteig/Niederösterreich geboren und studierte Klassische Philologie in Wien sowie Germanistik und Rechtswissenschaften in Prag. Dort wurde er 1911 zum Dr. phil. und 1915 zum Dr. iur. promoviert. Als Abgeordneter der Konstituierenden Nationalversammlung gehörte er der österreichischen Delegation bei den Friedensverhandlungen 1919 in St. Germain an. Er legte sein Mandat als Abgeordneter 1930 nieder. Nach seiner Habilitation im Jahr 1919 an der Universität Wien wurde Schönbauer 1924 a.o. Professor und

1929 zum o. Professor für Römisches und Bürgerliches Recht. Schönbauer war von 1938 bis 1943 Dekan der Juridischen Fakultät der Universität Wien. Er war aufgrund seiner NSDAP-Mitgliedschaft 1945 registrierungspflichtig und wurde 1945 an der Universität Wien in den dauernden Ruhestand versetzt. Der Akademie gehörte er seit 1933 als k.M. I. und seit 1939 als o.M. an. 1945 wurde seine Akademiemitgliedschaft für ruhendgestellt erklärt. Das Amnestiegesetz vom April 1948 ermöglichte die Reaktivierung, im Mitgliederverzeichnis für das Jahr 1948 scheint sein Name wieder auf.

Erwin **Schrödinger** (12. August 1887 – 4. Jänner 1961)
Erwin Schrödinger wurde in Wien geboren, studierte in seiner Heimatstadt Mathematik und Physik. 1910 promoviert, habilitierte er sich im Jahr 1914 an der Universität Wien. 1920 wurde er a.o. Professor an der Universität Jena, wechselte aber noch im selben Jahr an die TH Stuttgart und an die Universität Breslau. 1921 übernahm er eine o. Professur für Theoretische Physik an der Universität Zürich, bevor er 1927 einen Ruf auf den Lehrstuhl für Theoretische Physik an der Universität Berlin (Nachfolge von Max Planck) annahm. 1933 erhielt er den Nobelpreis für Physik. Im selben Jahr verließ Schrödinger, der dem Nationalsozialismus ablehnend gegenüberstand, das Deutsche Reich und übernahm eine Stelle am Magdalen College in Oxford. 1936 ging er als o. Professor an die Universität Graz. 1938 emigrierte er nach einem kurzen Zwischenaufenthalt als Gastprofessor in Gent nach Irland und wirkte seit 1940 als Direktor der School for Theoretical Physics in Dublin. Schrödinger kehrte 1956 nach Wien zurück und lehrte am Institut für Theoretische Physik der Universität Wien. Er gehörte der Akademie seit 1928 als k.M. A. an. 1936 wurde er zum k.M. I. umgewidmet. Schrödinger wurde am 3. Oktober 1940 aus der Akademie ausgeschlossen. 1945 erfolgte seine abermalige Umwidmung, diesmal zum k.M. A. Seit 1956 gehörte er der Akademie als w.M. an.

Siegmund **Schumacher-Marienfrid** (26. Jänner 1872 – 31. Mai 1944)
Siegmund Schumacher-Marienfrid stammte aus Innsbruck und studierte an den Universitäten Innsbruck, München und Wien Medizin. 1898 in Wien promoviert, habilitierte er sich 1904 an der selben Universität und erwarb 1908 den Titel eines a.o. Professors. 1912 wechselte er als a.o. Professor an die Tierärztliche Hochschule in Wien und im darauf folgenden Jahr an die Universität Innsbruck. 1916 wurde er o. Professor für Histologie und Embryologie. 1918/19 war er Dekan. 1937 wurde Schumacher-Marienfrid vorzeitig pensioniert. Die Akademie wählte ihn 1933 zum k.M. I. und 1941 zum o.M.

Egon **Schweidler** (10. Februar 1873 – 12. Februar 1948)
Egon Schweidler stammte aus Wien und studierte dort Physik und Mathematik. 1895 promoviert und 1899 habilitiert, wurde er 1911 a.o. Professor an der Universität Wien. Von 1911 bis 1926 leitete er die Lehrkanzel für Experimentalphysik an der Universität Innsbruck, wo er 1923 auch Dekan und 1925/26 Rektor war. 1926 kehrte er als o. Professor und Vorstand des I. Physikalischen Instituts an die Universität Wien zurück und übernahm 1938 die Leitung des II. Physikalischen Instituts bis zu seiner Emeritierung 1939. Schweidler wurde 1921 zum k.M. I. und 1925 zum w.M. der Akademie gewählt. Er war von 1929 bis 1933 Sekretär, von 1933 bis 1938 Generalsekretär und von 1938 bis 1945 Vizepräsident der Akademie.

Hans **Sedlmayr** (18. Jänner 1896 – 9. Juli 1984)
Hans Sedlmayr stammte aus Hornstein/Burgenland und studierte Architektur an der TH Wien sowie Kunstgeschichte, Physik und Rechtswissenschaften an der Universität Wien. 1923 promovierte er an der Universität Wien im Fach Kunstgeschichte, 1933 habilitierte er sich an der TH und 1934 and der Universität Wien. 1936 nahm er einen Ruf als o. Professor für Kunstgeschichte an die Universität Wien an. Sedlmayr war 1930 der NSDAP beigetreten, hatte jedoch 1932 sei-

nen Austritt erklärt. 1938 bis 1945 gehörte er wieder der NSDAP an. Er war aufgrund seiner NSDAP-Mitgliedschaft 1945 registrierungspflichtig und wurde 1945 an der Universität Wien enthoben und mit einem Lehrverbot belegt. 1946 wurde er an der Universität Wien in den dauernden Ruhestand versetzt. 1951 wurde er als o. Professor an die Universität München berufen. Von 1965 bis 1969 war er Gastprofessor am Kunsthistorischen Institut der Universität Salzburg. Sedlmayr gehörte der Akademie seit 1939 als k.M. I. und seit 1941 als o.M. an. 1945 wurde seine Akademiemitgliedschaft für ruhendgestellt erklärt. Das Amnestiegesetz vom April 1948 ermöglichte die Reaktivierung, im Mitgliederverzeichnis für das Jahr 1948 scheint sein Name wieder auf. 1951 wurde er zum k.M. A. und 1966 zum w.M. umgewidmet.

Heinrich **Sequenz** (13. Jänner 1895 – 11. Mai 1987)
Heinrich Sequenz wurde in Wien geboren und studierte Ingenieurwissenschaften, Mathematik und Physik an der Universität Wien, der TH Wien und der TH Karlsruhe. Er promovierte in verschiedenen Fächern (1927 TH Wien, 1938 Universität Wien) und habilitierte sich 1932 an der TH Wien. 1937 folgte er einem Ruf an die TH Stuttgart. 1939 wurde er an der TH Wien zum o. Professor für Elektrische Maschinen ernannt. Von 1942 bis 1945 übte er dort das Amt des Rektors aus. Sequenz war als vermutlich illegales NSDAP-Mitglied 1945 registrierungspflichtig. Er wurde 1945 an der TH Wien entlassen, erhielt Publikations- und Lehrverbot und wurde bis 1947 in US-amerikanischen Anhaltelagern (u.a. Glasenbach) inhaftiert. 1945 erhielt er ein Lehr- und Publikationsverbot. 1952 wurde ihm die Lehrbefugnis wieder erteilt und 1954 wurde er wieder zum o. Professor ernannt und mit der Leitung des Instituts für Elektrische Anlagen der TH Wien betraut. Sequenz gehörte der Akademie seit 1941 als k.M. I. an. 1945 wurde seine Akademiemitgliedschaft für ruhendgestellt erklärt, im Mitgliederverzeichnis für das Jahr 1949 scheint sein Name wieder auf.

George Harrison **Shull** (15. April 1874 – 29. September 1954)
George H. Shull wurde in Clark County, Ohio, geboren. Nachdem er einige Jahre als Lehrer gearbeitet hatte, studierte er am Antioch College und arbeitete danach für verschiedene Regierungsbehörden, darunter das United States Bureau of Forestry, das National Herbarium in Washington, D.C., und das Bureau of Plant Industry im US-Landwirtschaftsministerium. Daneben studierte er Pflanzenphysiologie an der Universität Chicago. Von 1915 bis zu seiner Emeritierung 1942 lehrte er an der Princeton University. Shull wurde 1939 zum k.M. A. der Akademie gewählt.

Anton **Skrabal** (12. April 1877 – 4. November 1957)
Anton Skrabal wurde in Schwechat geboren und studierte Chemie an der TH Wien. 1903 promoviert, arbeitete er zunächst für eine Bergbau- und Hüttengesellschaft und habilitierte sich 1905. 1911 erhielt er den Titel eines a.o. Professors. Als a.o. Professor wurde er 1912 an die Universität Graz berufen. 1917 wurde Skrabal o. Professor für Chemie und Vorstand des Chemischen Instituts in Graz. Er behielt diesen Posten bis zu seiner Emeritierung 1943. 1927/28 war er Dekan. Er war aufgrund seiner NSDAP-Mitgliedschaft 1945 registrierungspflichtig. 1919 wurde Skrabal zum k.M. I. und 1924 zum w.M. der Akademie gewählt. 1945 wurde seine Akademiemitgliedschaft für ruhendgestellt erklärt. Das Amnestiegesetz vom April 1948 ermöglichte die Reaktivierung, im Mitgliederverzeichnis für das Jahr 1948 scheint sein Name wieder auf.

Josef **Soukup** (13. Jänner 1866 – 4. Mai 1942)
Josef Soukup stammte aus Gmunden und trat 1903 als Hausbesorger und Portier in die Dienste der Akademie. 1914 übernahm er die Verwaltung des Druckschriftenmagazins, das

vom Kanzlei- und Bibliotheksdienst abgetrennt war. Er wurde wegen seiner Unentbehrlichkeit während des Ersten Weltkriegs vom Kriegsdienst freigestellt. Nachdem Emerich Hesch 1922 zum Hausbesorger bestellt worden war, kümmerte sich Soukup verstärkt um die Bibliothek und das Druckschriftenmagazin der Akademie. 1933 erhielt er die Silberne Medaille für Verdienste um die Republik Österreich. Trotz Erreichens der Pensionsgrenze wurde Soukup wegen Unentbehrlichkeit erst 1941 in den Ruhestand versetzt.

Ernst **Späth** (14. Mai 1886 – 30. September 1946)
Ernst Späth wurde in Bärn/Mähren geboren und studierte Naturwissenschaften mit dem Schwerpunkt Chemie an der Universität Wien. 1910 promoviert, habilitierte er sich 1917 und wurde 1921 a.o. Professor an der Universität Wien. Von 1924 bis zu seiner Emeritierung 1944 leitete er als o. Professor für Chemie das II. Chemische Institut der Universität Wien. 1932/33 war er Dekan und 1937/38 Rektor der Universität Wien. Späth gehörte der Akademie seit 1925 als k.M. I. und seit 1926 als w.M. an. Von 1938 bis 1945 war er ihr Generalsekretär, und von 1945 bis 1946 stand er der Akademie als Präsident vor.

Othmar **Spann** (1. Oktober 1878 – 8. Juli 1950)
Othmar Spann wurde in Wien geboren und studierte in seiner Heimatstadt und an den Universitäten Zürich, Bern und Tübingen Philosophie, Nationalökonomie und Gesellschaftslehre. 1903 promovierte er in Tübingen zum Dr. rer. pol. 1907 habilitierte er sich an der deutschen TH in Brünn. Von 1908/09 bis 1910 leitete er für die Statistische Zentralkommission in Wien die Vorbereitungen für die Volkszählung von 1910. 1909 wurde er a.o. Professor an der TH in Brünn, von 1911 bis 1919 war er dort als o. Professor für Volkswirtschaftslehre und Statistik tätig. Von 1919 bis 1938 wirkte Spann als o. Professor der Volkswirtschafts- und Gesellschaftslehre an der Universität Wien. Unmittelbar nach dem „Anschluss" wurde Spann, ein Theoretiker des autoritären Ständestaates, entlassen, verhaftet und viereinhalb Monate lang in München inhaftiert. Danach zog er sich auf seinen Besitz in Neustift/Burgenland zurück. Spann wurde 1945 nicht mehr reaktiviert; er wurde beurlaubt und 1949 pensioniert. Spann wurde 1933 zum k.M. I. der Akademie gewählt.

Hans **Sperl** (13. November 1861 – 3. März 1959)
Hans Sperl wurde in Weyer/Oberösterreich geboren und studierte Rechtswissenschaften an der Universität Graz. 1884 promoviert und 1895 habilitiert, wurde er 1899 in Graz a.o. Professor und folgte 1900 einem Ruf als o. Professor der Rechts- und Staatswissenschaften an die Universität Wien. Er blieb dort bis zu seiner Pensionierung 1933, nahm seine Lehrtätigkeit jedoch während des Zweiten Weltkriegs wieder auf. 1903/04, 1913/14 und 1923/24 war er Dekan und 1924/25 Rektor der Universität Wien. Daneben lehrte Sperl an der Österreichischen Konsularakademie. Er war aufgrund seiner NSDAP-Mitgliedschaft 1945 registrierungspflichtig und wurde 1945 endgültig pensioniert. Der Akademie gehörte er seit 1942 als EM an. 1945 wurde seine Akademiemitgliedschaft für ruhendgestellt erklärt. Das Amnestiegesetz vom April 1948 ermöglichte die Reaktivierung, im Mitgliederverzeichnis für das Jahr 1948 scheint sein Name wieder auf.

Heinrich **Srbik** (10. November 1878 – 16. Februar 1951)
Heinrich Srbik stammte aus Wien und studierte an der Universität Wien Geschichte. 1902 promoviert, war er Mitarbeiter der „Kommission für Neuere Geschichte Österreichs". 1907 habilitierte er sich in Wien für Österreichische Geschichte, 1910 wurde seine Lehrbefähigung auf Allgemeine Geschichte erweitert. 1912 wurde er a.o. Professor für Allgemeine Geschichte an der Universität Graz. 1917 nahm er dort eine o. Professor für Neuere Geschichte und Wirtschaftsgeschichte an. 1922 wechselte Srbik als o. Professor für Geschichte an die Universität

Wien. Von 1929 bis 1930 war er Unterrichtsminister im Kabinett Schober III. An die Universität zurückgekehrt, fungierte Srbik 1932/33 als Dekan. Im April 1938 wurde er durch Wahl zum Akademiepräsidenten bestellt und im selben Monat zum Mitglied des „großdeutschen Reichstages" ernannt. Srbik war aufgrund seiner NSDAP-Mitgliedschaft 1945 registrierungspflichtig. 1945 wurde er an der Universität Wien entlassen und mit einem Lehrverbot belegt. 1948 wurde er an der Universität Wien in den dauernden Ruhestand versetzt. Srbik gehörte der Akademie seit 1919 als k.M. I. und seit 1923 als w.M. an. Zwischen 1933 und 1938 übernahm er das Amt des Sekretärs der Akademie. Von 1938 bis 1945 war er ihr Präsident. 1945 wurde seine Akademiemitgliedschaft für ruhendgestellt erklärt. Das Amnestiegesetz vom April 1948 ermöglichte die Reaktivierung, im Mitgliederverzeichnis für das Jahr 1948 scheint sein Name wieder auf.

Adolf **Staffe** (2. November 1888 – 9. März 1958)

Adolf Staffe wurde in Klantendorf/Mähren geboren, studierte an der Hochschule für Bodenkultur in Wien Tierzucht und promovierte 1913. Er war zunächst als Ökonomieleiter auf verschiedenen Gütern tätig und auch politisch aktiv. 1920 habilitierte sich Staffe an der Hochschule für Bodenkultur und wurde dort 1928 a.o. Professor. 1932 erhielt er den Titel eines o. Professor und wurde 1938 o. Professor für Tierzucht und Milchwirtschaft. Von 1941 bis 1944 stand er der Hochschule für Bodenkultur als Rektor vor. Er war als illegaler Nationalsozialist 1945 registrierungspflichtig. 1945 aus dem Hochschuldienst entlassen, ging er erst an die Landwirtschaftliche Hochschule in Zürich und 1951 nach Bogotá/Kolumbien. Staffe gehörte der Akademie seit 1941 als k.M. I. an. 1945 wurde seine Akademiemitgliedschaft für ruhendgestellt erklärt. Das Amnestiegesetz vom April 1948 ermöglichte die Reaktivierung, im Mitgliederverzeichnis für das Jahr 1948 scheint sein Name wieder auf.

Eugen **Steinach** (27. Jänner 1861 – 14. Mai 1944)

Eugen Steinach wurde in Hohenems geboren, studierte zuerst Chemie und Zoologie an der Universität Genf und später Medizin an den Universitäten Wien und Innsbruck. 1886 promovierte er an der Universität Innsbruck. Von 1886 bis 1888 war er Assistent am Physiologischen Institut in Innsbruck, danach an der deutschen Universität in Prag, wo er sich 1890 habilitierte. 1895 wurde er dort a.o. Professor und 1906 o. Professor sowie erster Vorstand des von ihm neu gegründeten Laboratoriums für Allgemeine und Vergleichende Physiologie. 1912 gründete er in Wien die Physiologische Abteilung an der Biologischen Versuchsanstalt (BVA), die er bis 1932 leitete. 1919 wurde Steinach zum o. Professor für Physiologie an der Universität Wien berufen. 1932 trat er in den Ruhestand. Nach dem „Anschluss" wurde Steinach „rassisch" verfolgt. 1938 kehrte er von einer Vortragsreise in der Schweiz nicht mehr nach Wien zurück.

Harold **Steinacker** (26. Mai 1875 – 29. Jänner 1965)

Harold Steinacker wurde in Budapest geboren, studierte an der Universität Wien Alte Geschichte und Klassische Philologie und absolvierte den Ausbildungskurs am Institut für Österreichische Geschichtsforschung. Er promovierte 1898, bevor er für das Jus-Studium inskribierte. Er habilitierte sich 1905 an der Universität Wien und wurde 1909 a.o. Professor an der Universität Innsbruck. 1917 folgte Steinacker einem Ruf als o. Professor für Historische Hilfswissenschaften an den deutschen Teil der Karls-Universität in Prag, kehrte 1918 nach Innsbruck zurück und wurde dort zum o. Professor für Geschichte des Mittelalters und Historische Hilfswissenschaften berufen. 1924/25 war er Dekan und von 1938 bis 1942 Rektor der Universität Innsbruck. Er war als illegaler Nationalsozialist 1945 registrierungspflichtig. 1946 wurde er aufgrund eines negativen Entscheides der Entnazifizierungskommission aus dem Lehramt entlassen. Die Akademie wählte Steinacker 1932 zum k.M. I. 1945 wurde seine Akademiemitgliedschaft für ruhendgestellt erklärt. Das Amnestiegesetz vom April 1948 ermöglichte die Reaktivierung, im Mitgliederverzeichnis für das Jahr 1948 scheint sein Name wieder auf. 1964 wurde er zum EM gewählt.

Walter **Steinhauser** (7. Februar 1885 – 3. August 1980)
Walter Steinhauser wurde in Wien geboren und studierte dort Germanistik. 1934 wurde er zum a.o. Professor berufen und wirkte von 1935 bis 1945 als o. Professor für Germanische Sprachgeschichte und Altertumskunde an der Universität Wien. Er war als illegaler Nationalsozialist 1945 registrierungspflichtig. 1945 wurde er an der Universität Wien entlassen und mit einem Lehrverbot belegt. 1947 wurde er an der Universität Wien in den dauernden Ruhestand versetzt. Seine Lehrkanzel wurde aufgehoben. Steinhauser gehörte der Akademie seit 1940 als k.M. I. an. 1945 wurde seine Akademiemitgliedschaft für ruhendgestellt erklärt. Das Amnestiegesetz vom April 1948 ermöglichte die Reaktivierung, im Mitgliederverzeichnis für das Jahr 1948 scheint sein Name wieder auf.

Artur **Steinwenter** (17. Mai 1888 – 15. März 1959)
Artur Steinwenter wurde in Marburg an der Drau geboren und studierte Rechtswissenschaften an der Universität Graz. 1914 habilitierte er sich, wurde in Graz 1918 a.o. Professor und 1926 zum o. Professor für Römisches Recht berufen. 1930/31, 1947/48 und 1949/50 übte er das Amt des Dekans an der Universität Graz aus. Er war aufgrund seiner NSDAP-Mitgliedschaft 1945 registrierungspflichtig. 1946 wurde er aufgrund eines positiven Entscheides der Entnazifizierungskommission im Lehramt belassen. 1958 emeritierte er. Der Akademie gehörte er seit 1935 als k.M. I. und seit 1943 als o.M. an. 1945 wurde seine Akademiemitgliedschaft für ruhendgestellt erklärt. Das Amnestiegesetz vom April 1948 ermöglichte die Reaktivierung, im Mitgliederverzeichnis für das Jahr 1948 scheint sein Name wieder auf.

Georg **Stetter** (23. Dezember 1895 – 14. Juli 1988)
Georg Stetter wurde in Wien geboren, begann an der dortigen TH Maschinenbau und Elektrotechnik zu studieren und setzte sein Studium nach dem Ersten Weltkrieg an der Universität Wien fort. 1922 promoviert, wurde er Assistent am II. Physikalischen Institut. 1928 habilitierte er sich an der Universität Wien, erhielt 1934 den Professorentitel und wurde dort 1939 o. Professor und Vorstand des II. Physikalischen Instituts. 1943 übernahm er die Leitung des neu geschaffenen Vierjahresplaninstituts für Neutronenforschung in Wien. Er war als illegaler Nationalsozialist 1945 registrierungspflichtig. 1945 wurde er an der Universität Wien entlassen. 1953 wurde er wieder zum o. Professor und auch zum Leiter des I. Physikalischen Instituts ernannt. Er gehörte der Akademie seit 1940 als k.M. I. an. 1945 wurde seine Akademiemitgliedschaft für ruhendgestellt erklärt. Das Amnestiegesetz vom April 1948 ermöglichte die Reaktivierung, im Mitgliederverzeichnis für das Jahr 1948 scheint sein Name wieder auf. 1962 wurde er zum w.M. gewählt.

Otto **Stolz** (31. März 1881 – 4. November 1957)
Otto Stolz stammte aus Innsbruck, studierte dort Geografie und Geschichte und absolvierte den Ausbildungskurs am Institut für Österreichische Geschichtsforschung in Wien. 1905 promoviert, habilitierte er sich neben seiner Tätigkeit als Archivar 1912 in Innsbruck. 1923 erhielt er den Titel eines a.o. Professors, 1926 wurde er o. Professor für Geschichte und Archivkunde an der Universität Innsbruck. Daneben war er auch als Leiter des Statthaltereiarchivs (1932-1946) in Innsbruck tätig. Er war aufgrund seiner NSDAP-Mitgliedschaft 1945 registrierungspflichtig und wurde 1946 aufgrund eines positiven Entscheides der Entnazifizierungskommission im Lehramt belassen. Stolz gehörte der Akademie seit 1935 als k.M. I. an. 1945 wurde seine Akademiemitgliedschaft für ruhendgestellt erklärt. Das Amnestiegesetz vom April 1948

ermöglichte die Reaktivierung, im Mitgliederverzeichnis für das Jahr 1948 scheint sein Name wieder auf.

Franz Eduard **Suess** (7. Oktober 1867 – 25. Jänner 1941)
Franz Eduard Suess stammte aus Wien und studierte dort Naturwissenschaften mit dem Schwerpunkt Geologie. Er promovierte 1891, um darauf als Assistent am Lehrstuhl für Mineralogie und Geologie an der deutschen TH in Prag zu arbeiten. Von 1893 bis 1908 war er an der Geologischen Reichsanstalt in Wien tätig. 1898 habilitierte er sich an der Universität Wien, 1905 wurde ihm der Titel eines a.o. Professors verliehen und 1908 wurde er a.o. Professor an der Universität Wien. 1911 folgte er einem Ruf als o. Professor für Mineralogie und Geologie an die deutsche TH in Prag und wechselte noch im selben Jahr als o. Professor der Geologie an die Universität Wien, wo er bis zu seiner Emeritierung 1936 tätig war. 1923/24 war Suess Dekan. Nach dem „Anschluss" wurde er als „Mischling 2. Grades" „rassisch" verfolgt. Suess gehörte der Akademie seit 1911 als k.M. I. und seit 1915 als w.M. an. Er wurde am 2. Dezember 1939 von der Akademie ausgeschlossen.

Leopold **Svajda** (8. Oktober 1896 – August 1976)
Leopold Svajda wurde in Wien geboren und studierte an der Universität Wien Rechtswissenschaften. Er war seit 1920 zunächst im Kanzleidienst, bis 1925 im Konzepts- und Rechnungsdienst und schließlich als stellvertretender Kanzleileiter im Finanzministerium tätig. Er leitete die Kanzlei von 1934 bis zur Auflösung des Finanzministeriums 1940 und übernahm dann eine Planstelle bei der Akademie. 1941 wurde er zum Steuersekretär ernannt und an den Kurator der wissenschaftlichen Hochschulen in Wien abgeordnet, wo er in die Abteilung P des Oberfinanzpräsidiums versetzt wurde. Seit 1942 war er faktisch alleinverantwortlich für die Akademiebuchhaltung, 1946 übernahm er dieses Amt offiziell. 1945 wurde Svajda zum Amtssekretär und 1955 zum wirklichen Amtsrat ernannt. Er wurde 1961 pensioniert.

Hermann **Tertsch** (19. Februar 1880 – 14. Dezember 1962)
Hermann Tertsch stammte aus Alt-Petrain/Mähren und studierte an der Universität Wien Naturwissenschaften. 1903 promoviert, war er nach dem Abschluss der Lehramtsprüfung bis 1920 als Mittelschullehrer tätig. 1910 habilitierte er sich an der Universität Wien und lehrte dort von 1921 bis 1933. 1922 wurde ihm der Titel eines a.o. Professors verliehen, 1943/44 supplierte er kurzzeitig die Mineralogische Lehrkanzel der Universität Wien. Tertsch war aufgrund seiner NSDAP-Mitgliedschaft 1945 registrierungspflichtig. Der Akademie gehörte Tertsch seit 1931 als k.M. I. an. 1945 wurde seine Akademiemitgliedschaft für ruhendgestellt erklärt. Das Amnestiegesetz vom April 1948 ermöglichte die Reaktivierung, im Mitgliederverzeichnis für das Jahr 1948 scheint sein Name wieder auf.

Karl **Terzaghi** (2. Oktober 1883 – 25. Oktober 1963)
Karl Terzaghi wurde in Prag geboren und studierte an der TH Graz Maschinenbau, Bauingenieurwesen und Geologie. 1912 promoviert, arbeitete er als Ingenieur für Bauwesen im In- und Ausland, bevor er 1916 eine Professur an der Ingenieurhochschule in Istanbul übernahm. 1919 setzte er seine Arbeit am Robert College in Istanbul fort und wirkte seit 1925 als Professor am Massachusetts Institute of Technology in den USA. Von 1929 bis 1938 lehrte er an der TH Wien Wasserbau. Terzaghi emigrierte 1938 aufgrund seiner Ablehnung des Nationalsozialismus in die USA und arbeitete dort an der Harvard University in Cambridge, Mass., wo er 1953 emeritierte. Terzagi gehörte der Akademie seit 1932 als k.M. I. und seit 1937 als w.M. an. 1945 wurde er zum k.M. A. umgewidmet.

Rudolf **Thiel** (2. März 1902 – 2. Juni 1972)

Rudolf Thiel besuchte in Wien die Bürgerschule und erlernte das Buchbinderhandwerk, ohne die Gesellenprüfung abzulegen. Seit 1922 war er in verschiedenen Firmen, darunter in den Brown-Boveri-Werken in Wien, als Geschäftsdiener bzw. Hilfsarbeiter tätig, immer wieder unterbrochen von zum Teil jahrelanger Arbeitslosigkeit (u.a. 1932-1938). 1940 trat Thiel als Ersatz für den zum Wehrdienst einberufenen Ferdinand Weiss in den Dienst der Akademie, wo er bis zu seiner Einberufung 1942 als Diener tätig war. Nach Kriegsende kehrte Thiel nach Wien zurück und übernahm die Betreuung der Akademiebibliothek sowie des Druckschriftenmagazins. Er ging 1967 in den Ruhestand.

Karl **Toldt** (7. Jänner 1875 – 25. Jänner 1961)

Karl Toldt stammte aus Wien und studierte dort Zoologie und Chemie. 1899 promoviert, wurde er wissenschaftlicher Beamter am k.k. Naturhistorischen Hofmuseum und rückte 1923 zum stellvertretenden Direktor der Zoologischen Abteilung des Museums auf. Nach seiner Pensionierung 1925 übersiedelte er nach Innsbruck und übernahm dort die ehrenamtliche Fachdirektion der Zoologischen Sammlung des Museums Ferdinandeum. Toldt war aufgrund seiner NSDAP-Mitgliedschaft 1945 registrierungspflichtig. 1946 wurde er aufgrund eines positiven Entscheides der Entnazifizierungskommission im Amt belassen. Der Akademie gehörte Toldt seit 1942 als k.M. I. an. 1945 wurde seine Akademiemitgliedschaft für ruhendgestellt erklärt. Das Amnestiegesetz vom April 1948 ermöglichte die Reaktivierung, im Mitgliederverzeichnis für das Jahr 1948 scheint sein Name wieder auf.

Erich **Tschermak-Seysenegg** (15. November 1871 – 11. Oktober 1962)

Erich Tschermak-Seysenegg wurde in Wien geboren und studierte Agrarwissenschaften an der Hochschule für Bodenkultur Wien und der Universität Halle sowie Biologie an der Universität Wien. 1896 in Halle promoviert, wurde ihm nach seiner Habilitation 1900 im Jahr 1903 der Titel eines a.o. Professors an der Universität für Bodenkultur in Wien verliehen. 1906 wurde er zum a.o. Professor ernannt. Zugleich übernahm er die neu eingerichtete Lehrkanzel für Pflanzenzüchtung. 1909 zum o. Professor für Pflanzenzüchtung berufen, gründete Tschermak-Seysenegg in der Folgezeit zahlreiche Versuchsstationen in Mähren, Böhmen, Westungarn und Niederösterreich. Bis zu seiner Emeritierung 1941 wirkte er als o. Professor an der Hochschule für Bodenkultur in Wien. Die Akademie wählte ihn 1926 zum k.M. I. und 1930 zum w.M.

Hans **Voltelini** (31. Juli 1862 – 25. Juni 1938)

Hans Voltelini stammte aus Innsbruck. Er studierte Geschichte an den Universitäten Innsbruck und Wien und absolvierte den Ausbildungskurs am Institut für Österreichische Geschichtsforschung. 1887 promovierte er in Geschichte. Danach studierte er auch noch Rechtswissenschaften in Wien, promovierte 1892 und habilitierte sich 1899 an der Universität Wien. 1900 wurde er a.o. Professor und 1902 als o. Professor an die Universität Innsbruck berufen. 1908 kehrte er als o. Professor des deutschen Rechts und der österreichischen Reichsgeschichte an die Universität Wien zurück, wo er bis zu seiner Emeritierung im Jahre 1934 tätig war. Voltelini gehörte der Akademie seit 1903 als k.M. I. und seit 1909 als w.M. an.

Adam **Wandruszka** (6. August 1914 – 9. Juli 1997)

Adam Wandruszka wurde in Lemberg geboren, studierte an der Universität Wien Geschichte, Kunstgeschichte und Germanistik und absolvierte den Ausbildungskurs am Institut für Österreichische Geschichtsforschung. 1936 promoviert, war er im Zweiten Weltkrieg Wehrmachtsangehöriger und geriet in US-amerikanische Kriegsgefangenschaft. Er war aufgrund seiner NSDAP-Mitgliedschaft 1945 registrierungspflichtig. Von 1949 bis 1958 arbeitete er als Redakteur bei der „Presse" und habilitierte sich 1955 an der Universität Wien. 1959 folgte er einem Ruf als o. Professor für Mittlere und Neuere Geschichte an die Universität Köln. 1963/64 war er Dekan. Von 1969 bis 1984 war er o. Professor für Österreichische Geschichte an der Universität Wien. Wandruszka gehörte der Akademie seit 1969 als k.M. I. und seit 1970 als w.M. an.

Friedrich **Weber** (22. Mai 1886 – 28. Oktober 1960)
Friedrich Weber wurde in Salzburg geboren und studierte an der Universität Wien Naturwissenschaften mit Schwerpunkt Botanik. Nach seiner Habilitation 1918 an der Universität Graz wurde er dort 1929 a.o. Professor. 1936 wurde er in Graz auf eine o. Professur für Anatomie und Physiologie der Pflanzen berufen, die er bis zu seiner Emeritierung 1957 innehatte. 1935 wurde er zum k.M. I. und 1955 schließlich zum w.M. der Akademie gewählt.

Hermann **Weber** (27. November 1899 – 18. November 1956)
Hermann Weber stammte aus Bretten/Baden und studierte an der TH Stuttgart und an der Universität Tübingen Naturwissenschaften und Physik. 1922 promoviert, wurde er 1928 Privatdozent an der Universität Bonn und war von 1930 bis 1935 a.o. Professor an der TH Danzig. 1935/36 vertrat er den Lehrstuhl für Forstzoologie in Freiburg i. Br. Von 1936 bis 1939 war er o. Professor für Zoologie und Vergleichende Anatomie an der Universität Münster. Von 1940 bis 1941 wirkte er als Professor an der Universität Wien und von 1941 bis 1944 als o. Professor für Zoologie an der Reichsuniversität Straßburg. 1945 wurde er an der Universität Wien außer Dienst gestellt und mit einem Lehrverbot belegt. Von 1951 bis 1956 war Weber als o. Professor und Direktor des Zoologischen Instituts an der Universität Tübingen tätig. Die Akademie wählte ihn 1940 zum o.M., er wurde 1945 zum k.M. A. umgewidmet.

Albert **Weiser** (17. Mai 1909 – April 1995)
Albert Weiser wurde in Wien geboren. Nach dem Besuch der Bürgerschule absolvierte er die dreiklassige Fachschule für Feinmechaniker, schloss 1929 die Gesellenprüfung als Mechaniker ab und absolvierte von 1932 bis 1934 den Werkmeisterkurs an der Elektro- und Maschinenbaufachschule in Wien. 1935 trat er als nichtständiger Vertragsbediensteter und Nachfolger seines Vaters Albert Weiser offiziell in den Dienst der Biologischen Versuchsanstalt, bei der er seit 1932 beschäftigt war. Von 1935 bis 1946 war Weiser dort als Laborant tätig, faktisch stellte ihn die Akademie 1945 außer Dienst. Er arbeitete fortan staatlich besoldet im II. Chemischen Laboratorium der Universität Wien als Laborant.

Ferdinand **Weiss** (15. Jänner 1905 – Jänner 1996)
Ferdinand Weiss stammte aus Mödling. Nach dem Besuch der Berufsschule lernte er das Schusterhandwerk und erwarb 1922 den Gesellenbrief. Zwischen 1922 und 1939 war er mit Unterbrechungen als Rosshaarsortierer in verschiedenen Wiener Betrieben beschäftigt. 1939 trat Weiss als angestellter Bote und Diener in die Dienste der Akademie. 1942 erfolgte Weiss' Übernahme in das Beamtendienstverhältnis. Nach der Rückkehr aus US-amerikanischer Kriegsgefangenschaft trat er im Mai 1945 wieder seinen Dienst im Druckschriftenmagazin an. 1960 wurde Weiss zum Oberaufseher ernannt. 1969 ging er in den Ruhestand. Im selben Jahr erhielt er das Silberne Verdienstzeichen der Republik Österreich.

Leopold **Wenger** (4. September 1874 – 21. September 1953)
Leopold Wenger wurde in Obervellach in Kärnten geboren und studierte Rechtswissenschaften an den Universitäten Graz und Leipzig. Er promovierte 1897 an der Universität Graz und habilitierte sich dort 1901. 1902 wurde er a.o. Professor. Seit 1904 lehrte er an den Universitäten Wien (1904), Graz (1905-1908), Heidelberg (1908/09) und München (1909-1934), wo er das Seminar für Papyrusforschung und Antike Rechtsgeschichte gründete. Hier war er 1924/25 Rektor. Zwischenzeitlich, 1926/27, war er auch in Wien o. Professor. 1935 folgte er

einem Ruf als o. Professor des Römischen Rechts und der Antiken Rechtsgeschichte an die Universität Wien, wo er 1938 emeritierte. Wenger gehörte der Akademie seit 1926 als k.M. I. und seit 1935 als w.M. an.

Josef **Weninger** (15. Mai 1886 – 28. März 1959)
Josef Weninger wurde in Salzburg geboren und studierte an der TH Wien zunächst Bauingenieurwesen, bevor er sich dem Studium der Archäologie, Volks- und Völkerkunde, Anthropologie und Geografie an der Universität Wien zuwandte. Von 1918 bis 1927 war er als Denkmalpfleger und Sekretär im Staatsdenkmalamt tätig. 1926 habilitierte er sich an der Universität Wien und wurde 1927 a.o. Professor und Leiter des Wiener Anthropologischen Instituts. Von 1934 bis 1938 stand er dem Institut als o. Professor vor. Weninger wurde nach dem „Anschluss" aufgrund seiner jüdischen Ehefrau von seiner Professur enthoben. Dank des einflussreichen Dekans und SS-Mitglieds Viktor Christian, den Weninger gefördert hatte, fand er in der Zeit des Nationalsozialismus eine Beschäftigung an der Akademie, wo er die anthropologischen Erhebungen aus den Kriegsgefangenenlagern seines Lehrers Rudolf Pöch auswertete. 1945 erhielt Weninger seinen Lehrstuhl zurück, von dem er 1955 emeritierte. Weninger gehörte der Akademie seit 1937 als k.M. I. an. Er wurde am 3. Mai 1939 aus der Akademie ausgeschlossen und 1945 zum w.M. gewählt.

Otto **Wettstein-Westersheimb** (7. August 1892 – 10. Juli 1967)
Otto Wettstein-Westersheimb wurde in Wien geboren und studierte an der Universität Wien Zoologie. 1915 promoviert, war er seit diesem Jahr am k.k. Naturhistorischen Hofmuseum und von 1918 bis 1945 als Kustos der Reptilienabteilung am Naturhistorischen Museum tätig. Er war als illegaler Nationalsozialist 1945 registrierungspflichtig und wurde 1945 in den Ruhestand versetzt, führte aber seine Lehr- und Forschungsarbeit als Privatgelehrter fort. 1954 erhielt er den Titel eines a.o. Professors. Die Akademie wählte ihn 1940 zum k.M. I. 1945 wurde seine Akademiemitgliedschaft für ruhendgestellt erklärt. Das Amnestiegesetz vom April 1948 ermöglichte die Reaktivierung, im Mitgliederverzeichnis für das Jahr 1948 scheint sein Name wieder auf.

Friedrich **Wild** (11. November 1888 – 5. April 1966)
Friedrich Wild stammte aus Wien und studierte dort Germanistik und Anglistik sowie Romanistik. Er promovierte 1913. Nach Abschluss seiner Lehramtsprüfung 1912 war als Gymnasiallehrer tätig, habilitierte sich 1918 an der Universität Wien, erhielt 1927 den Titel eines a.o. Professors und 1931 den Titel eines o. Professors. 1935 wurde er o. Professor der englischen Philologie an der Universität Wien. Aufgrund seiner NSDAP-Mitgliedschaft 1945 registrierungspflichtig, wurde er an der Universität Wien entlassen und dort 1948 in den dauernden Ruhestand versetzt. Wild übernahm ab 1949 Lehraufträge und kehrte 1955 als o. Professor für Englische und Amerikanische Sprache und Literatur an die Universität Wien zurück, wo er 1960 emeritierte. Die Akademie wählte ihn 1937 zum k.M. I. und 1938 zum o.M. 1945 wurde seine Akademiemitgliedschaft für ruhendgestellt erklärt. Das Amnestiegesetz vom April 1948 ermöglichte die Reaktivierung, im Mitgliederverzeichnis für das Jahr 1948 scheint sein Name wieder auf.

Richard **Willstätter** (13. August 1872 – 3. August 1942)
Richard Willstätter wurde in Karlsruhe geboren und studierte Naturwissenschaften an der Universität München. 1894 promoviert, habilitierte er sich 1896 und wurde 1902 a.o. Professor und Vorstand der Organischen Abteilung des Chemischen Instituts der Universität München. 1905 folgte er einem Ruf als o. Professor für Allgemeine Chemie an die ETH Zürich. Von 1912 bis 1916 leitete er das Kaiser-Wilhelm-Institut für Chemie in Berlin-Dahlem und übernahm 1916 die Professur für Chemie an der Universität München. Er wurde 1915 mit dem

Nobelpreis für Chemie ausgezeichnet. 1924 legte er seine Professur aus Protest gegen den wachsenden Antisemitismus nieder. Danach war er für die chemische Industrie tätig. Nach 1933 wurde Willstätter „rassisch" verfolgt. 1939 emigrierte Willstätter in die Schweiz, wo er für die chemische Industrie tätig wurde. Er wurde 1920 zum k.M. A. der Akademie gewählt und am 28. Jänner 1939 aus der Akademie ausgeschlossen.

Moritz **Wlassak** (20. August 1854 – 24. April 1939)
Moriz Wlassak stammte aus Brünn und studierte an der Universität Wien Rechtswissenschaften. 1877 promovierte er und lehrte nach seiner Habilitation (1879) an den Universitäten Czernowitz (1879), Graz (1882), Breslau (1884) und Straßburg (1895). An der Universität Wien bekleidete er von 1900 bis 1926 eine o. Professur für Römisches Recht. Wlassak wurde 1909 zum k.M. I. und 1914 zum w.M. der Akademie gewählt.

Karl **Wolf** (13. November 1886 – 10. Jänner 1950)
Karl Wolf wurde in Bielitz/Österreichisch-Schlesien geboren und studierte Physik und Mathematik für das Lehramt an der Universität Wien. 1909 legte er die Lehramtsprüfung ab, 1910 promovierte er. 1911 wurde er Assistent an der Lehrkanzel für Reine Mechanik der TH Wien. 1915 habilitierte er sich und wurde 1922 als a.o. Professor mit der Leitung der Lehrkanzel für Mechanik und Graphische Statik an der TH Wien betraut. 1924 wurde er zum o. Professor für Mechanik berufen. 1938 aus politischen Gründen aus dem Universitätsdienst entlassen, erhielt er sein Ordinariat 1945 zurück, das er bis zu seinem Tod innehatte. 1948 wurde er Präsident der Wiener Urania. 1945 war er Dekan und 1946/47 Rektor der TH Wien. Der Akademie gehörte Wolf seit 1946 als k.M. I. an.

Richard **Wolfram** (16. September 1901 – 30. Mai 1995)
Richard Wolfram wurde in Wien geboren. Er studierte dort Germanistik, Skandinavistik, Kunstgeschichte sowie Anglistik und promovierte 1926. 1936 habilitiert, wurde er 1939 als erster Lehrkanzelinhaber zum a.o. Professor für germanisch-deutsche Volkskunde an der Universität Wien ernannt. 1938 bis 1945 war Wolfram Leiter der „Lehr- und Forschungsstätte für germanisch-deutsche Volkskunde" der „Außenstelle Süd-Ost" der SS-Forschungsgemeinschaft „Ahnenerbe" in Wien und Salzburg. Weiters war er Mitglied einer Kommission, die vor der Aussiedlung der deutschsprachigen Südtiroler die Kulturgüter verzeichnete. Er war aufgrund seiner NSDAP-Mitgliedschaft 1945 registrierungspflichtig. Im selben Jahr wurde er an der Universität Wien enthoben und mit einem Lehrverbot belegt. Das Institut wurde aufgelöst. 1954 wurde ihm die Lehrbefähigung wieder verliehen. 1959 wurde Wolfram wieder zum a.o. Professor und 1963 zum o. Professor für Österreichische und Vergleichende Europäische Volkskunde ernannt. Er war auch Vorstand des von ihm 1961 gegründeten Instituts für Volkskunde an der Universität Wien. Wolfram emeritierte 1972. Die Akademie wählte ihn 1968 zum k.M. I. und 1971 zum w.M.

Konrad **Zwierzina** (29. März 1864 – 20. März 1941)
Konrad Zwierzina wurde in Wien geboren und studierte in seiner Heimatstadt Germanistik, Klassische Philologie und Philosophie. 1886 promoviert, habilitierte er sich 1897, ging als Privatdozent an die Universität Graz und übernahm 1899 eine o. Professur für Deutsche Philologie an der Universität Fribourg/Schweiz. 1906 wechselte er an die Universität Innsbruck und kehrte 1912 schließlich an die Universität Graz zurück, wo er bis zu seiner Emeritierung 1934 wirkte. 1930/31 war er Rektor der Universität Graz. Zwierzina wurde 1917 als k.M. I. in die Akademie gewählt, seit 1925 gehörte er ihr als w.M. an.

Silke Fengler
(unter Mitarbeit von Maximilian Kral und den Herausgebern)

IV. VERZEICHNISSE

Abkürzungsverzeichnis

AdR	Archiv der Republik (Abteilung des ÖStA)
a.o.	außerordentlich
AÖAW	Archiv der Österreichischen Akademie der Wissenschaften, Wien
apl.	außerplanmäßig
BAB	Bundesarchiv Berlin-Lichterfelde
BDC	Berlin Document Center
BGBl.	Bundesgesetzblatt
BVA	Biologische Versuchsanstalt (der Akademie der Wissenschaften in Wien)
DFG	Deutsche Forschungsgemeinschaft
EM	Ehrenmitglied
ETH	Eidgenössische Technische Hochschule
f.d.J.	für das Jahr
IAA	Internationale Assoziation der Akademien
K	Kronen
k.k.	kaiserlich-königlich (bezogen auf Behörden und staatliche Einrichtungen der westlichen/cisleithanischen Reichshälfte)
k.M. I.	korrespondierendes Mitglied im Inland
k.M. A.	korrespondierendes Mitglied im Ausland
Kl.	Klasse
k. u. k.	kaiserlich und königlich (bezogen auf Behörden und staatliche Einrichtungen der Gesamtmonarchie)
KZ	Konzentrationslager
math.-nat.	mathematisch-naturwissenschaftlich
NSDAP	Nationalsozialistische Deutsche Arbeiter-Partei
NSKK	Nationalsozialistisches Kraftfahrerkorps
NSFK	Nationalsozialistisches Fliegerkorps
o.	ordentlich
ÖAW	Österreichische Akademie der Wissenschaften, Wien
ÖBL	Österreichisches Biographisches Lexikon
ÖNB	Österreichische Nationalbibliothek, Wien
ÖStA	Österreichisches Staatsarchiv, Wien
OKW	Oberkommando der Wehrmacht
ÖS	österreichische Schilling
o.M.	ordentliches Mitglied
PA	Personalakte
Pg.	Parteigenosse
phil.-hist.	philosophisch-historisch
REM	Reichsministerium für Wissenschaft, Erziehung und Volksbildung
RM	Reichsmark
RGBl.	Reichsgesetzblatt
SODFG	Südostdeutsche Forschungsgemeinschaft
SA	Sturmabteilung
SS	Schutzstaffel
SVD	Societas Verbi Divini
TH	Technische Hochschule
TU	Technische Universität
UAI	Union Académique Internationale
UAW	Universitätsarchiv Wien
u.k.	unabkömmlich
w.M.	wirkliches Mitglied

Literaturverzeichnis

ALMANACH. Akademie der Wissenschaften in Wien [seit 1947: Österreichische Akademie der Wissenschaften] für das Jahr 1918–[2011]. Bände 68–[161]. Wien [u. a.] 1918–[2012].

Mitchell G. ASH: Wissenschaftswandlungen in politischen Umbruchszeiten. 1933, 1945 und 1990 im Vergleich, in: Vorträge und Abhandlungen zur Wissenschaftsgeschichte 2000/2001 (2004) (= Acta historica Leopoldina. 39.), S. 75–95.

Mitchell G. ASH: Wissenschaft und Politik als Ressourcen für einander, in: Rüdiger vom Bruch u. Brigitte Kaderas (Hgg.): Wissenschaften und Wissenschaftspolitik. Bestandsaufnahmen zu Formationen, Brüchen und Kontinuitäten im Deutschland des 20. Jahrhunderts. Stuttgart 2002, S. 32–51.

Mitchell G. ASH: Wissenschaftswandlungen und politische Umbrüche im 20. Jahrhundert. Was hatten sie miteinander zu tun?, in: Rüdiger vom Bruch, Uta Gerhardt u. Aleksandra Pawliczek (Hgg.): Kontinuitäten und Diskontinuitäten in der Wissenschaftsgeschichte des 20. Jahrhunderts. Stuttgart 2006, S. 19–37.

MITCHELL G. Ash: Wissenschaft und Politik. Eine Beziehungsgeschichte im 20. Jahrhundert, in: Archiv für Sozialgeschichte 50 (2010), S. 11–46.

Wilhelm BAUER: Heinrich Srbik, in: Almanach f.d.J. 1951, 101 (1951), S. 327–371.

Mathias BEER u. Gerhard SEEWANN (Hgg.): Südostforschung im Schatten des Dritten Reiches. Institutionen, Inhalte, Personen. München 2004 (= Südosteuropäische Arbeiten. 119.).

Wolfgang BENZ (Hg.): Dimension des Völkermords. Die Zahl der jüdischen Opfer des Nationalsozialismus. München ²1996.

BEREICHSSTUDENTENFÜHRUNG SÜD-OST (Hg.): Jahrbuch der Deutschen Studentenschaft an den Ostmarkdeutschen Hochschulen. Universität Wien. Wien 1938.

Katharina BERGMANN-PFLEGER: Geschichte der Universitätsbibliothek Graz 1938–45. Wien [ungedr. Dissertation] 2010.

Margit BERNER: „Die haben uns behandelt wie Gegenstände." Anthropologische Untersuchungen an jüdischen Häftlingen im Wiener Stadion während des Nationalsozialismus, in: Margit Berner, Anette Hoffmann u. Britta Lange (Hgg.): Sensible Sammlungen. Aus dem anthropologischen Depot. Hamburg 2011, S. 147–167.

Laetitia BOEHM: Langzeitvorhaben als Akademieaufgabe. Geschichtswissenschaft in Berlin und in München, in: Wolfram Fischer (Hg.): Die Preußische Akademie der Wissenschaften zu Berlin 1914–1945. Berlin 2000 (= Forschungsberichte interdisziplinärer Arbeitsgruppen. Berlin-Brandenburgische Akademie der Wissenschaften. 8.), S. 391–434.

Klaus E. BOHNENKAMP: Hofmannsthals Egeria. Elsa Prinzessin Cantacuzène, später verheiratete Bruckmann, im Briefwechsel mit dem Dichter vom 24. November 1893 bis zum 10. Januar 1894 in Wien, in: Hofmannsthal Jahrbuch zur europäischen Moderne 18 (2010), S. 9–104.

Gerhard BOTZ: Nationalsozialismus in Wien. Machtübernahme, Herrschaftssicherung, Radikalisierung 1938/39. Überarbeitete und erweiterte Neuauflage. Wien 2008.

Thomas BUCHNER: Alfons Dopsch (1868–1953). Die „Mannigfaltigkeit der Verhältnisse", in: Karel Hruza (Hg.): Österreichische Historiker 1900–1945. Band 1. Wien 2008, S. 191–223.

Evan Burr BUKEY: Hitler's Austria. Popular Sentiment in the Nazi Era, 1938–1945. Chapel Hill-London 2000.

Deborah R. COEN: Living Precisely in Fin-de-Siècle Vienna, in: Journal of the History of Biology 39 (2006), S. 493–523.

Ute DEICHMANN: Biologen unter Hitler. Porträt einer Wissenschaft im NS-Staat. Frankfurt/Main 1995.

Rudolf EBNETH: Die österreichische Wochenschrift „Der Christliche Ständestaat". Mainz 1976 (= Veröffentlichungen der Kommission für Zeitgeschichte. Reihe B: Forschungen. 19.).

Friedrich Ehrendorfer: Fritz Knoll, in: Almanach f.d.J. 1982, 132 (1983), S. 289–292.
Friedrich Ehrendorfer: Fritz Knoll 1883–1981, in: Berichte der Deutschen Botanischen Gesellschaft 97 (1984), S. 497–503.
Richard J. Evans: Das Dritte Reich. Band 3: Krieg. München 2010.
Michael Fahlbusch: Die Südostdeutsche Forschungsgemeinschaft. Politische Beratung und NS-Volkstumspolitik, in: Winfried Schulze u. Otto Gerhard Oexle (Hgg.): Deutsche Historiker im Nationalsozialismus. Frankfurt/Main 2000, S. 241–264.
Johannes Feichtinger u. Heidemarie Uhl: Die Österreichische Akademie der Wissenschaften nach 1945. Eine Gelehrtengesellschaft im Spannungsfeld von Wissenschaft, Politik und Gesellschaft, in: Margarete Grandner, Gernot Heiss u. Oliver Rathkolb (Hgg.): Zukunft mit Altlasten. Die Universität Wien 1945 bis 1955. Innsbruck-Wien 2005, S. 313–337.
Johannes Feichtinger: Transatlantische Vernetzungen. Der Weg Hans Kelsens und seines Kreises in die Emigration, in: Werner Ogris, Thomas Olechowski u. Robert Walter (Hgg.): Hans Kelsen. Leben – Werk – Wirksamkeit. Wien 2009 (= Schriftenreihe des Hans Kelsen-Instituts. 32.), S. 315–332.
Silke Fengler: „Wüstentrockenheit auf dem Gebiet der Atomzertrümmerung". Zur politischen Ökonomie der österreichischen Kernforschung in der Zwischenkriegszeit, in: Silke Fengler u. Carola Sachse (Hgg.): Kernforschung in Österreich. Wandlungen eines interdisziplinären Forschungsfeldes. 1900–1978, Wien 2012 (= Wissenschaft, Macht und Kultur in der modernen Geschichte. 1.), S. 73–108.
Charles Fenwick: Editorial Comment: Fuit Austria, in: American Journal of International Law 32 (1938), S. 312–314.
Festgabe der Österreichischen Akademie der Wissenschaften zur Feier des 100. Geburtstages von Oswald Redlich: Akademie-Festreden des Präsidenten Oswald Redlich 1916–1937 mit dem Festvortrag von Leo Santifaller. Wien 1958.
Christian Fleck: Autochthone Provinzialisierung, in: Österreichische Zeitschrift für Geschichtswissenschaft 7 (1996), S. 67–92.
Christian Fleck: Arisierung der Gebildeten. Vergleich zweier aus Österreich emigrierter Wissenschaftlergruppen im Kontext, in: Friedrich Stadler (Hg.): Österreichs Umgang mit dem Nationalsozialismus. Wien 2004, S. 229–254.
Christian Fleck: Autochthone Provinzialisierung der Wissenschaft, in: http://science.orf.at/science/news/134822 (Zugriff vom 01.11.2012).
Norbert Frei (Hg.): Martin Broszat, der „Staat Hitlers" und die Historisierung des Nationalsozialismus. Göttingen 2007.
Norbert Frei: Führerbilderwechsel. Hitler und die Deutschen nach 1945, in: Hans-Ulrich Thamer u. Simone Erpel (Hgg.): Hitler und die Deutschen. Volksgemeinschaft und Verbrechen. Eine Ausstellung der Stiftung Deutsches Historisches Museum, Berlin, 15. Oktober 2010 bis 6. Februar 2011. Dresden 2010, S. 142–147.
Ute Frevert: Auch Gefühle haben ihre Geschichte, in: Neue Zürcher Zeitung, 26./27. Juli 2008, S. 31.
Richard Germann: Die „Österreicher" in Ost- und Südosteuropa im Zweiten Weltkrieg. Wien [ungedr. Dissertation] 2006.
Eberhard Geyer: Anthropologie und Nationalitätenforschung, in: Nation und Staat 7 (1934), S. 323–326.
Sander Gliboff: The Case of Paul Kammerer: Evolution and Experimentation in the Early 20th Century, in: Journal of the History of Biology 39 (2006), S. 525–563.
Peter Goller u. Gerhard Oberkofler: Universität Innsbruck. Entnazifizierung und Rehabilitation von Nazikadern (1945–1950). Innsbruck 2003.

Franz Graf-Stuhlhofer: Die Akademie der Wissenschaften in Wien im Dritten Reich, in: Eduard Seidler (Hg.): Die Elite der Nation im Deutschen Reich. Das Verhältnis von Akademien und ihrem wissenschaftlichen Umfeld zum Nationalsozialismus. Leipzig 1995 (= Acta historica Leopoldina. 22.), S. 133–159.

Franz Graf-Stuhlhofer: „Heil Hitler!" am Schluß von Briefen. Beobachtungen am Schriftverkehr der Wiener Akademie der Wissenschaften, in: Österreich in Geschichte und Literatur 40 (1996), S. 125–128.

Franz Graf-Stuhlhofer: Opportunisten, Sympathisanten und Beamte. Unterstützung des NS-Systems in der Wiener Akademie der Wissenschaften, dargestellt am Wirken Nadlers, Srbiks und Meisters, in: Wiener Klinische Wochenschrift 110,4–5 (1998), S. 152–157.

Conrad Grau: Die Wissenschaftsakademien in der deutschen Gesellschaft: Das „Kartell" von 1893 bis 1940, in: Eduard Seidler (Hg.): Die Elite der Nation im Deutschen Reich. Das Verhältnis von Akademien und ihrem wissenschaftlichen Umfeld zum Nationalsozialismus. Leipzig 1995 (= Acta historica Leopoldina. 22.), S. 31–53.

Conrad Grau: Die Preußische Akademie und die Wiederanknüpfung internationaler Wissenschaftskontakte nach 1918, in: Wolfram Fischer, unter Mitarbeit von Rainer Hohlfeld u. Peter Nötzoldt (Hg.): Die Preußische Akademie der Wissenschaften zu Berlin 1914–1945. Berlin 2000 (= Berlin-Brandenburgische Akademie der Wissenschaften. Forschungsberichte. 8.), S. 279–316.

Thomas R. Grischany: The Austrians in the German Wehrmacht, 1938–1945. Chicago, Ill. 2007.

Hermann Hakel: Dürre Äste – Welkes Gras. Begegnungen mit Literaten. Bemerkungen zur Literatur. Wien 1991.

Hermann Hakel: Von denen ich weiß. Wahrnehmungen eines Literaten. Wien 2011.

Günther Hamann: Kriegs- und Nachkriegserinnerungen eines Studenten an Heinrich Ritter von Srbik, in: Anzeiger der phil.-hist. Kl. der ÖAW 115 (1978), S. 366–395.

Ernst Hanisch: Der lange Schatten des Staates. Österreichische Gesellschaftsgeschichte im 20. Jahrhundert. Wien 1994 (= Österreichische Geschichte 1890–1990, hg. von Herwig Wolfram).

Hugo Hassinger: Lebensraumfragen der Völker des europäischen Südostens, in: K. H. Dietzel, O. Schmieder u. H. Schmitthenner (Hgg.): Lebensraumfragen Europäischer Völker. Band 1: Europa. Leipzig 1941, S. 588–613.

Hugo Hassinger: Wiens deutsche Sendung im Donauraum. Wien 1942 (= Mitteilungen der Geographischen Gesellschaft Wien in der Deutschen Geographischen Gesellschaft. 85.1–2.).

Gernot Heiss: Wendepunkt und Wiederaufbau. Die Arbeit des Senats der Universität Wien in den Jahren nach der Befreiung, in: Margarete Grandner, Gernot Heiss u. Oliver Rathkolb (Hgg.): Zukunft mit Altlasten. Die Universität Wien 1945 bis 1955. Innsbruck-München 2005, S. 9–37.

Raul Hilberg: Die Vernichtung der europäischen Juden. Band 3. Durchgesehene und erweiterte Auflage. Frankfurt am Main 1990.

Albrecht Hirschmüller: Paul Kammerer und die Vererbung erworbener Eigenschaften, in: Medizinhistorisches Journal 26 (1991), S. 26–77.

Lothar Höbelt: Von der vierten Partei zur dritten Kraft. Die Geschichte des VdU. Graz 1999.

Veronika Hofer: Rudolf Goldscheid, Paul Kammerer und die Biologen des Prater-Vivariums in der liberalen Volksbildung der Wiener Moderne, in: Mitchell G. Ash u. Christian H. Stifter (Hgg.): Wissenschaft, Politik und Öffentlichkeit. Von der Wiener Moderne bis zur Gegenwart. Wien 2002, S. 149–184.

Hans Hübner: Geschichte im Drama. Matthäus von Collin. Der Babenbergerzyklus (1808–1817). Hanns Sassmann. Die österreichsche Trilogie (1929–1932). Wien [ungedr. Dissertation] 1991.

Johan Huizinga: Briefwisseling. Band 3: 1934–1945. Bearb. v. Léon Hanssen, W.E. Krul u. Anton van der Lem. Utrecht-Antwerpen 1991.

Ludwig Jedlicka (Hg.): Das Juliabkommen von 1936. Vorgeschichte, Hintergründe und Folgen. Protokoll des Symposiums in Wien am 10. und 11. Juni 1976. Wien 1977 (= Wissenschaftliche Kommission zur Erforschung der Österreichischen Geschichte der Jahre 1918 bis 1938: Veröffentlichungen/Wissenschaftliche Kommission des Theodor-Körner-Stiftungsfonds und des Leopold-Kunschak-Preises zur Erforschung der Österreichischen Geschichte 1927 bis 1938. 4.).

William M. Johnston: Österreichische Kultur- und Geistesgeschichte. Gesellschaft und Ideen im Donauraum 1848 bis 1938. 4. Auflage. Wien-Köln-Weimar 2006.

Jürgen Kämmerer (Hg.): Heinrich Ritter von Srbik. Die wissenschaftliche Korrespondenz des Historikers 1912–1945. Boppard am Rhein 1988 (= Deutsche Geschichtsquellen des 19. und 20. Jahrhunderts. 55.).

Ian Kershaw: Hitler 1889–1936. Stuttgart 1998.

Ian Kershaw: Hitler 1936–1945. Stuttgart 2000.

Ian Kershaw: Das Ende. Kampf bis in den Untergang. NS-Deutschland 1944/45. 3. Auflage. München 2011.

Wolfgang Knierzinger: Das Forschungsinstitut Gastein in der Forschungslandschaft des ‚Ständestaats' und des ‚Dritten Reiches', in: Silke Fengler u. Carola Sachse (Hgg.): Kernforschung in Österreich. Wandlungen eines interdisziplinären Forschungsfeldes. 1900–1978. Wien 2012 (= Wissenschaft, Macht und Kultur in der modernen Geschichte. 1.), S. 109–129.

Fritz Knoll: Die Wissenschaft im Neuen Deutschland. Vortrag, gehalten im Rahmen der Vorträge des Deutschen Wissenschaftlichen Instituts in Bukarest am 23. Mai 1941. Wien 1942 (= Wiener wissenschaftliche Vorträge und Reden. 1.).

Arthur Koestler: The Case of the Midwife Toad. New York 1971. [dt.: Arthur Koestler: Der Krötenküsser. Der Fall des Biologen Paul Kammerer. Übersetzt aus dem Englischen von Krista Schmidt. Wien 2010 (= Bibliothek der Erinnerung. 12.)].

Hedwig Kopetz: Die Österreichische Akademie der Wissenschaften. Aufgaben, Rechtsstellung, Organisation. Wien-Graz 2006.

Christian Krumm: Johan Huizinga, Deutschland und die Deutschen. Begegnung und Auseinandersetzung mit dem Nachbarn. Münster-New York-München-Berlin 2011 (= Studien zur Geschichte und Kultur Nordwesteuropas. 23.).

Birthe Kundrus: Der Holocaust. Die „Volksgemeinschaft" als Verbrechensgemeinschaft?, in: Hans-Ulrich Thamer u. Simone Erpel (Hgg.): Hitler und die Deutschen. Volksgemeinschaft und Verbrechen. Eine Ausstellung der Stiftung Deutsches Historisches Museum, Berlin, 15. Oktober 2010 bis 6. Februar 2011. Dresden 2010, S. 130–135.

Irene Maria Leitner: „Bis an die Grenzen des Möglichen": Der Dekan Viktor Christian und seine Handlungsspielräume an der Philosophischen Fakultät 1938–1943, in: Mitchell G. Ash, Wolfram Nieß u. Ramon Pils (Hgg.): Geisteswissenschaften im Nationalsozialismus. Das Beispiel der Universität Wien. Göttingen-Wien 2010, S. 49–77.

Anton van der Lem: Johan Huizinga. Leven en werk in beelden & documenten. Amsterdam 1993.

Alphons Lhotsky: Ostarrîchi. Vortrag in der Festsitzung der Österreichischen Akademie der Wissenschaften am 21. Oktober 1946. Wien 1947.

Brigitte Lichtenberger-Fenz: Österreichs Hochschulen und Universitäten und das NS-Regime, in: Emmerich Tálos, Ernst Hainisch u. Wolfgang Neugebauer (Hgg.): NS-Herrschaft in Österreich 1938–1945. Wien 1988, S. 269–282.

Brigitte Lichtenberger-Fenz: „Es läuft alles in geordneten Bahnen". Österreichs Hochschulen und Universitäten und das NS-Regime, in: Emmerich Tálos (Hg.): NS-Herrschaft in Österreich. Ein Handbuch. Wien 2000, S. 549–569.

Friedrich Lorenz: Sieg der Verfemten. Forscherschicksale im Schatten des Riesenrades. Roman. Wien 1952.

Peter Markl: Keimzelle der modernen Biologie, in: Wiener Zeitung vom 11. Oktober 2002.

Albert Massiczek: Die Situation an der Universität Wien März/April 1938, in: Albert Massiczek (Hg.): Wien 1938. Wien 1978 (= Forschungen und Beiträge zur Wiener Stadtgeschichte. 2.), S. 216–229.

Herbert Matis: Die Akademie der Wissenschaften 1938 bis 1945, in: Otto Hittmair u. Herbert Hunger (Hg.): Akademie der Wissenschaften. Entwicklung einer österreichischen Forschungsinstitution. Wien 1997, S. 21–34.

Herbert Matis: Zwischen Anpassung und Widerstand. Die Akademie der Wissenschaften 1938–1945. Wien 1997.

Richard Meister: Geschichte der Akademie der Wissenschaften in Wien 1847–1947. Wien 1947 (= Österreichische Akademie der Wissenschaften. Denkschriften der Gesamtakademie. 1.).

Ursula Mindler: Arnold Schober und die Archäologie an der Universität Graz in der NS-Zeit, in: Elmar Schübl u. Harald Heppner (Hgg.): Universitäten in Zeiten des Umbruchs. Fallstudien über das mittlere und östliche Europa im 20. Jahrhundert. Wien 2011 (= Transkulturelle Forschungen an den Österreich-Bibliotheken im Ausland. 5), S. 197–210.

Wolfgang J. Mommsen: Wissenschaft, Krieg und die Berliner Akademie der Wissenschaften. Die Preußische Akademie der Wissenschaften in den beiden Weltkriegen, in: Wolfram Fischer (Hg.): Die Preußische Akademie der Wissenschaften zu Berlin 1914–1945. Berlin 2000 (= Forschungsberichte interdisziplinärer Arbeitsgruppen. Berlin-Brandenburgische Akademie der Wissenschaften. 8.), S. 3–23.

Kurt Mühlberger: Vertriebene Intelligenz 1938. Der Verlust geistiger und menschlicher Potenz an der Universität Wien von 1938 bis 1945. Wien 1993.

Albert Müller: Dynamische Adaptierung und „Selbstbehauptung“. Die Universität Wien in der NS-Zeit, in: Dieter Langewiesche (Hg.): Universitäten im nationalsozialistisch beherrschten Europa. Göttingen 1997 (= Geschichte und Gesellschaft. 23.4.), S. 592–617.

Wolfgang Neugebauer: Das NS-Terrorsystem, in: Emmerich Tálos, Ernst Hanisch, Wolfgang Neugebauer (Hgg.): NS-Herrschaft in Österreich 1938–1945. Wien 1988, S. 163–183.

Peter Nötzoldt: Strategien der deutschen Wissenschaftsakademien gegen Bedeutungsverlust und Funktionsverarmung, in: Wolfram Fischer (Hg.): Die Preußische Akademie der Wissenschaften zu Berlin 1914–1945. Berlin 2000 (= Forschungsberichte interdisziplinärer Arbeitsgruppen. Berlin-Brandenburgische Akademie der Wissenschaften. 8.), S. 237–277.

Michael Joseph Oakeshott: Rationalism in Politics and Other Essays. New and Expanded Edition. Indianapolis 1991.

Gerhard Oberkofler: Politische Stellungnahmen der Akademie der Wissenschaften in Wien in den Jahren der NS-Herrschaft, in: Helmut Konrad u. Wolfgang Neugebauer (Hgg.): Arbeiterbewegung – Faschismus – Nationalbewusstsein. Festschrift zum 20-jährigen Bestand des Dokumentationsarchivs des österreichischen Widerstandes und zum 60. Geburtstag von Herbert Steiner. Wien-München-Zürich 1983, S. 115–126 [m. Anm. auf S. 446–448].

Gerhard Oberkofler: Franz Huter (1899–1997). Soldat und Historiker Tirols. Innsbruck-Wien 1999.

Gerhard Oberkofler: Der Mathematiker Paul Funk wird mit der „Vergangenheitsbewältigung“ der Österreichischen Akademie der Wissenschaften konfrontiert, in: Dokumentationsarchiv des Österreichischen Widerstandes. Jahrbuch 2005, S. 200–217.

Gerhard Oberkofler: Nikolaus Grass. Einige wissenschaftshistorische Miniaturen aus Briefen und seine Korrespondenz mit dem Prager Juden Guido Kisch. Innsbruck-Wien-Bozen 2008.

Gerhard Oberkofler: Ludwig Spiegel und Kleo Pleyer. Deutsche Misere in der Biografie zweier sudetendeutscher Intellektueller. Innsbruck-Wien-Bozen 2012.

Gerhard Oberkofler: Bemerkungen zur Wahlpolitik der Österreichischen Akademie der Wissenschaften nach 1945, in: Mitteilungen der Alfred-Klahr-Gesellschaft 19.3 (2012), S. 1–10.

Österreichische Akademie der Wissenschaften (Hg.): Österreichische Naturforscher und Techniker. Wien 1951.

Österreichisches Biographisches Lexikon 1815–1950. Bände 1-[13]. Wien 1957-[2010].

Verena Pawlowsky: Erweiterung der Bestände. Die Anthropologische Abteilung des Naturhistorischen Museums 1938–1945, in: Zeitgeschichte 32.2 (2005), S. 69–90.

Martina Pesditschek: Barbar, Kreter, Arier. Leben und Werk des Althistorikers Fritz Schachermeyr. 2 Bände. Saarbrücken 2009.

Martina Pesditschek: Heinrich (Ritter von) Srbik (1878–1951). „Meine Liebe gehört bis zu meinem Tod meiner Familie, dem deutschen Volk, meiner österreichischen Heimat und meinen Schülern", in: Karel Hruza (Hg.): Österreichische Historiker. Lebensläufe und Karrieren 1900–1945. Band 2. Wien 2012, S. 263–328.

Martina Pesditschek: Franz Miltner (1901–1959), in: Gunnar Brands u. Martin Maischberger (Hgg.): Lebensbilder. Klassische Archäologen und der Nationalsozialismus. Rahden/Westfalen 2012 (= Menschen – Kulturen – Traditionen. ForschungsCluster 5.2,1.), S. 177–191.

Roman Pfefferle u. Hans Pfefferle: Glimpflich entnazifiziert. Die Professorenschaft des Jahres 1944 der Universität Wien in der Nachkriegszeit. Endbericht des Forschungsprojekts „Entnazifizierung an der Universität Wien nach 1945. Kontinuitäten und Diskontinuitäten universitärer Wissenschaftseliten" unter der Leitung von Walter Manoschek. Wien 2012. [Drucklegung in Vorbereitung].

Ramon Pils: „Ein Gelehrter ist kein Politiker". Die Professoren der Wiener Anglistik im Kontext des Nationalsozialismus, in: Mitchell G. Ash, Wolfram Nieß u. Ramon Pils (Hgg.): Geisteswissenschaften im Nationalsozialismus. Das Beispiel der Universität Wien. Göttingen-Wien 2010, S. 455–495.

Sheldon Pollock: Ex Oriente Nox. Indologie im nationalsozialistischen Staat, in: Sebastian Conrad u. Shalini Randeria (Hgg.): Jenseits der Eurozentrismus. Postkoloniale Perspektiven in den Geschichts- und Kulturwissenschaften. Frankfurt/Main-New York 2002, S. 335–371.

Karl Przibram: Hans Przibram, in: Neue Österreichische Biographie. Band 13. Wien 1959, S. 184–191.

Irene Ranzmaier: Germanistik. Kontinuitätsstiftende Ansätze der Wissenschaft und die Bedeutung kollegialer Unterstützung, in: Mitchell G. Ash, Wolfram Nieß u. Ramon Pils (Hgg.): Geisteswissenschaften im Nationalsozialismus. Das Beispiel der Universität Wien. Göttingen-Wien 2010, S. 427–453.

Oliver Rathkolb: Die Universität Wien und die ‚Hohe Politik', in: Margarete Grandner, Gernot Heiss u. Oliver Rathkolb (Hgg.): Zukunft mit Altlasten. Die Universität Wien 1945 bis 1955. Innsbruck-Wien 2005, S. 38–53.

Walter Rauscher: Karl Renner. Ein österreichischer Mythos. Wien 1995.

Wolfgang Reiter: Österreichische Wissenschaftsemigration am Beispiel des Instituts für Radiumforschung der Österreichischen Akademie der Wissenschaften, in: Friedrich Stadler (Hg.): Vertriebene Vernunft. Emigration und Exil österreichischer Wissenschaft. Band 2.2. Wien-München 1988, Münster ²2004, S. 709–729.

Wolfgang L. Reiter: Zerstört und vergessen. Die Biologische Versuchsanstalt und ihre Wissenschaftler/innen, in: Österreichische Zeitschrift für Geschichtswissenschaften 10.4 (1999), S. 585–614.

Wolfgang L. Reiter: Stefan Meyer und die Radioaktivitätsforschung in Österreich, in: Anzeiger der phil.-hist. Kl. der ÖAW 135 (2000), S. 105–143.

Wolfgang L. Reiter: Naturwissenschaften und Remigration, in: Sandra Wiesinger-Stock, Erika Weinzierl u. Konstantin Kaiser (Hgg.): Vom Weggehen. Zum Exil von Kunst und Wissenschaft. Wien 2006, S. 177–218.

Franz Römer u. Sonja Martina Schreiner: Dis-kontinuitäten. Die Klassische Philologie im Nationalsozialismus, in: Mitchell G. Ash, Wolfram Nieß u. Ramon Pils (Hgg.): Geisteswissenschaften im Nationalsozialismus. Das Beispiel der Universität Wien. Göttingen-Wien 2010, S. 317–342.

Robert W. Rosner u. Brigitte Strohmaier (Hgg.): Marietta Blau. Sterne der Zertrümmerung. Biographie einer Wegbereiterin der modernen Teilchenphysik. Wien-Köln-Weimar 2003.

Dirk Rupnow: Brüche und Kontinuitäten. Von der NS-Judenforschung zur Nachkriegsjudaistik, in: Mitchell G. Ash, Wolfram Nieß u. Ramon Pils (Hgg.): Geisteswissenschaften im Nationalsozialismus. Das Beispiel der Universität Wien. Göttingen-Wien 2010, S. 79–110.

Walther Ruth: Das Phonogrammarchiv der Akademie der Wissenschaften in Wien und seine Aufgaben, in: Anzeiger der phil.-hist. Kl. der Akademie der Wissenschaften in Wien 78 (1941), S. 87–98.

Leo Santifaller: Vorwort, in: Leo Santifaller (Hg.): Österreichisches Biographisches Lexikon 1815–1950. Band 1: A-Glä. Graz-Köln 1957, S. VII-IX.

Norbert Schausberger: Der Anschluß und seine ökonomische Relevanz, in: Anschluß 1938. Protokoll des Symposiums in Wien am 14. und 15. März 1978. Wien 1981 (= Wissenschaftliche Kommission des Theodor-Körner-Stiftungsfonds und des Leopold-Kunschak-Preises zur Erforschung der österreichischen Geschichte der Jahre 1927 bis 1938. Veröffentlichungen. 7.), S. 244–270.

Erwin A. Schmidl: März 38. Der deutsche Einmarsch in Österreich. Wien 1987.

Kurt von Schuschnigg: Ein Requiem in Rot-Weiß-Rot. „Aufzeichnungen des Häftlings Dr. Auster“. Zürich 1946.

Eduard Seidler: Die akademische Elite und der neue Staat, in: Eduard Seidler (Hg.): Die Elite der Nation im Deutschen Reich. Das Verhältnis von Akademien und ihrem wissenschaftlichen Umfeld zum Nationalsozialismus. Leipzig 1995 (= Acta historica Leopoldina. 22.), S. 15–28.

Maren Seliger: Scheinparlamentarismus im Führerstaat. „Gemeindevertretung“ im Austrofaschismus und Nationalsozialismus. Funktionen und politische Profile Wiener Räte und Ratsherren 1934–1945 im Vergleich. Wien 2010 (= Politik und Zeitgeschichte. 6.).

Hannelore Sexl u. Anne Hardy: Lise Meitner. Reinbek bei Hamburg 2002.

R. Werner Soukup: Arnold Durig 1872–1961, in: R. Werner Soukup: Die wissenschaftliche Welt von gestern. Die Preisträger des Ignaz L. Lieben-Preises 1865–1937 und des Richard Lieben-Preises 1912–1928. Ein Kapitel österreichischer Wissenschaftsgeschichte in Kurzbiografien. Wien-Köln-Weimar 2004 (= Beiträge zur Wissenschaftsgeschichte und Wissenschaftsforschung. 4.), S. 128–132.

Alexander Spitzmüller: „... und hat auch Ursach, es zu lieben.“ Wien-München-Stuttgart-Zürich 1955.

Renate Spreitzer: Harold Steinacker (1875–1965). Ein Leben für „Volk und Geschichte“, in: Karel Hruza (Hg.): Österreichische Historiker 1900–1945. Band 1. Wien 2008, S. 191–223.

Heinrich von Srbik: Die Wiener Revolution des Jahres 1848 in sozialgeschichtlicher Beleuchtung, in: Schmollers Jahrbuch für Gesetzgebung, Verwaltung und Volkswirtschaft im Deutschen Reiche 43.3 (1919), S. 19–58.

Heinrich von Srbik: Metternich. Der Staatsmann und der Mensch. Bände 1–2. München 1925.

Heinrich von Srbik: Metternich. Der Staatsmann und der Mensch. 3. Band. Quellenveröffentlichungen und Literatur. Eine Auswahlübersicht von 1925–1952. München 1954.

Heinrich von Srbik: Deutsche Einheit. Idee und Wirklichkeit vom Heiligen Reich bis Königgrätz. 4 Bände. München 1935–1942.

Heinrich von Srbik: Mitteleuropa. Das Problem und die Versuche seiner Lösung in der deutschen Geschichte. Weimar 1937, ²1938.

Friedrich Stadler: Vertriebene Vernunft. Emigration und Exil österreichischer Wissenschaft 1930–1940. 2 Bände. Wien-München 1987/1988. Münster ²2004.

G[eorg] St[adtmüller]: Die Balkankommission der Akademie der Wissenschaften in Wien, in: Leipziger Vierteljahresschrift für Südosteuropa 6 (1942), S. 198–200.

Zara S. Steiner: The Triumph of the Dark. European International History 1933–1939. Oxford 2011.

Steirische Gesellschaft für Kulturpolitik (Hg.): Grenzfeste deutscher Wissenschaft. Über Faschismus und Vergangenheitsbewältigung an der Universität Graz. Wien 1985.

Heiko Stoff: Ewige Jugend. Konzepte der Verjüngung vom späten 19. Jahrhundert bis ins Dritte Reich. Köln-Weimar-Wien 2004.

Christoph Strupp: Johan Huizinga. Geschichtswissenschaft als Kulturgeschichte. Göttingen 2000.

Jakob Stuchlik: Der arische Ansatz. Erich Frauwallner und der Nationalsozialismus. Wien 2009 (= Sitzungsberichte der phil.-hist. Kl. der ÖAW. 797.).

Petra Svatek: Hugo Hassinger und Südosteuropa. Raumwissenschaftliche Forschungen in Wien (1931–1945), in: Carola Sachse (Hg.): „Mitteleuropa" und „Südosteuropa" als Planungsraum. Wirtschafts- und Kulturpolitische Expertisen im Zeitalter der Weltkriege. Göttingen 2010, S. 290–311.

Petra Svatek: „Wien als Tor nach dem Südosten". Der Beitrag Wiener Geisteswissenschaftler zur Erforschung Südosteuropas während des Nationalsozialismus, in: Mitchell G. Ash, Wolfram Nieß u. Ramon Pils (Hgg.): Geisteswissenschaften im Nationalsozialismus. Das Beispiel der Universität Wien. Göttingen-Wien 2010, S. 111–139.

Emmerich Tálos, Ernst Hanisch, Wolfgang Neugebauer u. Reinhard Sieder (Hgg.): NS-Herrschaft in Österreich. Ein Handbuch. Wien 2000.

Hans-Ulrich Thamer u. Simone Erpel (Hgg.): Hitler und die Deutschen. Volksgemeinschaft und Verbrechen. Eine Ausstellung der Stiftung Deutsches Historisches Museum, Berlin, 15. Oktober 2010 bis 6. Februar 2011. Dresden 2010.

Hans-Ulrich Thamer: Verführung und Gewalt. Deutschland 1933–1945. Berlin 1986 (= Siedler deutsche Geschichte. Die Deutschen und ihre Nation. 5.).

Klaus Taschwer: Andenken an eine völlig vergessene Forscherin. Vor genau siebzig Jahren wurde die österreichische Biologin Leonore Brecher ermordet. Eine späte Würdigung der tragisch Gescheiterten, in: Der Standard vom 23. September 2012.

Klaus Taschwer: Geheimsache Bärenhöhle. Wie eine antisemitische Professorenclique der Universität Wien nach 1918 wissenschaftliche Exzellenz vertrieb, in: Alma mater antisemitica. Akademisches Milieu, Juden und Antisemitismus an den Universitäten Europas zwischen 1918 und 1939. Veröffentlichung zur Tagung vom 15.-16. Juni 2012. Wien [Drucklegung in Vorbereitung].

Maria Teschler-Nicola u. Margit Berner: Die anthropologische Abteilung des Naturhistorischen Museums in der NS-Zeit. Berichte und Dokumentation von Forschungs- und Sammlungsaktivitäten 1938–1945, in: Untersuchungen zur anatomischen Wissenschaft in Wien 1938–1945. Senatsprojekt der Universität Wien. Wien ²1998, S. 333–358.

Walter Thomas: Bis der Vorhang fiel. Nach Aufzeichnungen aus den Jahren 1940 bis 1945. Dortmund 1947.

Georg Traska u. Christoph Lind: Hermann Leopoldi, Hersch Kohn. Eine Biographie. Wien 2012.

Heidemarie Uhl: Vom „ersten Opfer" zum Land der unbewältigten Vergangenheit: Österreich im Kontext der Transformationen des europäischen Gedächtnisses, in: Volkhard Knigge, Hans-Joachim Veen, Ulrich Mählert u. Franz-Josef Schlichting (Hgg.): Arbeit am europäischen

Gedächtnis. Diktaturerfahrungen und Demokratieentwicklung. Köln-Weimar-Wien 2011 (= Schriften der Stiftung Ettersberg. 17.), S. 27–46.

Otto H. URBAN: Die Urgeschichte an der Universität Wien vor, während und nach der NS-Zeit, in: Mitchell G. Ash, Wolfram Nieß u. Ramon Pils (Hgg.): Geisteswissenschaften im Nationalsozialismus. Das Beispiel der Universität Wien. Göttingen-Wien 2010, S. 371–394.

Marlene WAHLMÜLLER: Die Akademie der Wissenschaften in Wien. Kontinuitäten und Diskontinuitäten 1938–1945. Wien [ungedr. Diplomarbeit] 2010.

Sonja WALCH: Sexualhormone in der Laborpraxis: Eugen Steinachs Experimente und seine Kooperation mit Schering (1910–1938). Wien [ungedr. Dissertation] 2011.

Peter Th. WALTHER: „Arisierung", Nazifizierung und Militarisierung. Die Akademie im „Dritten Reich", in Wolfram Fischer (Hg.): Die Preußische Akademie der Wissenschaften zu Berlin 1914–1945. Berlin 2000 (= Forschungsberichte interdisziplinärer Arbeitsgruppen. Berlin-Brandenburgische Akademie der Wissenschaften. 8.), S. 87–118.

Adam WANDRUSZKA: Heinrich Ritter von Srbik. Leben und Werk, in: Anzeiger der phil.-hist. Kl. der ÖAW 115 (1978), S. 352–365.

Josef WASTL: Anthropologische Untersuchungen an belgischen und französischen Kriegsgefangenen, in: Anzeiger der math.-nat. Klasse der Akademie der Wissenschaften in Wien 78 (1941), S. 103–106.

Hans-Ulrich WEHLER: Deutsche Gesellschaftsgeschichte. Band 4: Vom Beginn des Ersten Weltkriegs bis zur Gründung der beiden deutschen Staaten 1914–1949. 3. Auflage. München 2008.

Willi WEINERT: Die Maßnahmen der reichsdeutschen Hochschulverwaltung im Bereich des österreichischen Hochschulwesens nach der Annexion 1938, in: Helmut Konrad u. Wolfgang Neugebauer (Hgg.): Arbeiterbewegung, Faschismus, Nationalbewusstsein. Wien 1983, S. 127–134.

Werner WELZIG (Hg.), unter Mitarbeit von Hanno Biber u. Claudia Resch: „Anschluss". März/April 1938 in Österreich. Wien 2010 (= ÖAW. Denkschriften der phil.-hist. Kl. 404. = Kulturforschungen. 1.).

Udo WENNEMUTH: Heidelberger Akademie der Wissenschaften im Dritten Reich, in: Eduard Seidler (Hg.): Die Elite der Nation im Deutschen Reich. Das Verhältnis von Akademien und ihrem wissenschaftlichen Umfeld zum Nationalsozialismus. Leipzig 1995 (= Acta historica Leopoldina. 22.), S. 113–130.

Sibylle WENTKER: Adolf Grohmann (1887–1977). Orientalist und Historiker, in: Karel Hruza (Hg.): Österreichische Historiker 1900–1945. Band 2. Wien 2012, S. 379–410.

Michael WILDT u. Peter KRUMEICH: Nationalsozialismus. Aufstieg und Herrschaft. Bonn 2012 (= Informationen zur politischen Bildung. 314.).

Maurice WILLIAMS: Gau, Volk und Reich. Friedrich Rainer und der österreichische Nationalsozialismus. Eine politische Biographie nach Selbstzeugnissen. Dt. Bearbeitung von Ulfried Burz u. Claudia Fräss-Ehrfeld. Klagenfurt 2005 (= Archiv für vaterländische Geschichte und Topographie. 90.).

Maria WIRTH: Christian Broda. Eine politische Biographie. Göttingen 2011 (= Zeitgeschichte im Kontext. 5.).

Gudrun WLACH: Camillo Praschniker (1884–1949), in: Gunnar Brands u. Martin Maischberger (Hgg.): Lebensbilder. Klassische Archäologen und der Nationalsozialismus. Rahden/Westfalen 2012 (= Menschen – Kulturen – Traditionen. ForschungsCluster 5.2,1.), S. 75–89.

Andreas WÖCKINGER: Die Akademie der Wissenschaften im Kartell der deutschsprachigen Akademien. Wien [ungedr. Diplomarbeit] 2010.

Matthias ZIMMER: Moderne, Staat und internationale Politik. Wiesbaden 2008.

Stefan ZWEIG: Die Welt von Gestern. Erinnerungen eines Europäers. Ungekürzte Ausgabe. Frankfurt/Main-Hamburg 1970.

Abbildungsnachweis

Abb. 67: Archiv der Berlin-Brandenburgischen Akademie der Wissenschaften, Bestand PAW II, Sign.: II-XII-18, Bl. 212
Abb. 68: AÖAW, UAI, K. 1, Mappe A
Abb. 69, 70: AÖAW, Allg. Akten, No. 143/1938
Abb. 71: AÖAW, UAI, K. 1, Mappe „B 1939"
Abb. 72: ÖNB-Bildarchiv, Sign. OEGZ_P394_1
Abb. 73: Ullstein-Bild, Berlin
Abb. 74: AÖAW, Allg. Akten, No. 439/1939
Abb. 75, 76: AÖAW, Allg. Akten, No. 30/1940
Abb. 77: AÖAW, Reichsakademie, Mappe 7, Ausschnitt aus dem Völkischen Beobachter vom 8. September 1940
Abb. 78: AÖAW, Gesamtsitzung vom 18. Mai 1945 (A 994), Beilage
Abb. 79: AÖAW, Bildarchiv, E-0414-F2
Abb. 80: ÖAW, Inv.-No. B 040, Gemälde von Ekke Ozlberger (1944), Foto von Robert Herbst
Abb. 81: ÖAW, Inv.-No. B 014, Gemälde von Sergius Pauser (1961), Foto von Robert Herbst
Abb. 82: Almanach f.d.J. 1964, 114 (1965), zw. S. 248 u. 249
Abb. 83: AÖAW, Bildarchiv, P-1501-B
Abb. 84: AÖAW, Bildarchiv, E-0423-F2
Abb. 85: AÖAW, Protokoll der Gesamtsitzung vom 22. Juni 1945 (A 995)
Abb. 86: Almanach f.d.J. 1953, 103 (1954), zw. S. 304 u. 305
Abb. 87: AÖAW, Allg. Akten, No. 109/1945
Abb. 88: AÖAW, Protokoll der Gesamtsitzung vom 30. Oktober 1945 (A 997)
Abb. 89: ÖAW, Bibliothek
Abb. 90: AÖAW, Protokoll der Gesamtsitzung vom 9. Jänner 1948 (A 1015)
Abb. 91: AÖAW, Protokoll der Gesamtsitzung vom 16. März 1948 (A 1017)
Abb. 92: AÖAW, NL Knoll 1/1
Abb. 93: AÖAW, Bildarchiv, A-0018-B
Abb. 94: AÖAW, Bildarchiv, E-0420-F2
Abb. 95: Hydrobiologia 20.2 (1962), S. 191
Abb. 96: ÖAW, Bibliothek
Abb. 97: AÖAW, ÖBL, Karton 1
Abb. 98: AÖAW, Bildarchiv, E-0415-F2
Abb. 99: AÖAW, Bildarchiv, E-0416-F2
Abb. 100: AÖAW, Medaillensammlung, No. 76

Personenregister

Autorinnen und Autoren

Johannes **Feichtinger**, PD Mag. Dr. phil., Mitarbeiter am Institut für Kulturwissenschaften und Theatergeschichte der ÖAW. Forschungsschwerpunkte: Österreichische Geschichte, Wissenschafts- und Kulturgeschichte, Kulturtheorie. Leiter des Forschungsprojekts *Bruchlinien und Kontinuitäten. Die ÖAW im 20. Jahrhundert*

Silke **Fengler**, Dr. phil., Dipl.-Vw., M.A., freiberufliche Historikerin. Forschungsschwerpunkte: Wissenschafts- und Technikgeschichte, Wirtschaftsgeschichte, Geschichte im 20. Jahrhundert.

Dieter J. **Hecht**, Mag. Dr. phil., Mitarbeiter am Institut für Kulturwissenschaften und Theatergeschichte der ÖAW. Forschungsschwerpunkte: Jüdische Geschichte im 19. und 20. Jahrhundert, Gender Studies, Provenienzforschung im Bereich Restitution. Mitarbeiter des Forschungsprojekts *Bruchlinien und Kontinuitäten. Die ÖAW im 20. Jahrhundert*

Herbert **Matis**, Dr. phil., emer. Professor für Wirtschafts- und Sozialgeschichte an der Wirtschaftsuniversität Wien. Forschungsschwerpunkte: Währungs-, Banken- und Industriegeschichte, allgemeine Wirtschaftsgeschichte mit Schwerpunkt 18. bis 20. Jahrhundert

Martina **Pesditschek**, Martina, Mag. Dr. phil., Mitarbeiterin am Institut für Alte Geschichte und Altertumskunde, Papyrologie und Epigraphik der Universität Wien. Forschungsschwerpunkte: Wissenschaftsgeschichte, biographische Forschung, Lykien und Lykisch

Felicitas **Seebacher**, Felicitas, Mag. Dr. phil., freie Mitarbeiterin am Institut für Geschichte an der Alpen-Adria-Universität Klagenfurt. Forschungsschwerpunkte: Wissenschaftsgeschichte, Geschichte der Medizin, Geschichte der akademischen Institutionen mit Schwerpunkt Deutschnationalismus und akademischer Antisemitismus

Stefan **Sienell**, Mag. Dr. phil., MAS, Archivar der ÖAW. Forschungsschwerpunkte: Wissenschaftsgeschichte und Archivkunde

Arnold **Suppan**, Dr. phil., Univ.-Prof. für Osteuropäische Geschichte an der Universität Wien, Vizepräsident der ÖAW. Forschungsschwerpunkte: Nation building und Konfliktgemeinschaft in Ostmittel- und Südosteuropa, Imperien und Nationalstaaten, Erster Weltkrieg – Zwischenkriegszeit – Zweiter Weltkrieg

Klaus **Taschwer**, Mag. Dr. phil., beschäftigt bei „Der Standard“. Forschungsschwerpunkte: Wissenschafts- und Universitätsgeschichte im 20. Jahrhundert

Heidemarie **Uhl**, PD Mag. Dr. phil., Historikerin am Institut für Kulturwissenschaften und Theatergeschichte der ÖAW. Forschungsschwerpunkte: Zeitgeschichte, Gedächtnisgeschichte, Kultur- und Gedächtnistheorie. Leiterin des Forschungsprojekts *Bruchlinien und Kontinuitäten. Die ÖAW im 20. Jahrhundert*

Marlene **Wahlmüller**, Mag. phil., Forschungsschwerpunkte: Wissenschaftsgeschichte und Archivkunde